LE REGISTRE

DE

L'OFFICIALITÉ DE L'ABBAYE DE CERISY

ÉDITÉ

PAR M. GUSTAVE DUPONT

CONSEILLER A LA COUR D'APPEL DE CAEN

SUR LA COPIE DU MS. DES ARCHIVES DÉPARTEMENTALES DE LA MANCHE

COMMUNIQUÉE

PAR M. LÉOPOLD DELISLE

MEMBRE DE L'INSTITUT
ADMINISTRATEUR GÉNÉRAL DE LA BIBLIOTHÈQUE NATIONALE

CAEN

TYPOGRAPHIE DE F. LE BLANC-HARDEL, LIBRAIRE

RUE FROIDE, 2 ET 4

1880

LE REGISTRE

DE

L'OFFICIALITÉ DE L'ABBAYE DE CERISY

LE REGISTRE

DE

L'OFFICIALITÉ DE L'ABBAYE DE CERISY

ÉDITÉ

Par M. Gustave DUPONT

CONSEILLER A LA COUR D'APPEL DE CAEN

SUR LA COPIE DU MS. DES ARCHIVES DÉPARTEMENTALES DE LA MANCHE

COMMUNIQUÉE

Par M. Léopold DELISLE

MEMBRE DE L'INSTITUT
ADMINISTRATEUR GÉNÉRAL DE LA BIBLIOTHÈQUE NATIONALE

CAEN

TYPOGRAPHIE DE F. LE BLANC-HARDEL, LIBRAIRE

RUE FROIDE, 2 ET 4

1880

Extrait du XXX° volume des Mémoires de la Société des Antiquaires de Normandie.

LE REGISTRE

DE

L'OFFICIALITÉ DE CERISY

1314-1457

Notre éminent confrère, M. Léopold Delisle, a bien voulu mettre à la disposition de notre Société le document inédit que nous publions aujourd'hui, et dont il a pris lui-même, il y a vingt-cinq ans, une copie littérale aux archives départementales de la Manche.

Ce document, analysé et décrit dans l'*Inventaire sommaire*, rédigé par le savant archiviste, M. Dubosc, sous le n° 1407 de la série H, consiste en un registre in-folio de 87 feuillets (81 en parchemin et 6 en papier), qui porte le titre de *Registrum curie officialis Cerasiensis* (1). Il commence à l'année 1314 et se termine, mais avec des lacunes assez considérables, à l'année 1457. C'est, à proprement parler, un plumitif de la cour d'église ou officialité qui, par un privilège spécial, dépendait de l'abbaye de Cerisy.

Les seules modifications qui aient été apportées au manuscrit ont été de remettre dans leur ordre chronologique quelques fragments que le greffier ou clerc-official, économisant le parchemin, avait intercalés dans des espaces restés en blanc et de réunir, dans les dernières pages, quelques formules de la procédure suivie devant la juridiction.

Le classement des matières sous une double série de numéros et de lettres et une table alphabétique suffisamment détaillée faciliteront, en

---

(1) Une page de ce précieux manuscrit est reproduite en fac-simile héliographique dans le recueil que le ministère de l'Intérieur publie sous le titre de *Musée des Archives départementales*, et forme le n° 106 (planche XLVI) de la collection.

outre, les recherches que notre publication ne manquera pas de provoquer.

Le Registre de la cour officiale offre, en effet, un intérêt d'autant plus réel que, d'une part, un très-petit nombre de monastères en Normandie et même en France possédaient en entier ce droit de justice qui, en principe, était exclusivement exercé par l'autorité épiscopale, et que, d'une autre part, il nous fournit sur l'état des mœurs et des habitudes d'une notable partie du Bessin, aux XIV° et XV° siècles, des renseignements qu'on trouverait difficilement ailleurs. Dans une proportion plus restreinte, il est, pour le clergé séculier et pour les habitants de nos campagnes à cette époque, ce que le *Registre des visites* d'Eudes Rigaud est au XIII° siècle pour le clergé régulier et pour les établissements religieux de la Normandie (1).

Nous n'avons pas, bien entendu, à faire ici l'histoire des officialités. Il nous suffira de rappeler que les évêques possédant la plénitude du sacerdoce réglaient seuls tout ce qui concernait l'administration de leurs diocèses : direction du culte, discipline du clergé, visites des édifices religieux, surveillance des mœurs, répression des infractions à la morale, etc., et que, vers le XI° siècle, l'usage s'était établi de confier une partie de cette administration à des délégués qui se distinguèrent plus tard en *grands vicaires* et en *officiaux ;* les premiers chargés de la juridiction volontaire et les seconds de la juridiction contentieuse (2).

Le clergé régulier était, dans l'origine, soumis comme le clergé séculier à l'autorité épiscopale ; suivant l'expression consacrée, il dépendait de l'*Ordinaire*. Mais, de très-bonne heure, on dérogea à cette règle. Quelques monastères reçurent soit des papes, soit des évêques, avec l'approbation des rois, le privilège de se gouverner eux-mêmes et d'exercer sur leurs religieux et sur les habitants des paroisses qui appartenaient

---

(1) Une publication analogue à la nôtre a été faite en Angleterre par la *Surtees Society* sous le titre de : *Depositions and other ecclesiastical proceedings from the Courts of Durham extending from 1311 to the reign of Elisabeth* (1 vol. gr. in-8° de 856 pages, London, 1845). Il s'agit aussi des registres d'une officialité (l'officialité de l'église cathédrale de Durham) pendant une partie des XIV°, XV° et XVI° siècles. Mais les éditeurs n'ont imprimé ces registres que par extraits et seulement pour les affaires qui leur paraissaient offrir quelque intérêt. On consultera, néanmoins, avec fruit cette publication (XXI° vol. de la collection) que possède la bibliothèque publique de Caen.

(2) *Les lois ecclésiastiques de France*, par de Héricourt, ch. u.

à la manse abbatiale ou conventuelle la double juridiction dont nous venons de parler. Dans ce cas, le monastère était *exempt* de l'Ordinaire, et la circonscription territoriale sur laquelle le privilége s'étendait se nommait une *exemption* (*emunitas*) et ne relevait que de la cour romaine.

Nous rencontrons dès le VIIe siècle des exemples de ces concessions qui, plus tard et sous l'influence d'un certain ordre d'idées, furent l'objet d'une critique amère de la part des défenseurs des libertés de l'Église gallicane et la cause déterminante de plusieurs mesures votées par l'assemblée du clergé de France, en 1645 (1). Jérôme Bignon, dans ses notes sur Marculfe (2), transcrit une charte du mois de juillet 658, par laquelle l'évêque de Paris, saint Landry, accorde en ces termes, à l'abbaye de St-Denis, l'exemption complète des droits de visite, de synode et de justice : « Omnes illi qui in hoc circumscripto spatio « Ecclesiis serviunt, sint liberi et absoluti ab omni debito et redditione « circadarum et synodorum..... Et si quis eorum Presbyterorum vel « Clericorum forte aut occisus, quod absit, aut vulneratus fuerit, aut « ex his omnibus alicujus injuriæ acclamatio surrexerit, quicquid ex « his omnibus ad nos pertinere videatur, hoc totum Abbati qui in ipso « sancto loco præfuerit cæterisque fratribus habendum et disponendum « concedimus. »

Un grand nombre d'évêques, parmi lesquels figurent l'archevêque de Rouen et les évêques de Coutances et d'Avranches, souscrivirent cette charte dont nous reproduisons le texte, malgré son authenticité douteuse, parce qu'il précise très-nettement, — quoi qu'on en ait dit au XVIIe siècle, — le caractère et l'étendue du privilége tel que le reçut et tel qu'en jouissait l'abbaye de Cerisy. Il est difficile d'indiquer l'époque certaine où cette faveur lui fut accordée; car il n'en est resté aucune preuve authentique et directe.

Le monastère de Cerisy, on le sait, était regardé comme l'un des plus anciens de la Normandie. Sa fondation était attribuée à saint Vigor, qui fut évêque de Bayeux de 514 à 587. Le saint, suivant la légende (3), avait obtenu de la libéralité d'un homme opulent du pays, — *quidam Vo*-

---

(1) *Dict. de droit canon et de prat. bénéf.*, par Durand de Maillonne, v° Exemption.
(2) *Capit. reg. Franc.*, éd. Baluze, t. II, p. 867.
(3) *Act. Sanct.* de Surius, Novemb. I, case 3.

lusianus, — le don de la paroisse de Cerisy, avec environ vingt-cinq villages qui l'entouraient, — *cum ferme quinque vigenti viculos in circuitu*, — pour le récompenser d'avoir délivré la contrée d'un serpent, c'est-à-dire de l'idolâtrie qui y florissait encore (1).

Ce premier établissement disparut sous les invasions normandes au IXe siècle et ne fut relevé ou plus exactement ne fut remplacé que deux siècles plus tard par une nouvelle abbaye que le duc Robert dota richement vers l'an 1030.

Dans la charte de fondation, confirmée en 1042 par Guillaume le Bâtard, en 1120 par Henri Ier et vidimée successivement par saint Louis (1269), par Charles le Bel (1323) et par Charles VI (1398), l'abbaye est déclarée libre de toute coutume ecclésiastique, *ab omni consuetudine ecclesiastica*, du consentement exprès de l'archevêque de Rouen et de l'évêque de Bayeux.

En vertu de ces titres, l'abbé de Cerisy avait donc, dans l'étendue de son exemption, les mêmes droits de surveillance, d'administration et de juridiction ecclésiastique que l'évêque de Bayeux dans son diocèse ; seulement, il les faisait exercer par un seul délégué, sans distinction entre la juridiction volontaire et la juridiction contentieuse. Ce délégué était l'official qui, dès lors, cumulait les fonctions que se partageaient, dans les officialités épiscopales, les grands vicaires et les officiaux proprement dits.

L'officialité constituait une cour présidée par l'official ; à côté de lui, il y avait un lieutenant ou vice-official qui le remplaçait en cas d'empêchement, deux ou plusieurs assesseurs, un greffier ou clerc-official tenant la plume, un promoteur qui remplissait à peu près le rôle de notre ministère public actuel, des appariteurs ou huissiers qui délivraient les citations, et enfin un clerc des prises — *clericus prisiarum* — (n° 165 b) qui avait pour charge d'arrêter les condamnés et de les conduire en prison.

La cour avait, en outre, ses avocats et ses notaires qui étaient nommés par l'abbé, et qui prêtaient un serment dont nous avons la formule en tête du registre.

Les sentences se rendaient en présence et avec le concours d'assis-

---

(1) Voy. *Gallia christ.* — *Neustria pia*, etc.

tants ou jurés dont le nombre variait, mais qui devaient appartenir au clergé, sauf dans des cas exceptionnels. De plus, l'officialité avait des sceaux particuliers qui se renouvelaient de temps en temps, afin d'en rendre la contrefaçon ou l'usage frauduleux plus difficile.

En 1314, année où commence le plumitif de la cour, les fonctions d'official avaient pour titulaire maître Jacques Louvet, prêtre, curé de la grande portion de l'église de Colleville-sur-Orne. La cédule de nomination porte la date du samedi avant la Pentecôte, 25 mai, et contient l'énoncé sommaire des attributions dont il est investi : — toute la juridiction sur les choses spirituelles, la connaissance et le jugement de toutes les causes et affaires mues et à mouvoir ; les visites d'églises, enquêtes, répressions et punitions tant des délinquants que des délits commis ou à commettre (n° 2).

Le vice-official était un moine, le frère dom Luc Le Peintre, qu'on voit figurer en 1319 (n°˚ 75 et 76). Le clerc-official se nomme Guillaume des Marais (n° 77).

En 1320, le curé de Colleville est remplacé par André de Buron, qui exerça pendant treize ou quatorze ans avec Laurent Camérier et le frère dom Thomas Hamon, qui furent successivement ou alternativement ses suppléants (n° 167). Notons, toutefois, qu'au mois de février 1322, on voit entrer en fonctions, comme official, Guillaume Bitot (n° 89), qui se désigne lui-même comme successeur d'André (n° 93); et que le nom de ce dernier reparaît en 1327, 1332 et 1333.

En 1334, maître Jean Gouin, curé de St-Martin de La Bazoque, est nommé en remplacement d'André de Buron ; il est installé le 14 juin (n° 169), et il exerce avec le frère Robert Rossel, son lieutenant, jusqu'en 1346.

Au mois de juillet de cette dernière année, on rencontre dans le manuscrit une lacune de 13 ans, qui s'explique facilement si on en rapproche la date du débarquement d'Édouard III à La Hougue de St-Waast (12 juillet 1346) et des funestes événements qui en furent la suite.

Il faut même aller jusqu'en 1370 pour retrouver un peu de régularité dans l'inscription des actes de la cour. Louis de Montfréard est alors official et a pour lieutenant Raoul Maurice (n°˚ 261, 285, 298).

Nous ignorons quelle fut la durée de son exercice. Le 5 janvier 1380 (n. s.), le siége de l'officialité paraît être tenu par Hugues de Montfréard, chevalier ; ce n'est qu'en qualité d'arbitre amiable compositeur et probablement pour une affaire spéciale (n° 351).

En 1403 seulement apparaît de nouveau dans le registre une mention de l'official (n° 376). Il s'appelle Mathieu Guérout, prêtre, curé. Il consigne dans une note que depuis neuf à dix ans, c'est-à-dire depuis 1393, il occupe sa place ; qu'il a été choisi par Robert de La Boulaye (le 25° abbé d'après le *Gall. christ.*) ; qu'il a été maintenu par son successeur, Jean Le Berruier, et qu'il a été confirmé par Thomas, alors en fonctions (n° 376).

A partir de cette époque et pendant près d'un demi-siècle, le registre n'est plus tenu qu'avec une irrégularité croissante. Après des lacunes de deux, puis de douze, puis enfin de trente-six ans (1415 à 1451), nous ne voyons plus qu'un official dont le nom soit consigné dans le manuscrit : maître Renauld Le Canu qui est en exercice le 24 juin 1456, sous l'administration de Richard Sabine, le 30° abbé de Cerisy (n° 412).

Durant cet intervalle, si tristement rempli par la guerre et par l'occupation anglaise, rien, si ce n'est les lacunes que nous venons de signaler, ne nous révèle les épreuves que l'abbaye put subir et les restrictions que ses priviléges purent recevoir. Nous n'avons découvert dans le manuscrit d'autre trace des événements qui réduisirent la Normandie à une si profonde misère que quelques mots d'une formule de citation donnée par l'official à ses appariteurs pour citer devant lui les collecteurs de l'impôt de rachat des Anglais, — *collectores redemptionis Anglicorum* (n° 429).

Mais si l'ennemi, pendant sa longue domination, avait respecté les droits de l'abbaye, ce qui nous semble certain, un évêque de Bayeux, le lombard Zanon de Castiglione, qui occupa le siége de 1432 à 1459, essaya de les réduire, quand les Anglais ne les menaçaient plus. Il s'attaqua précisément au privilége d'exemption. L'abbé Richard Sabine fut obligé d'en appeler au pape. La cour de Rome lui donna gain de cause, et il se plaça sous sa protection. Ce fait nous explique le titre inusité jusque-là qui, à la date du mois de juin 1456, est inscrit au

folio 494 du manuscrit (n° 418) : « Sequitur registrum causarum re-
« verendo in Christo patri domino Ricardo, abbati... a sancta sede apos-
« tolica commissarum. »

Nous avons dit que l'official de l'abbaye avait une double attribution.
Chargé de la juridiction volontaire, il visitait les églises des paroisses ;
— comme juge, il connaissait, soit au siège de la cour, — *in porticû,
in parlatorio magno ante monasterium* (n°⁵ 59, 60), soit dans les lieux
qu'il visitait, des causes criminelles ou civiles qui étaient de sa compétence. Il avait une troisième prérogative : il donnait acte aux parties
des déclarations qu'elles venaient passer devant la cour et d'où il ré-
sultait soit un engagement synallagmatique, soit une obligation unilaté-
rale, comme une reconnaissance de dette. Nous avons des exemples de
cette sorte de procès-verbaux, les uns relatifs à des louages de travail
et de service, un autre à une société de labourage (n°⁵ 253, 335, 249,
254, 29).

Les visites avaient lieu assez régulièrement chaque année et, en
général, au mois de mars, dans les quatre paroisses de Littry, les Deux-
Jumeaux, Cerisy et St-Laurent-sur-Mer. Elles étaient précédées d'un
mandement (nous en avons la formule, n° 9) que l'official adressait au
curé, aux fins de réunir les trésoriers ou marguilliers qui devaient,
sous peine d'amende et au jour indiqué, assister à la visite de l'église.
Le même mandement ordonnait la convocation des notables paroissiens
en présence et par le concours desquels devait se faire cette visite,
ainsi que l'enquête générale sur les mœurs, les délits commis et la
réforme des abus.

En ce qui concernait les églises, l'inspection s'appliquait à l'état des
édifices, du cimetière, des fonts baptismaux et de la léproserie ; aux
ornements, aux livres, aux vases sacrés et autres objets du culte ; à la
manière dont se célébraient les offices, aux écoles, à l'assistance des
pauvres, etc. Les trésoriers pouvaient être condamnés personnellement,
sous une contrainte pécuniaire fixée par l'official, à fournir les objets
manquants ou à exécuter les réparations prescrites (n°⁵ 95-378).

Pendant la période à laquelle le manuscrit s'applique, les officiaux de
Cerisy eurent à constater une situation peu florissante. Il y avait des
églises et des léproseries qui tombaient en ruines. A Littry, par exemple,

en 1319, il y avait des travaux urgents à faire aux portes, aux fenêtres et à la toiture de l'église (n° 64). Et en 1374, le mal s'était tellement aggravé que le prêtre ne pouvait plus dire la messe, parce que la pluie tombait sur l'autel et que le vent éteignait les cierges et enlevait le corporal qui couvrait le calice (n° 278). Il en était de même à Deux-Jumeaux, où le curé ne chantait ni matines, ni les heures, et où les enfants des écoles n'apprenaient même plus les psaumes. A Cerisy, aux portes même de l'abbaye, l'église paroissiale avait, en 1377, toutes ses vitres brisées, et ne possédait plus ni surplis, ni chappes (n° 315).

Les malheurs du temps expliquent d'une manière suffisante déjà un pareil état de choses ; mais à cette cause, il faut bien en ajouter une seconde qui, peut-être, était la conséquence nécessaire de la première : la décadence des mœurs dans nos campagnes, comme nous le dirons bientôt.

Après que l'official avait visité l'église, il réunissait un certain nombre de notables du pays, qu'on désignait sous la dénomination de prud'hommes ou bonshommes, *probi* ou *boni homines*, ou de jureurs, *juratores*, et il procédait, en leur présence, à une enquête sur les faits qui lui étaient signalés par ces enquêteurs et qui étaient de nature à être réprimés et punis. Ces faits étaient assez variés et comprenaient non-seulement ce que nous nommons contraventions, délits et crimes, mais aussi ce qui nous paraît être du domaine exclusif de la conscience ou du for intérieur.

Dans les limites de sa circonscription, certains faits appartenaient à la juridiction de l'official à raison de leur nature et d'autres à raison de la condition des personnes. C'est ce que les juristes appelleraient la double compétence *ratione materiæ* et *ratione personæ*.

A la première catégorie se rattachait tout ce qui était relatif aux fiançailles, au mariage et aux mœurs en général. Les affaires de ce genre sont de toutes les plus nombreuses. Le registre en offre à chaque page des exemples très-curieux. Il s'agit tantôt d'une demande en nullité de fiançailles, tantôt d'une opposition à la célébration d'un mariage. Ici, la fille délaissée se prétend la première fondée en titre par une promesse réciproque et par ce qui s'en est suivi ; ailleurs, c'est le garçon qui soutient et demande à prouver que la future a rompu les fiançailles sans la permission et le jugement de l'Église. — Les actions en nullité de mariage sont aussi assez fréquentes ; quelquefois elles sont intentées par les deux époux ou par un tiers ; d'autres fois par le mari contre sa femme, pour adultère ; d'autres fois encore contre le mari par la femme, qui l'accuse d'impuissance ou simplement de négligence dans l'accomplissement du devoir conjugal. Il y a plusieurs cas d'annulation de mariage après enquête et expertise de matrones. La femme est alors autorisée par le juge à convoler à de nouvelles noces, et injonction est faite au mari de garder désormais le célibat (n° 54).

Après les affaires matrimoniales, les affaires qui se présentent le plus souvent sont celles de concubinage, de prostitution et de proxénétisme. Puis viennent des contraventions beaucoup moins graves : comme le mariage contracté ou les relevailles célébrées sans licence du curé de la paroisse (n°ˢ 393-157), la connivence de deux fiancés qui se présentent comme parrain et marraine d'un même enfant, pour rendre leur mariage impossible (n° 38 b), etc., etc.

A chacune des visites de l'official, la liste des abus devient plus longue et nous fournit un témoignage irrécusable de l'état de profonde démoralisation où nos campagnes du Bessin étaient descendues. Cette démoralisation avait atteint jusqu'aux membres du clergé. Les efforts les plus énergiques et les plus persévérants du représentant de la justice abbatiale se brisent contre ce relâchement général et ce déchaînement des plus grossiers instincts. Le scandale dépasse ce qu'il est permis d'exprimer. A Littry, à Deux-Jumeaux, à St-Marcouf et bien ailleurs, le curé, au milieu même de sa paroisse, oublie ses devoirs les plus essentiels. Le registre ne dissimule rien ; il nomme les coupables ; il désigne leurs complices ; il mentionne les injonctions renouvelées pendant plusieurs années consécutives, les amendes et les censures infligées ; et au bout du compte, on aperçoit difficilement que la cause de la morale ait fait quelque progrès.

Dans la même catégorie d'affaires réservées à la cour de l'officialité, à raison de leur nature même, se rangent les cas de sorcellerie, de blasphème, d'hérésie, d'usure, d'infraction aux règlements relatifs aux lépreux, d'enfants laissés sans baptême, etc.

Les accusations de sorcellerie se rencontrent de temps en temps ; elles sont peu graves. Une femme guérit les maladies des yeux avec des charmes, *cum falsis carminibus*. Une autre rend la santé aux infirmes par la vertu des paroles et de l'aubépine, *per verba et de alba spina* (1). Deux hommes sont mis à l'amende, pour être allés jusqu'en Bretagne consulter un devin, etc. (n°⁵ 10, 13, 73, 96, 188, 285, 269, 380, etc.).

Les poursuites pour hérésie sont plus rares encore. La seule à signaler remonte à l'année 1345. Un nommé Samson Vautier, de la paroisse de Deux-Jumeaux, personnage peu recommandable d'ailleurs, est appelé devant la cour, avec injonction de se faire absoudre de l'excommunication prononcée contre lui il y a sept ans; il déclare *quod tantum valet panis benedictus quam corpus Christi*; et qu'il n'a pas besoin d'absolution, parce que son travail le sauvera — *quod labor ejus salvabit eum*. Même action est intentée à la même époque contre un Guillaume Le Conte, qui, excommunié aussi *a septennio citra et amplius*, refuse de s'approcher du sacrement et doit dès lors être réputé hérétique, le délai légal pour rentrer dans le giron de l'Église étant expiré (n° 26).

Le rôle de l'officialité compte enfin quelques affaires de prêts sur gage, d'usure, d'achat de blé en terre, — *bladum in terra*, — fait assimilé à l'usure (n°⁵ 9, 26, 43, 110, 194); d'infractions au repos du dimanche et jours de fête (n°⁵ 147, 172, 173, 250, 259, 387, 390); et de contravention aux règlements concernant les lépreux (n°⁵ 9, 26, 42, 96, 97, 195, 213).

La connaissance des causes que nous venons d'énumérer appartenait à la cour ecclésiastique, quelle que fût la qualité des parties; la répression de certaines autres, nous l'avons dit, ne lui était, au contraire, réservée qu'autant que les parties ou l'une d'elles jouissaient du privilége de clergie; et l'on sait combien, au moyen âge, ce privilége était répandu et combien il était facile de l'obtenir.

Cette seconde catégorie d'affaires comprend un grand nombre de cas relatifs, pour la plupart, à des injures publiques, à la diffamation ou calomnie et à des coups et blessures.

En matière de violences sur les personnes, la procédure varie suivant que les blessures constatées ont un degré plus ou moins grand de gravité.

---

(1) L'aubépine étoit douée par les Romains d'une vertu magique (Conf. Pline, liv. XVI, § 30 ou 18; Ovide, *Les Fastes*, liv. VI).

Lorsque les violences sont légères, l'official seul prononce la condamnation et applique la peine qui, le plus ordinairement, est une simple amende; quand les coups ont été réciproques, les deux délinquants la paient (n°ˢ 93, 278, 279, 303, etc.). Mais, dans les cas où il y a *enormis sanguinis effusio*, bris de membre ou autre lésion majeure, il faut faire appel au bras séculier. L'official et le juge laïque désignent ensemble chacun trois jurés; puis ces six jurés indiquent un certain nombre de jureurs ou témoins avec le concours desquels on procède à l'information (n°ˢ 80, 87). Dans certaines circonstances, cependant, et spécialement quand il est prêtre, l'inculpé peut offrir de se purger de l'accusation par le serment de douze de ses pairs — *cum duodecima manu sui ordinis* (n° 52). D'autres fois, la justification se fait *cum septima manu* (n° 27), et même quelquefois *per sex viros idoneos* (n° 84).

Le registre contient une longue et curieuse procédure suivie au mois de septembre 1375, à Cerisy, par l'official, à l'occasion d'un coup de couteau donné par un clerc nommé Roger Le Valois à un nommé Roulland Le Jouvencel (n°ˢ 310 et suiv.).

L'expert juré du roi — *juratus regis*, — appelé immédiatement après la rixe, avait pansé la blessure qui lui avait paru mortelle. L'official, averti, se transporte aussitôt sur le lieu du crime avec ses appariteurs, et, assisté de ses deux assesseurs clercs et de plusieurs laïques, il reçoit la déclaration de l'expert; il en dresse un procès-verbal détaillé et invite ses deux jurés clercs à recueillir tous les renseignements préparatoires.

Le résultat de cette première information et la déclaration de la victime, qui meurt quatre jours plus tard, sont consignés dans un second rapport. Le juge ordonne alors à deux de ses appariteurs, « le cas se transformant en meurtre », — « *et quod res transierat in homicidium* », de citer à comparaître devant la cour les prud'hommes ou témoins tant clercs que laïques des environs du lieu où Roulland Le Jouvencel a été frappé, « — *bonos homines de circuitu loci in quo dictus Reullandus vulneratus « fuerat, tam clericos quam laïcos, ut certius hujus facti veritatem scire « possemus per debitam informationem* (n° 309). »

Quatorze témoins sont entendus sous la foi du serment, et leurs dépositions reçues et rédigées avec un soin et une précision que ne désavouerait pas un juge d'instruction du XIX° siècle. Malheureusement, le greffier-clerc n'a point transcrit sur son plumitif les autres actes de la procédure, et nous ne savons pas comment se termina l'affaire. Le meurtrier, sans doute, fut remis au bras séculier.

Les délits de vols se présentent plus rarement que les attentats contre les personnes. Le pouvoir laïque renvoie le voleur arrêté devant le juge d'église toutes les fois que sa qualité de clerc est reconnue ; et il arrive souvent qu'on rend le prévenu à la liberté, s'il offre une caution pécuniaire suffisante ou des *fidéjusseurs* dignes de confiance (n°° 49, 53, 56, 87, 98, 212, 302).

Enfin, certains autres délits, dans l'énumération desquels il serait fastidieux d'entrer, tels que violation de domicile, bris de clôture, rupture de trêve, ouverture de cabaret sans autorisation, etc., se présentent de temps en temps et sont mentionnés dans le manuscrit.

La justice de l'abbaye de Cerisy était très-jalouse de ses droits ; elle élevait facilement des conflits. On rencontre fréquemment des condamnations à l'amende prononcées contre des justiciables qui se sont permis de citer leur partie adverse soit devant le bailli, soit devant l'official de l'évêque de Bayeux (n°° 8, 37, 74, 102, 109, 288) ; on en prononce même contre des prêtres ou des clercs qui avaient donné à des plaideurs le conseil de se soustraire à la juridiction légale (n°° 14, 106, 119).

Les peines appliquées par l'official, pour les divers cas qui lui étaient soumis, étaient : l'injonction de ne pas récidiver sous peine de payer une somme déterminée ; l'amende, tantôt fixée par la sentence avec exécution immédiate, tantôt réservée à la volonté du juge, comme caution de bonne conduite ou comme trêve imposée ; la pénitence publique appliquée principalement aux femmes, et qui consistait à faire amende honorable à genoux (n° 8, 13) ou à suivre la procession du dimanche ou des jours de fête nu-tête, nu-pieds, en chemise et sans ceinture, « *in tunica, nudis pedibus, incapillata, non cincta* » (n°° 130, 139), etc. ; l'échelle, *scala*, ou pilori (n°° 85, 127, 182) ; la prison soit à temps, soit perpétuelle (n° 61), soit, dans l'un ou l'autre cas, au pain et à l'eau (n° 62) ; et enfin comme peine tantôt comminatoire, tantôt principale, tantôt accessoire, l'excommunication à ses divers degrés et prononcée soit par jugement contradictoire, *pro judicato*;

soit par jugement sous condition, *pro judicato de nisi* ; soit d'office, *contra promotorem* ; soit sur requête, *per rogatum* (n° 257).

L'excommunication était d'un usage extrêmement fréquent, abus contre lequel deux siècles plus tard le Concile de Trente devait réagir ; elle frappait les justiciables de l'abbaye pour les moindres fautes. A partir de 1323 ou 1325, le registre nous donne de longues listes d'excommuniés, qui indiquent les noms de ceux qui ont obtenu la sentence et de ceux contre lesquels elle a été rendue. Lorsque cette sentence est prononcée d'office par le juge, on le mentionne par la formule : « *Ex officio nostro pro « manifesta offensa culpis suis exigentibus.* » — Depuis l'année 1370, le greffier inscrit, en outre, le nom de la paroisse dont le curé est chargé par l'official de publier chaque dimanche la liste des excommuniés ayant leur domicile dans cette paroisse (1).

Ce dernier détail nous amène à rechercher, et c'est par là que nous terminerons cette simple note, quelle était au XIV° siècle l'étendue territoriale de la juridiction de l'abbaye.

D'après les documents primitifs, nous avons vu que le fondateur aurait donné à St-Vigor vingt-cinq villages autour de Cerisy. Aux derniers jours, c'est-à-dire vers la fin du XVIII° siècle, il n'y en avait plus que dix-sept. Hermand, dans la partie inédite de son *Histoire du diocèse de Bayeux*, les énumère ainsi : St-Vigor d'Amayé-sur-Seulles, St-Pierre de Hupain, St-Germain de Littry, Notre-Dame et St-Eustache de Mosles, Notre-Dame et Saintes-Reliques de Neuville, près Port-en-Bessin, St-Germain de Saonnet, Notre-Dame et St-Martin de Tessy, St-André de Thorigny, St-Médard et St-Godard de Bérigny, Notre-Dame de Litteaux, Ste-Madeleine de Cerisy, située dans la nef de l'église abbatiale, St-Clair, St-Martin de La Meaufe, St-Pierre d'Agnerville, St-Martin de Formigny et Notre-Dame de Couvains, St-Laurent de Parfouru. Tous ces noms, sans exception, se retrouvent sur les listes d'excommuniés.

L'abbaye avait évidemment, depuis le XIV° siècle, éprouvé des pertes assez nombreuses dont on parviendrait peut-être, avec de patientes recherches, à retrouver les causes et les dates. Nous savons, par exemple, qu'en 1331, la cure d'Épinay, qui appartenait alternativement aux religieux et

---

(1) Conf. Statuts du synode de Coutances de 1372 *(Ap. Dom Bessin*, p. 561 et 569).

à l'évêque, avait été, par une sentence du bailli de Caen, enlevée à ceux-là pour être attribuée exclusivement à l'évêché. Mais, d'un autre côté, il conviendrait d'ajouter à la nomenclature donnée par le curé de Maltot, les paroisses qui sont mentionnées soit dans les sentences, soit dans les listes d'excommuniés que renferme le registre et qui dépendaient de l'officialité de Cerisy. On arrive ainsi à cette conclusion que pendant la période que ce registre embrasse, le monastère n'avait pas cessé de posséder, à l'exception peut-être de deux ou trois églises, toutes celles qui lui avaient été concédées par la charte de fondation et que les limites de sa juridiction ne furent sensiblement restreintes que depuis la fin du XV° siècle.

Cette question de détail, comme beaucoup d'autres qui restent à élucider, trouverait, du reste, sa solution dans les renseignements nombreux que renferme, pour qui saura les y recueillir, le précieux manuscrit de Cerisy.

En nous aidant à le publier dans nos Mémoires, M. Léopold Delisle acquiert donc un nouveau titre à notre gratitude et rend un nouveau service aux études historiques, qui déjà doivent tant de remarquables travaux au savant administrateur de la Bibliothèque nationale. Les Archives de nos départements, en effet, malgré les atteintes du temps et des révolutions, possèdent encore de grandes richesses qui sont trop peu explorées et qui, pourtant, sont la source la plus sûre de l'histoire de notre vieille province. C'est là que nous devons la chercher, et c'est l'œuvre à laquelle, depuis plus d'un demi-siècle, la Société des Antiquaires s'est consacrée.

REGISTRUM

CURIE OFFICIALIS CERASIENSIS

[JURAMENTUM ADVOCATORUM ET NOTARIORUM.]

1. *a*. — (1) Advocati curie Cerasiensis jurabunt quod ipsi deferent et reverenciam facient dominis abbati et conventui Cerasiensi et maxime dicto abbati et ejus officiali in omnibus licitis et honestis. Item et quod aliqua non machinabuntur nec facient contra ipsos abbatem, conventum vel officialem, publice vel occulte, et si illud scirent vel intelligerent per se vel per alium id dicto officiali revelabunt. Item quod si ipsi sciant aliquem in dicta curia abuti aut quicquid falsitatis, id officiali similiter revelabunt. Item et quod secreta curie minime revelabunt, nec contra officium quoquo modo patrocinabunt nec contra dictos religiosos aut contra jura dicti monasterii, nisi prius a dicto officiali petita licentia et obtenta. Item et quod officium advocati juxta legem *Rem non novam*, § *Patroni* (2), cum auctentica *Hodie* sibi situata cum aliis concordanciis, fideliter exercebunt, et in aliquibus actis vel litteris sua nomina non signabunt, nisi eis prius visis diligenter et inspectis contenta in eis sciverint esse vera aut crediderint eas transire debere.

1. *b*. — Notarii curie Cerasiensis jurabunt quod ipsi deferent et reverenciam facient dominis abbati et conventui Cerasiensi et maxime dicto abbati et ejus officiali in omnibus licitis et honestis. Item et quod aliqua non machinabuntur nec facient contra ipsos abbatem, conventum vel officialem publice vel occulte, et si illud scirent vel intelligerent per se vel

---

(1) Mss. fol. 2.
(2) *Cod.*, lib. III, tit. I, l. 14.

per alium, id dicto officiali revelabunt. Item quod si ipsi sciant aliquem in dicta curia abuti aut quicquid falsitatis, id officiali similiter revelabunt. Item et quod secreta curie minime revelabunt. Item et quod plus non capient de litteris (1) quod signabunt in eis, nisi forte littere rescribende fuerint, dum tamen non sit per culpam eorum, et tunc se in hoc graves non reddent, sed de hoc petent salarium competens pro pena eorum, nec propter ambitionis vicium plus signabant in eis quam secundum stillum curie signandum fuerit, nisi de precepto officialis vel ex causa, nec minus etiam propter amorem alicujus vel favorem. Item et quod de duabus partibus emolumenti sigilli quilibet pro rata officialis quolibet mense facient satisfacionem condignam, salvis tamen hiis que de gratia officialis plus de aliquibus litteris reportabunt. Item et quod in scriptura rasura vel interlineari falsum vel vicium non facient aut committent nec ab illis in curia fieri tolerabunt scienter, et si hoc ab aliquo fieri perciperent id officiali quam cito poterunt revelabunt. Item et quod litteras aliquas de posteriori data non facient nec priori, nisi de precepto officialis vel sub nomine advocati id ita existere in fide quam debet curie asserentis. Item et quod in actis aliquibus advocati nomen non apponent. Item et quod secreta curie minime revelabunt. Item et quod si aliquid scirent per quod prejuditium vel detrimentum aliquod curia pati posset, illud officiali revelabunt. Item et quod non transibunt procuratoria vel confessiones nisi habeant noticiam de personis, vel nisi constanter crediderent quod persone sint presentes nisi eis licencia concedatur, nec aliquid scribent in illis quod non sit actum. Item et quod in causis suis acta sua non scribent, sed per alios notarios juratos curie facient ea scribi. Item et quod gratis aliquas litteras non facient nisi personis de quibus consuetum est quod litteras gratis habeant vel nisi de precepto officialis ita fiet. Item et quod notarii officium fideliter exercebunt. Item et quod aliquas litteras non mittent vel tradent ad sigillum nisi eis diligenter inspectis ac lectis.

(1) Sous-entendu *quam*.

ANNO 1314.

2. — (1) Anno Domini M° CCCXIIII^{mo}, die veneris post festum beati Martini estivale (2), intravit Yacobus Louvet officium curie Cerasiensis et fuit ejus commissio publicata, continens istam formam :

Universis presentes literas inspecturis, frater Th., divina permissione, humilis abbas monasterii Sancti Vigoris de Ceraseyo, ordinis sancti Benedicti, Baiocensis diocesis, salutem in Domino. Noveritis quod nos dilectum et fidelem nostrum magistrum Jacobum dictum Louvet, presbiterum, rectorem majoris porcionis ecclesie de Colevilla supra Oulnam, de cujus circonspectione confidimus, nostrum facimus et constituimus officialem, et omnem jurisdictionem nostram in spiritualibus ac universales cognitiones et decisiones causarum et negotiorum, tam motarum quam movendarum in eadem jurisdictione nostra, necnon specialiter visitaciones, inquisitiones, correctiones et puniciones tam delinquentium quam delictorum perpetratorum et perpetrandorum, presencium et futurorum, in quos et de quibus animadvertere possemus et deberemus tam de consuetudine quam de jure, ac omnia que circa premissa et eorum quodlibet fuerint opportuna, eidem magistro Jacobo, tenore presencium, duximus commictendas, donec eas ad nos duxerimus revocandas, commissionem predictam in qualibet sui parte a quibus cunque quibus a nobis facta fuerat ante omnia revocantes. In cujus rei testimonium, sigillum nostrum presentibus literis est appensum. Actum et datum anno Domini M° CCCXIIII^{mo}, die sabbati ante Penthecosten Domini (3).

3. — Hec sunt cause quare detinemus Johannem l'Arquier, clericum, nostro carcere mancipatum : primo quia repertus in nostra jurisdictione presencialiter delinquendo Thome le Portier, clerico servienti religiosorum virorum dominorum abbatis et conventus Cerasiensis, habenti plenam et liberam potestatem, notorie, nulli penitus ignoratam, in ipsa jurisdictione capiendi taliter delinquentes, volenti capere ipsum delinquentem se difforciavit; nec eo contentus in eundem servientem, clericum,

---

(1) P. 1.
(2) 5 juillet.
(3) 25 mai.

Johannem le Portier, Henricum Blanguernon, clericos, ipse Johannes unacum quibusdam suis complicibus insultum fecit et in ipsos clericos et eorum quemlibet et quam plures alios ad clamorem eorum miserabiliter affluentes manus injecit temere violentas usque ad gravem et enormem sanguinis effusionem, eosdem clericos maxime vulnerando adeo quod de morte ipsorum verisimiliter timebatur; que fecit in pleno mercato in tot et tantorum presencia ad clamorem de haro, rumpendo ac frangendo libertates monasterii Cerasiensis, quod talis injuria debet merito dici atrox, imo atrocissima, gravissimam penam merens, fueratque et erat idem Johannes talia in nostra jurisdictione (1) facere consuetus. Unde justicia secularis dicti monasterii in dicto presenti delicto finaliter eum cepit, monita que (2) esset de reddendo nobis eundem, cum esset in possessione tonsure clericalis, reddidit nobis illum, hoc tamen asserens quod informata super hoc sciebat premissa notorie ita esse, et quod ipse Johannes super raptu Johanne uxoris Rogeri Cuquarrey et plurium aliarum in nostra jurisdictione ab eodem Johanne perpetrato, tam de nocte quam de die, hostiorum plurium fractione de nocte, gentium verberatione, bonorum alienorum substractione per modum latrocinii et rapine, fuerat et erat in dicta jurisdictione notorie et publice diffamatus, ac etiam ipsa justicia negans ipsum Johannem esse clericum, qualemcunque tonsuram defferret, fuit coram nobis protestata quod ipsa dictum Johannem tanquam laicum suum repeteret et laicum fore probaret et rehaberet super dictis criminibus puniendum; et postmodum ipsa justicia secularis ad nos accedens et premissa omnia esse vera proponens ac ipsum esse laicum et pro laico se gessisse ante capcionem et detencionem ejus, nobis cum instantia supplicavit ut ipsum Johannem eidem justicie redderemus super dictis criminibus puniendum, offerens se probare coram nobis dictum Johannem esse laicum et pro laico se gessisse ut supra, et omnem cognicionem, correctionem et punitionem dicti Johannis et criminum predictorum ab ipso perpetratorum ad ipsam justiciam secularem totaliter pertinere, nos que alias super dictis criminibus ab ipso in nostra jurisdictione perpetratis per clamosam plurium fide dignorum insinuacionem et famam publicam informati, ipsum Johannem suspectum et super dictis injectionibus et delicto primo dicto puniendum et culpabilem reputamus,

---

(1) Le copiste a répété ici le mot *talia*.
(2) Suppl. *cum*.

habuimus et habemus, adeo quod debet carcere merito detineri quousque se purgaverit aut innocentem se probaverit de premissis.

SENTENCIE.

4 *a*. — (1) Predicta die veneris (2), tulit sentenciam diffinitivam in causa matrimoniali quam movebat coram nobis Coleta filia Bertrandi de Quemino contra Thomam de Ceraseio in hunc modum : quia nobis constat quod Nicolaa mater dicti Thome de sacro fonte levavit Coletam filiam Bertrandi de Quemino, que dicebat cum dicto Thoma de facto matrimonium contraxisse, dictum Thomam ab impetitione dicte Colete absolvimus in hiis scriptis, prononciantes inter ipsos matrimonium stare non posse.

4 *b*. — (3) Die veneris post festum sancti Martini (4), Thomas de Ceraseio et Coleta de Quemino nobis gagiaverunt emendam pro eo quod invicem commisserant fornicationem illicitam, maxime scientes quod mater dicti Thome dictam Coletam levaverat de sacro fonte. Taxavimus contra virum X solidos; solvit. Contra mulierem : egit penitentiam, quia unde solvere non habebat.

5 *a*. — Die mercurii post dictum festum sancti Martini (5), incarceratus fuit Engerrandus de Moleto, clericus, quia excommunicatus erat a predecessoribus nostris ex officio et pro criminibus sibi impositis, maxime pro suspectione criminis furti, de quo fueramus saltem summarie informati ; et maxime invenimus quod erat de pluribus diffamatus.

5 *b*. — Die jovis in festo beati Petri ad Vincula (6), Petrus ejus pater, laicus, Yvo frater dicti Engerrandi et Guillermus de Vallibus, clerici, et eorum quilibet in solidum manuceperunt et promiserunt pro ipso Engerrando, ad penam V° librarum turonensium, quod ipse Engerrandus teneret prisionem quam sibi duceremus injungendam ; et ipse Engerrandus hoc promisit per fidem et sub pena illa quod si contra fecerit super dictis criminibus habebitur pro convicto.

6. — Colinus de Nulleyo (7), clericus, filius Petri de Nuilleyo, gagiavit

---

(1) P. 2.
(2) 5 juillet 1314.
(3) P. 3.
(4) 5 juillet.
(5) 10 juillet.
(6) 1ᵉʳ août.
(7) *Cer* [*aseyo*] est écrit au-dessus de *Nulleyo*.

nobis emendam pro eo quod ipse fuit particeps conflictus apud domum dicte la Gogueree de Listreyo, unde fuit multum scandalum, quod ipsa rapta fuit; et quia manus violentas injecerat in Henricum Goie, clericum, alias le Panetier; super qua emenda ita gagiata cum auctoritate dicti patris, ipse pater et Radulfus Toulemer una cum ipso Colino se fecerunt principales debitores et eorum quilibet in solidum, et eandem emendam taxavimus ad XXV solidos, monentes ipsos primo, secundo et tercio sub pena excommunicationis ut infra festum exaltationis sancte Crucis (1) nobis satisfaciant de predictis; cui acquieverunt expresse per juramenta. Actum die lune ante assumptionem beate Marie (2). Solvit X solidos. Quittus est quia pauper; die lune post Omnium Sanctorum (3).

7 *a*. — Monitoria. — Listreyum. — Radulfus Rogeri, clericus, filius Ricardi Rogeri, cum auctoritate ejusdem Ricardi, patris sui, gagiavit nobis emendam pro eo quod ipse una cum aliis violenter et de nocte domum Johanne la Gogueree fregerat et rupperat et eam rapere nisus fuit, et ipse et alii ejus complices fregerunt hostium dicte Johanne et discooperuerunt domum violenter et macerias dilaniaverunt cum magno clamore et scandalo, prout per testes fide dignos super hoc fuimus informati. Taxamus emendam ad XXV libras, super quibus dictus Ricardus, ejus pater, una cum ipso se fecit debitorem principalem, quilibet eorum in solidum et promiserunt de eis satisfacere ad v[oluntatem nostram] infra festum exaltationis sancte Crucis (4); super quibus [monemus eosdem]. Actum [die] martis post assumptionem [beate Marie] (5).

7 *b*. — (6) Monitoria. — Listreyum. — Eadem die martis post assumptionem beate Marie (7), Johannes Onfredi, clericus, nobis gagiavit emendam ex eadem causa cum ipse et dictus Radulfus fuissent factores dicti conflictus, quam similiter taxamus ad XXV libras, et dictus Ricardus Rogeri se constituit super eis debitorem erga nos, et promisit, tam ipse quam ipse clericus, super hoc nostram facere vo-

---

(1) 14 septembre.
(2) 12 août.
(3) 4 novembre.
(4) 14 septembre.
(5) 20 août.
(6) P. 4.
(7) 20 août.

luntatem et satisfacere infra festum exaltationis sancte Crucis (1); super quo monemus eosdem.

7 c. — Monitoria. — Eadem die (2), Henricus Goie, alias le Panetier, nobis gagiavit emendam pro eodem facto, et eidem penitentiam injunximus de ipsius voluntate, cum unde penam alias redimere non haberet.

8 a. — Monitoria. — Henricus Blancgernon nobis gagiavit emendam pro eo quod insultum fecit in Hamonem de Crueria, clericum. Taxamus et ad X solidos. Remissa est quia longe erat et fuerat super hoc absolutus, et alia de causa. Actum die martis post festum beati Mathei (3).

8 b. — Notula monitoria. — Johannes filius Henrici la Gambe, clericus, cum autoritate patris sui, nobis gagiavit emendam, pro eo quod ipse, de rogato Thome Tabare, clerici, rectoris ecclesie de Blagneyo, ad mandatum officialis archidiaconi de Citra Vada, in nostra jurisdictione, Emmelotam filiam Thome Pignon, nostre jurisdictionis, coram ipso officiali archidiaconi, ad diem lune post festum sancti Michaelis in monte Gargano (4) contra Thomam le (5) Beodo et Johannam la Bourgeise in causa matrimoniali (6), dicturam quare se opponebat matrimonio contrahendo inter eos. De qua emenda dictus pater suus se fecit et constituit debitorem. Dictus officialis archidiaconi dictum citatorium revocavit, et nos alias rogavit de citari faciendo dictam Emmelotam. Taxamus emendam contra ipsum Johannem XX solidos.

Thomas Tabare, clericus, famulus domini Engerrandi de Mesnillo, rectoris majoris portionis ecclesie de Blaagneyo, nobis gagiavit emendam, quia citari fecerat per dictum Johannem la Gambe in nostra jurisdictione dictam Emmelotam, et de dicta emenda juravit facere nostram voluntatem. Taxamus emendam ad L solidos, super quibus se fecerunt debitores principales erga nos ipse Thomas et Johannes Maillefer de Ceraseyo, quilibet in solidum.

(1) 14 septembre.
(2) 20 août.
(3) 24 septembre.
(4) 30 septembre
(5) Peut-être *de*.
(6) Suppl. *citaverat*.

8 c. — (1) Monitoria.—Eodem anno, die jovis post festum Johannis Baptiste (2), Johannes le Machon, clericus, de capellaria Cerasiensi, postquam conquestus fuerat domino officiali Baiocensi quod in ipsum excommunicationis sentenciam tuleramus, licet non possemus, et idem officialis ipsum ad nos remisisset et pronunciasset hoc facere nos potuisse, ipse a nobis petiit absolvi flexis genibus, et gagiavit emendam pro commissis. — Item idem Johannes, die martis post festum beati Mathei (3), gagiavit emendam nobis pro eo quod coram nobis recusaverat respondere, et quia injuriose imponebat suppriori Cerasiensi quod erat excommunicatus, hoc dicens in judicio coram nobis. Taxamus XX solidos. Tenemus nos pro pagato et remittimus quia inconsulto calore hoc videtur fecisse.

8 d. — Magister Henricus de Ceraseio, clericus gagiavit emendam pro eo quod in judicio [coram] nobis dixit injuriose Petro de Moleto quod mentiebatur et erat . . . .

9. — (4) Visitatio facta apud Listreyum per nos officialem predictum.

9 a. — Primo, visitationem mandavimus sub hac forma :

Officialis Cerasiensis, presbitero de Listreyo, salutem. Hac instanti die lune post exaltationem sancte Crucis (5) intendimus, Deo dante, vestram ecclesiam visitare, et penes vos descendere, et facere quod nostro incumbit officio, causa visitandi. Unde vobis mandamus quatinus ad ipsam ecclesiam bene mane dicte diei citetis de parrochianis vestris per quos de inquirendis et corrigendis veritas possit sciri, nobis super hiis dicturos veritatem, et pro nobis et nostris, prout fieri debitum et consuetum est, preparare non postponatis. Datum die jovis ante dictam exaltationem (6), anno Domini M° CCC XIIII°. In signum presentis mandati a vobis recepti, presentes litteras reddite sigillatas.

9 b. — Quod mandatum nobis reddidit sigillatum suo sigillo; et ea die lune (7) descendimus ad ipsam ecclesiam et vidimus ornamenta et alia que ad spiritualia pertinebant. Sed quia gentes omnes propter

---

(1) P. 3.
(2) 27 juin.
(3) 24 septembre.
(4) P. 5.
(5) 16 septembre.
(6) 12 septembre.
(7) 16 septembre.

messes erant adeo tunc impediti quod coram nobis sine dampno et periculo amissionis messium nobiscum non poterant remanere, ideo non potuimus nostram visitationem facere quoad plenum, sed nostram procurationem recepimus competentem penes presbiterum, qui vocatur Johannes le Clerq, presbiter, capellanus Johannis de Altovillari absentis ex causa.

9 c. — Sed die dominica in festo sancti Michaelis sequenti (1), visitationem perfecimus antedictam, et invenimus defectum notorium gradalis; item defectum serraturarum pro crismatorio et almariolis ac pro fontibus sacris; item defectum corporalium cum solum esset unum par. Item invenimus quod leprosaria ville refectione necessaria indigebat, quod (2) defectus supleri et emendari precepimus per thesaurarios infra mensem. Cetera invenimus satis apta.

9 d. — Item jurare fecimus probos homines dicte ville quorum nomina sunt hec: Guillelmus de Landis, Sello Cauvin, Guillelmus Faber, Henricus la Pie, Henricus de Pratellis, Ricardus le Peleus, W. Taillebois, Ricardus Fortin, Robertus de Alnetis, Germanus le Forestier et Thomas le Conte, qui juraverunt nobis dicere veritatem, et dixerunt se nichil scire corrigendum vel emendandum in ipsa parrochia, preterquam premissos, ut dicti sunt, defectus, cum hoc quod dicunt Germanam la Rosee de falsis carminibus diffamatam; item et quod similiter Guillelmus de Monteigneyo et ejus uxor diffamati sunt quod ad domum eorum veniunt sepe, quia tenent tabernam, plures fatue mulieres de incontinentia diffamate.

9 e. — Apud Listeryum (3). — Jordanus Blandin diffamatur de adulterio cum Caterina uxore Sansonis de Landa.

Johannes la Pie et Johanna ejus uxor male se tractant, nec jacuerant simul a decem et septem annis.

Idem Johannes la Pie diffamatur de Constantia relicta, Andree de Brueria.

Petrus de Caisneto diffamatur de Johanna uxore Johannis la Pie.

Thomas de Alnetis, junior, diffamatus de uxore Johannis Onfredi de Boueleya. Vir fatetur. Emendavit.

Jacobus le Fae diffamatus de heresi.

---

(1) 29 septembre.
(2) Corr. *quos*.
(3) P. 11.

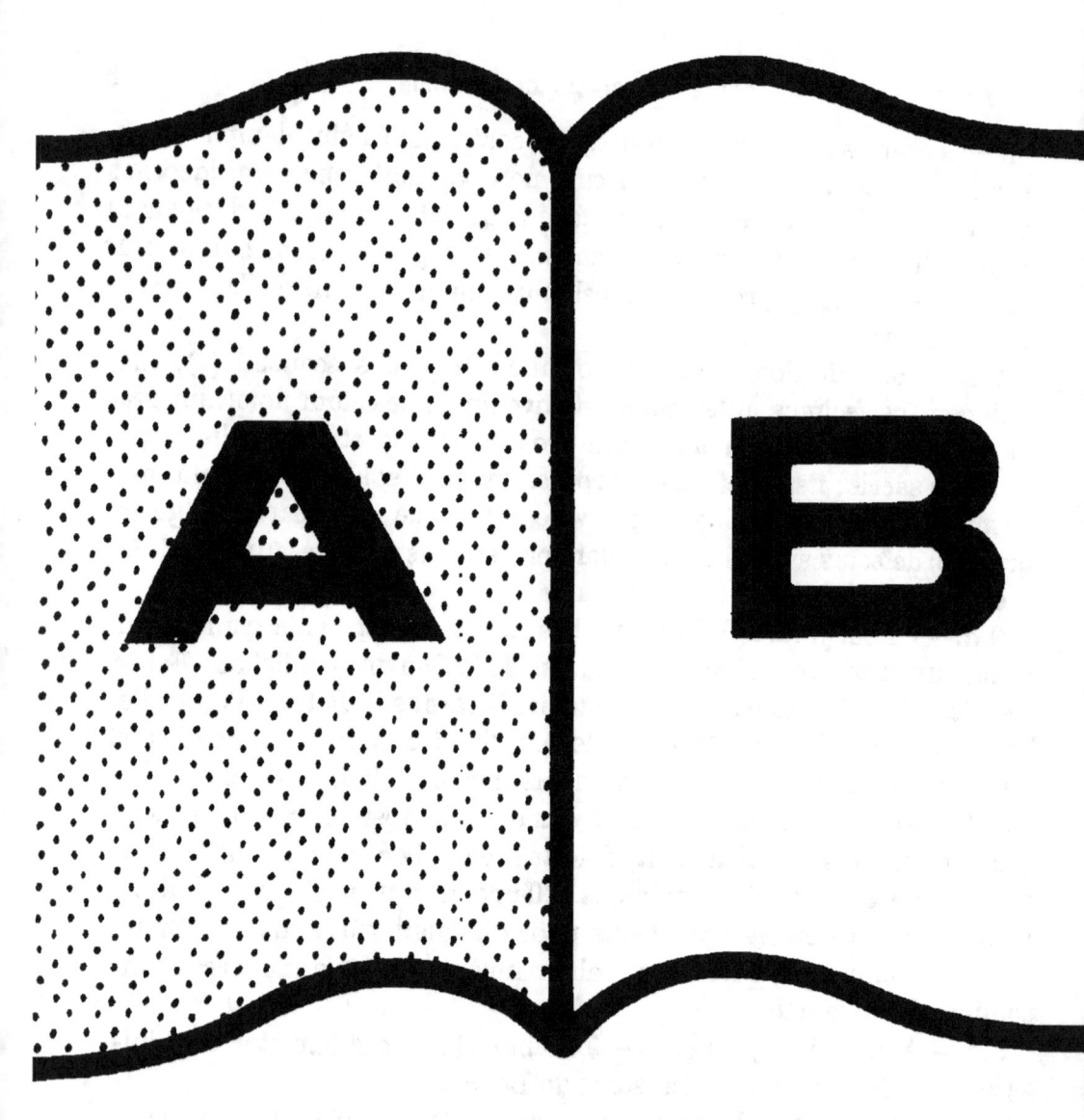

Contraste insuffisant

NF Z 43-120-14

9 *f.* — Thomas le Conte diffamatus de usura. Confitetur extorsisse de Tiot IV solidos et nomine neptis sue VIII solidos. Monitus de emendando, gagiavit emendam, quam taxamus ad XX solidos. Infra octo dies juravit solvere; alias excommunicabitur. Solvit III solidos. Absens est, salva emenda. Si recidivat solvat X libras.

Thomassia de Alnetis diffamata de Johanne le Douz, presbitero.

Germanus l'Aloier diffamatus de lepra. Excusatus per absentiam.

Selle le Pietel diffamatus de uxore Ade de Bosco et est ejus compater. Vir confitetur famam, negat factum. Ad cras ad purgandum cum XX^a manu.

Thomassia la Goguereie diffamata (1) meretricio publico. Excusata.

Guillelmus de Monteigneyo de lenocinio.

Johannes le Panetier diffamatus de filia au Truan. Confitentur. Emendarunt. Penitentiam eis injunximus, et sese abjurarunt. Pauperes sunt.

9 *g.* — Guillelmus Heberti diffamatus de usurarum pravitate. Fatetur bladum in terra emisse, etc. Monitus de emendando, hoc facere recusavit. Finaliter gagiavisse emendam videtur. Pauper est. Taxamus ad XX solidos. Non tamen (?) levabimus. Injunximus ut abstineat ad penam XL librarum. Solvit III solidos.

Johannes l'Escleuquier, clericus, custos ecclesie de Listreyo, gagiavit emendam pro eo quod cum Laurentius Thorel fuisset a nobis excommunicatus et idem custos litteram excommunicationis sigillasset, postmodum ipse fecit aut permisit eundem inhumari in cimiterio de Listreyo, asserens presbitero quod hoc..... orabat, qui hoc alias non fecisset. Suspensimus ab officio custodis usque ad nostrum beneplacitum, et taxamus emendam ad X libras; die martis ante sancte Michaelis in monte Tumba (2).

9 *h.* — Dominus Johannes de Altovillari, rector ecclesie de Listreyo, diffamatus erat de tabernis frequentatis. Unde inhibemus eidem ne in tabernis de cetero frequentet ad penam X librarum, die mercurii post festum sancti Martini yemalis (3). Et ea die confitetur se debere

---

(1) Suppl. *de.*
(2) 14 octobre.
(3) 12 novembre.

michi nomine patris sui ab annis..... quinque solidos nomine annue pensionis pro salariis suis ratione patrocinii ab me sibi prestiti coram officiali Baiocensi et archidiacono de Citra Vada et decano, contra Galterum Conversum et alios adversarios suos.

10 *a*. — (1) In causa matrimoniali coram nobis agitata inter Gaufridum Aenor, clericum, ex una parte, et Lucassiam Blondel, ex altera, viso et examinato processu, visis positionibus et responsionibus ad eas, depositionibus testium et interrogatoriis a nobis ex officio nostro factis et responsionibus partium ad eadem, consideratis favore cause et prolis et (2) aliis que nos movere poterant et debebant, communicato juris peritorum consilio, dictos Gaufridum et Lucassiam adjudicamus in maritum et uxorem, ipsum Gaufridum ad sollempnizandum matrimonium in facie ecclesie cum dicta Lucassia temporibus ad hoc aptis, bannis que factis, ut moris est, dum tamen non sit impedimentum canonicum quod obsistat, sentencialiter condempnantes. Lata die martis post festum beati Michaelis in monte Gargano (3), partibus presentibus.

10 *b*. — Sentencia. — In causa matrimoniali coram nobis agitata inter Petronillam relictam Ricardi le Quoquerel, ex una parte et Jordanum dictum Neel ac Aeliciam de Quesneto, ex altera, viso et examinato processu, inspectis natura cause et condicionibus personarum, communicato juris peritorum consilio, dictos Jordanum et Aeliciam ab impetitione dicte Petronille absolvimus in hiis scriptis, dantes eisdem Jordano et Aelicie, quos adjudicamus in sponsos, licentiam matrimonium inter se contrahendi, ipsius Petronille oppositione de qua nobis constare non potuit, non obstante, ipsam Petronillam tamen ab expensis absolvimus et ex causa. Lata partibus presentibus, die martis post festum beati Michaelis in monte Gargano (4).

10 *c*. — Sentencia. — In negotio executionis rerum judicatarum quod de novo movebat coram nobis Guillelmus le Cordier, clericus, contra Laurencium le Prevost, viso processu, communicato juris peritorum consilio, exceptionem excommunicationis quam dictus Laurencius repellendo ipsum Guillelmum ab agendo proponit, quod ipse est excommunicatus pro eo quod detulit tonsuram et habitum clericalem post-

---

(1) P. 2.
(2) P. 3.
(3) 1 octobre.
(4) 1 octobre.

quam matrimonium contraxerat cum corrupta, modo, forma et tempore quibus proponitur, non duximus admittendam, et ea non obstante, pronunciamus fore procedendum ad exequutionem judicati dicti Guillelmi, salvis, etc. Lata partibus presentibus die martis post festum sancti Michaelis in monte Gargano (1).

11 *a*. — (2) Ceraseyum. — Anno predicto, die martis ante festum beati Dyonisii (3), coram nobis citati Henricus le Portier filius Thome le Portier et Thomassia filia Ricardi le Guilcour, quia de incontinentia diffamati, hoc confessi fuerunt et quod ipsa conceperat duos pueros de ipso Henrico; tamen ipsa proposuit quod ipse eam alias abjuraverat sub illa conditione quod si ex tunc eam carnaliter cognosceret quod ex tunc haberet eam pro uxore, et ipsa eum similiter vice versa, et quod postmodum eam pluries carnaliter cognoverat; ipse negavit abjurationem, sed carnalem copulam confessus est; et nichilominus voluerunt spontanei quod si a modo ipsam carnaliter cognoverit, quod habebunt se invicem pro marito et uxore; quod eisdem injunximus observandum, injungentes eis ne de cetero invicem cohabitarent. De tempore preterito pro emenda voluntatem facere promiserunt.

11 *b*. — Eadem die (4), apud Ceraseyum, Johannes de Mara, clericus, et Nicolaa relicta Heberti Jupin confessi sunt fuisse incontinentes et invicem cohabitasse per octo annos et amplius, adeo quod ipsa concepit et peperit sex pueros de ipso Johanne, et propter hoc gagiavit emendam ad voluntatem nostram; et injunximus eisdem, ad penam decem librarum turonensium nobis ab eorum quolibet si contra fecerint solvendarum, ne de cetero suspecte cohabitarent in eadem domo, aut sequatur carnalis copula inter eos, nisi hoc fuerit lege matrimonii; cui inhibitioni acquieverunt; sed mulier proposuit conventiones matrimonii quas negavit idem Johannes.

11 *c*. — (5) Dicta die martis (6), Ricardus le Prevost et Emmelota de Vasteigneio gagiaverunt nobis emendam pro eo quod invicem fornicati sunt; ipsa habuit duos pueros de eodem. Inhibuimus ne de cetero in-

---

(1) 4 octobre.
(2) P. 5.
(3) 8 octobre.
(4) 8 octobre.
(5) P. 6.
(6) 8 octobre.

vicem cohabitent nisi lege matrimonii ad penam X librarum; et taxavimus emendam pro quolibet XXV solidos.

12. — (1) Die mercurii sequente (2), que erat dictum festum, Johannes Bernardi, clericus, nobis gagiavit emendam pro eo quod tenuit concubinam Lucetam la Liece et tenet, et ipsa est pregnam de ipso; item et pro alia causa, qui (3) tenuit aliam alias que vocatur Johanna Labstadire; item et quia postquam sufficienter monitus de emendando premissa, licet ea confessus fuisset, hoc facere contemptibiliter recusaverat et recusabat, et pro istis juravit solvere emendam ad voluntatem nostram. Taxavimus ad X libras. Contra Lucetam taxavimus L solidos.

13 a. — (4) Notula. — Listreyum. — Germana la Rosee, de parrochia de Listreyo, confessa est coram nobis plures gentes carminasse carminibus illicitis et prohibitis, tam pro infirmitate oculorum quam de sammesleure (5), et verba contra fidem dixit pluries per que credebat dare sanitatem gentibus, et faciebat alienos credere quod verum esset; et confitetur crimen sortilegii commisisse; sed penitet, ut dicit, et modo credit illa carmina non valere; et voluit facere emendam et penitentiam ad arbitrium nostrum de tantis [com]miss]is [a] tempore XXX^{ta} annorum citra. Et quia puplice [peccavit], pronunciavimus ipsam puplice puniendam. Et. . . . . die lune post festum beati Dyonisii (6).

13 b. — (7) Die lune post dictum festum beati Dyonisii (8), Yvo de Crisetot, uxoratus, et Nicolaa relicta Willelmi Evrart gagiaverunt emendam pro adulterio inter eos commisso ut fatentur, et ipsa est pregnans de ipso, sese abjuraverunt ad penam X librarum; et taxavimus emendam contra quemlibet X solidos.

14. — Anno Domini M° CCC° XIIII°, die martis post festum beati Dyonisii (9), inhibuimus et inhibemus magistro Stephano Pasturel,

---

(1) P.
(2) 9 octobre.
(3) Peut-être quia.
(4) P. 4.
(5) Pour sangmerleure, id est, sanguinis violenta commotio.— Vulg. : sang tourné. (Vid. Glossar. nov..... seu supplem..... Gloss. Cangli, v° 2 SANGUINARE.)
(6) 14 octobre.
(7) P. 6.
(8) 14 octobre.
(9) 15 octobre.

presbitero, rectori Sancti Quintini, presenti coram nobis, ad penam centum marcharum argenti nobis ad opus et pios usus dicti monasterii Cerasiensis aplicandarum si contra fecerit ab ipso Stephano solvendarum, ne de cetero in nostra juridictione quemquam citare alias quam coram nobis, aut alias juridictionem aliquam exercere aut nostram usurpare, turbare vel impedire, per se vel per alium, quoquomodo presumat. Quod si contra fecerit, ex nunc decernimus dictam penam contra ipsum fore commissam, ipsum Stephanum in dictis centum marchis argenti si contra dictam inhibitionem aliquid fecerit nobis ad opus et usus predictos in hiis scriptis sententialiter condempnantes; qui respondit quod nichil faceret nisi quod sibi liceret, et quod bene audiebat quid dicebamus, et de commissis ab eo sibi dedimus articulos. Et die martis sequente (1), sibi tradidimus copiam de eis in judicio et de inhibitione predicta. Ad diem martis sequentem (2) ad respondandum articulis. Item ad quindenam (3) ad omnes. Item ad martis post Andree (4) ad dandum tunc responsum affirmative vel negative. Item ad martis post Epiphaniam (5) ad id agendum pro querendo consilium seu advocatum.

15. — (6) Die lune post festum beati Luce (7), Michael le Bouquet, de capellaria, nobis humiliter petiit absolvi a sententia excommunicationis a nobis in ipsum lata pro manifesta contumacia ad instanciam Laurencii Camerarii, clerici, quia citatus in juridictione ratione contractus in ea initi et presens jussus respondere recusavit; et gagiavit emendam propter, et juravit facere nostram voluntatem. Taxavimus X libras. Dedimus magistro Roberto de Medunta, sotio domini Baiocensis, ad ejus instantem petitionem et domini Baiocensis episcopi G. de Tria, et deliberato quod, non obstantibus libertatibus suis et exemptione a jurisdictione nostra, coram nobis respondere tenentur illi de capellaria coram nobis ratione contractus si in nostra juridictione reperiantur et citentur.

Multum nos movet quod proponens asserit privilegia fuisse concessa,

(1) 22 octobre.
(2) 29 octobre.
(3) 12 novembre.
(4) 3 décembre.
(5) 7 janvier 1315.
(6) P. 4.
(7) 21 octobre 1314.

etc. magistris et scolaribus, quod trahere possint Parisiis subditos nostros.

16 a. — Sentencia. — In negocio executionis rerum judicatarum et taxationis expensarum quod movet coram nobis Reginaldus Fabri, clericus, contra Laurentium dictum le Prevost, visa quadam exceptione excommunicationis a dicto Laurentio proposita contra dictum Reginaldum, pro eo quod abusus fuerat litteris apostolicis et quod impediverat jurisdictionem, super qua exceptione bis proposita et negata visis positionibus et responsionibus ad eas, visis depositionibus testium ex parte dicti Laurentii productorum, consideratis hiis que nos movere poterant et debebant, communicato jurisperitorum consilio, pronunciamus dictam excepcionem excommunicationis non esse probatam, eaque non obstente fore proceddendum ad executionem judicati et taxationem expensarum predictarum, salvis expensis. Lata, presentibus Colino Anglici, clerico dicti Renaudi, et Ranulfo le Couete, dicti Laurencii procuratoribus sufficienter instructis, die martis post festum beati Luce euvangeliste (1).

16 b. — (2) Die martis post festum beati Luce (3), nos inhibuimus Johanni de Mara et Nicolae relicte Heberti Jupin ad penam centum librarum ne de cetero alias quam nomine matrimonii invicem cohabitabunt suspecte, ubi possit haberi suspectio carnalis copule.

17 a. — Die martis post festum Symonis et Jude (4), assignata in causa matrimoniali quam movet Nicolaa relicta Heberti Jupin contra Johannem de Mara, clericum, dicto clerico, ad dicendum in testes dicte Nicolae, ipseque diceret quod ipse haberet bona existentia vi vel alias, ipsa Nicolaa juravit quod dubitabat ne ipse sibi violentiam faceret et ne eam occideret vel malefaceret, petens assecurari de ipso et treugas juratorias sibi dari ad usus fori nostri. Unde ipsum monuimus primo, secundo et tertio ut eam assecuraret et sibi daret treugas; quod expresse facere contemptibiliter recusavit verbis expressis, dicens quod nichil inde faceret pro nobis; propter quod ipsum excommunicamus ob hoc pro manifesta offensa ex officio nostro et ad instanciam dicte Nicolae.

(1) 22 octobre.
(2) P. 6.
(3) 22 octobre.
(4) 29 octobre.

17 b. — Dicta die martis (1) Ricardus le Prevost gagiavit emendam pro eo quod notorie fornicavit cum Perrota filia Mathei le Telier, et ipsa concepit puerum ab eodem, ut ipsa dicit. Ipse tamen negat puerum. Taxamus emendam ad LX solidos, monentes eum ut infra quindenam nobis satisfaciat de eadem; cui monitioni spontaneus acquievit.

18 a. — Die lune post festum beati Andree (2), Johannes Guesdon, clericus, confessus est coram nobis contraxisse matrimonium cum Nicolaa relicta Heberti Jupin et per carnalem copulam confirmasse, que quidem Nicolaa erat presens ad dictam confessionem et asseruit similiter ita esse.

Item ipse Johannes nobis gagiavit emendam pro offensa quam fecerat recusando dare treugas coram nobis dicte relicte quando invicem littigabant prout supra scriptum est. Taxamus L libras, sed nichil levabitur si matrimonium sollemnizet in brevi.

18 b. — Eadem die (3), Guillelmus de Tomeriis, clericus, rector scolarum, et Philippus Malherbe, scolaris, gagiaverunt emendam, quia sese verberaverant in scolis. Taxavimus contra magistrum C solidos, quos quittamus, et contra Philippum X libras. Aquieverunt.

19. — Anno Domini M° CCC° XIIII°, die martis post festum beati Andree (4), publicamus nova sigilla, et alia suspendimus antiqua et etiam rupta et corrupta fuerunt per nos de precepto domini abbatis, presentibus dominis Johanne Jugan, subpriore, Johanne de Surrehain, Roberto de Cardonvilla, monachis, et pluribus aliis, et fuerunt mutata ex causa, de consilio majorum monasterii.

20. — Anno eodem, die martis post festum Conceptionis (5), Johannes l'Arquier, clericus, de Listreyo, renunciavit appellationibus suis ex parte sua interpositis tam contra suppriorem, commissarium nostrum, quam contra nos et omnibus contentis in eis, et juravit, quacunque suspictione contra nos proposita non obstante, coram nobis stare juri, et se representare coram nobis omnibus diebus sibi a nobis assignatis et assignandis, et procedere secundum statum cause per dictum com-

---

(1) 29 octobre.
(2) 2 décembre.
(3) 2 décembre.
(4) 3 décembre.
(5) 11 décembre.

missarium incoacte, et judicatum solvi, specificatis sibi prius et causis suspictionum et clausulis contentis sub verbo *Judicatum solvi* (1), et de hoc Renaudus l'Arquier, ejus frater, se constituit principalem debitorem ad penam quinquaginta librarum turonensium, quas promisit se nobis soluturum nisi dictus Robertus adimpleverit ante dicta, et juravit hoc se facturum ; presentibus ad hec dicto suppriore, fratribus Johanne de Fonteneto, Roberto de Duobus Gemellis, Radulfo le Conte, Yvone de Oistrehan, Guillelmo de Cantelleyo, monachis, magistro Guillelmo Picot, Johanne le Daneis, Enguerrando de Moleto, Thoma le Portier, Colino Vitart, Guillelmo de Merseyo, clericis, Ranulfo le Por[tier], Guillelmo Davi et pluribus aliis fide dignis. Et nos ipsi pre[senti] et hoc petenti diem lune post festum beate Lucie (2) [assignavimus ad respondendum] articul[is].

21. — (3) Te Egidium le Paumier, coram nobis presentem citatum et appresensum in nostra jurisdictione, ratione contractus et delicte in eadem nostra jurisdictione initi, contra Colinum de Quesneto, prout super hoc fuimus informati, monuimus primo, secundo, tercio, et monemus quarto ex habundanti ut super hiis respondeas dicto Colino prout jus erit; et quia tu contumaciter respondere recusasti et recusas, nullam causam pretendens quare ad hec minime tenearis, idcirco te excommunicamus in hiis scriptis pro dicta contumacia manifesta.

22. — Die martis post octabas Epiphanie (4), in negotio beneficii absolutionis, quam petebat Laurencius le Prevost contra Laurencium le Chambellenc, clericum, notarium curie nostre, jurato ex habundanti juxta stillum curie nostre a dicto Laurencio Camerario quod contenta in suo judicato sibi debebantur pro litteris curie nostre, viso processu, visis procuratoriis Johannis Bernart et Ranulfi le Couete, considerato quod in termino peremptorie sibi assignato nichil proposuit dictus Laurentius Prepositi nichil proposuit, interloquendo pronunciamus raciones dicti Laurencii Prepositi non obstare, et non esse procedendum ad ejus absolutionem, salvis expensis dicti clerici in dicto negotio factis quas eidem contra dictum Laurentium Prepositi adjudicamus, etc.

---

(1) Digest., 1. XLVI, tit. VII.
(2) 16 décembre.
(3) P. 7.
(4) 14 janvier.

23. — Te Johannem Guesdon, clericum, excommunicamus pro eo quod jussus emendare injurias quas nobis sedentibus pro tribunali (1) hoc facere recusavit, et sic pro manifesta offensa; die lune post conversionem sancti Pauli (2).

Ipse Johannes postmodum gagiavit ob hoc emendam, quam taxamus V solidos. Solvit I galonem vini. Quittus est quia colore, etc.

24 a. — In causa coram nobis agitata super petitione XLII solidorum pro tornatione fratris Johannis le Prevost, quos petebat Johannes Guesdon a Nicolao Anglico, clerico, viso processu, communicato jurisperitorum consilio, dictum clericum ab impetitione dicti Johannes absolvimus in hiis scriptis, salvis expensis dicti clerici, quas adjudicamus eidem, taxationem, etc. Lata, partibus presentibus, die martis post Invocavit (3).

24 b. — In causa quam movet coram nobis Inguerrandus Maloisel contra Guillelmum Davi pronunciamus exceptionem excommunicationis ex parte dicti Guillelmi propositam contra dictum Inguerrandum esse sufficienter probatam, salvis expensis dicti Guillelmi quas adjudicavimus eidem, taxationem, etc.; presente dicto Guillelmo, alio contumace. Dicta die martis (4).

24 c. — In causa ad nos remissa, quam movebat Laurentius Prepositi contra Guillelmum le Coid, clericum, interloquendo pronunciamus exceptionem excommunicationis a dicto Guillelmo propositam esse sufficienter probatam, salvis expensis et interesse dicti Guillelmi quas eidem adjudicamus contra dictum Laurentium, taxationem earum nostro judicio reservantes. Lata partibus presentibus.

25 a. — (5) Inquisitio generalis facta de heresi, de usurarum pravitate, de lepra, de fornicationibus, de raptoribus et aliis criminibus, anno Domini M° CCC° XIIII°, die lune post Reminiscere (6), per juratos quorum nomina sequuntur: Herbertus Agoulant, Colinus Agoulant, Johannes de Molendino, Colinus Evrart, Philippus Davi, Robertus Leautey, Johannes Dyonisii, Robertus Ysore, Bertoudus le Breton, Petrus le Cauf, Petrus Pignon, Joiretus Ferrant, Johannes Saveign,

---

(1) Supp. *feceras*.
(2) 27 janvier 1315.
(3) 11 février 1315.
(4) 11 février 1315.
(5) P. 8.
(6) 17 février 1315.

Ricardusle Rous, Johannes de Ponte, Johannes Tresel, W. Vauxie, W. Brasart, Gregorius le Coc, W. le Quoquet, Rogerus Agoulan, W. le Goulle, Ricardus le Talanche, Johannes de l'Espiney, Johannes le Guileour, Henricus la Jambe, Robertus Renaut, Hugo du Buot.

25 *b*. — W. Moquet, clericus, diffamatus est de Amelot Agoulan. Differtur.

Henricus le Portier, clericus, diffamatus de Thomassia filia Ricardi le Guileour. Quia confessi sunt quod postquam sese abjurarunt sub conditione, si carnalis copula inter eos interveniret, quod ex tunc matrimonium contrahebant, et sese matrimonialiter consenserunt, ipse eam carnaliter cognovit pluries, etiam citra tres septimanas, ipsos adjudicamus in maritum et uxorem. Die lune post Letare Jerusalem (1).

Thomas Guiot diffamatus de Matillide filia au Clerq. Coram nobis sponsalia contraxerunt et promiserunt sollempnizare primis temporibus ad hoc aptis.

Johannes Bernart, clericus, diffamatus de Luceta la Brete.

Johannes Guesdon, clericus, senior, diffamatus de relicta Jupin. Excommunicetur pro manifesta offensa, quia moniti de sollempnizare et corrigendo se super delictis ab eis confessatis hec facere recusarunt

Germanus Douillet tenet in domo sua Thomassiam la Contesse. Vir gagiavit emendam. Taxamus C solidos. Mulier similiter, et sese abjurarunt simpliciter et ad penam XL librarum.

25 *c*. — Gaufridus Roussel diffamatus quod ipse diu fuit excommunicatus nec curat se facere absolvi.

Johannes Guesdon, senior, diffamatus de contractibus usurarum Contumax.

Yvo de Grisetot, clericus, diffamatus de Nicolaa relicta Guillelmi Evrart. Differtur.

Thomas de Bellomonte diffamatus de usurarum pravitate. Confitetur factum et famam. Gagiavit emendam propter hoc, quam taxamus L solidos, et inhibemus ad penam X librarum, ne de cetero revertatur. Solvit IV solidos.

Petronilla la More cepit die Pascali vel panem benedictum vel euca[ri]stiam (2) [et]dedit cuidam extranee mulieri de Costentino et le Pedro Petou, alias le Couete. Totum negat. Ad lune (3) ad probandum.

---

(1) 3 mars 1315.
(2) *Euca[ri]stiani* paraît ici synonyme de *Eulogiam*. Vid. *Glossar.*, v° Eulogiæ.
(3) 10 mars 1315.

Thomassia relicta Colini le Rous recessit pregnans. Nesciunt de quo. De Petro de Crueria. Vir negat. Differtur quous[que redeat] mulier. Mulier confitetur et peperit in Domo Dei Baiocensi. Injunxi ei penitentiam.

25 d. — Petronilla relicta Gregorii Benedicti diffamata de Radulfo de Putot, presbitero, et concepit plures pueros de eo, [pro eo] quod invicem matrimonium contraxerunt antequam ad sacros ordines promoveretur. Remittimus ad abbatem. Et licet postea n........., tamen supersedemus ad presens.

Gregoria de Ceraseyo diffamata de illo Augustino qui religionem exiit et erat prior.

(1) W. Folet, uxoratus, diffamatus de filia Gabriellis. Vir negat de tempore postquam fuit correptus. Credimus esse verum. Quitati sunt quia nichil posset probari.

Ricardus Belami diffamatus de Dyonisia ejus pedisseca, que habuit plures pueros de eodem. Emendam gagiavit, de qua nos tenemus pro pagatis.

Matheus Aillet diffamatus de Joreta uxore Ricardi Ami de Grein. Vir confitetur famam contra ipsum; factum negat. Gagiavit emendam quia se purgare non posset. Et abjuravit eam ad penam XX librarum. Taxamus emendam contra virum X solidos.

25 e. — Johannes Morant, uxoratus, diffamatus de Goreta filia au Cobe. Vir fatetur famam; negat factum depost triennium. Indicimus sibi purgam. Gagiavit vir emendam dimittens purgam, et abjuravit eam ad penam XX librarum. Taxamus emendam ad XX solidos.

Thomas Flamenc diffamatus de Emmelota Fiquet. Confitetur factum et famam. Sed inter se matrimonium contraxerunt et si sollempnizent in brevi, remittimus sibi totum.

Hamon Adoubedent, excommunicatus pro violenta manuum injectione in Radulfum Vauxie. Item diffamatus de tenendo lupanar in domo sua. Fatentur famam; non volunt purgare prout injunctum erat. Ideo monemus ut emendent, et sufficienter moniti hoc recusarunt; quare ipsos excommunicamus pro manifesta offensa.

Guillemeta la Begaude diffamata de Johanne filio Nicolai de Fayaco. Differtur. Die martis post festum Omnium Sanctorum anno XV° (2),

---

(1) P. 9.
(2) 4 novembre 1315.

dicta Guillemeta gagiavit emendam, pro eo quod, cum ipsa sponsalia contraxisset, ut dicit, cum Roberto Fiquet, fecit se carnaliter cognosci a Johanne de Fayaco predicto, a quo puerum concepit, et sic fregit sponsalia sine judicio ecclesie. Taxamus emendam X solidos.

25 *f*. — Petrus de Lymeges tenet concubinam Radulfam de Bosco Ale forestariam. Differtur.

Ricardus le Prevost diffamatus de Emmeleta de Vasteigneyo. Ambo confitentur, et gagiaverunt emendam, et debent emendam quilibet et X libras pro pena quia post inhibitionem peccaverunt. Taxamus emendam ad XXV solidos contra virum una cum pena.

Henricus Bidet diffamatus de Aelicia filia Nicolai de Quemino. Fatentur ambo et gagiaverunt emendam nobis, quam taxamus ad XL solidos. Monuimus eundem de solvendo infra quindenam, et sese abjurarunt ad penam XL librarum. De defloratione pendet processus.

Uxor Hamonis Adoubedent diffamata de adulterio et lenocinio. Supra est.

Renaudus de Heriz, clericus, diffamatus de Aelicia uxore au Boursier. Mulier fatetur famam, negat factum. Diem sibi prefigimus ad se purgandam cum octava manu; alias habemus pro convicta. De viro differtur ad diem.

25 *g*. — Uxor Ricardi Henrici diffamata de alio.

Radulfus de Fossa, clericus, diffamatur de Aelicia la Porquiere, alias la Courte. Alias correpti fuerunt nec redierunt ad delictum prout dicunt. Ideo remittimus eos ut purgatos.

Jahannes le Coquerel diffamatur de Robergia Duredent. Pendet causa matrimonialis.

Thomassia Basile habuit puerum de Guillemoto filio Roberti Ewart et diffamatur.

Robertus Chouquet diffamatur de lepra. Sanus est. Se purgavit.

26 *a*. —(1) Anno Domini M° CCC° XIIII°, die martis post Letare Jerusalem (2), nos officialis Cerasiensis ex officio nostro, prout fuit et est a nostris predecessoribus consuetum, visitavimus ecclesiam de Duobus Jumellis, presente nobiscum domino Johanne Jugan, suppriore monasterii Cerasiensis, et in eadem visitatione inquisivimus de inquirendis prout inferius apparebit, presentibus domino Nicolao de Cardonvilla,

---

(1) P. 12.
(2) 4 mars 1315.

administratore prioratus ad presens, domino Johanne de Duxeyo, domino Laurencio de Ros, domino Radulfo Ravenger, presbitero curato dicte ecclesie, Petro de Alna et Th. de Mesnillo, clericis, Petro de Marisco et pluribus aliis.

26 *b.* — Primo invenimus defectum notorium in ecclesia parrochiali de libris; — Secundo in vestimentis sacerdotalibus et de touaillis ad altare; — Tertio in armariolo in quo non erat serratura, et similiter in fontibus; — Quarto in cimiterio, quia indiget quod a feodo laico dividatur et quod claudatur; nam porci sepe fodiunt et exterrare nituntur corpora mortuorum, quod est aborrendum, et plura alia inconvenientia possent sequi, et omnia ista precepimus emendari. Vidimus tamen ad defectum alium ecclesie reparandum operari.

Nomina juratorum sunt hec: Renaudus Pepin, Laurencius Maugeri, Georgius Orel, Philippus Guerart, Guillelmus Lesnue, Guillelmus Priour, Gaufridus le Caillie, Henricus Auverey, ad hoc de mandato nostro citati.

26 *c.* — Injuximus rectori ecclesie ut omnes excommunicatos auctoritate quacunque maxime in sacris evittet et faciat evittari, et ad faciendum se absolvi moneat et inducat, quod promisit facere juxta posse.

Item pro cereo Pasche quilibet parrochianus solvit II denarios et non habent cereum in quo dicunt esse defectum, et similiter de ture.

Item quia presbiter non cantat matutinas nec horas in ecclesia, unde scolares parrochie minus bene erudiuntur.

Item ad altare beati Jacobi debet presbiter, ut dicunt, qualibet septimana saltem semel celebrare, et habet inde sufficientem redditum, quarterium frumenti.

Item quilibet parrochianus debet singulis annis unam garbam in usus luminari convertendam, de quibus fiunt candele ardentes ad altaria, et vocatur garba Sancti Bartholomei, et de hoc precipimus quod pro augusto ultimo preterito a quolibet unus denarius colligatur, et fiat hujusmodi luminare per duos parrochianos, et garba nonquam de cetero colligi omittatur in augusto. Laurencius Maugeri et Henricus l'Engleis ad hoc sunt constituti.

26 *d.* — Pater Gaufridi le Bouvier, monitus de dando auctoritatem filio suo, hoc facere recusavit. — Gaufridus le Bouvier, clericus, diffamatus et requisitus de respondendo nobis super objectis, primo, secundo, et tercio et quarto hoc facere recusavit. (Quare ipsum excommunicamus pro manifesta offensa). Non fuit lata quia pater dicti Gaufridi dedit

auctoritatem et ipse totum negavit et juravit de calumpnia et est crastina dies sibi assignata ad videndum probari. Die martis predicta (1). Testes Johannes Guerart, Laurencius Maugeri.

Rohasia uxor Gaufridi Guillemin diffamatur de Petro de Alna, clerico. Vir confitetur, et gagiavit emendam pro toto. Inhibuimus ei ad penam decem librarum ne de cetero cohabitet cum eadem. Emendam sibi remisimus amore amicorum suorum.

Radulfus Ravenger, presbiter, curatus dicte ecclesie, diffamatur de Jaqueta Guerart. Confitetur totum. Emendam gagiavit pro am[bobus], et inhibuimus ei ne de cetero cohabitet cum ea ad penam XL librarum turonensium. Emendam retinemus taxandam.

Radulfus Mete diffamatur de Johanna uxore Stephani le Tornier. 26 c. — (2) Die mercurii (3).

..... l'Espée, junior, diffamatur de Rohasia uxore Colini Vaquelin, alias Porion. Mulier fatetur famam. Negat factum. Abjuraverunt se invicem. Solus cum sola non habitabunt, nec se commiscent, et dimisimus eos ista vice. Vir contumax.

Sanson Vautier diffamatur de Johanna filia Henrici Stephani. Confitentur famam. Negant factum. Indicimus ei purgationem ad diem mercurii (4), et ipsi sese abjuraverunt, et injunximus ut seorsum habitent ad penam scale. Mulier reversa; vir contumax. Abjuraverunt se sub illa condicione quod si de cetero simul habitarent in eadem domo solus cum sola in loco de quo posset haberi suspictio de carnali copula, quod ex nunc se consentiunt unus in alium matrimonialiter in virum et uxorem.

Item ipse Sanson propter hoc quia excommunicatus sustinet et sustinuit, monitus est de faciendo se absolvi infra diem. Die mercurii post Judica me (5), ipse interrogatus super eo quod a septennio excommunicatus non cepit corpus Christi, et dixit quod tantum valebat panis benedictus, ipse respondit quod hoc unus erat et quod ita est, tantum valet panis benedictus quantum corpus Christi, dum tamen capiatur bona intentione, presentibus suppriore fratribus Johanne de Humeto,

---

(1) 4 mars 1315.
(2) P. 13.
(3) 5 mars 1315.
(4) 12 (?) mars 1315.
(5) 12 mars 1315.

Petro Rouele, Laurencio le Beuf, Nicolao de Cardonvilla, Laurencio de Ros, monachis, et pluribus, Guillelmo Fortin, Ricardo Made. Item dicit quod non timet excommunicationem. Item dicit quod labor ejus salvabit eum.

26 *f*. — Coleta Fere juravit se continere de cetero, penitens de commissis.

Drouetus le Carpentier gagiavit emendam pro eo quod tenuit in adulterio uxorem Johannis de Taone. Taxavimus XX solidos.

Colinus le Maisnier gagiavit emendam pro eo quod tenuit Johannam la Guegnee. Taxavimus X solidos.

Gaufridus Bouvier, clericus, denunciatus nobis quod ipse injurias dixerat Laurencio Maugeri, clerico, vocans ipsum perjurium occasione juramenti coram predecessore nostro prestiti; cum hoc proposuissemus ex officio ad finem ut nobis emendaret, negavit hoc esse verum, et jurato de calumpnia coram nobis, testibus super hoc productis, quia nobis constare non potuit quod hoc dixisset in contemptum nostrum aut occasione dicti juramenti, ipsum absolvimus ab impetitione nostra super premissis. Lata die mercurii post Judica me (1). Partes coram nobis compromiserunt per fidem.

Nicolaa uxor Henrici le Bourc diffamatur de Guillelmo le Conte juniore. Mulier fatetur famam, negat factum. Abjuravit eum ad penam IX librarum et scale. Vir contumax.

26 *g*. — Rohasia uxor Mathei Pagani diffamatur de Thoma de Loucellis.

Radulfus Cauvin diffamatur de uxore Ranulfi Longuelanche. Vir negat totum et abjuravit eam. Mulier contumax.

..... l'Esmie diffamatur de Johanna uxore Fortin. Vir confitetur famam et factum, sed dicit quod annus est elapsus. Monemus ut emendet. Gagiavit propter hoc emendam quam promisit per fidem solvere ad voluntatem nostram. Taxavimus XX solidos. Abjuravit eam. Mulier contumax.

Henricus le Bourc diffamatur de usura.

(2) Juliana uxor Henrici de Ripparia diffamatur de lepra. Fecit se inspici de mandato nostro. Terminum habet usque ad septembris.

---

(1) 12 mars 1315.
(2) P. 7.

Guillelmus le Conte diffamatur de heresi, quia, excommunicatus a septennio citra et amplius, non curavit sumere corpus Christi.

27. — Die martis post Judica me (1), in causa in qua ex officio nostro procedebamus contra Engerrandum de Meleto purgam ejus recepimus cum septima manu. Nomina purgatorum sunt hec : Rogerus de Insula, Colinus Baineut, Ricardus le Trayneour, Jordanus Gouhier, W. de Capell., R. Osouf, Yvo de Meleto, per quos se purgavit ut jura volunt. Unde viso processu, communicato jurisperitorum consilio, dictum Engerrandum ab impetitione nostra super dictis criminibus absolvimus, et horum ratione quatinus propter hec tenebamus eundem liberamus ut innocentem, restituentes eundem pristine libertati.

ANNO 1315.

(2) Anno XV.

28. — In causa mota inter magistrum Renaudum Fabrum, clericum, ex una parte, et Laurencium Prepositum, ex altera, pronunciamus exceptionem excommunicationis ex parte dicti clerici propositam esse sufficienter probatam, salvis, etc. Lata die martis post Quasimodo (3).

29. — In causa pecuniaria coram nobis agitata ex parte Guillelmi Rabasce cum auctoritate patris sui contra Ricardum Foyn super quatuor solidis et quatuor denariis quos petebat idem Guillelmus a dicto Ricardo per finem compoti quia de communi societate eorum in aratura tantum receperat, concluso in dicta causa ceteris que rite peractis, communicato jurisperitorum consilio, dictum Ricardum dicto Guillelmo condempnamus in petitis et in expensis earumdem, tamen expensarum taxationem nostro judicio reservantes. Lata die lune post Ascensionem Domini (4), partibus presentibus.

30 a. — In causa matrimoniali coram nobis agitata inter Guillelmam filiam Laurentii Torel, ex una parte, et Sellonem le Pietel, ex altera, pronunciamus sponsalia inter eos contracta de facto non tenuisse de jure nec tenere, et inter eos matrimonium contrahi non debere de jure, obstante impedimento consanguinitatis inter eos, de quo legitime nobis

---

(1) 11 mars 1315.
(2) P. 15.
(3) 1 avril.
(4) 5 mai.

constat, ipsum Sellonem ab impetitione dicte Guillelme, quatenus opus est, absolventes, expensas tamen eidem remittentes ex causa. Lata, dicto Sellone presente, Guillelma contumace, die martis post Petronille (1).

30 b. — In causa matrimoniali que coram nobis vertebatur inter Emmelotam de Vasteigneyo, alias de Bosco, ex una parte, et Johannem le Begaut et Aeliciam filiam Symonis Oliveri, ex altera, viso processu, communicato jurisperitorum consilio, dictos Johannem et Emmelotam adjudicamus in maritum et uxorem, ipsum Johannem ad sollempnizandum matrimonium in facie ecclesie cum dicta Emmelota condempnantes, non obstantibus sponsaliis de facto contractis inter dictos Aeliciam et Johannem, que pronunciamus non tenuisse nec tenere de jure. Lata, presentibus dictis Emmelota et Johanne, Alicia contumace, dicta die martis (2).

30 c. — In causa quam movebat coram nobis Petrus de Mara, clericus, contra Hamonem de Ponte et Rogerum Agoulant, viso processu, dictos Hamonem et Rogerum ab impetitione dicti Petri absolvimus, questionem tamen expensarum nostro arbitrio reservantes. Lata, partibus presentibus, die martis post festum beate Petronille (3).

30 d. — In causa quam movebat Gaufridus de Faiaco contra Ricardum Foin, pronunciamus exceptionem excommunicationis a dicto Ricardo propositam contra dictum Gaufridum non esse sufficienter probatam, ea que non obstante procedendum fore in causa principali, salvis expensis dicti Gaufridi. Lata, partibus presentibus, die martis predicta (4).

31. — Die martis ante festum beati Barnabe (5), Renaudus le Peletier, clericus, gagiavit emendam pro eo quod captus in presenti delicto inter ipsum et Ricardum Bernart se diffortiavit servienti, et pro delicto eodem taxavimus XX solidos.

Johannes Bernart pro dicto Ricardo similiter gagiavit emendam ad penam de judicato solvendo pro eadem causa.

32 a. — In causa pecuniaria quam movet coram nobis Gaufridus de Faiaco, clericus, contra Ricardum Foyn, super petitione cujusdam

---

(1) 8 juin.
(2) 8 juin.
(3) 8 juin.
(4) 8 juin.
(5) 10 juin.

pene X librarum, dictum Ricardum dicto Gaufrido condempnamus in petitis et in expensis, quarum taxationem penes nos reservamus, penam tamen perjurii et causam de perjurio similiter retinentes apud nos ex causa. Lata, partibus presentibus, die martis ante nativitatem beati Johannis (1).

32 b. — Interloquendo pronunciamus rationes ex parte Engerrandi de Moleto, clerici, contra Philippam de Ceraseyo propositas eo modo quo proponuntur, viso processu, visa sententia divortii, non esse de jure admittendas, eisque non obstantibus fore ad conclusionem et alias in causa ulterius procedendum. Lata, partibus presentibus, die martis ante nativitatem beati Johannis (2).

32 a. — Die martis post festum Omnium Sanctorum (3), Robertum Fiquet et   (4) adjudicamus in sponsos, non obstante oppositione Guillemette la Begaude; cum nobis constet ipsam Guillemetam fregisse sponsalia, si que contraxerat cum dicto Roberto, permittendo a Johanne de Fayaco carnaliter se cognosci, eamque esse commatrem dicti Roberti, dantes tamen ipsi ex causa licentiam matrimonium alias contrahendi.

33 b. — Notula. Dicta die (5), dictus Robertus gagiavit emendam pro eo quod absque cujusquam mandato fecit se compatrem Guillemete la Begaude, cum qua dicebatur sponsalia contraxisse, ut impediret ne matrimonium, ut promiserat, contraheret cum eadem. Taxavimus XX solidos.

33 c. — In causa injuriarum quam movebat coram nobis Johannes Le Machon, clericus, contra Thomassiam uxorem Thome Le Roisnié, cognito de ea injuria, taxavimus ad XX solidos, in quibus, jurato super hoc a dicto Johanne, dictam uxorem dicto clerico condempnamus, pronunciantes dictam uxorem excommunicatam a canone pro violenta manuum injectione in dictum clericum, quousque absolvi meruerit a tali qui super hoc habeat potestatem, salvis expensis dicti clerici, etc. Contumace uxore contumace, Johanne presente.

34 a. — (6) Die martis post festum beate Lucie (7), coram nobis,

(1) 17 juin.
(2) 17 juin.
(3) 4 novembre.
(4) La place du nom est restée en blanc dans le mss.
(5) 4 novembre.
(6) P. 46.
(7) 16 décembre.

Johannes le Baup, clericus, gagiavit nobis emendam pro eo quod ipse traxevat in causam super actione personali, [videlicet (?)] super actione injuriarum, contra Galterum Quentin in nostra juridictione coram justitia seculari, videlicet coram senescallo cerasiensi. Taxavimus ad X libras, salvis expensis. Solvit V solidos pro emenda. Quittatus est pro tanta.

34. *b.* — In causa injuriarum que coram nobis vertitur inter Thomam le Roisnié, ex una parte, et Johannem le Machon, clericum, de rationibus ex parte dicti Johannis propositis contra testes dicti Thome, illam in qua tangitur quod ipsi testes corrupti falsa dixerunt, prout proponitur, admittimus; alias que facti sunt, viso processu, modo, forma quibus proponuntur, non duximus admittendas; sed que juris sunt et que movere possunt judicem de adhibendo fidem dictis testibus vel non, in diffinitiva sententia reservamus.

35. — Die lune post Epiphaniam Domini (1), Aelicia dicta Malclerq, de parrochia Sancti Quintini juxta Boscum Ale, presens in judicio coram nobis, confessa est quod ipsa se opposuit matrimonio contrahendo inter Johannem Escallate subditum nostrum et Philippotam filiam Nicolai le Telier, jurans et per suum (2) asserens quod ipse Johannes antequam sponsalia contraheret cum dicta Philippota, fidem dederat dicte Aelicie et promissionem fecerat de matrimonio cum ea contrahendo et ipsa eidem similiter vice versa, et postmodum fuerat inter ipsos Johannem et Aeliciam carnalis copula subsecuta; et postmodum juravit coram nobis quod ita juraverat et se opposuerat illa solum de causa quia ipse Johannes recusaverat sibi mutuari quatuor cenomanenses, et quod non quam fidem dederat aut promissionem fecerat sibi de matrimonio contrahendo, nec aliquod impedimentum sciebat, et ita fecit in nostra jurisdictione omnia premissa scienter, propter quod ipsam Aeliciam jussimus inscalari et inscalata extitit ipsa die.

36. *a.* — Die veneris post festum Sancti Vincentii (3), W. Henrici de Listreyo gagiavit emendam pro eo quod ipse nostre juridictionis Germanum Rabasce alias quam coram nobis citari fecit scienter.

---

(1) 12 janvier 1316.
(2) Suppl. *sacramentum.*
(3) 23 janvier 1316.

Taxavimus ad IX libras, quas promisit per fidem solvere, quando nobis placebit. (Solvit adhuc V solidos nobis). Luatur s[entencia (?)].

36. *b.* — In causa injuriarum mota et agitata coram nobis inter W. Seillart, clericum, ex una parte, et Robertum Renaudi, ex altera, delato juramento dicto clerico et prestito ab eodem, ipsum Robertum in decem solidis pro dictis injuriis declaratis per juramentum dicti clerici dicto clerico condempnamus et in expensis.

37. — Anno Domini M° CCC° XV° die mercurii ante Purificationem beate Marie (1), Johannes et Robertus filii Richeri Le Baup et Lucia eorum mater, cum fuissent a nobis excommunicati pro contumacia ad instanciam Johannis et Roberti Fiques, quia citati noluerant respondere, dicentes se non esse de nostra jurisdictione, reversi ad cor et remissi nobis ab officiali Baiocensi, ut dicebant, dicti Johannes et Robertus pro se et pro dicta matre sua ad penam de judicato solvendo, confitentes se esse de nostra jurisdictione petierunt a nobis absolvi, promittentes coram nobis stare juri et emendam prestare ad voluntatem nostram, presentibus magistro Stephano Pasturel, rectore ecclesie Sancti Quintini, Roberto Pellipario, rectore ecclesie de Ballereyo, fratribus Johanne preposito priore, Johanne Jugan suppriore, Rogero de Petraponte monachis Ceraseyi, magistro Rogero de Capellaria, Martino Bernardi, clericis, presbitero de Listreyo et pluribus aliis testibus. Et iterum hoc idem dictus Johannes pro se et pro aliis ad penam de judicato solvendo coram nobis confessus est, et taxamus emendam ad XX solidos.

38 *a.* — In causa injuriarum coram nobis agitata inter Johannem le Machon, clericum, ex una parte, et Thome le Roisnié, ex altera, cognito de meritis cause, consideratis conditionibus personarum et modo et qualitate injuriarum, injurias de quibus constat per processum dicto Thome taxamus ad XX solidos, in quibus per juramentum dicti Thome declaratis ipsum Johannem dicto Thome condempnamus et in expensis (XXIIII solidis turonensibus pro similiter taxatis et per juramentum suum declaratis), ipsum Johannem super residuo petitorum absolventes. Lata die martis ante festum sancti Petri ad cathedram (2).

38 *b.* — In negotio executionis rei judicate continentis quinque sextaria et unum quarterium frumenti ad mensuram de Ceraseyo, quod movet

---

(1) 28 janvier 1316.
(2) 17 février 1316.

coram nobis Johannes Guesdon contra Nicolaum l'Englois, clericum, de rationibus propositis ex parte dicti Nicolai, primam de filio familias facta fide de replicatione dicti Johannis non admittimus : alias, prout proponuntur, admittentes ex causa. Lata, partibus presentibus, die martis post festum sancti Valentini (1).

39. — In negotio executionis rei judicate continentis XXXI solidos, quod movet Nicolaus l'Engleis, clericus, contra Johannem Guesdon, exceptiones cum triplicatione dicti Johannis invicem admittimus ad probandum. Lata die lune post Invocavit me (2).

40 *a*. — Anno Domini M° CCC° XV° die martis post Invocavit me (3), in causa in qua ex officio nostro procedimus ad denunciationem Johannis l'Escleuquier, clerici, contra Johannem le Clerq, presbiterum, rationem filii a dicto denunciatore propositam duximus admittendam.

40 *b*. — Ea die (4), Johannes Ferrant gagiavit emendam pro eo quod juratus respondere veritatem in causa matrimoniali quam movet contra ipsum Ivoneta Martini respondere recusavit. Taxamus XL solidos.

In causa matrimoniali agitata coram nobis inter Yvonetam Martini, ex una parte, et Johannem Ferrant, ex altera, dictos Johannem et Yvonetam adjudicamus in maritum et uxorem. Lata presente dicta Yvoneta, Johanne reputato contumace.

40 *c*. — In negotio executionis rei judicate quod movet Thomas Baudri contra Thomam de Alnetis et Thomam ejus filium, pronunciamus interloquendo non obstantibus [ex parte] dictorum patris et filii reorum propositis fore procedendum ad executionem judicati dicti Thome Baudri salvis ejusdem actoris expensis.

41 *a*. — (5) Anno Domini M° CCC° XV°, die martis post Reminiscere (6), visitavimus ecclesiam de Duobus Jumellis, et nihil invenimus emendatum. Unde ordinamus sub pena suspensionis et excommunicationis quod emendentur prout alias fuit injunctum.

Item de candela.

Item quedam lampas ante altare sancti Thome semper ardere

(1) 17 février 1316.
(2) 1er mars 1316.
(3) 1 mars 1316.
(4) 2 mars 1316.
(5) P. 20.
(6) 9 mars 1316.

debet, ut dicunt, et habet presbiter inde unum quarterium frumenti, et fuit ibi usquequo ecclesia fuit discooperta. Similiter ordinamus quod emendetur.

Item super dissentione inter presbiterum et sacristam de candela oblata altari cum pane benedicto, quod candela non possit in pecuniam converti et quod ardeat ad altare quandiu missa celebretur; residuum post celebrationem.

Item conqueruntur de vesperis quia nimis tarde.

Item de calicibus.

41 b. — Nomina juratorum citatorum sunt hec : Ph. Guerart, Henricus Guerart, Georgius Sorel, Ranulfus Longue Lanche, Th. Chanterel, Michael de Marisco, Silvester Gavaire, Henricus Ascelot, Robertus Trope, Renaudus Pepin, et Henricus l'Engleis.

Dicunt omnes quod nichil sciunt emendandum, ut dicunt.

42. — (1) Visitatio facta apud Listreyum anno Domini M° CCC° XV°, die martis post Oculi mei (2).

42 a. — Primo nomina juratorum : W. de Landis, Johannes la Pie, Ricardus Fortin, Laurentius le Ruan, Radulfus de Molendino, Germanus le Clerq, Germanus le Forestier, Johannes l'Engleis, Germanus le Rous, Ricardus Pieg., W. le Rous, Johannes le Vaillant, W. Quinet et Sello Cauvin.

Invenimus satis ornatam ornamentis; defectum tamen in serratura armarioli. Item precipimus quod fontes claudantur et ibi bona serratura apponatur, et similiter in porta cimiterii, et quod cimiterium claudatur et clausum teneatur.

42 b. — Item de contentione que erat inter presbiterum et thesaurarios super herbagio cimiterii ad quem pertinere deberent et quid esset super hoc ordinandum, se supposuerunt ordinationi nostre, et voluerunt quod tanquam ordinarius eorum ordinaremus; et nos facta super hiis inquisitione, consideratis considerandis, ordinamus quod de cetero ipsum herbagium a peccoribus seu animalibus non pascatur et quod etiam non vendatur, sed ad usum monasterii et ad honorem Dei in estate loco juncorum apponatur in ecclesia in sollempnibus festis et dominicis, et nichilominus pro usu equi dicti presbiteri infirmos visitantis ab eodem secari possit, ita quod ipsa res sacra ad nullum pro-

(1) P. 14.
(2) 16 mars 1316.

prium seu privatum usum ponatur; et de tempore preterito precipimus quod pecunia in manu nostra tradatur quousque ordinaverimus quid agendum.

42 c. — Jordanus Blandin diffamatur de Caterina uxore Sansonis de Landa et de uxore Rogeri Radulfi. Die lune (1) sequenti, confessus factum de utraque, et finaliter gagiavit emendam quam taxavimus ad XX solidos. Monuimus ut solvat infra octo dies sub pena excommunicationis.

Rogerus leprosus residet cum sanis contra prohibitionem ecclesie et nostram.

Johannes le Seele diffamatur quod verberavit et verberare consuetus est matrem suam. Mater venit et juravit contrarium et se purgavit per juramentum. Ipsum dimittimus.

42 d. — Johannes le Franceis et ejus uxor diffamatur quod septem pueros habuit qui non habuerunt christianitatem, et dictus Piog. deposuit quod vidit quod quedam croffa portabat unum, et credit quod per culpam ipsorum conjugum. Ipsi presentes negant culpam; cetera confitentur et dicunt quod nunquam fuerunt in culpa; de croffa nesciunt quid; quando mortui erant ante partum ipsa nescit quid deveniebant. Assignavimus diem lune (2) ad faciendum quod jus erit.

Nicolaus Faber diffamatur quod habet falsam clavem porte cimiterii et per ipsum fracta fuit. Confitetur de clave. Gagiavit emendam pro premissis ad voluntatem nostram, et condempnamus eum ad faciendum fieri serraturam ejus expensis et clavem novam; et emendam solvat infra octo dies.

43. — (3) Inquisicio loco visitationis facta die mercurii post Letare Jerusalem (4), anno Domini M° CCC° XV° apud Ceraseyum.

43 a. — Nomina juratorum : Johannes le Pelei, Guillelmus Achart, Johannes le Coq, Johannes Normant, Ricardus de Calancia, Henricus la Gambe, Rogerus Precaire, Nicolaus Evrart, Robertus Leautei, Petrus le Bruetel, Petrus le Cauf, Johannes Berenguier, Guillelmus le Mulot, Colinus Noel, Thomas Symeonis, Radulfus Toulemer, Ranulfus le Havey, Guillelmus le Heriz, Johannes Fiquet, Johannes Tresel, Ricardus

---

(1) Mars 1316. — Au-dessus du mot *lune*, on a récrit *martis*.
(2) Mars 1316.
(3) P. 22.
(4) 28 mars 1316.

Foin, Ricardus Samedi, Johannes Quidort, Hamon le Cordier, Johannes de Quesneto, Petrus Ferrant, Bertoudus Sevestre, Enaldus le Guileor, Robertus Sansonis, Johannes de Ponte, Radulfus Foin.

43 *b*. — Petrus de Limogiis tenet Radulfam ejus pedisecam et habuit duos pueros.

Guillelmus Folet diffamatur de lepra.

Ranulfus de Croleyo diffamatur de lepra. Inventus est sanus.

Ranulfus le Couetei diffamatur de lepra. Inventus est sanus.

Uxor Durandi le Cornu diffamatur de lepra.

Henricus le Portier, clericus, diffamatur ut alias de Thomassia filia Ricardi le Guileor. Excommunicationis pendet causa.

Aelicia Blancguernon pregnans est de Ricardo Belami.

Ricardus Filleul cum relicta Colini Chiart per adulterium.

43 *c*. — Thomas de Bellomonte diffamatur de usura.

Henricus Hauguenon adulteratur cum uxore Thome le Seler.

Gregoria et eorum sorores, de Augustino.

Guillelmus de Touville adulteratur cum uxore Johannis Jores.

Cat[us] adulteratur cum uxore Roberti Renaut.

Johanna uxor Martini de Quesney communis.

Jaicota la Brete communis.

Johannes Morant adulteratur cum Goreta de Valle.

Guillermus Toutein adulteratur cum uxore au Chanbelengue.

Ricardus Quesnel adulteratur cum uxore Johannis Jores.

ANNO 1316.

44. (1) Anno Domini M° CCC° XVI°, die martis post Jubilate (2), nos ex gracia Johannem et Johannem filios Ranulfi le Portier, clericos, quos detinebamus carcere. Mancipatos pro suspectione furti commissi in abbatia ista de farina frumenti et pastillorum ab eis commissis, ut dicebatur, in nostra jurisdictione, detinebamus, abire permissimus, dato et prestito ab eis juramento de comparendo coram nobis et stando juri quandocunque voluerimus; et super hoc dederunt fidejussores, videlicet Guillermum de Insula armigerum de Mestreyo,

(1) P. 17.
(2) 4 mai.

nostre jurisdictioni se supponentem, et Th. le Portier forestarium clericum, Johannem le Portier de Bapaumes et Ranulfum le Portier, qui et eorum quilibet in solidum promisserunt quos (1) ipsos clericos facient et procurabunt coram nobis comparare et stare juri quandocunque voluerimus nos aut successores nostri, ad penam centum marcharum argenti nobis nisi ita fecerint solvendarum ab eis et eorum quolibet in solidum, et se ad hoc obligaverunt coram nobis pro monasterio Cerasiensi.

45 *a*. — Anno eodem, die lune post Cantate (2), Johannes le Bret, de Montfiquet, clericus, quem detinebamus pro suspictione dicti criminis (et plurium aliorum similium) juravit coram nobis stare juri et se representare coram nobis quociens cunque voluerimus, super quo Willelmus le Bret. . . . . . .

45 *b*. — Te Johannem Guesdon pro manifesta offensa excommunicamus. Die martis post Cantate (3).

46. — In causa matrimoniali que coram nobis vertebatur inter Henricum le Portier, clericum, ex una parte, et Thomassiam filiam Ricardi le Guileour, ex altera, super impedimento matrimonii inter ipsos contracti, pronunciamus non obstantibus ex parte dicti Henrici propositis fore ad sollempnizationem matrimonii contracti inter ipsos, quos etiam adjudicavimus et adjudicamus in maritum et uxorem, procedendum, et ad sollennizandum matrimonium inter ipsos eosdem invicem et unum eorum alteri condempnamus infra nativitatem beate Marie (4), quod juravit dictus Henricus implere, vel ante si possit, et pater in hoc consensit juravitque non impedire. Die martis ante Ascentionem (5).

47. — In negotio executionis rei judicate continentis XXXI solidos, quod movet coram nobis Nicolaus Anglici, clericus, contra Johannem de Mara, alias Guesdon, rationes ex parte dicti Johannis propositas, tempore quo proponuntur, viso processu et habito respectu ad ipsum, non duximus admittendas, eisque non obstantibus pronunciamus fore procedendum ad executionem judicii predicti, salvis expensis dicti

---

(1) Corr. *quod.*
(2) 10 mai.
(3) 11 mai.
(4) 8 septembre.
(5) 18 mai.

Nicolai. Lata, partibus presentibus, die martis post festum beati Barnabe (1).

In negotio executionis rei judicate quod movet Johannes Guesdon contra Nicolaum Anglici, clericum, rationes dicti Johannis, viso processu, nos admittimus. Lata, partibus presentibus, die martis post festum sancti Barnabe (2).

48. — Anno eodem, die lune post festum sancti Clari (3), fecimus tabelliones, auctoritate nobilis et providi viri domini Alberti de ...., Dei gratia, comes palatinus (4), civis Mediolanensis, auctoritate sui et predecessorum suorum, ad nominationem Laurencii Guilleberti, clerici, virtute gratie sibi facte, videlicet magistrum Reginaldum le Prevost et Johannem Louvet, clericos.

49 a. — Anno eodem, die mercurii ante festum beati Petri ad Vincula (5), Henricus Jupin, clericus, dedit plegios de reddendo se carceri nostro, die sancti Egidii (6), videlicet Laurentium Davi et Johannem (?) le Portier, ad penam centum marcarum argenti, et ipse Henricus juravit se reddere dicta die.

49 b. — Ea (?) die (7) recredimus magistro H. de Ceraseyo et tradidimus Johannem de Capellaria usque ad diem lune proximam (8).

50 a. — Die martis post festum beati Michaelis (9), W. Tustini, alias Mulot, gagiavit emendam ad voluntatem nostram pro eo quod verberat W. Fiquet, clericum nostrum, in nostra jurisdictione.

50 b. — In causa matrimoniali que coram nobis vertebatur inter Ranulfum dictum Abbatem, alias Achart, et Aeliciam filiam Yvonis Normant, ex una parte, et Thomassiam filiam Silvestri Maizel, ex altera, dictos Ranulfum et Aeliciam absolvimus ab impetitione dicte Thomassie quantum ad matrimonium attinet, salva causa dotis, dantes eisdem Ranulfo et Aelicie licentiam matrimonium inter se contrahendi et sollempnizandi in facie ecclesie, dicte Thomassie oppo-

(1) 15 juin.
(2) 15 juin.
(3) 19 juillet.
(4) Corr. *comitis palatini*.
(5) 28 juillet.
(6) 1er septembre.
(7) 28 juillet.
(8) 2 août.
(9) 5 octobre.

sitione, de qua constare non potuit, non obstante, questionem expensarum penes nos reservantes.

50 c. — In causa peccuniaria super bove, quam movet Lucia relicta Roberti Blandin contra Guillelmum Blandin, interloquando pronunciamus fore............ ulterius inter ipsas et easdem partes procedendum, rationes tamen dicti Guillelmi, si quas habet quare absolvi debeat loco et tempore propo[nendas]... reservari, que juris sunt et que suplere possemus de jure in diffinittiva sententia reservantes.

51. — [In causa] quam movebat coram nobis Gaufridus de Faianco, clericus, contra Petrum de Moleto, dictum Petrum dicto clerico condempnamus [in petitis] et in expensis, correptionem et punitionem de transgressione juramenti nobis loco et tempore reservantes. Lata, partibus presentibus, die lune....... [fes]tum Omnium Sanctorum (1).

52 a. — (2) In causa coram nobis diu agitata, in qua procedebamus ex officio nostro contra Johannem de Capellaria, clericum, nostro carceri mancipatum pro suspictione vulnerationis et mortis Henrici Symeonis, quondam presbiteri defuncti, visis articulis primis et precognizationibus antea factis vivente dicto presbitero et aliis articulis postmodum sibi traditis, littis contestatione super hoc facta, jurato de calumpnia et de veritate dicenda, interrogationibus nostris et responsionibus factis ad eas, testibus a nobis productis, juratis et diligenter examinatis ac eorum depositionibus in judicio publicatis, concluso in ipsa causa, nos, viso et examinato processu predicto, communicato jurisperitorum (sic), quia videtur super dicta vulneratione diffamatus, cum duodecima manu sui ordinis indicimus sibi purgam. Qua facta, ipsum Johannem ab impetitione nostra absolvimus in hiis scriptis, et tanquam innocentem a dicto crimine et immunem a nostra curia deliberamus.

52 b. — In causa in qua ex officio nostro procedimus contra Johannem le Clerq, presbiterum, ad denunciationem Johannis l'Escleuquier, clerici, et aliorum, viso processu, communicato jurisperitorum consilio, pronunciamus tam dictum presbiterum quam dictum Johannem fore a nobis canonice puniendos et corrigendos, pro eo quod corpus excommunicati a nobis tradiderunt ecclesiastice sepulture, expensas tamen

---

(1) 25 octobre.
(2) P. 18.— Il n'est pas certain que les articles réunis ici sous le n° 52 appartiennent à l'année 1316.

cum expensis compensantes ex causa movente, eos ut nobis emendent etc. Et quia moniti de emendando, inde.

52 c. — In negotio exequtionis rei judicate quod movet Ricardus Adoubedent contra Johannem le Dogie, pronunciamus, non obstantibus propositis, fore ad executionem judiciati procedendum, salvis expensis.

52 d. — In causis injuriarum quas movebat Jordanus Castel et ejus uxor contra Petronillam relictam Gaufridi Lambert, dictam relictam absolvimus ab impetitione dictorum conjugum, salvis, etc., die martis post festum Sancti Andree (1).

In causa injuriarum quam movebat dicta Petronilla contra dictos conjuges taxamus injuriam contra dictos conjuges ad V solidos, et jurato ab ipsa super hoc, ipsos conjuges dicte Petronille in dicta summa condempnamus et in expensis. Lata cum Juguet et altera presentibus, die predicta (2).

52 e. — (3) In negotio sententie excommunicationis quod vertitur inter Johannem de Molendino, clericum, ex una parte, et Ricardum le Toulerre, ex altera, exceptiones propositas ex parte dicti Ricardi contra testes et dicta testium predicti Johannis in facto consistentes interloquendo admittimus ad probandum, non ostantibus replicationibus dicti Johannis, expensas usque in finem litis penes nos reservantes.

53. — (4) Johannes le Daneys [et] Petrus de.... plegiant Guillelmum le Cordier, clericum, de stando juri contra quemlibet de se conquerentem, et de reddendo ipsum corpus pro corpore quocienscunque opus fuerit. Actum die martis ante Purificationem Virginis gloriose anno XVI^{to} (5), presentibus magistris Rogero de Capell', Thoma Riquetens, Radulfo de Fossa, Petro Baudri, Johanne Bernardi, Johanne Juignet, Colino Anglico, Ricardo de Montefiquet, Renaudo Fabro, clericis, et pluribus aliis.

ANNO 1317.

54 a. — (6) In causa divortii quam movebat in judicio coram nobis Thomassia filia Guillelmi Blancvilain contra Thomam dictum Osmeul,

(1) décembre 1316?
(2) décembre.
(3) P. 19.
(4) P. 20.
(5) 1 février 1317.
(6) P. 20.

super eo quod ipsa proponebat et proposuerat quod licet de facto inter se in facie ecclesie per verba de presenti matrimonium contraxissent et simul diu stetissent dantes operam carnali copule, ipsa que Thomassia esset ampla et apta ad viriles amplexus, et dictus Thomas esset adeo frigidus quod, licet temptaverit, tamen adimplere non potuit propter quod matrimonium contraxerunt, unde cum sit integra et vellet esse mater, ipse que non posset eam vel aliam carnaliter cognoscere, obstante frigidatis impedimento perpetuo, ut dicebat, nos, servato juris ordine, juxta juris consilium, habito super hoc jurisperitorum consilio, audita relatione matronarum fide dignarum juratarum super hoc coram nobis et examinatarum et expertarum in talibus, quia de intentione dicte Thomassie nobis constat prout constare potuit, invocato Dei omnium actoris nichil ignorantis auxilio, pronunciamus inter dictos Thomam et Thomassiam matrimonium de facto contractum non tenuisse nec tenere de jure, obstante impedimento predicto, inter eos quatenus de facto contraxerunt divortium celebrantes, dantes eidem Thomassie licentiam matrimonii ubi voluerit contrahendi, licentiam tamen et facultatem alias contrahendi dicto Thome interdicentes. Lata die lune ante festum beate Caterine (1).

54 b. — In negocio taxationis expensarum quod movet Johannes Guesdon contra Johannem de Molendino, clerico (2), communicato jurisperitorum consilio, pronunciamus fore procedendum ad taxationem expensarum, non obstantibus propositis ex adverso, dictum clericum dicto Guesdon in expensis legitimis condempnantes. Die lune ante festum beate Caterine (3).

55. — Cum Rodulfus dictus Flouriot, alias le Peletier, clericus, de Ceraseyo, captus fuisset in jurisdictione domini officialis Baiocensis, versus Pontem Muleti, saisitus quadam vaca quam furatus fuerat penes Laurentium Davi apud Ceraseyum, et de curia seculari domini regis, videlicet de castro Baiocarum, redditus dicto officiali Baiocensi, idem officialis Baiocensis illum nobis reddidit corrigendum et puniendum die sabbati in crastino beate Caterine (4), presentibus multis; magister Petrus Giffardi erat officialis, et magister Guillelmus de Alneto clericus

---

(1) 24 novembre.
(2) Corr. *clericum.*
(3) 24 novembre.
(4) 26 novembre.

officialis, qui reddidit illum nobis de manu in manum, presentibus abbate de Toreigneyo et aliis infinitis; et ductus fuit per villam Baiocensem cum ferris, et jacuit penes la Drouete illa nocte, et die dominica (1) aductus fuit ad monasterium Cerasiense immediate ante missam cum magna comitiva clericorum et aliorum, et confessus fuit ita esse ut est dictum. Anno Domini M° CCC° XVII°.

56 *a*. — Die veneris post festum beate Lucie (2), recepit presbiter cautionem pro W. de Verneto absente quatenus habebat de bonis.

56 *b*. — In causa injuriarum quam movebat coram nobis Guillelmus le Cordier, clericus, contra Petronillam relictam Ricardi de Haya.

56 *c*. — In causa divortii seu matrimoniali que vertebatur inter W. Davi, alias Brunet, ex una parte, et Jordanam filiam W. de Quesneto, ex altera, pronunciamus matrimonium non tenuisse propter impotentiam viri, inter eos divortium celebrantes, dantes que dicte Jordane licentiam matrimonium alias contrahendi, hoc tamen dicto Guillelmo interdicentes.

57. — (3) In causa quam movet Johannes dictus Vaveign. contra Germanum Doullet, pronunciamus excepcionem excommunicationis de qua constat notorie per acta curie nostre esse sufficienter probatam, salvis expensis dicti Germani ad taxationem et arbitrium nostrum, quas nobis taxandas specialiter reservamus. Lata presente dicto Johanne et Johanne Gaisdon pro contumace, ad penam unius marche argenti. Die lune ante sacros Cineres anno XVII° (4).

58. — (5) Quia Jordanus Blandin et Caterina relicta Sansonis de Landa coram nobis jurati asseruerunt per sua juramenta quod circa festum Omnium Sanctorum ultimo preteritum (6) mutuo consenserunt ad contrahendum matrimonium inter eos, et incontinenti fuit inter eos carnalis copula subsecuta, petente dicta muliere dictum Jordanum sibi adjudicari in maritum, et licet opponeretur quod constante matrimonio inter ipsam Caterinam et dictum Sansonem, similiter consenserant aut alias de facto sponsalia contraxerant et adulterium in mente commiserant, necnon ipsa contraxerat cum Roberto filio Rogeri de Jueto, qui quidem Robertus et Jordanus se attingunt in gradu con-

(1) 27 novembre.
(2) 16 décembre.
(3) P. 19.
(4) 6 mars 1318.
(5) P. 26.
(6) 1 novembre 1317.

sanguinitatis prohibito ad matrimonium contrahendum; quare licebatur inter dictos Caterinam et Jordanum matrimonium stare non posse et contrahi non debere; tamen primam oppositionem penitus negantes esse veram, de alia oppositione dicunt quod ultima sponsalia non impediunt quia ita erat matrimonium contractum inter ipsos Jordanum et Caterinam, quia semel tantum contraxit sponsalia cum dicto Roberto videlicet in vigilia Epiphanie ultimo preterita (1), et postmodum plures testes asseruerunt se credere ita esse et famam ita tenere; idcirco nobis constare non potuit de oppositionibus ante dictis. Quare ipsos Jordanum et Caterinam adjudicavimus in virum et uxorem, dantes eis licentiam matrimonium sollempnizandi inter eos, non obstantibus oppositionibus ante dictis, nisi sit aliud impedimentum canonicum quod obsistat. Die lune post letare Jerusalem, anno CCCXVII° (2).

ANNO 1318.

59 a. — (3) Anno Domini M° CCC° XVIII° die lune post Misericordia Domini (4), in vigilia Sancti Nicolai estivalis, Johannes Gaisdon gagiavit emendam et petiit absolvi a sententia excommunicationis a nobis in ipsum jampridem lata pro manifesta offensa, videlicet quia jussus emendare quod abusus fuerat quibusdam litteris falso impetratis contra Colinum l'Engleis, prout constiterat et constabat, hoc facere contemptibiliter recusavit. Unde juravit facere voluntatem nostram. Taxamus emendam ad X libras. R. de Fossa debet facere publicum instrumentum presentibus Johanne le Daneis capellarie, Marseyo, Juguet et multis aliis. In judicio in portico nobis ea die sedentibus pro tribunali.

59 b. — In causa in qua ex nostro procedimus officio contra Radulfum rectorem ecclesie de Duobus Jumellis, viso processu, rationes falsi propositas contra testes ex officio nostro productos de fama contraria et ad finem illum admittimus; alias in facto consistentes, modo forma et tempore quibus proponuntur, non duximus admittendas. Attamen que juris sunt in diffinitiva sentencia reservamus.

(1) Janvier 1318.
(2) 13 avril 1318.
(3) P. 2.
(4) 8 mai.

59 c. — Petrus de Vinea, clericus, detinetur in prisionia nostra pro crimine latrocinii in nostra jurisdictione facti, et pro latrone nobis a justicia seculari redditur et tamquam cissor et evacuator bursarum furtive. Natus est Baiocensis dyocesis, de villa que vocatur Maignie de Freulla.

60 a. — (1) In nomine Domini amen. Pateat universis quod anno a nativitate ejusdem M° CCC° XVIII°, XXIII° die mensis julii, videlicet die lune post festum beati Clari indictione prima, pontificatus sanctissimi patris ac domini Johannis divina Providentia pape XXII$^{d\iota}$ anno secundo, coram nobis officiali Cerasiensi, in notarii publici et testium subscriptorum presentia constitutus, Radulfus Ravenquier, presbiter, rector ecclesie de Duobus Jumellis, subditun noster, nobis humiliter suplicavit quod cum plures articulos contra ipsum ex nostro mero officio via inquisitionis per commisionem domini nostri domini abbatis Cerasiensis proposuissemus, ad finem ut super eis ipsum corrigeremus et puniremus ut jus esset, super quibus coram nobis ex parte ipsius (2) extitit contestata per negationem, jurato de calumpnia, testes etiam producti a nobis et ab eodem et eorum attestationibus partibus publicatis; ipse que articulis ibi contentis de sui corporis incontinentia de Agnete filia Ricardi Guernon et aliis in dictis articulis contentis, si que sunt, excepta de matre Agnetis, de qua nichil confitetur esse verum, nolens littere subire sed nobis parere, super eis renunciavit et renunciat, et pro eis nobis gagiavit emendam, et promisit per suum juramentum pro contentis in ipsis articulis, quantum ad incontinentiam attinet, nostram facere voluntatem de ipsa emenda, salvis processu et rationibus utriusque partis super aliis articulis de quibus prosequendis loco et tempore protestamur, et ipse de suis defensionibus similiter dum opus erit; et incontinenti dictam emendam taxamus ad decem libras turonenses, in quibus ipsum pro dicta emenda nobis solvendis quando voluerimus condempnamus, et ab aliis processibus supersedemus ad presens ex causa, dantes eidem ad presens licentiam recedendi. In cujus rei testimonium, sigillum nostrum presentibus est appensum. Acta sunt hec in judicio ut supra, nobis pro tribunali sedentibus ubi consuevimus, hora solita placitorum nostrorum, presentibus ad hoc magistris Rogero de Capellaria, Petro de Marseyo. Inhibentes eidem

---

(1) P. 80.
(2) Supp. *its.*

sub pena amissionis beneficii ne de cetero cum dicta Agnete confabularet seu etiam frequentaret nisi in casibus a jure permissis, cui inhibitioni idem Radulfus acquievit.

Et ego Radulfus de Fossa, clericus, Baiocensis diocesis, publicus auctoritate imperiali notarius, una cum dicto officiali ac predictis testibus presens interfui, eaque audivi et intellexi et de mandato dicti officialis presens instrumentum manu mea scripti meo que solito signo signavi rogatus, in testimonium premissorum.

60 b. — Item eadem die lune post festum beati Clari (1), Thomas de Alnetis, senior, de Listreyo, Thome filio suo ac Petronille sue filie dedit auctoritatem sistendi in judicio, aliis auctoritatem prestandi, confitendi, gagiandi et faciendi omnia que secuntur, et confessus quod cum Symon de Torneriis cum dicta Petronilla in facie ecclesie per verba de futuro sponsalia contraxisset, re integra inter eos existente, et objectum fuisset impedimentum perpetuum, quare si verum esset non poterat inter eos matrimonium contrahi nec debebat, ipse Thomas promisit dictam Petronillam que erat juvenis in domo sua custodire, adeo quod se non astringeret aut astringi permitteret ipsam Petronillam cum dicto Symone vel alio vinculo fortiori, et eidem injunximus ad penam quinquaginta librarum turonensium ut eam taliter custodiret; cui injunctioni dictus Thomas spontaneus acquievit expresse. Tamen ipse Thomas postmodum scienter permisit dictam Petronillam astringi cum dicto Symone vinculo fortiori sine licentia nostra, litte pendente super hoc coram nobis et non finita, propter quod dicta pena erat et est contra ipsum commissa, et eam nobis gagiavit, et confessus est contenta in articulis nostris super hoc contra ipsum editis esse vera, nos que ipsum ad solvendum nobis ratione dicti monasterii Cerasiensis et ipsi monasterio dictam penam finaliter condempnamus. Actum in parlatorio magne aule monasterii Cerasiensis, post horam nonam, presentibus domino abbate, Symone de Bernesco milite.

Eisdem die loco et hora, dictus Thomas junior cum dicta auctoritate dedit auctoritatem Joscete uxori sue.

61. — (2) Quia nobis constat per confessionem Radulfi le Peletier, alias Flouriot, clerici, ipsum latrocinium seu furtum notorie in nostra jurisdictione pluries commisisse, et propter hoc et pro suspectione cri-

---

(1) 23 juillet.
(2) P. 27.

minis falsitatis false monete, super quo per ejus confessionem et alias vehementes presumptiones habuerimus et habemus, ipsum teneremus carcere mancipatum ad ejus conservationem in vinculis ferreis, ipse tamen vincula ruppit et violenter exire conatus fuit, prout etiam confessus est coram nobis, ipsum ex predictis et aliis probationibus a nobis de ipsius voluntate receptis super dictis criminibus informati, ipsum ad sustinendum in carcere penam et penitentiam perpetuo condempnamus. Actum die lune ante festum beati [Petri] ad vincula (1).

62. — Anno Domini Mº CCC XVIIIº die dominica post festum beati Egidii (2), decessit dictus Radulfus in carcere nostro; exhibitus (3) populo corpus ejus postmodum de mandato nostro fuit traditum ecclesiastice sepulture. Anima ejus requiescat in pace. Amen.

62 a. — Anno Domini Mº CCC XVIIIº die lune ante festum beati Petri ad Cathedram (4), quia nobis constat, tam per testes coram nobis alias in ejus presentia juratos et per confessionem ejus, quod dictus Petrus de Vinea, clericus, juratus erat in mercatu Cerasiensi pecuniam magistri Johannis de Ponte et taliter furari pecuniam extiterat consuetus, precipimus ipsum pane et aqua fore contentum et nostro carcere conservari.

Item eandem sententiam recitamus die lune ante Nativitatem Domini (5); quam volumus observari quousque aliud ordinaverimus de eodem.

62 b. Eadem die lune ante Cineres (6), Matheus de Crisetot, clericus, nostro carcere detentus pro latrocinio ab eo in nostra jurisdictione commisso, confessus est se furasse pannos in nostra jurisdictione penes Thomam Baudri, qui appreciati fuerunt ad decem libras et V solidos, quos eidem Thome reddimus, et ipsum confessum et per ejus confessionem convictum carcere retinemus.

Item anno XIXº sequenti, ipsum Matheum ad sustinendum carcerem perpetuum in pane et aqua pro dictis delictis et aliis de quibus legitime nobis constat in hiis scriptis ex causa urgente justicie condempnamus.

(1) 31 juillet.
(2) 3 septembre.
(3) Corr. *exhibitum*.
(4) 19 février 1319.
(5) 24 décembre 1319.
(6) 19 février 1319.

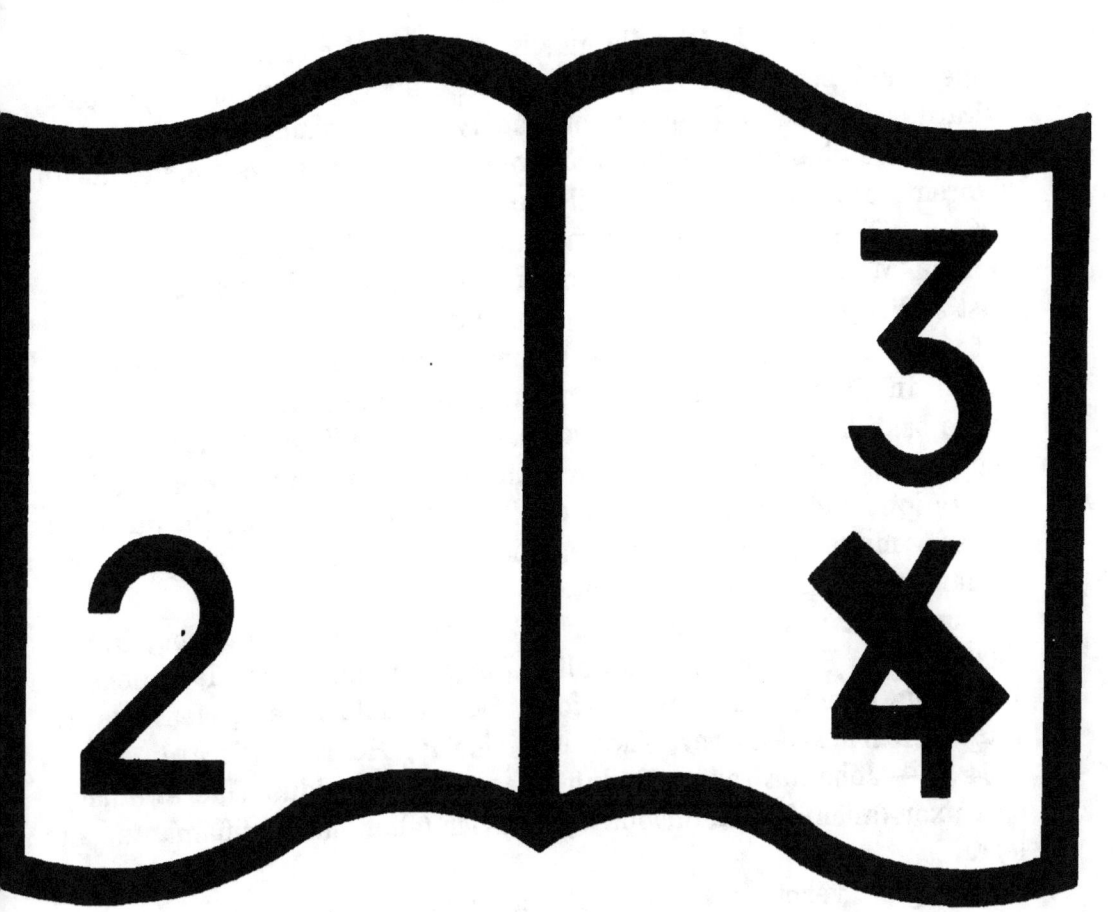

Pagination incorrecte — date incorrecte

NF Z 43-120-12

63. — (1) Anno XVIII° die martis post Oculi mei (2), per inquisitionem isti sequentes ex officio accusantur : Laurentius Symeonis, Ricardus Guillet, [et] ejus uxor. gagiaverunt emendam pro eo quod ipse Laurentius diu tenuit in domo sua et carnaliter cognovit dictam uxorem, dicto Ricardo consentiente.

64. — (3) Visitatio facta per me una cum domino Luca Pictoris anno Domini M° CCCXVIII° die mercurii post Annunciationem beate Marie post Judica me (4), apud Duos Jumellos.

64 a. — Invenimus defectum notorium in monasterio parrochiali : primo in libro, vestimentis, in luminari ; quedam lampas de ante altare beati Thome deficit licet habeat bonos redditus, et etiam candele deficiunt et submoventur contra voluntatem communis. Monasterium reparatione indiget et textura ; cimiterium de clausura, ita quod ibi possent multa pericula evenire. Fiat aut male erit. Campane non pulsantur. Elemosine nulle fiunt.

Nomina citatorum coram nobis : Guillermus Longue Lanche, Ricardus Gernon, Ph. Guerart, Ranulfus Longue Lanche, W. de Caucheia, Renaudus Pepin, Guillermus Priour, Henricus l'Engleis, Henricus le Rasle, Henricus Auverey, Ricardus Nicolai, Henricus Ricardi.

64 b. — Johanna relicta Radulfi Herman, Gaufridus Guerat (alias), ejus uxor (alias) [et] Gaufridus le Bouvier (alias fuit), diffamantur de lepra.

Robergia Tyebout pregnans est ; nescitur de quo.

Th. Bequet uxoratus [et] Agnes ejus uxor filia Ricardi Guesdon seorsum habitant et mulier de incontinentia diffamatur ; nesciunt de quo.

Laurentius l'Esmié diffamatur de relicta Th. Grollart, ejus commatre.

Margueta uxor Roberti la Mite continue communiter (?) adulteratur, et tenet lupanar, et etiam diffamatur de Jaqueto de Grisetot, clerico.

Juliota la Flesse peperit nuper ; nescitur de quo.

Cecilia de Billy pregnans ; nescitur de quo.

Johanna de la Toraille peperit ; nescitur de quo.

Radulfus Cauvin de uxore Ranulfi Longue Lanche.

(1) P. 31.
(2) 13 mars 1319.
(3) P. 28.
(4) 28 mars 1319.

65 a. — (1) In causa injuriarum agitata coram nobis inter Petrum Genas, clericum, ex una parte, et Johannam uxorem Ranulfi le Portier cum ejus auctoritate, ex altera, nos, viso et examinato processu, habito jurisperitorum consilio, nos taxamus injuriam factam seu dictam a dicta Johanna dicto clerico ad decem solidos turonenses, in quibus, jurato a dicto clerico super hoc quod pro tanto nollet, dictam Johannam dicto clerico condempnamus, salvis expensis dicti clerici in dicta causa factis pro duabus partibus, quas eidem clerico adjudicamus contra dictam Johannam, super residuo absolventes eandem, et taxationem earum nostro judicio reservantes. Lata die jovis post Judica me (2).

65 b. — Anno Domini M° CCC° XVIII° die jovis post Annunciationem beate Marie, videlicet post Judica me (3), Guillotus Evrart diffamatus de Coleta la Flamengue, pro quo ipsa gagiavit emendam; et ambo confitentur famam et factum negant simpliciter, fatentur tamen se temptasse et per annum cum dimidio simul stetisse; et finaliter sese abjurarunt, ita quod si contingat de cetero ipsos invicem habitare solum cum sola in eadem domo aut alias in loco suspecto, ex nunc se consentiunt invicem in virum et uxorem et ex nunc volunt. . . .
. . . . taxavimus contra quemlibet III (?) libras. . . . .

ANNO 1319.

66. — (4) In causa matrimoniali coram nobis agitata inter Renaudum de Batpaumes et Petronillam filiam Johannis Quidort, ex una parte, et Johannam filiam Thome Vigoris, ex altera, dictos Renaudum et Johannam adjudicamus in maritum et uxorem, cum nobis constet eos inter se per verba de presenti matrimonium contraxisse, non obstantibus sponsaliis de facto contractis postmodum inter dictos Renaudum et Petronillam. Die mercurii post Pasca, anno Domini M° CCC XIX° (5).

(1) P. 80.
(2) 29 mars 1819.
(3) 29 mars 1319.
(4) P. 81.
(5) 11 avril.

67. a. — In causa matrimoniali coram nobis agitata inter Osannam Osmondi, petentem in virum vel sponsum sibi adjudicari magistrum Guillelmum de Tainvilla, clericum, ex una parte, et ipsum magistrum Guillelmum, ex altera, viso processu, communicato jurisperitorum consilio, consideratis considerandis, dictum magistrum Guillelmum ab impetitione dicte Osanne absolvimus, de expensis tacentes cum super eis in eos extiterit compromissum, et de eis ordinabimus prout videbimus ordinandum. Actum die jovis post Quasimodo (1).

67. b. — Laurentius le Prevost, [et] Yvo ejus filius, clericus; ex una parte, et Ricardus le Meteer, clericus, ex altera, gagiaverunt nobis emendam pro eo quod sese verberarunt in mercato Cerasiensi die mercurii post Pasca anno XIX° (2). Excommunicati sunt ob hoc ipsi tres. Taxamus emendam contra quemlibet L solidos, die jovis post Quasimodo (3). Quia Laurentius monitus de satisfaciendo de emenda non satisfecit, ipsum excommunicamus in scriptis, die lune ante sancti Martini yemalis (4).

67 c. — In causa matrimoniali que coram nobis agitata est inter Guillelmum Evrart et Guillelmam filiam Thome le Portier, ex una parte, et Coletam la Flamengue, ex altera, Guillelmum Evrart et Guillelmam filiam dicti Thome adjudicamus in sponsos, non obstante proposito ex parte dicte Colete, eosdem sponsos ab impetitione dicte Colete absolventes; ipsam tamen Coletam ab expensis absolvimus, et juravit dictus Guillelmus in judicio quod dicte Colete secundum voluntatem nostram curialitatem faceret.

68. — Anno Domini M° CCC° XIX° die martis post festum beati Bartholomei (5), comparentibus coram nobis Petro de Crueria et Perrota filia Jordani Niete, petentes sese adjudicari in maritum et uxorem, quia tamen ipse Petrus contraxerat sponsalia jurata in facie ecclesie cum Johanna filia Radulfi Davi attingentis dicte Perrote in gradu consanguinitatis, a qua fuit separatus pro eo quod antea carnaliter cognoverat dictam Perrotam, jurato ab eis tempore separationis hujusmodi quod nonquam fideidatio vel promissio seu aliqua

---

(1) 19 avril.
(2) 11 avril.
(3) 19 avril.
(4) Novembre.
(5) 28 août.

conventio matrimonialis intervenerat inter eosdem Petrum et Perrotam, ipsi que adhuc interrogati utrum probare possent quod ante contractum sponsaliorum inter ipsum Petrum et dictam Johannam aliqua conventio matrimonialis intervenisset, responderunt : vir respondet quod non, et Perrota dicit quod sic et quod mutuus consensus intervenerat inter eos, secuta carnali copula, viro confitente quod consenserat in eam, saltem intentione, et volente eam habere.

Inquesto de consensu mutuo inter ipsos Petrum et Perrotam ante tempus sponsaliorum contractorum inter ipsum Petrum et Johannam filiam Radulfi Davi, quia nobis legitime constat de intentione dicte Perrote, ipsos Petrum et Perrotam adjudicamus in maritum et uxorem. Eos tamen de mendacio coram nobis commisso decernimus puniendos, emendam propter hoc taxantes contra quemlibet X libras, in quibus eos condempnamus solvendas infra........ Actum die mercurii post festum sancti Dyonisii anno XIX (1).

69. — Cum proposuisset Gregorius Davi et Guillemota de Buot coram nobis quod ipsi invicem sibi fidem dederant de matrimonio contrahendo et modo nichilominus inter se matrimonium contraxerunt per verba de presenti, quare petebant sese adjudicari in maritum et uxorem, propositum fuit ex officio nostro quod ipse ante dictum contractum sponsalia contraxerat cum Aelicia filia Roberti Renaut, unde cum obstaret honestatis justicia, ideo dicebamus matrimonium inter eos contrahi non debere nec stare posse, lite côntestata, jurato de calumpnia [et de veritate] dicenda, inquisito de predictis et specialiter per juramentum dictorum Aelicie et Gregorii et aliorum fide dignorum, quia patres dum.............. et Aelicie dicta sponsalia contraxerant nec rata habuerant; quia igitur de dicto impedimento nobis constare non potuit, ipsos Gregorium et Guillelmetam adjudicamus in maritum et uxorem, dantes eisdem licentiam matrimonium sollempnizandi. Latta est hec sententia die mercurii post festum sancti Dyonisii anno XIX (2).

70. — (3) Anno Domini M° CCC XIX°, die lune post festum Omnium Sanctorum (4), se Touroudus Bigal confessus fuit se carnaliter copu-

---

(1) 10 octobre.
(2) 10 octobre.
(3) P. 32.
(4) 5 novembre.

lasse cum Petronilla la Rouissole per triennium et in ea genuisse duos pueros, et se invicem a modo abjurarunt, ita tamen quod si ipsos contigerit esse solus cum sola aut ipsos invicem habitare in loco suspecto aut alias, ex nunc se consentiunt invicem in virum et uxorem, et ex nunc volunt matrimonium esse contractum, et emendarunt fornicationem quam reservamus.

71. — Anno Domini M° CCC XIX° die veneris post festum beati Martini yemalis (1), injunximus Henrico le Portier, clerico, quod ad penam L librarum ipse cum Thomassia filia Johannis le Guileour, uxore sua, bene et legitime staret et de bonis suis ministraret sicuti ipsimet et quod eam legitime tractaret sicut eidem promiserat in facie ecclesie; cui injunctioni idem Henricus acquievit.

72 a. — In negotio executionis rei judicate quod movet Johannes Guesdoin contra Johannem de Molendino, clericum, quod judicatum continet lvii solidos, de rationibus ex parte dicti Guesdon contra quittationem exhibitam ex parte dicti clerici, ipsum Guesdon ad probandum quod unica vice semel fuit quittatus, et quod plus fuit scriptum quam actum cum solum quittatio fuisset de decem libris, admittimus ad probandum; cetera que facti sunt non admittimus, et que juris sunt in decisione negotii reservamus. Lata die lune ante Nativitatem Domini (2).

72 b. — Germanus le Forestier et Thomassia Malherbe gagiaverunt emendam pro eo quod invicem cum scandalo populi simul steterunt et jacuerunt in concubinatu et fatentur sese carnaliter cognovisse, et juraverunt dictam emendam solvere ad taxationem nostram, quam taxamus ad x libras, super quibus ipse Germanus se fecit principalem debitorem, et monemus eos una monitione peremptoria pro omnibus ut infra quindenam nobis satisfaciant de emenda predicta. Die lune ante Nativitatem Domini (3). Solvit emendam.

72 c. — Philippum Benedicti reputamus contumacem, et eum in viginti quinque solidis magistro Ricardo de Duobus Jumellis condempnamus. Actum die lune ante Nativitatem Domini (4).

73. — (5) Inquisitio facta apud Listreyum anno Domini M° CCC XIX°,

---

(1) 10 novembre.
(2) 24 décembre.
(3) 24 décembre.
(4) 24 décembre.
(5) P. 22.

die veneris in festo cathedre sancti Petri (1), per fratrem Lucam Pictoris.

73 *a*.—Nomina juratorum sunt hec: Radulfus le Rebours, Johannes la Pie, Th. Heberti, Germanus le Rous, Petrus Evrart, Guillermus Emmeline senior, Johannes Riqueut, Germanus le Tousey.

Deficit in monasterio clavis in fontibus, in armatorio; libri reparandi, et hostia dicti monasterii reparanda; et deficit per thesaurarios dicti monasterii.

73 *b*. — Filia Pertjornée diffamatur de Thoma filio Jordani le Gaaz et habuit puerum. Emendarunt et fidem inter se dederunt.

Filia Cauvin diffamatur de Radulfo Rogeri; pregnans est.

Gaufridus de Alnetis diffamatur de Thomassia Lommin.

La Torte au Rosey diffamatur de carminibus.

Johannes filius Quarrel diffamatur de uxore Thome Fabri junioris.

Guillermus le Bret diffamatur de uxore Guillermi Bequet Petit in scriptis articulos. Emendavit dictus Guillermus ad nostram voluntatem. Uxor emendavit.

Robertus de Bosco diffamatur de uxore Thome fratris sui. Petit in scriptis articulos.

73 *c*. — Le Fresenguier diffamatur de uxore Johannis le Vietu.

Robertus le Prevostel diffamatur de Perrota la Legere.

Filius Germani le Gorrey diffamatur de relicta Michaelis Riqueut.

Filia Heberti Cohuey diffamatur de Robino le Monte Freard.

L'Aignel filius Radulfi Unfredi diffamatur de relicta Michaelis Riqueut.

Radulfus le Lavandier diffamatur cum uxore Guillermi Emmeline junioris. Emendavit Radulfus. Solverunt v solidos.

Germanus le Forestier diffamatur de sua coustureria.

74 *a*. — (2) In causa que coram nobis in jure vertitur inter Petrum Baudri, clericum, ex una parte, et Germanum le Rouz et Guillermum Blanvilain, ex altera, viso processu, de consilio peritorum, dictos Germanum et Guillermum ab impetitione dicti Petri sententialiter absolvimus, salvis expensis dictorum Germani et Guillermi quas eisdem adjudicamus, earum taxationem nostro judicio reservantes. Lata die lune post Invocavit me (3).

---

(1) 22 février.
(2) P. 32.
(3) 28 févrior 1320.

74 b. — Eadem die (1), Johannes de Molendino emendavit nobis ideo quod fecerat citari Cadomi Germanum le Forestier de nostra jurisdictione et per interpositam personam, quam emendam taxavimus ad x libras.

74 c. — (2) Concluso in causa que coram nobis in jure vertitur inter Thomam de Quemino, ex parte una, et Johannem de Quaisne, ex altera, et omnibus aliis que ad decisionem cause requiruntur rite peractis, habito jurisperitorum consilio, quia de intentione dicti Thome nobis constat ad plenum, eumdem Johannem in petitis ex parte dicti Thome ab eodem Johanne condempnamus reddendis ipsi Thome infra quindenam proximo venturam salvis expensis illius Thome ob hoc factis, quas eidem adjudicamus, quarum tauxationem penes nos reservamus.

74 d. — (3) Quia te Johannem filium Quarrel primo, secundo et tercio ut emendes delictum factum in nostra jurisdictione a te perpetratum et emendare recusasti, ideo te excommunicamus pro manifesta ofensa.

75. — Ceraseyum. — Inquisitio facta apud Ceraseyum anno Domini M° CCC° XIX° die sabbati post Reminiscere (4), per fratrem Lucam Pictorem.

75 a. — Robertus Leauté [et] Petrus le Cauf [jurati]:

Colinus de Vastegneyo alias le Champion fornicatur cum filia Radulfi Malerbe et est prenans de ipso.

Petrus de Limengiis tenet suam concubinam diu est in domo propria de qua habet duos pueros, et est prenans.

Villequot Anglicus diffamatur de Johanna de Quesneto.

75 b. — Guillermus de Camino, Th. Boutequien, Johannes de Quesneto, G. Vausie [et] Johannes Normant [jurati]:

Gregoria et Thomassia de Ceraseio diffamantur de Augustino et communiter in domo ipsius jacent.

Uxor Hamon Adoubedent diffamatur de incontinentia de quod tenet lupennar ipso hoc sciente.

Uxor Johannis Georgii diffamatur de magistro Guillermo de Taivilla et fama talis est.

---

(1) 28 février 1320.
(2) P. 33.
(3) P. 23.
(4) 1 mars 1320.

Filia Symonis Oliverii habuit puerum de Johanne filio Agoulant et diu per fornicationem habitarunt.

Item filia la Torte diffamatur de communi.

Item Luiceta dicta la Brete similiter.

Item dicunt quod Hebertus Agoulant, diffamatur de incontinentia cum uxore sua.

75 c. — Willermus Evrart, Willermus le Coc [et] Laurentius de Tavilla, [jurati] :

Yvo de Grisetot diffamatur ut alias de relicta Guillermi Evrart.

Item dicunt de filia Symonis Oliverii, de Luiceta la Brete sicut et alii.

Item uxor Sylvestri Fiquet diffamatur de Johanne Fiquet.

76. — Inquisitio facta apud Duos Gemellos per nos fratrem Lucam Pictoris, officialem Cerasiensem, anno Domini M° CCC XIX°, die dominica post festum beati Albini (1).

Nomina juratorum sunt hec : Ricardus Madey, Renaudus Pepin, Guillermus Prioris, Philippum Guerart, Th. de Locellis, Henricus l'Engleis, Laurentius l'Esnuey, Colinus Vauquelin, Guillermus de Caucheio (?).

Jaqueta Malveisin diffamatur de communi et tenet lupanar. Emendavit.

Petronilla Postel diffamatur de Rogero Gauteri. Emendaverunt.

Agnes Guernon diffamatur sicut solebat de Radulfo Ravenger, presbitero. Gagiaverunt emendam et inhibuimus dicto Radulfo ad penam c librarum ne de cetero habitet cum eadem solus cum sola, et dicte Agneti ad penam viginti librarum et ad penam scale.

Robergia Tyebout diffamatur de adulterio et de publico (?) et per Henricum le Bourc scietur veritas. Emendavit.

Droetus le Carpentier diffamatur de Mabilia uxore Johannis Thaon, ipso sciente. Droetus emendavit.

Coleta la Bieise diffamatur de communi. Emendavit.

Uxor Ranulfi Longuelanche diffamatur de Radulfo Cauvin uxorato.

77. — (2) Anno Domini M° CCC° XIX°, die veneris post Letare Jerusalem (3), in nostra presentia personaliter constitutus, Ranulfus dictus

---

(1) 2 mars 1320.
(2) P. 33.
(3) 14 mars 1320.

Portarius se supposuit spontaneus non coactus se stare voluntati nostre super his super quibus ex officio nostro proponebamus tam contra ipsum quam contra Johannem filium suum, clericum, sciendum est quod manus injecerant temere violentas usque ad effusionem sanguinis in Guillermum de Marris, clericum nostrum, officium nostrum et suum exercendo; et ea pro se et dicto filio suo emendavit.

78. — In causa matrimoniali coram nobis agitata inter Johannam relictam Michaelis Riqueut, petentem in virum vel sponsum sibi adjudicari Germanum Precaire, clericum, ex una parte, et ipsum clericum, ex altera, viso processu, communicato jurisperitorum consilio, consideratis considerandis, dictum clericum ab impetitione dicte Johanne absolvimus, et de expensis ordinabimus prout videbimus ordinandum. Lata die mercurii post Judica me (1).

ANNO 1320.

79. — Anno Domini M° CCC XX die martis post Misericordia Domini (2), Ranulfus le Portier et Johannes ejus filius primogenitus, clericus, pro dicto facto (3) iterum juraverunt nostram ordinationem super hiis omnibus observare, et facere et implere quicquid ordinaremus tam erga officium et nos quam erga partem, dicto Guillermo ad hoc se consentiente per juramentum. Nos, visa informatione super hoc habita, dicto Guillermo pro injuria sibi facta taxamus L solidos et nobis ex officio nostro c solidos (?), in quibus ipsos Ranulfum et Johannem nobis ratione officii nostri et dicto Guillermo, ut supra, condempnamus, pronunciantes eosdem Ranulfum et Johannem pro violenta manuum injectione in dictum Guillermum clericum excommunicationis sentenciam incurrisse; dictam tamen injectionem decernimus esse levem, injungentes eisdem Ranulfo et Johanni ut super hoc faciant se absolvi infra mensem et de pecuniarum summis satisfaciant antedictis.

80. — (4) Anno Domini M° CCC XX°, die mercurii ante festum beati Petri ad vincula (5), nos officialis Cerasiensis videri fecimus Johan-

---

(1) 19 mars 1320.
(2) 15 avril.
(3) Voy. plus haut n° 77.
(4) P. 40.
(5) 30 juillet.

nem le Daneys, clericum, defunctum, ut dicitur, facto Henrici et Thome de Ceraseyo, clericorum, filiorum magistri Henrici de Ceraseyo, die mercurii post festum nativitatis beati Johannis Baptiste ultimo preterito (1), per juratos. Nomina juratorum : Guillelmum Ricardum et Thomam de Talanchia, Th. Vigor, Ricardum le Barbier, Jordanum Baudri, Johannem Quidort, juratos quoad similia, tam per nos quam per justiciam secularem. — Item per clericos; videlicet : Laurencium le Borgeis, magistrum Rogerum de Capellis, Colinum Sonplest, Colinum de Heriz, Gaufridum Aener, Hamonem de Crueria, Thomam Chepin, Bertinum le Torneour; — item et per laïcos : Guillelmum Beleste, Ricardum Beleste, Petrum Viel, Thomam le Prevost, Hugonem de Buoto, Guillelmum le Quoc, Ricardum le Portier, Hommetum (?) le Heriz, Laurentium Davi, Colinum Odouart, Robertum Lucas, Guillelmum le Heriz, Petrum le Rouz, Guillelmum Beuselin, Robertum Renaut, Jametum Richier. — Qui singulariter examinati retulerunt nobis per sua juramenta ipsum obiisse per plagam eidem factam in capite versus collum visam per eos in presencia nostra, et eis ostensis ossibus extractis per medicos a plaga eis ostensa, ut predicitur, ad hoc ex officio nostro brachio seculari evocato, ossaque extracta in presencia juratorum et aliorum plurium fide dignorum sub sigillo nostro tradidimus Roberto filio dicti defuncti.

81 a. — (2) In causa in qua ex officio nostro procedimus contra Guillelmum Trublart, alias Peilevey, clericum, super eo quod dicebamus quod ipse insurtum fecit in Ricardum Hequet venientem de Sancto Laudo prope noctem et in eum manus injecit temere violentas et dicebatur quod furtive, nos, viso processu, communicato jurisperitorum consilio, pronunciamus ipsum clericum fore a nobis propter hoc corrigendo (3) videlicet pro insurtu et manuum injectione predicta, et monemus ipsum ut nobis emendet primo, secundo et tercio. (Solidos quod quia recusavit ipsum in scriptis excommunicamus.) Emendam taxamus ad XXV libras. Die sabbati ante Omnium Sanctorum (4). Absens est. Et gagiavit emendam, die lune post dictum festum (5). Remissa est amore Henrici Moisson.

(1) juin.
(2) P. 38.
(3) Corr. corrigendum.
(4) 25 octobre.
(5) novembre.

81 b. — In causa divortii que coram nobis vertebatur inter Hebertum Agoulant, ex una parte, et Aliciam filiam magistri Henrici de Ceraseyo, ejus uxorem, ex altera, super eo quod opponebat ipsa Aelicia quod ante contractum matrimonium inter ipsam et dictum Hebertum ipse Hebertus carnaliter cognoverat Cloriseram quondam uxorem Johannis Samedi, neptem quondam Johannis le Chambellenc, eidem Aelicie attingentem in gradu consanguinitatis prohibito ad matrimonium contrahendum, libello dato, lite contestata, jurato de calumpnia, factis interrogatoriis, testibus productis, juratis examinatis et eorum depositionibus partibus publicatis, auditis omnibus que partes hinc et inde proponere voluerunt, concluso quatenus conclusione opus erat, viso processu, communicato jurisperitorum consilio, matrimonium inter ipsos Herbertum et Aeliciam de facto contractum non [tenuisse] nec stare posse sententialiter diffinimus inter eos, quatenus de facto contraxerunt, divortium celebran[tes, questionem] expens[arum] et rerum ac bonorum dotalium nostre [ordinationi reservantes]. . . . .

82 a. — (1) Anno Domini M° CCC° XX°. In causa coram nobis agitata inter Guillelmum de Quercu, presbiterum, ex una parte, et Ranulfum le Couete, clericum, ex altera, super decem solidis quos petebat idem presbiter a dicto Ranulfo, lite contestata, concluso, ceterisque ritte peractis in dicta causa, dictum Ranulfum dicto presbitero in petitis et expensis finnaliter condempnamus, dictarum expensarum taxationem nostro judicio reservantes. Lata die martis post Epiphaniam (2).

82 b. — Nota. Eadem die (3), Guillelmus Beloste presens confessus est super hoc accusatus quod cum Guillelmus Coquet ipsum Beloste super eo quod petebat ab eo XXVII solidos ex causa emptionis et venditionis pro nomminatis suis, et litte super hoc contestata, ipse conquestus fuit super hoc justicie seculari et per eandem justiciam fecit cessare prosecutionem littis coram nobis et fecit ab eodem Coquet emendam prestari, quia jam ita traxerat coram nobis, monitus quoque de emendando nobis, propter hec gagiavit emendam et juravit de ea nostram voluntatem facere, quam taxamus ad XXV^{am} libras, monentes eum ut infra mensem nobis solvat centum solidos de eadem.

---

(1) P. 34.
(2) 13 janvier 1321.
(3) 13 janvier 1321.

83 a. — Die martis ante festum beati Vincentii (1), in causa injuriarum quam movebat Ricardus Greart, clericus, contra Johannem de Ceraseyo, taxamus injurias ad X solidos, juratoque ab eodem Ricardo quod pro tanto nollet immo maluisset tantum de suo amisisse, Laurentium le Bourgeis, clericum, procuratorem dicti Johannis ab eo constitutum in dictis decem solidis pro dictis injuriis et in expensis in dicta causa factis sententialiter condempnamus.

83 b. — In causa in qua procedimus ex officio nostro contra Guillelmum Trublart, alias Peillevey, clericum, viso processu, communicato juris peritorum consilio, pronunciamus ipsum clericum a nobis corrigendum et puniendum prout in nostris articulis continetur monemusque ipsum primo secundo et tercio ut nobis emendet, ipsum in triginta solidis turonensibus pro expensis ministro officii nostri sententialiter condempnantes, emendam taxantes ad XXV solidos, in quibus ipsum etiam condempnamus. Quia monitus emendare recusavit ipsum excommunicamus pro manifesta offensa.

84. — (2) Anno Domini M° CCC° XX° die martis post Letare Jerusalem (3), visitavimus apud Listreyum.

84 a. — Primo Th. de Cantepie et Berthoudo Caruete, thesaurariis, precepimus ut infra diem jovis ante Pasca (4) faciant fieri serraturam ad fontes, ut possint bene serrari, sub pena excommunicationis et XL solidorum.

Vidimus calicem et patenam ac corporalia que sufficiunt. Due albe, I superlicium, due casule, VI touaille et I casulam pravam, et duas capas chori, duo missalia, duo gradalia, duo breviaria, I antiphonarium, I psalterium.

Item pro crismatorio injuxi quod fiat clavis et pentura. Injunximus presbitero ut saltem de quindena in quindenam conficiat corpus Xpisti *(sic)* pro visitatione infirmorum.

84 b. — Nomina juratorum : W. de Landis, Sello Cauvin, W. Jacobi, Robertus le Prevost, dicti thesaurarii, Robertus le Pietel, Radulphus le Rebours, Johannes Riqueut, Ricardus Fortin, Robertus Ade, W. Ameline.

---

(1) 20 janvier 1321.
(2) P, 41.
(3) 31 mars 1321.
(4) avril 1321.

Petrus Malherbe et Guillelmus l'Orfelin diffamantur de lepra. Isti moneantur quod die sabbati (1) faciant se videri Baiocis apud Sanctum Nicholaum, vel nisi litteras prioris apportent die martis (2), ex nunc excommunicantur pro manifesta offensa.

Rogerus Leonardi diffamatur de usura in nostra jurisdicione contracta cum Roberto Ade. Ipse de Moleto. Iste excommunicatur nisi emendet et satisfaciat ipsi Roberto et aliis cum quibus contraxit.

Johannes de Molendino diffamatur de Barreria Baiocensi (?). Dimittatur ex causa.

Guillelmus le Bret diffamatur ut alias de relicta Thome le Petit. Procedatur. Moneantur et excommunicentur. Emendavit Guillelmus.

84 c. — Poupain qui vocatur Germanus Poupain diffamatur de uxore Stephani Brazun. Similiter ut immediate supra.

Due filie a la Guogueree diffamantur de communi. Mater earumdem tenet nupanar. Dimittantur ex causa quia nichil valent.

Germanus le Daim diffamatur de la Pitaude apud merch. (3). Consanguinea est et habuit plures pueros. Procedatur; moneantur; nisi emendent, excommunicentur vel nisi dicant rationem.

Filia Thome Comitis diffamatur, non obstante matrimonio, de communi. Procedatur et excommunicetur. Gagiavit emendam.

Robinus Race (?) diffamatur de relicta Johannis Robillart. Excommunicetur. Item de uxore Henrici Blondel. Excommunicetur.

84 d. — Robinus Sanson diffamatur et ab antiquo de dicta la Cardinele. Procedatur. Moneantur et excommunicentur. Confitetur famam. Se offert purgaturum. Ad purgationem sibi assignavimus diem martis post Ramos Palmarum (4) per sex viros idoneos.

Stephanus Brazun diffamatur de uxore Ade de Bosco. Ambo sunt conjugati. Ipsi similiter. Non venientes omnes excommunicentur. Idem Stephanus se non purgavit; ipsum habemus pro convicto. Monemus ut emendet.

Thomassia Malerbe solvit V solidos. Absolvatur.

Guillelmus de Nuellye gagiavit emendam ad voluntatem domini abbatis Cerasiensis et nostram si possit inveniri per testes fide dignos

(1) 4 avril 1321.
(2) 7 avril 1321.
(3) Peut-être *merchetum*.
(4) avril 1321.

quod manus injeccisset in Philippum, clericum dicti abbatis, in quantum attinet ad dominum abbatem et se compromiserunt super suis injuriis in Robertum Billart.

ANNO 1321.

85. — (1) Registrum de anno XXI° de Ceraseyo. Die Sabbati ante Nativitatem sancti Johannis Bauptiste (2).

85 *a*. — (3) * Ricardus de Montfiquet, clericus, pro contumacia contra Nicholaum de Buot, clericum.

Ricardus Ferrei pro contumacia contra Th. de Quemino.

* Gaufridus de Faiaco pro judicato de nisi contra fratrem Johannem Grosparmie.

* Laurentius Prepositus pro nisi contra Thomam de Quemino.

* Colinus (?) Frontin (4) pro judicato contra Colinum le Baup, clericum.

* Ranulphus le Porteir pro judicato continente viginti quatuor solidos et duos denarios contra Guillelmum Vauxie.

* Johannes le Mongueir, alias l'Esragei, pro judicato; — Laurencius ejus filius pro contumacia; — contra Johannem Egidii.

* Johannes de Haia (?) pro judicato contra Johannem Egidii.

* Ranulphus (?) le Porteir pro judicato contra Ph. Malherbe.

85 *b*. — Th. Auvredi contra Petrum Genas.

* Guillelmus Le..d..., clericus, pro judicato de nisi contra relictam Rogeri Agoulant.

* Johannes le Fay de Haia pro judicato de nisi contra Petrum le Croñ, presbiterum.

* Renaldus Baudri pro judicato contra Guillelmum Bauchen, burgensem Baiocensem.

* Laurentius le Prevost pro judicato de nisi contra Petrum Genas.

* Ricardus Foin pro judicato contra Petrum le Croñ, presbiterum.

* Colinus le Moigne, * Jacobus Bence, * Gaufridus du Fay, * . . . . . [et] * Johannes le Tousey, pro contumacia contra Renaldum Baudri.

---

(1) P. 61.
(2) juin.
(3) Les mentions précédées d'un astérisque sont raturées sur le ms. par un simple trait.
(4) Peut-être *Fromin*.

* Ricardus de Grano pro judicato contra Colinum de Buoto.
* Johannes de Quesneto pro judicato contra Petrum Genas.

Ricardus Hequet pro judicato contra Renaldum de Heriz.

85 c. — Ricardus Hequet pro contumacia ex officio.

* Laurentius le Heriz pro contumacia contra abbatem et conventum Cerasiensem.

Th. [et] Henricus de Ceraseyo pro contumacia contra Rogerum Fabri, Laurencium Camerarium, clericos, Petrum de Moleto, G. le Quot, Hebertum Agoulant.

* Ricardus de Grano [et] Jonas Ingerranni pro judicato contra Reginaldum de Heriz, clericum.

* Johannes (?) le Porteir (?) pro contumacia et defectu solutionis litterarum curie contra Ricardum de Ponte.

* Gaufridus du Fay pro judicato, * Guillelmus de Nulleyo pro contumacia, contra Nicolaum Baudri.

* Gaufridus du Fay pro judicato contra Guillelmum le Coquet; * Item pro judicato contra Petrum Genas.

* Johannes du Fay pro contumacia contra Thomam Baudri.

Torneres.—Ricardus Sebire pro contumacia contra G. et P. Beuzelin.

* Robertus Evrart [et] Coleta filia au Doutei, ex officio culpis suis exigentibus et pro contumacia.

85 d. — * Laurentius Camerarius, Rogerus Faber, clerici, Petrus de Moleto, Guillelmus le Quoc, Hebertus Agoulant, pro judicato de nisi contra Germanam relictam Johannis le Daneys curatorio nomine pro se et liberis suis.

* Radulphus Vauxie [et] ..... de Faiaco, pro defectu solucionis emendarum nostrarum.

* C.......... nte pro judicato contra Henricum le Porteir, clericum.

* Johannes de Faiaco pro contumacia contra Robertum le Corn...

* Henricus Ydoisne [et] Johanna ejus filia pro contumacia contra Matheum Malherbe et ..... ejus filium, clericum.

Torneres.—Ricardus Sebire pro contumacia contra G. et P. Beuselin.

* Colinus Pignon pro judicato contra Stephanum Basset.
* Colinus de Nuelly pro contumacia contra Colinum Baudri.
* G. le Cordeir (?) pro judicato contra Petrum de Mara.
* Johannes le Porteir, clericus, pro judicato contra Th. de Quemino.

85 e. — Item idem Johannes, Colinus Agoulant, Galterus Quentin [et] Johannes Joues pro judicato contra Petrum Daniel.

* Colinus Agoulant pro judicato contra Germanum Doillet.

* Colinus Pignon pro judicato contra Stephanum Basset, clericum.

Ranulphus Le Couetey [&] * Guillelmus Vauxie, pro judicato contra P. Daniel, clericum.

Robertus Evrart pro judicato contra Colinum Baudri.

* Guillelmus Beuselin pro judicato contra Johannem Juignet.

* Guillelmus de Borgeel, Jacobus le Baup [&] Galterus Quentin pro contumacia contra Johannem le Gaut.

* Johannes....... [&] ejus uxor pro contumacia contra Th. de Vastenei.

* Colinus de Ponte pro contumacia contra Guillelmum Beloste.

* Nicolaus Fremin pro contumacia contra Johannem Gyre, clericum.

85 f. — Johannes de Faiaco pro contumacia contra Petronillam la Havee.

* Johannes de Mara pro contumacia contra Guillelmum le Coquet.

Durandus le Porquier, alias le Torneour, contra Petrum Baudri, clericum, pro judicato.

* Colinus Agoulant pro judicato contra Ricardum Hebert.

* Johannes du Fay pro judicato contra Thomam Baudri.

* Guillelmus le Cordeir pro judicato contra Petrum le Daim.

* Petrus Pignon pro judicato contra Petrum Seart.

* Colinus Baillet pro contumacia contra Petrum Seart.

Bernesc. — Nicolaus de Bernesco pro judicato contra Petrum Genas.

* Ricardus de Montefiquet pro contumacia contra Petrum Genas.

* Jacobus Coispel senior pro judicato contra Matillidam U.....

85 g. — Th. de Paris pro contumacia contra Ricardum Morice.

* Guillelmus Vauxie [&] Matheus de Crisetot pro judicato contra Reginaldum de Heriz.

* Yvo de Heriz pro contumacia contra Rogerum de Heriz.

* Gaufridus d. . . . .

Johannes Auverei (?) . . . .

Jacobus le . . . .

(1) * Johannes Davi, clericus, [et] relicta Rogeri de Landis pro judicato contra Th. de Heriz.

(1) P. 62.

Petrus le Couetei, [&] * Nicolaus Piederche pro contumacia contra Ricardum de Ceraseyo.

Johannes le Pastour le Melloc pro contumacia contra Ricardum le . . . .

* Ranulphus le Porteir [&] Johannes ejus filius, clericus, pro judicato contra Petrum Seart.

85 *h*. — Johannes le Paumier pro contumacia contra Colinum Souplest.

* Colinus Agoulant pro contumacia contra magistrum R. de Capella. Petrus le Blont pro judicato contra Jacobum Richier.

* Guillelmus Beuselin pro judicato contra Petrum le Daim.

* Guillelmus du Fay pro judicato contra Colinum le Baup.

* Colinus Agoulant pro judicato contra Colinum de Bueto et J. Bernardi.

Vastura. — Johannes le Goupil pro judicato contra Johannem le Porteir, clericum.

* Matheus de Grisetot pro judicato contra Petrum le Foulon, presbiterum.

* Ranulphus le Porteir pro judicato contra Colinum Baudri.

Ranulphus le Couetey [&] * Johannes le Porteir, clerici, pro judicato contra Petrum Daniel; * item idem Johannes pro judicato contra Jouam Miette.

85 *i*. — * Petronilla relicta Gregorii Benedicti pro judicato contra Guillelmum le Coquet.

* Gaufridus du Fai pro judicato contra Guillelmum de Quercu, presbiterum.

Johannes de Vastegneyo, alias Vietet, [&] * Th. Amourettes pro judicato contra Colinum Baudri.

* Johannes du Fai pro judicato de nisi contra Colinum le Baup, clericum.

* Matheus le Guileour, Johannes et Johannes filii Ranulphi le Porteir, clerici, Johannes de Faiaco, [et] Ricardus de Grano pro deffectu solutionis litterarum curie nostre contra Philippum Malherbe, clericum.

* Johannes du Fay pro contumacia contra Germanum Doillet.

Listea. — * Johannes le Quidet pro judicato contra Yvonem de Heriz.

* Jacobus le Baup pro contumacia contra Th. Muriel.

* Germanus Doillet pro contumacia contra Petrum Genas.

* Excommunicavimus pro contumacia Johannem du Fay contra Germanum Doillet.

* Excommunicavimus pro contumacia Johannem du Fay et Guillermum de Nulleyo, clericum, contra Guillermum Beloste.

85 k. — * Excommunicavimus Guillermum Beuselin pro judicato contra Petrum de Mara.

* Ricardus Beloste pro contumacia contra Thomam de Heris, Petrum Seart, contra Thomam de Heris, Nicholaum l'Engles, Ranulphum de Heris et contra Radulphum de Fossa.

Johannes du Fay, * Matheus (?)......... [&] Petrus de Quesneto pro judicato contra Rogerum de Heris, clericum.

Ricardus le Baub [&] * Th. le Prevost, alias Amourettes, pro judicato contra Th. de Heris.

* Guillermus le Cordier, clericus, contra Petrum de Quesneto pro judicato.

Petrus de Ronce (?), presbiter, Robertus (?) de .... [et] .... [pro def]fectu solucionis litterarum curie nostre contra Th. Malherbe.

.... hic pro annis XX° et XX° 1°.

86 a. — (1) anno M° CCC° XXI° die martis post translationem beati Martini (2).

Colinus Clarel, alias de Quesneto, confessus fuit se manus injecisse in uxorem fratris sui et juravit quod emendam solveret ad voluntatem nostram.

86 b. — Sanson le Copil quasi contraxit sponsalia cum Johanna filia Ricardi le Rous antequam sponsalia contracta de filia Th. le Porteir in manu dicte Th. (3) essent per nos separata. Gagiavit emendam et juravit quod contra non veniret et nostre jurisdictioni se susposuit. Solvit emendam.

Jacobus Coispel, clericus, confessus fuit quod diu est cognovit carnaliter Nicholaam uxorem Colini le Baup germanum dicti clerici, et emendam gagiavit.

86 c. — Johannes du Fai confessus fuit quod manus in Reginaldum de Heriz (4), et gagiavit emendam et juravit quod faceret

---

(1) P. 45.
(2) 7 juillet.
(3) Sic.
(4) Suppl. injecit.

voluntatem nostram; anno Domini M° CCC° XXI° die martis post festum sancti Jacobi apostoli (1). Solvit emendam.

87 *a*. — (2) Anno Domini M° CCC° XXI° die martis post festum sancti Petri ad vincula (3), proposuimus ex officio nostro contra Henricum le Porteir, clericum, quod ipse anno presenti animo injuriandi manus injecit violenter usque ad magnam sanguinis effusionem in Petrum le Paumeir et fere eidem Petri (4) cum ense brachium scidit, quod confessus fuit dictus Henricus, dicens tamen quod hoc feceret (5) se defendendo et in casu licito, quod eidem negavimus. Assignavimus diem veneris (6) ad probandum primo, et die predicta nullos testes produxit; sed assignavimus diem jovis post festum sancti Egidii (7) ad probandum secundo.

87 *b*. — Johannes Rogeri confessus fuit manus injecisse in Reginaldum de Heris; dicit tamen quod se defendendo; quod negavimus. Dies jovis post festum sancti Egidii (8) ad probandum primo. Dies lune ante nativitatem beate Marie (9) ad probandum secundo. Solvit emendam et absolutus est.

87 *c*. — Th. Prepositus manus injecit in Ricardum Direis, clericum. Henricus Genet dicit quod Ricardus Hequet in eum manus injecit.

87 *d*. — Ricardus de Montefiquet dedit nobis fidejussores, scilicet Nicholaum de Cereseyo, Johannem Bernart, Ricardum Quesnel, de stando juri.

87 *e*. — Geliota filia Th. Le Conte et Colinus de Arenche juraverunt nobis quod emendam solverent ad voluntatem nostram pro eo quod dicta Geliota bina sponsalia contraxit.

88. — (10) Anno Domini M° CCC XXI° die lune in festo sancti Mathei apostoli (11), injunximus Germano le Forestier et Thomassie Malherbe, alias la Cousturière, ne invicem habitarent suspecte, ut sciremus per

---

(1) 28 juillet.
(2) P. 44.
(3) 4 août.
(4) Corr. *Petro*.
(5) Corr. *fecerat*.
(6) 7 août.
(7) Septembre.
(8) Septembre.
(9) Septembre.
(10) P. 34.
(11) 21 septembre.

famam aut alias, ad penam X librarum turonensium. Ea die, dictus Germanus prestitit eidem Thomassie quoddam appenticium juxta domum dicti Germani ad dies suos vel quamdiu vitam duxerit in humanis.

89. — (1) Anno Domini milesimo CCC° vicesimo primo intravit officium curie Cesarisiensis (2) Guillelmus de Bitot, in die lune ante purifficationem virginis gloriose (3).

90. — In causa matrimoniali coram nobis agitata inter Gaufridum Josel, ex una parte, et Colinum Dordehie et Juliotam filiam Thome Comitis, ex altera, visis deposicionibus testium et diligenter inspectis, examinatoque processu, et habito jurisperitorum consilio, dictum Colinum et dictam Juliotam in maritum et uxorem adjudicamus, non obstante oposicione dicti Gaufridi, dictum Colinum et dictam Juliotam ab impetitione ipsius Gaufridi absolventes, salvis expensis dictorum Colini et Juliote quas eis adjudicamus; insuper dictum Colinum ad sollepnixandum matrimonium con (*sic*) dicta Juliota in facie ecclesie, bannis palam et puplice prout moris est in ecclesia facti (4), in hiis scriptis condampnantes. Datum anno milesimo CCC° vicesimo primo, die jovis (?) post purifficationem Virginis gloriose (5), presentibus dicto Colino et dicta Juliote, dicto Gaufrido autem per contumaciam absente.

91. — Anno Domini milesimo CCC° vicesimo primo, die lune post purifficationem Virginis gloriose (6), Johannes du Molin gagiavit nobis emendam ad voluntatem nostram taxandam, pro eo quod vocavit Johannem Benardi, clericum, fatuum mussart in presencia nostra, nobis sedente pro tribunali, quam emendam taxamus in decem solidis.

92. — Anno Domini M° CCC° XXI^{mo} die dominica post sacros cineres (7), Petrus dictus Baudri nobis gagiavit emendam tauxandam ad voluntatem nostram, et promisit facere voluntatem nostram per juramentum suum, pro eo videlicet [quod in] presencia nostra mandatum nostrum, videlicet de capiendo Johannem de Capellaria, clericum, jam diu est excommunicatum (?) et aggravatum ab officiali

(1) P. 44.
(2) Sic.
(3) 1er février 1322.
(4) Corr. *factis*.
(5) 4 février 1322.
(6) 8 février 1322.
(7) 28 février 1322.

Constanciensi, supplicatione dicti officialis nobis transmissa, contemptibiliter recusavit ad implere.

93 a. — Johannes le Tousey III solidos pro emendis.

93 b. — Herri le Portier, clericus, gajavit nobis emendam ad voluntatem nostram pro eo quod manus injecit violenter in Ricardum de Ponte, clericum; hoc fuit anno Domini milesimo CCC° visesimo primo die jovis post Reminiscere (1), presentibus Colino Bernoht, Renaldo de Heriz, et Colino de Bitot et Johanne le Portier, clerico, juniore, et Guillelmo de Marsey. Solvit emendam.

Anno Domini milesimo CCC° visesimo primo, die jovis post Reminiscere (2), Ricardus de Ponte, clericus, gajavit nobis emendam ad voluntatem nostram, pro eo quod manus injecit violentas in Henricum le Portier, clericum, presentibus Renaldo de Heriz et Robino du Bucher, clericis, et Colino de Bitot, clerico, et Johanne le Portier, clerico.

93 d. — (3) Anno Domini M° CCC XXI° die jovis post Reminiscere (4), Radulphus Vauxie, clericus, gagiavit emendam ad voluntatem nostram ideo quod noluit obedire precepto nostro pro capiendo Johannem de Capellaria, sed ipsum juvabat (?) juxta posse, tradendo eidem unam targetam et claudendo domum illius Johannis, quem volebamus carceri mancipandum; et similiter gagiavit emendam ideo quod erat excommunicatus ex officio et manifesta offensa de tempore magistri Andree de Burone, predecessoris nostri, presentibus domino Philippo de Culleyo, fratre Gaufrido de Vaucellis, Radulpho de Fossa et pluribus aliis, in curia abbatie ante granarium. Solvit X et octo solidos.

94. — Anno Domini M° CCC° vicesimo primo die veneris ante Lettare Jerusalem (5), Ranulphus le Porteir confessus est se debere nobis decem solidos turonenses pro emendis, quam peccunie summam promisit nobis reddere infra quindenam proximo venturam, et se fide inmedia obligavit voluitque viva voce monitus una monicione pro omnibus quod nisi solverit infra dictum terminum a nobis excom-

---

(1) 11 mars 1322.
(2) 11 mars 1322.
(3) P. 45.
(4) 11 mars 1322.
(5) 19 mars 1322.

municetur, et nos dictum Ranulphum in hiis scriptis ad premissa condempnamus.

(1) 95. — Visitacio facta apud Listreium anno domini M° CCC XXI°, die lune post Ramos Palmarum (2).

95 *a*. — Nomina juratorum : Guillelmum de Landis, Bertaudum Caruete, Guillelmum Emmeline, Johannem Riqueut, Hue le Vaillant, Guillelmum Jacobi, Robinus le Prevost, Robin la Pie, Ricardus Fortin, Thomas . . . . . ., Guillelmus . . . . . . , Robertus Adan, Sellonem Cauvin, Johannes Evruart (?)

Primo precepimus Bertaudo Karuette, thesaurario ecclesie dicti loci, tam pro se quam pro socio, ut infra diem jovis proximo venturum (3) sub pena quadraginta solidorum turonensium querant unam poucham ad custodiendum vestimenta et unam clavam (4) ad fontes; item et sub pena consimili ut faciant infra mensem reparare quaternos librorum, et ut querant unam stolam et unum parementum ad touallam; item et ut infra nativitatem Domini inde proximo sequentem (5) querant unum supercilium et unam albam.

Vidimus duo missalia, duo breviaria, antiphonarium, psalterium, duo gradalia, calicem et patenam et corporalia satis sufficientia, duas infulas, duas capas chori, vi touaillias (?), unum. . . . . . .

95 *b*. — Johannes de Molendino uxoratus diffamatur de Johanna....l de. . . . . de eo quod audivit confessiones.

Robertus le Prevost diffamatur de Petronilla de Feuguerolis. Gajiavit emendam et promisit solvere ad voluntatem nostram.

Robertus de Montfreart, uxoratus, diffamatur de filia juniori Roberti Cohue.

Guillelmus Flouri diffamatur de relicta Sansonis le Petit.

* Germanus le Forestier diffamatur quod recepit Thomasiam Malherbe postquam eandem abjuravit in judicio coram nobis. Item injunctum fuit eidem Germano ne in domo sua (6). — Item diffamatur de relicta Michaelis Riqueut; qui Germanus juravit in judicio coram

---

(1) P. 38.
(2) 5 avril 1322.
(3) 8 avril 1322.
(4) Corr. *clavem*.
(5) 25 décembre 1322.
(6) Sic.

nobis se dictam mulierem carnaliter non cognovisse, nec de cetero habitare cum eadem, qui contrarium fecit.

Robertus Ponseut diffamatur de filia Ricardi Talenche Cerasiensi.

95 c. — Due filie à la Gogueree diffamantur de communi. Injunximus sub pena X librarum eisdem ut se astineant de cetero a fornicatione et jurarunt quod sic facient.

Germanus le Cointe diffamatur de eo quod tenet lupennar in domo sua.

Relicta Johannis Aleaume junioris, dicta la Piquarde, diffamatur quod habet puerum de Germano le Doien, uxorato, cognato et compatre.

* Robertus de Bresce diffamatur de uxore Johannis le Scellé.

Thomassa uxor Ricardi le Tonnierre diffamatur de Germano de Monfreart.

Alicia uxor Roberti Billon diffamatur de Roberto de Bernesco. Mater ejus mulieris de questu filie sue.

Johannes le Scellé diffamatur de eo quod non reddit debitum uxori sue et de eo quod non vadit ad ecclesiam nec timet Deum. Injunximus dicto Johanni sub pena X librarum turonensium ut de nocte in noctem jaceat cum uxore sua semper de cetero et ut tractet eam de legali matrimonio.

96. — (1) Inquisitio facta apud Ceraseyum loco visitationis anno Domini M° CCC° XXI°.

96 a. — Johannes le Baup, Radulfus Fiquet, Petrus Neel, Petrus le Cauf, Guillelmus le Heris, Johannes Robin, Johannes de Monte, Guillelmus Giart (?) excommunicatus, Th. le Roisné, Robertus Hequet, Guillebertus Guignet, Henricus Monacus excommunicatus, Petrus Piguout. — Inquisitio facta fuit per ipsos anno Domini M° CCC° XXI^{mo} apud Ceraseyum.

96 b. — Agnetes Fiquet diffamatur de Guillelmo Trublart.

Johanna de Vastegneyo diffamatur de Colino Paien.

Filia Ricardi de Monte diffamatur de quodam locatore.

Uxor Guillelmis Billeheut diffamatur de sorceria.

Laurentius Symeonis diffamatur de uxore Ricardi Guillot.

Moreta la Cobée diffamatur de Johanne Moiant et recipiens mulieres causa libidinis exercende. Gagiavit emendam. Tauxavimus XL

(1) P. 36.

solidos, et inhibuimus sibi ne habitaret cum dicto Johanne ad penam predictam et perjurii, et ne de cetero recipiat in domo sua meretrices sub pena predicta; et ad premissa acquievit.

96 c. — Relicta Guillelmi Flament diffamatur de sorceria.

Petrus de Moleto diffamatur de lepra.

Philippota de Ceraseio diffamatur de communi.

Relicta Gregorii Benedicti diffamatur de Radulpho de Putot, presbitero. Gagiavit emendam.

Uxor Thome le Paste, alias de Bernesco, diffamatur de lepra.

Th. de Cerasio, alias le Pesant, diffamatur de famula sua. Uxoratus est.

Famula Colini de Ros, diffamatur de Radulfo Vauxie. Uxoratus est et in ipsa procreavit quendam puerum, prout fama (?) dicit.

Thomassia de Cerasio, diffamatur de quodam Augustino. Gajavit nobis emendam quam taxamus in L sol.

Thomas de Vastegneyo, diffamatur de uxore Johannis Bertran. Gajavit nobis emendam.

96 d. — Ranulfus le Couete, clericus, diffamatur de famula sua et ipsa diffamatur de communi. Dictus Ranulfus nobis gagiavit emendam. Tauxamus ad X libras.

Johanna de Quaisneto diffamatur de quodam anglico. Gagiavit emendam. Tauxamus L solidos et inhibuimus dicte Johanne ne de cetero habitaret cum dicto anglico et hoc ad penam decem librarum.

Uxor Roberti Reginaldi diffamatur de. . . . . . .

Uxor Thome la Seliere.

Jaquetus Coispel, clericus, diffamatur de filia Silvestri Maisel.

Petrus de Limogis diffamatur de famula sua. Gajavit nobis emendam ad voluntatem nostram, et promisit per fidem suam nobis de eadem satisfacere ad arbitrium nostrum, presentibus Stephano Oliveri et Johanne Grosso per medium, anno Domini milesimo CCC° visesimo primo die mercurii post Ramos Palmarum (1).

97 a. — Anno Domini M° CCC° XXI°, die martis post Ramos Palmarum (2), injuximus uxori Thome le Pastre, alias de Bernesco, diffamate a morbo lepre ut se presentaret personaliter coram priore

---

(1) 7 avril 1322.
(2) 6 avril 1322.

de (1) sancti Nicholai de Baiocis pro se pulgando (2) de dicto crimine sibi imposito, sub pena X librarum turonensium.

97. *b.* — (3) Anno Domini M° CCC° XXI°, die martis post Ramos Palmarum (4) injunximus Thome de Vastegneyo ne cum Petronilla uxore Johannis Bertran habitet, nec carnaliter se inmiscat cum eadem sub pena X librarum turonensium. Qua die, dictus Thomas abjuravit eandem, promittens per juramentum suum sub pena predicta se carnaliter non inmiscere cum eadem.

98 *a.* — (5) Philipota de Ceraseyo gajavit nobis emendam ad voluntatem nostram taxandam, et anno Domini milesimo CCC° visesimo primo die mercurii post Ramos Palmarum (6).

98 *b.* — Anno Domini milesimo CCC° visesimo primo die mercurii post Ramos Palmarum (7), injunximus Thomasie de Cerasio ne de cetero se inmisceret cum quodam Augustino sub pena X librarum turonensium.

98 *c.* — (8) Anno Domini milesimo CCC° visesimo primo, die mercurii post Ramos Palmarum (9), Thomas de Quemino gajavit nobis emendam pro eo quod fecit posse suum de percusiendo Reginaldum de Heris, clericum; presentibus Sansone Beaucousin, Stephano Gondein, Johanne de Baiocis, Radulpho de Fovea, clerico.

98 *d.* — (10) Anno Domini M° CCC° XXI°, die mercurii post Ramos Palmarum (11), Johanna relicta Johannis Belhoste gajavit nobis emendam ad voluntatem nostram pro Luceta la Brete.

99 *a.* — (12) Fovea debet VI solidos.

---

(1) Suppr. *de.*
(2) Sic.
(3) P. 34.
(4) 6 avril 1322.
(5) P. 36.
(6) 7 avril 1322.
(7) 7 avril 1322.
(8) P. 37.
(9) 7 avril 1322.
(10) P. 45.
(11) 7 avril 1322.
(12) P. 63. — Les notes suivantes, dont je ne saurais préciser la date, semblent être un relevé des sommes dues à l'Officialité par Raoul de La Fosse, Richard du Pont, Malherbe, Jean Le Portier, etc. Elles peuvent donner une idée de la facilité avec laquelle s'additionnent les nombres exprimés en chiffres romains. Sur ce point, voy. M. de Wailly, *Mémoire sur les tablettes de cire conservées au Trésor des Chartes*, p. 30.

De Ponte VIII solidos XIII solidos.
Buot XVII XXXXIII.
Fovea V solidos IIII.
Malherbe VIII solidos X.
Janitor XXXVIII.
Fovea XXXXXII VI. V solidos. VI. XV. V solidos, pro t[oto] XXXXV XXX VIII IIII.
Malherbe VIII solidos. VII. VI solidos. VI. X solidos. XIIIIIIIII. V solidos V. XII. VI. VI. IIII.
Ponte VIII. XV. IIII. XXXXX. VIII. VI X XXXVIII. VIII.
Buot XXIII. XII. XXXXXII III XV XII.
Morice III. VIII.
99 b. — (1) Fovea.
Malherbe.
Buoth.
R. de Ponte.
Goye.
Ponte.

. . . .

[ANNO 1322.]

100. — (2) Registrum de Cesareyo pro anno XX° II°.

100 a. — * Colinus Agolant pro judicato contra Petrum Genas, clericum.

* Johannes et Johannes filii Ranulphi le Portier, pro contumacia ex officio.

* Guillermus le Cordier, Ranulphus le Couete [&] Galterus Guentin, pro contumacia ex officio nostro et pro.......

Ricardus de Grano pro judicato contra Rogerum de Heris, clericum.

* Matheum le Guilleour, clericum, pro judicato contra Petrum Seart, clericum.

* Johannem le Portier, clericum, seniorem, pro judicato contra Petrum Baudri, clericum.

(1) P. 64.
(2) P. 64.

* Germanum de Mara et ejus uxorem, pro contumacia contra Aliciam uxorem Johannis.......

100 b. — * Matheum de Crisetot pro contumacia contra relictam Yvonis Normant.

* Guillermum de Quemino, alias Longuet, pro contumacia contra Johannem Vusroy (?)

Johannem de Haia [&] * relictam Johannis de Ceraseyo, alias Bertran, pro contumacia contra Petrum Baudri, clericum.

* Matheum le Guileour pro judicato contra Johannem Bernardi.

Listea. — Ricardum Diete, alias Neel, pro contumacia contra Petronillam relictam Yvonis...,......

* Robertum de Bernesco pro judicato contra Johannem le Portier, clericum, juniorem.

Stephanum Cousin pro contumacia contra dominum Symonem de Bernesco.

100 c. — * Guillermus Beuselin [&] Petrus Beuselin pro judicato de nisi contra Johannem Juguet.

* Johannes le Portier primogenitus [&] Johannes le Portier junior pro contumacia contra Radulphum de Fay (?)

Guillermus Beuselin [&] * Petrus de Quesneto pro judicato contra Petrum Genas, clericum.

Robertus de Montigneyo, alias Fouquart, pro judicato contra Robertum.......

* Gregoire Foin pro contumacia contra Ricardum Foin.

* Robertus Quenivet (?) pro judicato contra Robertum de Cappella.

* Relicta Rogeri de Landis pro judicato contra Guillermum Beloste.

* Petrus de Limogis pro deffectu solucionis emendarum et pro. . . . . (1).

101. — (2) Anno Domini milesimo CCC° visesimo secundo die dominica qua cantatur Resurectio Domini (3), injunximus sub pena X librarum Johanni Rogero ut faciat se absolvi infra diem martis proximo venturum ab sentencia excommunicationis a canone quam incurrit pro injectione manuum violentarum in Reginaldum de Heris, clericum;

---

(1) Le reste manque.
(2) P. 87.
(3) 11 avril.

presentibus Ricardo de Sancto Petro, monacho, Guillelmo de Morsey, Ricardo de Ponte, Roberto le Prevost, olericis.

102. — (1) Anno Domini M° CCC° XX° II° die lune post Quasimodo (2), Guillelmus Gales, junior, gagiavit nobis emendam ad voluntatem nostram pro eo quod adjornari fecerat Ricardum Bernart, clericum, coram ballivo et senescallo Ceraseyi; quam emendam in presenti taxavimus ad XL solidos; et juravit spontaneus stare mandati nostri (3) de emenda.

103. — (4) In causa matrimoniali que coram nobis vertitur inter Nicholaum de Vastegneyo et Coletam filiam Radulphi Malherbe, ex parte una, et Germanam relictam Guillelmi Ferraut, ex altera, dictum Nicholaum dictam Coletam adjudicamus in virum et uxorem, non obstante impedimento ex parte dicte Germane opposito; dantes eidem Nicolao et Colete licentiam matrimonium sollempnizandi in facie ecclesie, bannis et preconisationibus prout moris est in facie ecclesie factis palam et publice, nisi sit canonicum impedimentum quod obsistat, dictam opponentem ab expensis factis in lite absolventes. Datum anno Domini M° CCC^mo XXII^do, die lune post Cantate (5), ad hoc dictis partibus assignata.

104 a. — (6) Anno Domini M° CCC° XX^mo II die veneris post Cantate (7), injunximus Nicholao Hereveu, alias Odouart, ne occasione litis mote et (?) contestationis facte inter ipsum Colinum, ex parte una, et Thomam Baud, ex altera, tractet seu conveniat coram alio judice sive seculari pro occasione litis inter eos super pactione duodecim bussellorum ordei.

104 b. — Dicta die veneris (8), injunximus Roberto de Bernesco ad penam XL solidorum turonensium nobis solvendorum quod tantum faciat ut infra octo dies ab excommunicatione absolvetur.

104 c. — Dicta die (9), injunximus Ricardo de Grano ad penam X

---

(1) P. 45.
(2) 19 avril.
(3) Sic.
(4) P. 40.
(5) 10 mai.
(6) P. 45.
(7) 14 mai.
(8) 14 mai.
(9) 14 mai.

solidorum quod satisfaciat nobis infra dictum terminum de emendis in quibus nobis tenetur.

105 a. — (1) Ricardus le Bamp gagiavit nobis emendam ad voluntatem nostram, pro eo quod ipse excommunicatus comedit carnes post Pascha ac eciam intravit ecclesiam pro audiendo divinum servicium post sentenciam latam in eundem. Qua die injunximus eidem ut ipse faceret absolvere infra quindecim dies sub pena quadraginta solidorum turonensium et sub pena excommunicationis. Factum anno Domini M° CCC° XXII° die mercurii ante ascensionem Domini (2).

105 b. — Germanus le Rous gajavit nobis emendam eodem modo et in eadem die (3) ut precedens, et tali modo injunximus ut supradictum est et sub pena predicta.

105 c. — Henricus Gobot promisit nobis reddere duos solidos infra quindenam, et voluit ut nisi satisfaceret, una monicione pro omnibus, quod esset excommunicatus. Factum anno Domini M° CCC° XXII° die mercurii ante ascensionem Domini (4).

105 d. — Johannes le Scellé promisit nobis reddere duos solidos infra quindenam et voluit ut nisi satisfaceret infra dictum terminum, una monicione pro omnibus, quod esset excommunicatus (5). Factum anno Domini M° CCC° XXII° die mercurii ante ascensionem Domini.

106. — (6) Die veneris ante Penthecosten Domini anno XX° II do (7), injunximus in judicio Guilleberto Guignet, ad penam excommunicationis et X librarum turonensium nobis solvendarum, ne tractet Goretum Foin in causam coram ballivo vel alio judice.

(8) De tempore magistri J. Gonin.

107. — Anno Domini M° CCC XXII do die veneris post estivale festum sancti Martini (9), Guillelmus de Nuelleyo, clericus, confessus fuit manus injecisse in Guillelmum filium Johannis Fabri, clerici (10); quod emendavit nobis et parti ad nostram voluntatem.

(1) P. 46.
(2) 19 mai.
(3) 19 mai.
(4) 19 mai.
(5) 19 mai.
(6) P. 45.
(7) 28 mai.
(8) P. 46.
(9) 9 juillet.
(10) Sic.

108. — In nomine Domini amen. Viso diligenter processu coram nobis agitato inter Th. Baudri, clericum, et Colinam filiam Roberti Baudoin, ex parte una, et Matillidem la Videcoque, ex altera, habito super hoc jurisperitorum consilio, consideratis omnibus que nos movere poterant et debebant, damus licentiam dictis Thome et Colete contrahendi matrimonium et solempnizandi in facie ecclesie nisi sit aliud canonicum impedimentum quod obsistat, oppositione dicte Matillidis non obstante, ipsos ab impeticione dicte Matillidis per nostram diffinitivam sententiam absolventes. Latum die lune ante festum sanctorum Anulphi et Clari. Anno XX° II°° (1).

109 a. — Anno Domini M° CCC XXII° die martis post festum sanctorum Jacobi et Christofori (2), in judicio coram nobis comparuit Goretus Foin, et propter hoc quod confessus fuit se (3) ad ejus peticionem Ricardum Foin propter causam motam coram nobis inter ipsos fecit incarcerari in prisonia ballivi Cerasiensis seu ejusdem mandato, nobis gagiavit emendam. Primo monitus, secundo et tercio. Quam emendam taxamus ad X libras.

109 b. — In causa mota per Robertum Fouquart contra relictam Rogeri, die martis predicta (4), idem Robertus rog[atorie] (?) revocavit in hac causa Nicolaum Anglicum, clericum, procuratorem suum, solummodo protestans de constituendo alium procuratorem.

110 a. — Anno Domini M° CCC° XXII° die martis post Invocavit me (5) facta fuit inquesta de parrochia de Ceraseyo per Hamonem le Moine, Th. Vigor, Th. de Heriz, Guillelmum le Heriz, Guillelmum le Quot, Petrum Baudri, Guillelmum Belloste, Colinum Rousseville, Johannem Filleul, Guillelmum Trublart, Guignet, Th. le Prevost, Robertum Hequet, Johannem Normant, Henricum la Gambe, Ricardum le Prevost, Petrus le Cauf, Petrus Neel, Bertoudus le Breton, Symon Mainimuie, Goretus Foin, Johannes Fouache, Johannes de Tronqueto, Colinus Vitart, Th. Boutequien, Odo de Quesneto, Th. le Lou, Johannes de Ceraseyo, senior, Guillelmus de Ceraseyo, clericus, Johannes Trublart, Jordanus Trublart.

---

(1) 12 juillet.
(2) 27 juillet.
(3) Sic.
(4) 27 juillet.
(5) 15 février.

110 b. — Philippa de Ceraseyo diffamata est a Roberto de Thaone et de comuni.

Aelicia Blangernon inprenata; nescit a quo.

Richarda filia Gregorii le Quot difamata a Johanne Bernart.

Soror Melierz habuit puerum a filio Colini de Rouz, ut dicit.

Relicta Gregorii Benedicti diffamata a Radulpho de Putot presbytero. Emendavit.

* Uxor Rogeri Binget (?) diffamata de incontinencia cum Henrico Blancgernon.

Luceta a Johanne Bernart et a communi.

La Sauvage a communi.

Thomassia de Ceraseyo a quodam qui habet habitum Augustini. — [*....... de eodem (?).......]. Emendam gagiaverunt.

Aenota (?) de Ceraseyo soror lenocinium committit.

110 c. — Johannes de Espineto diffamatur ab usura.

Johanna de Casneto diffamata a communi.

Robertus Evrart [et] filia Johannis Tresel diffamantur ad invicem.

Johannes Morant [et] filia à la Gaite diffamantur ad invicem.

Johannes le Portier, senior, diffamatur de Agnete la Portiere cognata ipsius. Ad voluntatem (?) gagiavit (?) ballivi.

Robergia la Fiquete.

Uxor Micahelis l'Eir difamatur de Roberto de Bernaic.

Uxor Roberti Renaut de communi (?). Penes Coletam la Gobee.

Uxor Colini de Ros.

Uxor Johannis Goires.

Ricardus Hebert diffamatur de Coleta filia Johannis Quoquaine. Penes Birote.

110 d. — Coleta filia armigeri diffamatur de filio Th. Baudri.

* Uxor Ricardi (?) de Grano diffamatur de H........ la Poterteire diffamatur cum communi.

(1) Filia Johannis Fouque diffamata est de Colino de Castello et habuit puerum de ipso.

Filia Petri Varnier diffamata est et est prenans; nesciunt a quo.

Johanna de Quesneto diffamatur a communi.

* Uxor Ricardi de Grano diffamatur de Henrico de Cultura.

(1) P. 49.

Uxor Johannis de Ceraseyo est prenans; Nesciunt a quo; et diffamatur de communi.

Th. Beuselin diffamatur de la Belefame.

Henricus le Porteir diffamatur de uxore Guillelmi Beuselin.

Petronilla de Vastineio diffamatur de filio Colini de Ros.

111. — (1) Cum Ricardus de Montefiquéti citatus fuisset coram nobis ad certam diem contra Colinum Baudri, ratione contractus initi in nostra jurisdicione, dictus Ricardus in nostra presentia constitutus dixit et asseruit quod coram nobis nec ratione contractus vel delicti responderet, pro eo quod ipse erat de jurisditione domini episcopi Baiocensis; a nostra presentia recedendo, noluit respondere; propter quod ipsum contumacem reputavimus; sentenciam excommunicationis in scriptis, monitione premissa, in ipsum tulimus; ipsum que publice denuntiari fecimus, ut est moris; tandem anno Domini M° CCC XX° II° die sabbati ante Reminiscere (2), in nostra presentia personaliter constitutus dictus Ricardus humiliter et devote in nostra presentia et fratris Stephani Oliveri, Colini du Buot, Yvonis de Heriz, Colini de Heriz, Henrici le Portier, et Ricardi le Meteer, et plurium aliorum suam absolucionem petiit, quam ei concessimus, cum ecclesia claudere gremium non debeat redeunti. Actum ut supra.

112. — (3) Visitatio facta apud Listreyum die martis post Letare Jerusalem, anno XX° II do (4).

Nomina Juratorum : Johannes Riquent, Guillelmus Emmeline, Bertoudus Caruette, Th. Roberti (?) Johannes Evrart, Johannes de Molendino, Th. Le Conte, Ricardus Fortin, Guillelmus le Tousey, Hugo le Vallant et Guillelmus Alexandri.

Germanus de Montefreart, uxor Ricardi le Tonnoueire, pariter diffamantur unus de alio super fornicatione.

Theophania la Viellarde est prenans et diffamatur de Rogero l'Englez. Quilibet emendavit ad voluntatem.

Germanus le Forestier diffamatur de relicta Michaelis Riquent et de Thomassia la Couturière.

---

(1) P. 10.
(2) 49 février 1323.
(3) P. 39.
(4) 8 mars 1323.

Onfredus Gouville diffamatur de perjurio et sepe dejerat sine delectu, nec ecclesiam frequentat.

Malgarnie de Fainvilla diffamatur de meretricio et quod lenocinium committit.

Cecilia la Goguerie diffamatur ut Malgarnie.

Le Seeley non tenet injunctionem quam ei fecimus, et diffamatur ut anno precedenti.

113. — (1) Anno Domini M° CCC XXII^{do} die veneris ante Judica me (2), in judicio coram nobis fuerunt presentes Germanus le Foresteir, clericus, et relicta Michaelis Riquent, etconfessi fuerunt carnaliter copulasse post XV dies elapsos; quam fornicationem emendarunt. Injunximus eidem Germano ne de cetero cum dicta relicta suspecte frequentat quod possit probari per famam aut per duos testes fide dignos, et hoc ad penam X librarum et ad penam conjugii faciendi inter ipsos; quibus premissis ipsi acquieverunt.

114 a. — Robertus Baudouin, de Monte Fiqueti, juravit stare juri coram nobis super hec que ex officio nostro procedimus contra ipsum et ejus uxorem, et confessus fuit se manus injecisse in Thomam Baudri, videlicet in capillos ejusdem, et assignavimus eidem et dicte uxori diem veneris ante Ramos Palmarum (3) dicturis coram nobis veritatem per eorum juramenta. Actum die jovis precedenti (4).

114 b. — Uxor Roberti Baudouin confessa fuit manus injecisse in Thomam Baudri, clericum, usque ad effusionem sanguinis, et gagiavit emendam ad nostram voluntatem quam taxavimus ad X libras solvendas infra quindenam; cui emende spontanei acquieverunt.

115. — Ex gracia domini abbatis, Johannes de Altovilla relaxatur et absolvitur pro judicato contra Colinum Baudri, Th. Baudri, Th. de Heriz, Yvonem de Heriz usque ad Quasimodo (5), salvo judicato, et in pristina sentencia retradetur nisi satisfecerit. Actum in camera domini abbatis die martis post Ramos Palmarum (6).

---

(1) P. 47.
(2) 14 mars 1323.
(3) 18 mars 1323.
(4) 17 mars 1323.
(5) 3 avril 1323.
(6) 22 mars 1323.

[ANNO 1323].

(1) Regestrum excommunicatorum.

116 *a*. — Robertus Grouart pro manifesta offensa et ex officio suis exigentis *(sic)* culpis.

Herum (?) Robertus Grouart pro contumacia contra Guillermum de Ponte.

Guillermus Beuselin [et] relicta Rogeri de Candis contra Robertum le Foucart.

Germain le Rous pro judicato contra Johannem le Richehomme de Listrie.

Germain le Rous pro contumacia contra Petrum Genas.

Guillermus Quinot pro judicato contra Petrum de Quesneto.

Robertus de Bernesco pro contumacia contra Johannem le Portier, clericum.

Ricar de Ponte, clericus, Petrus Seart [et] Laurentius le Heris pro contumacia contra Thomam de Quemino.

Johannes le Portier et le Ricus junior pro judicato continente tres solidos et IX denarios contra Johannem de Fossa, clericum.

Relicta Laurentii le Lont pro judicato contra Jacobum le Heris.

116 *b*. — Radulfum le Rebourz et ejus uxorem pro contumacia contra Jehan le Richehomme.

Henricus de Ceraseyo, clericus, pro contumacia contra Rogerum Fabri, clericum.

Ranulfus le Couetei, clericus, pro judicato contra Rogerum le Heriz, clericum.

Henricus le Portier, clericus, ex officio nostro pro manifesta offensa culpis suis exigentibus et pro deffectu solucionis emendarum.

Guillermus filius Johannis Trublart pro judicato contra Agnetam filiam Johannis Piquet.

Claricia relicta Heberti Fain pro contumacia contra Petrum le Foulon, presbiterum.

Guillermus le Goy, clericus, [et] Jordanus de Monte pro contumacia contra fratrem Stephanum Oliveri.

---

(1) P. 65. — Je ne suis pas certain que cette liste d'excommuniés appartienne à l'année 1323. L. D.

Gregorius Foin pro contumacia contra Ricardum Foin.

116 c. Agata filia Johannis Fiquet [et] Johannes Fiquet, alias Papin, pro contumacia contra Gregorium Trublart, clericum.

Guillermus Beuselin [et] Nicholaa relicta Rogeri de Landis pro judicato contra Petrum Genas.

Guillermus Beuselin [et] relicta Rogeri de Landis pro judicato contra Guillermum Beloste.

Guillermus Beuselin contra Colinum Rouseville pro judicato.

Guillermus Evrart ex officio nostro et pro manifesta ofensa culpis suis exigentibus.

Hamonus le Moigne ex officio nostro et pro manifesta ofenssa culpis suis exigentibus.

Ricardus de Monte Fiqueti, clericus, pro judicato contra Petrum Genas.

Rogerus Baudri, clericus, pro contumacia contra Ranulfum le Mortier et Johannem ejus filium primogenitum.

116, d. — Rogerus Fabri, clericus, Laurens le Chambelent, clericus, Petrus de Moleto, Guillermus le Quoc, Hebertus Agolant pro judicato de nisi contra relictam Johannis Lendonnes curie nomine pro liberis suis et pro se.

Simon de Bernesco, miles, pro judicato contra Regilnadum de Herris, clericum, de Bernesco.

Famula Colini de Roz pro contumacia, manifesta offenssa suis culpis exigentibus et ex officio nostro.

Guillermus Beuselin [et] Petrus Beuselin pro judicato contra Rogerum de Lepreames (?).

Nicholaa la Couetee pro judicato contra Germanum de Mara, alias Guesdon.

Johannes le Portier, primogenitus, pro judicato contra Ricardum Hebert.

Johannes le Portier, senior, [et Johannes] le Portier, junior, pro deffectu solucionis litterarum curie nostre contra Ricardum de Ponte (?).

117. — (1) Visitatio facta apud Duos Gemellos anno Domini M° CCC XXIII° die sabbati ante Reminiscere (2), per magistrum Andream de Burone, officialem Cerasiensem.

---

(1) P. 35.
(2) 10 mars 1324.

Nomina juratorum sunt hec: Renaldus Popin, Henricus Guerart, Guillelmus Prioris, Henricus le Rasle, Guillelmus Fessart, Henricus Ricardi, Ricardus Nicolai, Henricus l'Engleis.

Relicta Gregorii Davi habuit quendam puerum a Guillelmo de Quercu quondam clerico de prioratu.

118. — (1) Anno Domini M° CCC. XX° III° die lune post Reminiscere (2), facta fuit inquesta de parrochia cerasiensi per Petrum Neel, Symeonem Mainimuie, Colinum Agoulant, Radulphum Foin, Johannem Trublart, Henricum Durant, Guillelmum Quesnel, Radulphum Fiquet, Jordanum Trublart, Hugonem du Buoth, Philippum Le Mareschal, Ricardum de Talancia, Th. Boutequien, Jacobum le Heriz, Petrum Tallepie, Odonem de Quesneto, Guillelmum le Boursier, Goretum Candel.

Maria la Potiera diffamata est de Guillelmo Episcopo. Gagiavit emendam.

Lucas de Lymoges diffamatus est de filia Johannis Durant.

Filia armigeri de Verneto diffamata est de filio Vitart (gagiavit emendam) et de Johanne Taleimlet.

(3) . . . .

118 bis. — (4) Th. de Vastegneyo, alias Cousin [et] Philippota filia Thome le Baup gagiaverunt nobis emendam ad nostram voluntatem.

Filia Thome Beuselin diffamatur de filio Ranulphi le Porteir, senioris, et de Henrico le Porteir.

119. — (5) Visitatio facta apud Listreyum die jovis post Oculi mei anno XX° III° (6).

119 a. — Nomina juratorum: Johannes Riquent, Johannes Evrart, Guillelmus Emeline, senior, Germanus (?) le Rouz, Germanus le Clerq, Johannes l'Englez, Guillelmus Blanvilain, Guillelmus le Tousey, Guillelmus le Vietu, Ricardus Fortin, Germanus Drouelin, Johannes Loques, Th. le Feivre.

---

(1) P. 49.
(2) 12 mars 1324.
(3) La fin manque.
(4) P. 50.
(5) P. 39.
(6) 22 mars 1324.

119 b. — Rogerus l'Englez diffamatus est de Theophania la Viellarde, et ipsa de eodem.

Germanus Pretaire, post injunctionem sibi a nobis factam, diffamatus est de relicta Michaelis Riquent.

Johannes le Seeley non tenet injunctionem quam ei fecimus alias, et non frequentat ecclesiam, et diffamatur ut alias.

119 c. — Presbiter de Listreyo, Guillelmus de Hamello, Th. Faber, Guillelmus le Vietu, junior, Johannes Riquent, Thomassia La Gogueree nobis significaverunt quod Johannes de Molendino precepit in ecclesia de Listreyo manifeste quod nullus laicus litigaret contra laicum in curia officialis.

Johanna filia Germani le Rouz diffamatur [* de communi et specialiter de Yvone de Fraxino]. Johannes Evrart dicit contrarium.

Henricus de Loucellis diffamatur de lepra.

Uxor Unfredi Gouvile diffamatur de Rogero Radulphi.

ANNO 1324.

120. — (1) Anno Domini M° CCC XX IIII^{to} die lune post Quasimodo (2), nobis emendavit Thomas filius Guillelmi le Coq eo que malefecit in monasterio cerasiensi die sancto Pasche (3), rupendo hostia monasterii contra voluntatem fratris Johannis de Baiocis, sacriste dicti monasterii, et hoc fecit dicto sacriste et nobis ex officio nostro et juravit facere voluntatem nostram et dicti sacriste. Plegiis P. Seart, Philippo Malherbe et Radulpho de Fossa, de reddendo ipsum Thomam quotiesconque voluerimus. Actum ut supra. Taxata est emenda pro omnibus ad x libras.

121 a. — (4) Anno Domini M° CCC° XX° IIII^{to} die veneris post Invocavit me (5), facta fuit inquesta de parrochia de Ceraseyo per Johannem Robin, Robertum Renaut, Michaelem Crabin, Thomam Lupi, Johannem de Ponte, Th. Vigoris, Guillelmum Bernart, Petrum Taillepie, Henricum de Cantillis (Cancillis?) Johannem Quidort, Johan-

(1) P. 40.
(2) 23 avril.
(3) 15 avril.
(4) P. 50.
(5) Mars 1325.

nem Normant, Radulphum Fiquet, Johannem Rublart, Johannem de Ceraseyo, Goretum Candel, Colinum Haiz et Robertum Morice.

121 *b*. — Thomassia de Ceraseyo diffamata est a Martino.

Thomassia filia au Lievre diffamatur a Laurentio de Fainvile.

Relicta Gregoris Benedicti diffamata est a Radulpho de Putot, presbitero, et est notorium postquam injunctum fuit eisdem.

Filia Johannis de Ponte habuit quendam puerum a Philippo de Grainville.

121 *c*. — * Laurentius Miete diffamatur a Matheo le Guilleor. Gagiavit emendam. Solvit partem.

La Fiquete diffamatur a communi.

Filia Thome Bueselin diffamatur a Colino de Bitot et habuit puerum de eodem ut dicitur. Gagiavit emendam.

Filia Guillelmi le Bourgueel diffamatur a Thoma de Ceraseyo et est pregnans ab ipso, ut dicitur.

(1) . . . .

122. — (2) Anno Domini M° CCC° XX IIII⁺ᵒ die sabbati ante resurrectionem Domini (3), Michael Le Bouquet se supponens jurisdicioni nostre confessus est cum nisi se debere Philippo Malherbe VI solidos pro emenda, ad tres ebdomadas, ad voluntatem domini officialis.

ANNO 1325.

123. — (4) Registrum cerasiense incipiens ad Pascha anno XXV⁺ᵒ (5).

123. *a*. — * Guillelmus du Borgueel excommunicatus pro judicato contra Petrum Seart.

Christianus de Vouta pro judicato contra Julianum Sebire.

Ricardus de Monfiquet pro judicato de nisi contra Gaufridum de Feuguer.

* Colinus de Ponte pro judicato contra Laurentium de Haia.

Petrus Beuselin [et] * Radulfus le Guileor pro judicato contra Thomam Baudri.

---

(1) La fin manque.
(2) P. 40.
(3) 31 mars 1325.
(4) P. 67.
(5) 7 avril.

Ricardus de Grano pro judicato de nisi contra Jametum le Heriz.

* Johannes Davi, clericus, pro contumacia contra Colinum le Rouz.

* Robertus Dela pro judicato contra P. Baudri.

* Rogerus Faber pro contumacia contra Ricardum Quaisnel.

* Johannes le Portier, clericus, primogenitus, pro judicato contra Petrum Baudri.

123 b. — * Guillelmus le Bouleor pro judicato et contumacia contra Guillelmum de Ponte.

Ricardus de Monfiquet pro judicato contra Colinum de Ponte, clericum.

* Matheus le Guileor [et] * Martina ejus soror pro judicato de nisi contra Renaudum de Heriz.

* Johannes de Verneto pro judicato contra Thomam de Quemino.

* Hebertus Evrart, clericus, pro judicato de nisi contra Ricardum de Ponte et Renaldum Baudri.

Henricus le Portier, clericus, pro contumacia contra Thomam de Quemino.

* Matheus Goie, * Nicolaa relicta Rogeri de Landis, * Robertus Osane, * Robertus de Bernesc [et] * Colinus Baillet, pro judicato, * Guillelmus Vannain, pro contumacia, — contra Guillemotam uxorem Martini Bernardi.

Radulfus Morice, Bertaudus Corneiz et ejus uxor, pro judicato, * Petrus Le Paumier pro contumacia, — contra Nicholaum Baudri.

123 c. — * Matheus le Guileor [et] * Johanna Episcopa pro contumacia contra Thomam Baudri.

* Philippa de Ceraseyo, * Ranulphus le Porteir, * Johannes ejus filius senior, * Johannes ejus filius junior [et] * Jacobus le Baup, pro contumacia contra uxorem Martini Bernart.

Johannes le Porteir senior, clericus, pro judicato de nisi contra Petrum Seart.

Robertus le Portier pro judicato de nisi contra fratrem J. de Carone.

* Petrus de Croeria (?) * Matheus le Guileour, * Martina ejus soror, * Thiardus le Guileour [et] * Petrus le Paumier, pro litteris curie contra Philippum Malherbe.

* Robertus Osane pro contumacia contra Colinum la Havey.

Bertaudus Corneiz pro judicato, * Guillelmus le Beauleour [et] * Ricardus de Monte pro contumacia, contra Ricardum de Ponte.

* . . . . . de Mara, pro judicato contra Piederche.

123 *d*. — * [Johannes] le Porteir senior, pro contumacia contra magistrum G. de Ponte.

* Gaufridus le Tourneour, pro judicato de nisi contra J. de Ponte.

* Radulphus Vauxie, * Matheus Goye, * . . . . . de Ponte [et]. . . . pro judicato contra P. Genas.

. . . . . .

* Henricus Blangernon, * Guillelmus de Nuelly, * Robertus de Quesneto, clericus, * Matheus Goye, * Ricardus le Tramier, * Petrus le Paumier, * Martina filia J. le Guileour, * Colinus Ballet, * Bertaudus Corneiz [et] * ejus uxor, pro litteris curie contra Radulfum de Fossa.

Ricardus de Monfiquet pro judicato contra Colinum Edouart.

. . . . . Ferrant pro judicato contra Th. de Vastegneyo.

* Petrus de Crueria pro judicato de nisi contra Petrum Seart.

* Matheus le Guileour [et] uxor Johannis de Henin pro judicato de nisi contra Petrum Genas.

* Ranulphus le Porteir, * ejus uxor [et] * Johannes eorum filius primogenitus pro judicato de nisi contra Th. de Heriz.

123 *e*. — Colinus de Ponte [et] Johannes de Haya pro judicato.

* Radulphus le Guileour pro contumacia, contra relicta Y. Normant.

Colinus de Bitoth pro judicato contra filiam Thome Bueselin.

* Petrus le Paumier, * et ejus uxor pro contumacia contra Petrum Genas.

* Agnes Fiquet pro judicato contra Goretum Trublart.

Ricardus de Monfiquet pro judicato de nisi contra P. Genas.

* Guillelmus de Monfiquet pro judicato contra relictam G. le Marescal.

* Henricus de Fayaco, * Nicolaus de Henaut, * Petrus de Crueria,

* Guillelmus Bueselin [et] Matheus le Guileour pro judicato contra fratrem J. Grosparmi.

* Johannes l'Esragie pro contumacia contra uxorem Martini Bernart.

* Jacobus le Baup pro judicato contra Colinum Baudri.

123 *f*. — * Matheus le Guileour pro judicato de nisi contra J. de Ponte.

Per abbatem. — * Johannes Rich, * Thomas Rich, * relicta Henrici Rich, * Colinus Legier, * Le Paisant, * Johannes Luce [et] * Th. de Quemino, junior, pro contumacia contra abbatem et conventum de Ceraseyo.

Relicta Johannis le Nouvel pro contumacia contra Ricardum Fo.

* (1) Thomas Pepin alias Hupinot pro judicato de nisi contra Petrum Seart.
* Robertus Osane pro judicato de nisi contra Thomam Baudri.
* Johannes Agoulant, * Ricardus Foin, alias Havart [et] * Liesselina la Guillemache pro judicato contra Petrum Seart.
* Ricardus Morice, * Colinus Ballet, * ejus filia primogenita [et] * Matheus Goye, pro contumacia contra dictum Petrum.
* Ranulphus le Porteir, * Thomassia ejus uxor [et] * Johannes ejus filius senior pro judicato de nisi contra Colinum Baudri.
* Guillelmus le Bouleour pro contumacia contra Petrum Seart.

123. g. — * Johannes du Fay pro judicato contra Parisetum Baudouin.
* Johannes le Porteir, clericus, senior, pro judicato contra Petrum Baudri.
* Colinus de Ponte pro judicato contra Johannem le Portier juniorem.
* Item pro judicato contra Colinum de Ros.
* Hamon le Moigne pro judicato contra Nicolaum Baudri.
* Relicta Ricardi le Portier, * Robertus et Laurentius ejus filius, clericus (?), pro judicato contra patrem J. de Carone.
* Johannes Achart, clericus, pro judicato de nisi contra Colinum Baudri.
* Johannes du Fay pro judicato contra Philippum Malherbe.
* Item pro judicato contra Th. Baudri.
* Johannes du Fay et uxor pro contumacia contra uxorem Martini Bernart.
* Colinus Ballet pro judicato contra Guillelmum du Cairool.

123. — h. * Colinus le Gay pro judicato contra Herbertum Goisneri.
* Ricardus de Grano pro judicato contra Guillelmum Vauxie.
* Guillelmus le Bouleour pro judicato et contumacia contra Renaldum de Heriz.
* Th. Baudri pro contumacia contra fratrem J. Jugan, * Item pro contumacia contra dictum fratrem.

(1) P. 68.

* Th. de Heriz pro contumacia contra fratrem Sansonem Beaucousin.
* Johannes de Haya pro judicato de nisi contra Colinum Rouseville.
* ...... pro judicato contra Colinum Raudri.
* Colinus Ballet pro judicato contra Jacobum de Crisetot.
* Matheus le Guilloour [et] * Girardus le Guiloour, pro judicato.
* Johannes le Baup [et] * Colinus le Baup pro contumacia, — contra Ricardum de Ceraseyo.
* Nicholaa Piederche [et] * Matheus le Guiloour, pro judicato.
* Guillelmus Fiquet pro contumacia, contra Colinum Baudri.

123. *i.* — * Relicta Guillelmi le Cordeir pro judicato contra Petrum Seart.

* Goretus Trublart, * Johannes le Machon (?), * Guillelmus de ...
* Germanus ..... [et] ....., pro litteris curie contra Radulphum de Fossa.

* .... Breman (?), * Petrus de Crueria, * Petrus de Moleto [et]
* Johannes Loisinel (?), pro litteris curie contra Radulphum de Fossa.

* Ranulphus le Porteir [et] * Matheus le Guiloour pro contumacia contra fratrem R. Tessel.

Ricardus le Vachier pro judicato contra Matheum Goye.

* Ricardus le Framier, * Guillelmus de Ceraseyo [et] * Jacobus le Baup, pro contumacia contra Petrum Genas.

* . . . .

* Rogerus Coispel pro judicato de nisi contra Colinum de Butot, clericum.

Relicta Gregorii Benedicti ex officio nostro pro emendis nostris.

* Henricus de Cantillis pro contumacia contra Clementem de Thaone, clericum.

* Colinus de Ros, * Johannes le Heriz, [et] * Radulphus Vauxie, pro pluribus judicatis contra G. de Quercu, presbiterum.

123. *k.* — * Colinus Odouart pro judicato contra Ricardum Heberti,
* Johannes du Fay pro contumacia contra Johannem de Montfiquet, clericum.

* Ranulphus Coispel pro judicato contra Th. de Heriz.
* Hamon de Crueria pro judicato de nisi contra fratrem Stephanum Gondouin.
* Reginaldus de Heriz pro judicato de nisi contra Robertum Britonem, presbiterum.

* Lucassia Bernart pro contumacia contra Philippum Malherbe.

* Guillelmus Fiquet pro contumacia contra Thomam Baudri.

Juliana relicta Johannis de Montfiquet pro judicato de nisi contra Petrum Genas.

* Guillelmus le Bouleor pro contumacia contra relictam Thome Quenet.

* Colinus Odouart pro judicato contra Th. le Prevost.

* Johannes le Porteir senior, clericus, pro judicato contra Renaldum de Heriz.

* Radulphus Vauxie, * Piederche, * Johannes Achart, clericus [et] Robertus de Monteneyo, pro judicato contra Th. de Heriz.

Johannes Leautey pro judicato de nisi contra Matheum Varnier.

* Petrus de Crueria pro judicato contra Johannem le Machon.

123 *l.* — Robertus le Porteir, clericus, pro judicato contra Ricardum Herberti.

* Matheus le Guiloour pro contumacia contra relictam M. Henrici.

* Colinus de Ponte pro judicato de nisi contra Johannem de Agnellis.

* Johannes de Fayaco ex officio pro manifesta offensa.

* . . . . . contra Johannem le Porteir, juniorem.

* Matheus le Guiloour pro judicato contra Th. de Heriz.

Sancti Quintini. — * Ricardus (?) M.....l.i.e pro contumacia contra Guillelmum Lairouz.

Bernesc. — Colinus Rainfrey pro contumacia contra Johannem Baudri, clericum, et contra officium.

Johannes Tariel pro contumacia contra Renaldum de Heriz.

* Johannes le Guesdie [et] * Ricardus Oliveri, pro contumacia contra Colinum du Luoth.

* Herbertus Evrart pro contumacia contra G. de Marsayo.

* Colinus de Ponte pro contumacia contra Colinetum Ba.....

Petrus de Valle pro judicato de nisi contra . . . .

Ricardus de Grano [et] * Guillelmus Vauxie, pro litteris curie contra . . . .

124. — (1) Visitatio facta apud Listreyum die jovis post Quasimodo anno Domini M° CCC° XXV^{to} (2), per magistrum Andream de Burone.

---

(1) P. 42.

(2) 18 avril.

124 a. — Nomina juratorum: Guillelmus le Tousey, Th. Faber, Johannes Servain, Johannes Riquent, Guillelmus le Vietu, Johannes la Pie, Germanus Rabasse, Johannes Rogeri, Guillelmus le Vaillant, Guillelmus Emmeline.

Maria la Goboude diffamatur de Petro de Marescaux, presbitero, et peperit puerum ab eodem. Gagiavit emendam.

Basilia filia Henrici Fabri diffamatur de Johanne Blandin, et est prenans ab eo, ut dicitur.

124 b. — Thomas la Pie, junior, [et] Dyonisia, ejus uxor, diffamantur pro eo quod non simul morantur quinque annis elapsis.

Guillotus Emmeline diffamatur pro eo quod cognovit carnaliter uxorem avunculi sui.

Johanna Unfrey filia Radulphi Unfrey peperit puerum a Roberto de Montrefreart uxorato.

Th. de Courtelaiz diffamatur de relicta Johannis de Vietu. Gagiavit.

Nos injunximus Johanni le Seeley ut de nocte in noctem jaceat cum uxore sua usque ad Ascensionem (1), et quod secundum posse suum faciat dicte uxori quod debet facere.

125. — Anno Domini M° CCC°XXV^{to} die jovis post festum nativitatis beati Johannis Baptiste (2), gagiavit Ricardus de Montefiqut, clericus, jurisdicioni nostre se supponendo, emendam pro eo quod manus injecit in Laurentium le Heriz, clericum, habitum et tonsuram clericalem deferendo, eodem anno quadam die mercurii, quam emendam taxavimus ad XL libras solvendas post augustum, presentibus Martino Bernardi, Radulpho de Fossa, tabellionibus, Johanne le Porteir postgenito et Loreto.

126. — (3) Visitatio facta apud Ceraseyum die jovis post Oculi mei anno Domini M° CCC° XXV^{to} (4), per magistrum Andream de Burone.

126 a. — Nomina juratorum: Hamon de Crueria, Radulphus Foin, Johannes de Ponte, Hugo de Buotho, Renaldus Coispel, Johannes Episcopus, Radulphus Fiquet, Ricardus de Talancia, Henricus Durant, Th. le Lou, Odo de Quesneto, Petrus le Cauf, Robertus Morice, Petrus Pignon.

---

(1) 16 mai.
(2) 27 juin.
(3) P. 53.
(4) 27 février 1326.

126 b. — Radulpha filia Petri Le Breton diffamata est de Guillelmo Fabro et habuit unum puerum de ipso.

Filia au Bourgouel habuit quendam puerum de Guillelmo Busquet antequam uxoraretur.

Maria la Poriere uxor Johannis Fiquet diffamata est de Guillelmo Episcopo consanguineo dicti Johannis, et ipsum Johannem ex Pullor (?).

Radulphus Fiquet, junior, diffamatur de usura pro eo quod mutuavit Johanni Episcopo quadraginta tres solidos et sex cenomannenses pro habendo ad terminum inter eos prefixum lx solidos; presentibus ad hoc Renaldo Coispel et Colino de Vastegneyo.

126 c. — Filia armigeri de Verneto diffamata est de communi et etiam de Johanne Genas.

Relicta Moquet est de Ricardo Foin suspecta.

Matillidis la Costantineise diffamata est de Guillelmo Davi, alias Brunet. Confessus fuit. Gagiavit emendam ad nostram voluntatem.

Fiqueta diffamata est de Johanne le Cordeir et habuit quendam puerum de eodem.

Filia Coquart diffamata est de Philippo de Granivilla et habuit unum puerum de eodem.

Laurentia Miette diffamata est de Matheo le Guiloour suo consanguineo. Gagiaverunt emendam. Injunximus dicto Matheo ad penam C solidorum ne de cetero.

126 d. — Filia à La Fouquarde diffamata est de Guillelmo le Joretel de Gouvilla.

Pulcra femina diffamata est de Thoma Bueselin.

Filia Bueselin diffamata est de Colino de Ceraseyo.

Filia au Goulley diffamata est de Johanne le Portier, juniore.

Uxor Ricardi de Grano diffamata est de [* Ricardo de Grano].

Renauda Gabriel diffamata est de Radulpho de Thaone.

Filia Morice diffamata est de Henrico de Ceraseyo.

Guillelmus de Castro suspectus est morbo lebre.

Ricardus Foin, Mathea de Balpaumes se invicem carnaliter cognoverunt. Dictus Ricardus gagiat emendam. Taxamus.

127. — (1) Visitatio facta apud Listreyum per magistrum Andream de Burone die martis post Letare Jerusalem anno Domini M° CCC°XXV^{to} (2).

---

(1) P. 42.
(2) 17 mars 1326.

127 a. — Nomina juratorum : Johannes Riquent, Johannes Rogeri, Th. Riquent, Guillelmus Riquent, Guillelmus Henrici, Th. Goshin, Johannes La Pie, Johannes le Sage, Ricardus Fortin, Guillelmus le Vaillant.

Defectus in ecclesia de Listreyo : primo defeciunt (1) corde ad campanas.

127 b. — Coqueta et Thouroudus Rigal ejusdem maritus male se habent invicem et sunt infideles in suo matrimonio.

Johannes Le Seeley et ejus uxor non se gerunt tanquam vir et uxor.

Th. La Pie juravit per ejus juramentum quod bene tractabit suam uxorem et eisdem injunximus ad penam scale quod unus faciat alteri quod debet facere.

Aidiena filia Coshue diffamata est de Roberto de Montefreart uxorato.

Jacoba relicta Sansonis le Petit diffamata est de Guillelmo Gouhier consanguineo mariti ejusdem relicte.

Coleta filia Guillelmi le Rouz diffamata est ab aliquo.

Th. Berguet manus injecit temere violentas in Johannem de Molendino clericum.

128. — (2) Visitatio facta apud Duos Gemellos anno Domini M° CCC° XXV° die jovis post Judica me, videlicet post festum sancti Gregorii (3).

Nomina juratorum : Renaldus Pepin, Guillelmus Nicolai, Guillelmus Prioris, Henricus l'Engleis, Joretus Halley, Ph. Guerart, Matheus Cauvin, Ranulfus Longuelanche.

Guillotus le Piquen diffamatur de Thomassia de Criqueubeuf que habuit duos pueros de Johanne Drieu consanguineo dicti Guilloti.

Radulfus Cauvin invenit Radulfum Ravengnier presbiterum cum uxore sua et reversus fuit dictus Radulfus Cauvin de Treveris, et inter se verberarunt invicem ; sed tamen non credit quod esset suspecte, quia fama non tenet.

ANNO 1326.

129. — (4) Visitatio facta apud Listreyum per magistrum Andream de Burone, officialem Cerasiensem, anno Domini M° CCC XX VI° die jovis post Invocavit me. (5).

(1) Sic.
(2) P. 35.
(3) 5 mars 1326.
(4) P. 54.
(5) 5 mars 1327.

129 a. — Nomina juratorum : Ricardus Cousin, Robertus La Pie, Th. Gosceaume, Th. Durant; Ricardus Fortin, Guillelmus le Vaillant, Robertus Gaufridi, Guillelmus Emmeline, Guillelmus le Tousey, Guillelmus le Vietu, Guillelmus Blanvilain, Petrus Evrart, Exuperius le Foresteir, Th. Robert.

129 b. — Ricardus Fortin conqueritur de sacerdote quia ipsum Ricardum fecerat citari Parisius (?) per Colinum de Ceraseyo, clericum, super participatione Quarrel excommunicati, et juravit dictus Colinus coram abbate Cerasiensi quod ipsum ignorabat et pro satisfaccione omni dicto Colino dictus presbiter promisit eidem Colino v solidos, de quibus recepit dictus presbiter III solidos et dictus Colinus II solidos.

129 c. — Deficit in ecclesia ad reparandum libros, oleum in lampade, manutergia ad tergendum manus, alba et emit, una cloqua ad reparandum.

Stephanus Pasqueir, presbiter, diffamatur de Nicolaa de Tracheyo et de uxore Ade de Bosco; item et de relicta Johannis Badet.

130. — (1) Visitatio facta apud Ceraseyum per magistrum Andream de Burone, officialem Cerasiensem, anno Domini M° CCC° XX° VI° die veneris post Invocavit me (2).

130 a. — Nomina juratorum : Petrus le Cauf, Jordanus Trublart, Johannes Robin, Henricus Durant, Johannes de Ceraseyo, Johannes Trublart, Ricardus de Tanlancia, Colinus de Roz, Th. de Ceraseyo, Th. Boutequien, Petrus Neel, Michael Crabin, Reginaldus le Rouz, Robertus Morice, Ricardus le Rouz, Petrus Boutequien.

130 b. — Coleta filia armigeri de Verneto diffamatur de communi et specialiter de Johanne le Palefreour.

Relicta Moquet diffamatur de Ricardo Foin.

Matillidis la Costentineise diffamata est de Guillelmo Davi. Injunximus dicte Matillidi ut eat die dominica in processione in tunica, nudis pedibus, incapillata, non cinta.

Filia Reginaldi Coispel diffamata est de Henrico de Cultura. Filia Nicholai Robin diffamata est de eodem Henrico. Dicta mulier gagiavit emendam.

Le Sauvage diffamata est de communi.

(1) P. 55.
(2) 6 mars 1327.

130 c. — Lichichia filia Talemilet diffamata est de Philippo Escageul. Confessus fuit.

Laurentia Miette diffamata est de Matheo le Guiloour.

Filia Foin prenans est de Jacobo de Crisetot.

Uxor Ricardi de Grano diffamata est de Henrico de Cultura.

Filius Michaelis le Bouquet diffamatus est de lepra.

Colinus Guerout obligavit facere nostram voluntatem.

La Soute diffamatur de Matheo de Baiocis.

Th. Bueselin diffamatur de Pulcra femina.

Uxor Luce de Castereyo nobis gagiavit emendam ad nostram voluntatem pro eo quod extra jurisdicionem nostram se fecit purificari et erat excommunicata auctoritate officialis Baiocensis, faciendo prejudicium ecclesie cerasiensi cum sit nostra parrochiana.

Petrus Rabasce diffamatur de filia Laurentii le Lou et est pregnans. Gagiavit emendam. Taxavimus ad XL solidos pro duobus. Injunximus eodem Petro ne cum dicta filia sit suspecte, ad penam XL librarum turonensium, nec etiam carnaliter se immisceant. Die veneris post Letare Jherusalem (1).

ANNO 1327.

131. — (2) Cum Ingerrannus de Moleto, clericus, de nostra jurisdicione ordinaria existens, citatus esset coram nobis ad domicilium in quo morari consuevit, et publice et attestative in ecclesia, ad diem martis post festum sancti Barnabe apostoli (3), nobis ex nostro officio responsurus super certis criminibus ab eodem in nostra jurisdicione commissis, videlicet pro pluribus furtis de quibus accusatus fuerat a pluribus fide dignis et maxime a quodam latrone qui vocabatur Malchion, qui propter sua delicta ad mortem fuit condempnatus, qui fuit serviens dicti Ingerranni, qui per suum juramentum asseruit quod omnia furta que commiserat fecerat de voluntate dicti Ingerranni; item proponebamus contra ipsum quod ipse in nostra jurisdicione falsificavit litteras conservatorias Parisius, et litteris

(1) 27 mars 1327.
(2) P. 57.
(3) 16 juin.

falsis usus fuit in nostra juridicione ; item cum propter premissa in nostro carcere teneretur ad illum finem quod de premissis que erant notoria contra ipsum puniremus, prout esset de jure puniendus, proponebamus etiam ipsum esse perjurum quia juraverat ad nostrum carcerem redire, quod non fecit; et si (1) super omnibus criminibus supra expositis sibi citatus erat responsurus ad diem supradictam, ad quam diem non comparuit necque venit, quare ipsum reputavimus contumacem, et ipsum propter dicta delicta in suis scriptis excommunicavimus et excommunicamus, mandantes presbitero dicti loci ut eum denunciet excommunicatum publice et attestative, propter hoc quod non comparuit coram nobis ad diem assignatam super dictis criminibus responsurus. Actum anno Domini M° CCC° XXVII° die martis predicta.

132. — (2) Visitacio facta apud Listreyum die jovis post Invocavit me anno etc. XX°VII° (3), per magistrum Andream de Burone, officialem cerasiensem.

132 *a*. — Nomina juratorum : Guillelmus le Tousey, Guillelmus de Casteaubray, Johannes Rogeri, Rogerus l'Englez, Germanus Robin, Radulphus le Lavendier, Robinus Gaufridi, Th. le Conte, Sello Cauvin, Robertus la Pie, Th. la Pie, Th. le Gascoing.

132 *b*. — Filia Germani le Rouz est prenans ; nesciunt a quo, nisi de Gaufrido le Porquier.

Soror Guilleti le Rouz peperit quendam puerum, et diffamatus est de Philippo le Praier.

Thouroudus Rigal et ejus uxor male se habent inter se ; et diffamatus est de uxore Sansonis le Viellart.

Germanus le Maisnager, ut dicitur, manus injecit in Stephanum de Molendino clericum, presentibus Radulpho le Lavendier, Guillelmo et Johanne et Roberto les Sires, uxore Radulphi de Molendino.

133. — (4) Visitatio facta apud Ceraseyum per magistrum Andream de Burone anno Domini M° CCC° XXVII° die sabbati post Letare Jerusalem (5).

---

(1) Peut-être pour *sic*.
(2) p. 48.
(3) 24 février 1328.
(4) P. 58.
(5) 19 mars 1328.

133 a. — Nomina juratorum : Johannes de Ponte, Dyonisius Guiot, Guillelmus Samedi, Petrus Neel, Jordanus Trublart, Radulphus Fiquet, Petrus le Cauf, Robertus Vigan, Th. le Roisnié, Johannes Petel, Colinus de Vastegneyo, G. le Heriz, Th. Lupi, Robertus Morice, G. de Alneto.

133 b. — Filia armigeri diffamata est de Johanne Genas, ut fama dicit.

Maciota la Moqueite diffamata est de Ricardo Foin.

Fiqueta diffamata est de communi.

Matheus le Guiloour diffamatur de Laureta Miette consanguinea sua.

Th. Bueselin diffamatur de Pulcra femina.

Filia Juignet diffamata est de filio Thome Baudri.

Guillelmus Bueselin diffamatur de uxore Guillelmi Salle.

Filia Thome Bueselin diffamata est de Colino de Ceraseyo.

Filia Mathei Goye diffamata est de Ricardo le Soullart.

133 c. — Filia Johannis Fouque diffamata est de Colino de Castro.

Perrota la Potiere diffamata est de Ricardo le Meiteer.

Filia Talemilet diffamata est de Philippo Escageul.

Filia Thome de Luperia diffamata est de famulo Radulphi de Percheyo.

Filia a la Fouquarde diffamata est de.....

Filia Nicholai Robin (1) diffamata est de.....

Mora tenet quandam mulierem in domo sua.

Thomassia de Ceraseyo diffamata est de Martino Augustino.

Thomassia filia Jordani Baudri diffamata est.

Filia Robin de Ceraseyo diffamatur de Colini de Ceraseyo, ut dicitur.

ANNO 1330.

134. — (2) Anno Domini M° CCC° XXX° denunciatum fuit nobis quod Thomas filius Johannis de Ceraseyo, alias le Mausquet, clericus, intraverat domum Johannis le Masnier quadam die mercurii mane quando gentes erant ad forum cerasiense, et ibi furaverat lanam et X duodenas corrigiarum et duo linteamina. Actum die martis ante festum sancti Thome apostoli (3).

(1) Ici et plus bas, au lieu de *Robin*, on pourrait lire *Roberti*.
(2) P. 57.
(3) 18 décembre.

135. — (1) Anno Domini M° CCC° XXX° die sabbati ante festum sancti Vincencii (2), Radulfus de Percheio, clericus, michi Laurencio Camerario, clerico, vices gerenti officialis cerasiensis, se obtulit et se reddidit obediens venire ad prisionem Ceraseyi, quem, ut predicitur, recepimus in jurisdictione nostra inventus.

136. — (3) Visitatio facta apud Duos Jumellos per nos Andream de Burone, officialem cerasiensem, die sabbati ante Judica me anno Domini M° CCC° XXX° (4), in presencia Radulphi de Fossa, clerici, notarii publici.

136 a. — Nomina juratorum sunt hec : Ranulphus Longuelanche, Matheus Cauvin, Petrus Hunei, Georgius Thorel, Robertus Badon, Johannes Le Bingant, Jacobus Fourrei, Radulphus Le Carpentier, H.........rt, Gaufridus l'Esmiey, Gaufridus Guillemin.

136 b. — Henricus Le Bourt tradidit in locato quandam domum mulieribus stultis et impertinentibus contra voluntatem gentium patrie.

Radulphus Cauvin habet quandam uxorem que est et fuit de progenie cujusdam uxoris quam jam diu est habuit, que est defuncta, que attingebat in gradu consanguinitatis prohibito ad matrimonium contrahendum.

Libri deficiunt in ecclesia ad dicendum divinum servicium. Luminaria non possunt ardere propter ventum fenestrarum.

Presbiter male se habet ideo quod reddit litteras sigillatas antequam citatio facta sit.

136 c. — Johannes Groullard et ejus uxor male se habent et non sunt insimul et dicunt quod est per culpam mariti.

Laurentius Mauger, alias le Peil, habet uxorem et non sunt insimul per dictum Laurentii. Habent maisnagium residentem in villa de Duobus Gemellis sub priore.

Guillelmus Badon diffamatur de lepra.

Gaufridus le Bouvier similiter diffamatur.

Gaufridus Guerart et ejus uxor similiter diffamantur.

Gaufridus Guillemin tradidit domum quandam mulieribus meretricibus.

---

(1) P. 23.
(2) 19 janvier 1330.
(3) P. 57.
(4) 16 mars 1331.

Dicta Leisele similiter diffamatur de lepra.

137. — (1) Inquisitio facta pro Listreyo anno Domini M° CCC° XXX° die jovis in festo beati Benedicti in martio (2).

137 a. — Nomina juratorum : Johannes Riquent, Johannes Regis (3), Johannes Evrart, Johannes le Sage, Johannes Unfredi, Hehaleour, Th. le Feivre de Porticu, Guillelmus Henrici, Guillelmus le Vaillant, Th. le Conte, Guillelmus le Siret.

137 b. — Dyonisius Unfredi [non e]st in bono statu, quia non frequentat ecclesiam nec intrat ecclesiam nisi solum ad p....... propter allobr. Taxavimus emendam ad XX solidos.

Th. le Lievre [diffamatur] de filiabus Thome Rogeri et Gravelot et habuerunt pueros ab eodem. Taxavimus ad XX.

Relicta Johannis Bacheleir diffamatur de Colino Gosceaume. Taxavimus ad V solidos.

Thomas la Pie et ejus uxor male se habent et per factum uxoris.

Yvoneta filia Henrici la Pie habuit puerum de Jacobo de Crisetot. Taxavimus pro toto ad X.

137 c. — Germanus le Trouvei cindit in cimiterio de Listreyo et furatus fuit quandam fraxinum et quandam oulmam ad mesrennum faciendum et hoc viderunt Radulphus Rogeri, Ricardus le Tornoierre, Johannes Gohin. Citatur (4). — Confitetur olmam cindisse. Gagiavit solvere emendam. Debemus nos informare quod de voluntate tesauriorum (5).

Johannes le Moys habet quandam uxorem vocatam Pujein (?) quam debet accipere in uxorem.

Johannes le Faey debet accipere Mariam Gobout in uxorem et eam tenet quasi meretricem.

Filia Gosceamme habuit quendam puerum. Nescitur a quo. Citetur. Est de Philippo de Onfarvilla.

Touroudus Rigal male se habet cum uxore sua; item diffamatur de uxore Johannis Bacheleir; item de uxore Sansonis le Viellart. Taxavimus ad XL solidos aut scaletur.

---

(1) P. 55.
(2) 24 mars 1331.
(3) Peut-être *Reginaldi* ou *Rogeri*.
(4) Peut-être *citetur*.
(5) Sic.

137 *d*. — Filia à l'Orfelin diffamatur de Johanne Crabin et habuit puerum de eodem.

Sigillatus non frequentat ecclesiam sicuti alii christiani. Citatur.

Robertus le Prevost diffamatur.

Filia Michaelis Riquent habuit puerum de Radulpho Osber (1).

Filia Germani le Rous pregnans est. Sed nescitur a quo. Citatur.

Guillelmus le Rous diffamatur de uxore Ricardi Evrart. Citatur. Taxavimus ad V solidos.

Cecilia la Vietue diffamatur de Laurentio le Borg.

138. — (2) Inquisicio facta apud Ceraseyum per officialem cerasiensem seu ejus locum tenentem anno Domini M° CCC° XXX° die jovis in festo beati Benedicti in martio (3).

138 *a*. — Nomina juratorum : Jordanus Trublart, Radulphus Fiquet, Colinus de Vastegneyo, junior, Guillelmus de Ceraseyo, Johannes de Ceraseyo, Goretus Candel, Renaldus de Tresgoz, Petrus Le Cauf, Johannes Toustain, Goretus Hais, Johannes Candel, Johannes le Monnier (?), Guillelmus Samedi, Ricardus de Calenchia, Johannes Robin, Th. Boutequien, Th. le Lou, Gaufridus Avice, Johannes Crabin.

138 *b*. — Thomas de Ceraseyo diffamatur de Chouqueta, alias la Blonde, quia postquam abjuravit eam fuit secum per duos augustos sequentes post abjurationem.

Magister de Buro et la Potiere sunt insimul. Gagiaverunt emendam quam taxavimus ad V solidos.

Uxor Johannis de Ceraseyo diffamatur quod dat sanitatem infirmis de macula per verba et de alba spina. — Citatur propter carmina.

Item et quod Thomas de Ceraseyo diffamatur de Chouqueta alias la Blonde et fuit post abjurationem eidem factam mense augusti ultimo preterito. Taxavimus emendam ad C solidos, seu scalabitur propter perjurium pro toto.

138 *c*. — Magister Johannes de Montefiqueti diffamatur de relicta Silvestri Fiquet. — Petrus Genaz surrogatur loco dicti magistri.

Uxor Johannis de Ceraseyo credit de Chouqueta cum Thoma de

---

(1) En regard de cet article, dans la marge, on a ajouté : *H. Rogier.*
(2) P. 59.
(3) 21 mars 1331.

Ceraseyo et credit quod dictus Thomas donavit duos bouissellos ordei Jameto de Tresgoz pro veniendo coram domino abbate.

Ricardus Foin diffamatur de relicta Moquet et affidaverat quendam virum et erant omnes parati de faciendo sponsalia nisi esset per factum dicti Ricardi. Gagiavit emendam quam taxavimus ad V solidos.

Guillelmus le Cauvet diffamatur de ancilla sua. Taxata est emenda ad X solidos.

138 *d.* — Colinus le Heriz diffamatur de quadam ancilla. Gagiavit emendam. Taxavimus ad X solidos.

Ricardus Heberti diffamatur de Coleta la Levrote.

Ricardus Symonnet diffamatur de la Peignarde.

Filia Talemilet habuit quendam puerum a Colino Hosart. Injunctum fuit eidem de eundo ad Montem Sancti Michaelis.

Filia Foin habuit puerum a Jacqueto de Crisetot. — Injunctum ut iret ad omnes sanctos.

Loreta Miete diffamatur de Matheo le Guileor conato suo. Gagiavit emendam. Taxata est ad XX solidos.

Neptis Colini Souplest habuit puerum de filio Coqui.

Filia Roberti Morisce habuit puerum de Johanne de Thaone.

138 *e.* — Johanna de Quesneto habuit puerum; nescitur a quo.

Thomas Beuselin diffamatur sicut alias de Pulchra femina. Taxavimus emendam ad X solidos.

Filia Henrici Blangernon habuit puerum de Philippo Tesson. Taxavimus.

Filia Sansoneti diffamatur ut alias de filio Vittart. Taxavimus emendam ad X solidos.

Filia a Goubant diffamatur de filio Coqui.

Filia Baillet pregnans est de Sansone de Marseyo (?).

Rogerus ad Equos diffamatur de filia au Bouleour. Gagiavit emendam. Taxata est ad X solidos.

Uxor Johannis Gobout diffamatur de filio Thome Auverey. Taxavimus emendam ad XX solidos.

Matheus le Guilloour diffamatur de filia Fouache et habuit I puerum.

139. — (1) Cum Martina à la Chambellengne in nostra presencia personaliter constituta jurasset coram nobis quod propter hoc quod

(1) P. 56. — La date précise de cet article est incertaine.

puerum susceperat a Johanne filio Petri Genas, clerico, cui non erat vinculo matrimonii astricta, de emenda facere nostram voluntatem, dicens et asserens quod emendam peccuniariam nobis solvere non posset cum nichil de bonis haberet, nos considerantes quod de delicto notorio de jure publica penitencia est imponenda, nos eidem virtute juramenti nobis antea prestiti injunximus quod die dominica in Ramis Palmarum in publica processione esset caputio denudata, nuda pedes et in tunica, aliqua corrigia non cincta, ut cetere mulieres, et ipsa de cetero a tali crimine astinerent propter penitentiam antedictam; quam penitentiam etiam per matrem ipsius mandavimus adimpleri, et sub pena perjurii.

Anno 1331.

140 *a*. — (1) Anno Domini M° CCC° XXX° I°, Germanus le Trouvey gagiavit emendam pro eo quod cinderat unum hurmum et unum fraxinem in cimiterio de Listreyo sine licencia et super hoc vocaverat garantum Radulfum Rogeri, thesaurarium Listreyi, qui garantus sibi deffuit.

140 *b*. — Guillermus Tresel emendavit nobis in judicio quod manus injeccerat in monasterio Cerasiensi in Guillermum Fabri, clericum, ipsum hurtando die Defunctorum.

141. — Die martis post Epiphaniam Domini, Johannes Laveie, alias le Quoquerel, emendavit quod manus injeccerat in Rogerum Viel, clericum, famulum Roberti Osane.

Henricus Quinet, clericus, manus injeccit in Johannem Bernart, clericum, cum magna violencia, de nocte, cum cla[more de] harou, penes Ricardum de Ponte, et verberavit uxorem dicti Ricardi et jactavit ad terram et amovit cucufam (??) a capite suo. Actum presentibus filia à la Heuseie, Ricardo Vitart, Colino de Buot et Laurencio Camerario et pluribus aliis, die........

Colinus Vitart, clericus, emendavit in judicio quod nocte nativitatis Domini souflaverat candelam uxoris magistri Guillermi de Ponte.

142. — Guillermus de Quemine Faber, clericus, emendavit nobis in judicio quod manus injeccerat in Yvonem de Fraxino, clericum. Anno

(1) P. 57.

Domini M° CCC° XXX° uno, die jovis post conversionem sancti Pauli.

148. — (1) Die Martis post Reminiscere anno, etc., XXXI° (2).

143 a. — Nomina juratorum Ceraseyi : Th. de Talanche, Th. Eudin, Guillermus Eudin, Alexander Hais (?), Johannes Robin, Thomas de Talanche, Michael l'Eer, Guillelmus de Alneto, Robertus Fiquet, Th. Lupi, Odo de Quesneto.

143 b. — Binetus Sanegn. diffamatur de lepra.

Th. Adan diffamatur de relicta Johannis Richier.

Henricus le Monnier diffamatur de Vimart.

Magister de Buro diffamatur de Poteria.

Colinus le Heriz diffamatur de Guillemota de Baiocis.

Ricardus Symonnet diffamatur de la Peignarde.

Th. Beuselin diffamatur de Pulchra femina.

Ricardus Foin diffamatur de relicta Moquet.

Guillermus le Cauvet diffamatur de pedisseca sua.

143 c. — Ingerrannus Douin et uxor ejusdem male se habent ad invicem. Injunximus eidem Ingerranno ne male tradet ad penam XL solidorum turonensium; propter hujusmodi maleficia ad penam scale; presentibus Nicolao de Buotho, Johanne le Portier, clerico, seniore, Germano de Mara, clerico, Johanne Davi et Colino le Gay; die sabbati ante Ramos Palmarum (3) ne cum dicta uxore sua male se tradet nec quod maleficium eidem faciat pro premissis. Actum ut supra.

Yvo de Fraxino, clericus, emendavit nobis quod cognoverat Petronillam Melliers et in eadem genuerat quendam puerum. Item idem Yvo diffamatur novissime de eadem, dicens per ipsius juramentum ipsa Petronilla quod habuerat puerum de eodem; quam emendam tauxamus ad V solidos turonenses.

144 — (4). Visitatio facta apud Listreyum per nos Andream de Burone, officialem cerasiensem, anno Domini M° CCC XXX° primo, die jovis post annunciationem beate Marie (5).

---

(1) P. 69.
(2) 17 mars 1332.
(3) 23 mars 1332.
(4) P. 60.
(5) 26 mars 1332.

144 *a*. — Primo visitavimus ecclesiam. Deffectus est per thesaurarios : primo de vestimentis ecclesie, de custodia corporis Christi, de custodia sancti crismatis, de libris nisi de messello ; deffectus est in armatoriis.

Nomina juratorum : Johannes Riquent, Germanus Rabasce, Th. Evrart, Petrus Evrart, Johannes Philippi, Guillermus le Vaillant et Touroudus Rigal.

Touroudus et la Coquete male se habent ut prius.

Th. la Pie et ejus uxor similiter male se habent.

Guillermus le Vaillant, ut dicitur, genuit puerum in filia Fortin. Gagiavit emendam. Taxavimus ad V solidos ad Sanctum Johannem (1).

144 *b*. — Filia G. le Roussel pregnans est de Thoma Diorel, juniore.

Uxor Hephani Brassun diffamata est de Thouroudo Rigal.

Filia Michaelis Riquent habuit puerum a Radulfo Osber.

Colinus Gosceaume diffamatur de relicta Johannis Bachelier. Gagiavit emendam pro se et dicta relicta. Taxavimus ad X solidos.

Filia Thome Rogeri pregnans est, ut dicitur, de Thoma Leporis.

Henricus Rogier emendavit nobis in judicio eo quod cognoverat carnaliter filiam Germani le Rouz, videlicet Erembourgem, et genuerat quendam puerum in ipsam. Tauxavimus ad X solidos, solvit V solidos officiali.

Relicta Ricardi de Roqua prenans est de Stephano de Molendino, ut dicitur.

145. — (2) Anno Domini M° CCC° XXX° primo die martis post festum sancti Leonis pape, videlicet XVIII kalendas maii (3), Rogerus Billon, manens et residens in capellaria cerasiensi, excommunicatus pro contumacia contra Paris. Baudouin, Johannem Camonissie et magistrum G. de Ponte, clericum, auctoritate nostra, petiit cum magna instancia et bona devocione absolutionem suam, pro nobis satisfaciendo competenter de emendis et obediendo sponte nostre jurisdictioni ; super qua petitione nos Laurentius Camerarius, gerens vices officialis dicti loci, petiimus a Philippo Malherbe, publico tabellione, nobis fieri publicum instrumentum, presentibus Ricardo de Ponte, Colino du Buot, Johanne Bernart, Laurencio le Borgeis, Johanne

---

(1) 24 juin 1332.
(2) P. 69.
(3) 14 avril 1332.

Baudouin, Colino Ruffi, Johanne Davi, clericis, Symone de Mota, Ricardo Foin et pluribus aliis; in cymiterio Cerasiensi juxta tumbam a la Direise circa horam sextam, inditione XV^a, pontificatus sanctissimi patris domini J. pape XXII^a anno XVI°.

ANNO 1332.

146. — (1) Visitatio facta apud Duos Gemellos per nos Andream de Burone, officialem cerasiensem, anno Domini M° CCC XXXII^{do} die sabbati ante Cantate (2).

Testes jurati super inquisitione facienda : Radulfus Hardi, Henricus Guerart, Ranulfus Longuelange, Ricardus Johannis, clericus, Henricus le Bourt, Henricus Auverey, Henricus l'Engleis, Radulfus le Maistre, Radulfus Guillemin, Guillermus le Rasle, Gaufridus Guillemin.

Primo defectus est in ecclesia quia in eadem pluit et tantus ventus descendit quod luminaria ardere non possunt; item defectus est in libris.

Item Demaignia habuit puerum a Ricardo de Bouteville.

Item Robertus Bellisent uxoratus est et aliam uxorem penes se habet.

Item Coleta la Francheise, alias Hardie, diffamatur de meretricio communi.

Item Margareta de Campis diffamatur de meretricio communi.

Radulfus Villemin gagiavit emendam pro eo quod dixit injuriam Henrico le Bouet.

147. — (3) Anno Domini M° CCC° XXXII° die lune ante festum beati Egidii (4), in pleno judicio, coram nobis magistro Andrea de Burone, officiali cerasiensi, Gaufridus du Casteley et Henricus ejus filius, clericus, emendaverunt nobis quod die sabbati in festo decollationis beati Johannis Baptiste (5) verberaverunt garbas frumenti per totam ipsam, et juraverunt quod de dicta emenda ad nostram volontatem satisfacient; quam emendam tauxamus ad III solidos.

(1) P. 37.
(2) 16 mai.
(3) P. 69.
(4) 31 août.
(5) 29 août.

148 a. — Item eodem anno, die martis post exaltationem Sancte Crucis (1), in pleno judicio, Robertus le Foucart, alias de [Mon-] tigneyo, emendavit nobis quod manus injeccerat violentas in Henricum le Portier, clericum, usque ad effusionem sanguinis, eidem clerico plagam faciendo in bracio, juravit quod de dicta emenda nobis satisfaceret ad nostram volontatem; quam emendam tauxavimus ad V solidos.

148 b. — Germanus filius Roberti de Monte Freart, pro Germana nepte Guillermi le Tousey que fidem suam dederat de matrimonio contrahendo cum alio, emendavit nobis pro ipsa; quam emendam tauxavimus [ad . . . . .] solidos.

149 a. — (2) Listeya. Colinus Quentin de Listeya emendavit nobis, tam pro se quam Thoma le Beir, clerico, quod manus injecit in Michaelem Trublart, clericum, et ejus patrem de nocte.

149 b. — Thomas Henrici, de Listreyo, junior, gagiavit emendam pro eo quod impedierat et perturbaverat jurisdictionem nostram ecclesiasticam, prout bene confessus fuit coram nobis in judicio, et ob hoc declaratus fuit excommunicatus die martis post festum sancti Martini yemale anno Domini M° CCC° XXXII° (3).

150. — Anno Domini M° CCC° XXX^{mo} II^{do} die martis ante festum sancte Katerine Virginis (4), Hugo Defence, clericus, de Asneriis, super hoc quod nos contra ipsum dicebamus quod ipse violenter accipere volebat et cum magna violentia Johannam uxorem Guillermi de Dumo, propter quod volebamus ipsum punire, ipse in nostra presentia constitutus juravit ad sancta Dei evangelia quod si constaret nobis esse culpabilem in premissis, quod ipse nobis emendam solveret ad voluntatem nostram; presentibus Laurentio Camerario, Philippo Malherbe, magistro Thoma Ruchetemps, Johanne Bernart, Colino ... el [et pluribus aliis.]

Et propter eundem factum Johannes Gernon, clericus, de Duobus Jumellis, nobis gagiavit emendam consimilem die mercurii post festum beati Andree apostoli dicto anno (5).

---

(1) 15 septembre.
(2) P. 60.
(3) 17 novembre.
(4) 24 novembre.
(5) 2 décembre.

151. — Thomas Boulart, clericus, gagiavit emendam pro eo quod super actione personali in curia prepositi..... responssum dedit petitioni Guillermi Toustain, alias le Mulot, et juravit idem Thomas quod de dicta emenda nobis ad nostram voluntatem satisfaceret. Actum in judicio, presentibus, Thomas Riquetens, Johanne de Montfiquet, clericis, Laurencio Camerario, Ricardo Foin, Laurencio le Borgeis, Colino Sousplaist, clericis et pluribus aliis. Anno Domini M° CCC° XXX° II° die martis post festum sancte Lucie virginis (1).

152. — (2) Visitatio facta apud Ceraseyum anno Domini M° CCC° XXX° II° die lune in festo sancti Albini (3).

152 a. — Nomina juratorum : Johannes le Monnier, Petrus le Caus, Petrus Neel, Colinus de Ros, Robertus Lucas, Giraldus le Guileor, Johannes le Coq, Ricardus de Talanche, Johannes Agoulant, Ricardus de Formegnie, Robertus Renaut, Goretus Candel, Th. de Ceraseyo.

152 b. — Johannes le Cordier diffamatur de Robergia la Fiquete.

Matheus le Guileor diffamatur de Loreta Miete.

Presbiter de Ceraseyo diffamatur de relicta Gaufridi le Fax.

Robertus le Portier diffamatur de uxore Roberti Osane per Pegnardam concubinam.

Guillermus le Cauvet diffamatur de sua pedisseca. Purgatus per ejus juramentum.

Colinus le Heriz diffamatur de Willemeta de Baiocis. Injunximus eidem Colino ut infra Ascensionem (4) cum ea sponsalia contrahat.

Filia Roberti de Ceraseyo diffamatur de Martino de Ceraseyo ejus consanguineo.

Guillermus Trublart diffamatur de uxore G. Hamelin. Negat famam.

Henricus Durant diffamatur de filia au Borgneel. Emendavit pro alio anno.

152 c. — Collinus Vittart diffamatur de filia Sansoneti; item de filia Symonis de Mota; item de uxore Ricardi Boutequien.

Guillermus filius au Quen [et] Joretus Vittart diffamantur de filia Agoubant et Couillmine uxorata.

(1) 15 décembre.
(2) P. 70.
(3) 1ᵉʳ mars 1333.
(4) 13 mai 1333.

Petrus Genas diffamatur de relicta Silvestri Fiquet; item de filia a la Hocheite.

Johannes du Homme diffamatur de Loreta Beuselin.

Petrus Jugan diffamatur de uxore au Richomme.

Johannes Genas de Ria de Coleta de Verneto.

Ricardus Huvey diffamatur de filia Mathei Goie.

Ricardus Foin diffamatur de relicta Moquet.

Th. Beuselin diffamatur de Bella Femina.

Ricardus Symonnet diffamatur de la Pignarde.

152 d. — Johannes le Morant diffamatur de la Cobee.

Agnes la Cointe diffamatur de communi.

Th. le Portier, junior, diffamatur de filia Pié d'erche.

Magister de Buro diffamatur de Maria la Potere.

Relicta Johannis Richeri [et] relicta Colini le Baup diffamantur de communi.

La Costentineise diffamatur de Johanne Bernardi.

Ejus filia de filio Henrici Gobout et pluribus aliis.

Henricus Trublart diffamatur de Thomassa filia a l'Esragie cognata sua et de Johanna filia Aug.....

153. — (1) Visitatio facta apud Listreyum per nos Andream de Burone, officialem cerasiensem, anno Domini millesimo CCC XXX III^{4o} die jovis post festum sancti Albini (2).

153 a. — Nomina juratorum; Germanus le Clerc, Johannes Roberti, Germanus le Rous, Guillermus le Tousey, Th. le Conte, Touroudus Rigal, Thomas Evrart, Petrus Evrart, Johannes Philippi.

153 b. — Presbiter diffamatur de Thomassia filia Guillermi l'Aloier.

Radulfus Osber diffamatur de Agnete Riquent et genuit pueros et sunt consanguinei in tercio gradu.

Hylaria Riquent diffamatur de quodam homine de Monfiquet et habuit puerum.

Henricus Rogeri diffamatur de filia Germani le Rous. Negat famam.

Guillermus le Bret diffamatur de relicta Thome le Petit. Nichil.

Thomassia Blanvilain diffamatur de Renouveto Forestario.

153 c. — Thomassetus Henrici diffamatur de Laurencia filia G. le Roussel.

(1) P. 72.
(2) 4 mars.

Th. la Pie et mater Johannis de Bosco inter se male habent.

Relicta Adam de Bosco diffamatur de Thoma le Pelous et genuit puerum in ipsa. Gagiavit emendam pro se.

Colinus Gosceaume diffamatur de relicta Johannis Bachelier et genuit puerum in ipsa.

Robertus Adan diffamatur de filia Gervasii Gazel. Purgantur per eorum juramenta.

Uxor Ricardi de Torneriis diffamatur de Roberto Radulfi.

154. — (1) Die martis post Oculi mei (2), Radulfus Osber gagiavit emendam pro eo quod habuit carnalem copulam consanguinee sue, videlicet Agneti Riquent; quam taxavimus ad decem libros turonenses, et injunximus eidem ad penam XL librarum turonensium et scale ne cum eadem participaret. Item eidem Agneti similiter injunximus ad penam ante dictam, die sabbati sequentis (3).

155. — Die martis post Judica me (4), Johannes le Viguerouz, presbiter, rector ecclesie de Listreyo, emendavit nobis super eo quod diffamatus et accusatus fuerat de Thomassia filia Guillermi l'Aloier et juravit emendam solvere ad taxationem nostram; presentibus Laurencio Camerario, Radulfo de Fossa, Philippo Malherbe, Colino de Buoth, magistro Thoma Riquethemps, Johanne Bernart, Ricardo de Ponte, Roberto le Portier, Colino Anglico.

156. — Die sabbati ante Ramos palmarum (5), injunximus Colete Durant, ad penam XL librarum turonensium, ne cum Goreto Trublart in loco suspecto frequentaret.

ANNO 1333.

157. — (6) Willemota filia Henrici le Doutey nobis emendam gagiavit pro eo quod purificare se fecit alibi quam suo curatori sine licencia, prout confessa fuit, de quodam puero quem habuerat, ut dicebat, a Thoma Freschet, conjugato, et juravit super dictam emendam nobis satis-

---

(1) P. 62.
(2) 9 mars 1333.
(3) 13 mars 1333.
(4) 23 mars 1333.
(5) 27 mars 133.
(6) P. 72.

facere dum illa a nobis super hoc fuerit requisita, etc.; die dominica in resurrectione ejusdem, anno, etc., XXX° III° (1).

158. — Johannes Jolivet de Listreyo, sciens non esse de jurisdictione nostra dicteque jurisdictioni nostre spontaneus, confessus fuit gagiasse Colino Anglico, clerico, C solidos turonenses pro injuriis eidem Colino factis in foro cerasiensi, solvendos eidem clerico infra quindenam proximo venturam, ad voluntatem dicti Colini, ita quod si idem clericus sit nimis cupidus eas levandi, Germanus de Monte Freardi erit moderator, et renunciavit juri dicenti neminem esse judicem in sua causa, et juravit idem confitens se ad implere premissa eidem clerico, die sabbati post Quasimodo anno XXX° III° (2).

Item idem Johannes nobis gagiavit emendam pro eo quod manus injeccerat in dictum Colinum, et juravit ad sancta Dei evangelia nobis satisfacere super dicta emenda quocienscumque nobis placuerit.

159. — Rector de Listreyo gagiavit nobis officiali ad voluntatem nostram emendas super eo quod ipse dicebat quod parrochiani ipsius deposuerunt coram nobis contra ipsum timore, et quod ad peticionem nostram ipsi deposuerunt, et quod falsi erant et falsum deposuerant, ita tamen quod si nimis graves eramus de dictis emendis erga ipsum, dominus abbas moderaret. Die martis post Misericordia Domini anno, etc., XXX° III° (3), presentibus Laurentio Camerario, Johanne de Cormollain, G... Trublart, Johanne Bernart, Thouroudo Rigal et in presencia juratorum de Listreyo in fronte istius pagine (4) subscriptorum, quibus similiter promissa emendavit ad taxationem nostram.

160. — (5) Anno, etc., XXXIII° die martis post festum Sancte Crucis in maio (6), Johannes de Molendino, clericus, confessus fuit manus injeccisse in jurisdictione nostra in Thomam Robillart, alias Herbot, et similiter idem Thomas in eundem Johannem, se quoad hoc suponens jurisdictioni nostre, presentibus magistro Thoma Richetemps, Philippo Malherbe, Johanne Bernart, Laurentio le Bourgeiz in judicio ; et gagiaverunt ambo nobis emendam ad nostram voluntatem, jura-

---

(1) 4 Avril.
(2) 17 Avril.
(3) 20 Avril.
(4) Voyez plus haut, n° 155.
(5) P. 73.
(6) 4 mai.

verunt que ad sancta Dei euvangelia nobis super eadem satisfacere quocienscunque nobis placuerit, et super hoc se supposuit idem Thomas nostre jurisdictioni. Tauxavimus pro quolibet ad XX solidos. Super hoc solvit dictus Thomas II Solidos I denarium. Dictus de Molendino II solidos.

161. — (1) Visitatio facta apud Duos Gemellos per nos Andream de Burone, officialem cerasiensem, anno Domini Mº CCC XXXIIIº die veneris post Penthecosten ejusdem (2).

161 *a*. — Nomina juratorum : Radulfus Guillemin, Matheus Cauvin, Henricus l'Engleis, Guillermus Fessot, Ricardus de Maresco, Robertus de Ripparia et Henricus le Bourt.

161 *b*. — Johannes Groullart accusatus de uxore sua quod se male habent ad invicem et non sunt insimul; sed dictus Johannes dixit quod per se non, stat imo per dictam uxorem, et dicta uxor de contrario, et petiit quod nos super hoc informaremus.

Inhibuimus Radulfo Guillemin, ad penam X librarum, ut alias inhibuimus, ne concubinas seu mulieres fornicatrices in domo sua reciperet. Plus est suspecta mala dicta uxor sua, quia eas detinet et deportat.

Dicta la Francheise diffamatur de communi.

161 *c*. — Injunximus Roberto Belissent ad penam XX librarum ne cum sua concubina amplius frequentaret.

Johanna de Creauvilla diffamatur de communi.

Michaela la Rioure, alias Belon, diffamatur de communi.

Injunximus Johannis le Burgaut et ejus uxori, ad penam X librarum turonensium, ne mulieres fornicatrices in domo sua reciperent, quia ita fieri consueverunt.

Johannes le Burgaut excommunicatus pro manifesta offensa ex officio petiit absolvi et gagiavit emendam.

In ecclesia deficiunt libri et vitree, quia per ventum luminaria non possunt ardere.

162. — (3) Johannes Johannis, alias Pelerin, gagiavit emendam pro eo quod ipse fecit evocari coram senescallo Mondreville (?) Henricum Juniorem ratione petitionis facte in curia nostra, prout confessus fuit.

---

(1) P. 35.
(2) 28 mai.
(3) P. 69.

Taxavimus ad C solidos. Actum die martis post festum sancti Barnabe apostoli anno XXXIII° (1).

163. — (2) Robertus le Portier gagiavit emendam pro eo quod inventus fuit cum uxore Roberti Osane suspitiose a dicto marito et in domo sua; et injunximus eidem ne a modo frequentaret cum eadem nec in domo dicti Roberti Osane nec alias suspecte, et hoc ad penam XL librarum turonensium. Actum die martis post festum sancti Clari anno, etc. XXX° III° (3).

164 a. — Binetus de Jueto et Johannes de Montigneio, alias le Foucart, emendaverunt nobis officiali Andree de Burone, quod unus eorum percusserat alium in cimiterio de Listreyo, et juraverunt quod de emendis nobis ab ipsis spontanee gagiatis satisfacient. Actum in judicio die martis ante festum beati Egidii anno Domini M° CCC° XXX° III° (4), ad hoc presentibus magistris Johanne de Monte Fiqueti, Thoma Riquetens, Roberto Flanbart, Thoma de Monte Freardi seniore, Ricardo de Ponte, Philippo Malherbe, Laurencio le Borgeis, Colino Anglico, Johanne Bernardi, Laurencio Camerario, clericis, et pluribus aliis.

164 b. — Lucassia relicta de Ponte emendavit pro eo quod dixit in judicio coram nobis filie Johannis de Ponte quod haberet unum magnum stercus antequam haberet Thomam filium dicte relicte in sponsum, quam filiam ex officio interrogabamus nobis dicere veritatem super premisso matrimonio inter se et dictum Thomam; et in presenti taxavimus dictam emendam ad XL solidos.

165 a. — Thomas Boulart, clericus, gagiavit emendam pro eo quod fecit violenciam Petro Jugan, clerico prisiarum.

165 b. — (5) Robertus le Portier similiter gagiavit emendam si inventus fuerit culpabilis pro eo quod non volebat juvare Petro Jugan, clerico prisiarum, ad ducendum in prisoniam Thomam Boulart, excommunicatum pro judicato de nisi ad instanciam Colini Baudri; dominica ante festum sancti Clementis (3).

---

(1) 15 juin.
(2) P. 71.
(3) 20 juillet.
(4) 30 août.
(5) P. 73.
(6) 21 novembre.

166. — Anno Domini Mº CCCº XXXº IIIº die lune ante festum beati Andree apostoli (1), Johannes Bernardi, clericus, gagiavit nobis emendam in nostram voluntatem pro eo quod manus injecit temere violentas in Philippum Malherbe, clericum, et injunximus eidem quod se faceret absolvi.

167. — Anno Domini Mº CCC XXX IIIº die jovis post Letare Jherusalem (2), nos frater Thomas Hamonis pro officiali visitavimus apud Listreyum.

167 a. — In ecclesia sunt III casule, I alba cum I emit, VII touailles; deficiunt II albe cum emiz, unum vas pro corpore Christi, pro vase crismatis unam serraturam cum gannis et penturis; calix, corporale cum custodia sufficienti, missale, gradalia sufficientia; manuale est reparandum; stole et fanons similiter deficiunt.

Condempnamus Robertum Radulphi ad restituendum quandam archam quam vendidit que erat de thesauro Sancti Germani, et debet restitui ad locum ad quem cepit.

167 b. — Nomina juratorum: Johannes Evrard, Johannes Riquent, Johannes Servain, Johannes Philippi, Th. la Pie Gehin, Johannes Unfredi, Johannes Heberti, Guillermus le Siret.

167 c. — Touroudus Rigal et ejus uxor male se habent invicem et non sunt insimul; item diffamatur pro eo quod vendidit frumentum III solidos ad terminum; item diffamatur de uxore au Haleor, et tenet fama quod le Haleor bene scit.

Radulfus Osber diffamatur de Agnete Riquent et de Guiota.

Henricus Rogeri diffamatur de Borgueta filia Germani le Rous.

Johanna filia Gronse pregnans est de Giroto de Villaribus.

Jaqueta pregnans est de Johanne Goie.

Guillermus le Rous diffamatur de uxore Ricardi Evrart.

Le Vaquier habuit puerum de quadam concubina; nesciunt si est uxoratus vel non. Gagiavit pro emenda VI solidos.

167 d. — Michael le Rouissolier diffamatur de quadam femina et genuit puerum.

La Vietue diffamatur de Laurencie le Rorgeiz.

Filia à l'Aloier habuit puerum de Philippo le Viguerous presbitero.

Jacobus de Crisetot diffamatur de filia Henrici la Pie et genuit puerum.

(1) 29 novembre.
(2) 1334.

Colinus Gosceaume diffamatur de relicta J. Loques et genuit puerum in eadem.

Graneletus tenet lupanar in domo sua de quadam Constantineise.

Herbagium cimiterii pertinet ad thesaurum Sancti Germani, nisi quòd debet habere herbagium pro suo equo quociensconque fuerit in visitatione infirmorum.

168. — (1) Visitatio facta apud Ceraseyum per fratrem Thomam Hamonis anno Domini Mº CCCº XXXº IIIª die veneris post Judica me (2).

168 *a*. — Nomina juratorum : Robertus Viel, Johannes le Pouquet, Ricardus Noel, Hamon Coispel, Jacobus Philippin, Guillermus Selle, Joretus Broon, Colinus Breon, Henricus Durant, Petrus Noel, Ricardus de Talencia, Th. de Ceraseyo, Laurencius Valepi, Johannes le Rousey, Goretus Caudel, Robertus Luce, Guillermus le Heriz, Petrus le Caus, Johannes Camerarius, Johannes le Monnier, Robertus Fiquet, Yvo le Breton, Rodulfus Fiquet, Johannes Norivaut, Petrus Taillepie, Th. le Rouisnie.

168 *b*. — Ricardus Coispel, alias Luey, diffamatur de lepra et super hoc laborat fama publica contra ipsum.

Th. Ade diffamatur de relicta Johannes Ricardi, solvit emendam.

Le Mestre du Bur diffamatur de Poteria.

Guillermus Trublart diffamatur de uxore Guillermi Hamelin. Solvit emendam.

Henricus Durant diffamatur de filia au Bourgueel.

Filia Roberti de Ceraseyo diffamatur.

Henricus Trublart diffamatur de filia Rabiosa.

Uxor Guillermi de Dumo diffamatur a pluribus.

Coleta de Verneto diffamatur de Johanne Genas et pluribus aliis.

Relicta Silvestri Fiquet diffamatur de Petro Jugan et de aliis.

168 *c*. — Ricardus Herberti diffamatur de filia Leporis.

Le Cannot tenet famulam suam concubinam.

Chicouele diffamatur de uxore Guillermi Hays.

Ricardus Foin diffamatur de Madota relicta au Equet.

Fiqueta diffamatur de Anglico abbatte et de famulo elemosine.

Th. Beuselin diffamatur de Pulcra Femina.

(1) P. 74.
(2) 1334.

Filia Mathei Goye diffamatur de Ricardo Huvey.
Filia Henrici Blangernon diffamatur de Philippo Tesson.
Filia Dame-Dieu diffamatur de Henrico Vigoris.
Filia à Goubaut diffamatur de communi.
Filia Sansonis de Henaut diffamatur de Colino Vitardi.
Filia Symonis de Mota diffamatur de eodem Colino.

ANNO 1334.

169. — (1) [Anno Domini M° CCC° XX]XIIII° die martis post festum sancti Barnabe apostoli (2), intravit magister Johannes [Gouin], rector ecclesie beati Martini de Basoca, officium officialatus monasterii sancti Vigoris cerasiensis.

170. — (3) Anno Domini M° CCC XXX IIII¹⁰ die martis post festum sancti Martini estivale (4), injunximus Dyonisio le Couvreour ad penam XL librarum turonensium, ne occasione.

171 *a*. — Anno, etc. XXX° IIII¹⁰ die martis post festum Assumptionis virginis gloriose (5), Goretus Trublart, clericus, nobis gagiavit emendam ad nostram voluntatem pro eo quod manus injeccit violenter in Petrum le Caus et in Yvonem de Heriz, clericos. Taxata est ad X libras die martis post octabas dicti festi (6).

171 *b*. — Ea die (7), Yvo de Heriz, clericus, nobis gagiavit emendam pro eo quod manus injeccit violenter in dictum Goretum. Taxata est ad quindecim libras dicta die; quam ei remissimus ex causa nos movente.

171 *c*. — Ea die (8), Petrus le Cour, clericus, nobis gagiavit emendam ad nostram voluntatem pro eo quod manus injeccit violenter in Goretum Trublart, clericum. Taxata est ad octo libras.

171 *d*. — Dicta die (9), moniti sunt de reddendo infra quindenam

---

(1) P. 66.
(2) 14 juin.
(3) P. 75.
(4) 5 juillet.
(5) 16 août.
(6) 23 août.
(7) 16 août.
(8) 16 août.
(9) 16 août.

sub pena excommunicationis et de impetrando beneficium sue absolutionis.

172 a. — Eodem anno, die martis ante festum beati Egidii (1), Rogerus Genas nobis gagiavit emendam ad nostram voluntatem si poterimus informari quod manus injeccisset in Johannem le Portier, clericum.

172 b. — Magister Guillermus de Ponte nobis gagiavit emendam pro Colino Morant, Johanne le Maignen, pro Thoma de Monte, pro Colino de Monte, ad nostram voluntatem pro eo quod fecerunt opera penes ipsum die sollemni Reliquiarum cerasiensium (2).

Guillermus Pelin, pro se et filio suo, nobis gagiavit emendam pro causa consimili.

173 a. — Johannes Onfrey, de Bouleya, nobis gagiavit emendam pro eo quod se dejeravit in judicio coram nobis, ex eo quod juravit quod non fecerat citari Thomam le Conte et ejus uxorem, et postea confessus fuit ipsos fecisse citari; quam taxavimus ad decem libras. Die martis post yemale festum beati Martini anno, etc. XXX° IIII^{to} (3).

173 b. — Ea die (4), Thomas Boulart nobis gagiavit emendam pro eo quod dixit in judicio coram nobis Guillermo Baudri « unum stercus in suo naso », quam emendam taxavimus ad centum solidos.

173 c. — Ricardus de Bosco, Colinus le Danchoour, Rogerus Haiz [et] Radulfus Frontin gagiaverunt emendam, quam taxavimus pro quolibet ad Lsolidos, pro eo quod fecerunt operas die Sancti Nicholai (5); testibus Laurentio Camerario, Ricardo de Ponte, Philippo Malherbe, Johanne Bernardi, Johanne Baudri, Johanne Herberti, Ricardo Vitardi, clericis, et Johanne Vastebley et Colino la Moue, presbiteris. In memoria quod capellani emendaverant.

173 d. — Th. Eudini simpliciter gagiavit emendam pro eo quod fecerat vanari avenam die Sancti Nicholai (6) circa horam vesperarum, quam non taxavimus pro eo quod parum quid erat.

173 e. — Petrus Neel gagiavit emendam pro Guillermo filio suo

---

(1) 30 août.
(2) 8 novembre ?
(3) 15 novembre.
(4) 15 novembre.
(5) 6 décembre.
(6) 6 décembre.

eo quod fecerat operas die Sancti Nicholai (1), et juravit ad sancta Dei evangelia facere nostram voluntatem de dicta emenda.

173 *f.* — Guillermus Tresel nobis gagiavit emendam pro eo quod tota die suerat in festo Sancti Nicholai (2), quam taxavimus ad C solidos; et juravit ad sancta Dei evangelia facere nostram voluntatem de dicta emenda.

174. — Die martis ante festum Epiphanje Domini anno, etc. XXXIIII^{to} uxor Sansonis le Viellart nobis gagiavit emendam eo quod ipsa de nocte pulsabatur quandam campanam, et fingebat esse presbiterum decipiendo gentes ut dicitur a pluribus, et juravit facere nostram voluntatem.

175. — (4) Anno Domini M° CCC° XXX° IIII^{to} die lune post festum sancti Vincentis (5), presentibus in jure coram nobis Johanne Rabasse, ex parte una, et Thomassia filia Guillermi Billeheut, ex altera, et cum in causa matrimoniali quondam coram nobis agitata esset sentantia lata per nos pro dicto Johanne contra ipsam, et ipsa Thomassia de dicta sentencia a nobis et contra dictum Johannem ad sedem Baiocensem appellavit, ea die, dicta Thomassia dicte appellationi sue renunciavit, et asseruit nostram sententiam esse de jure latam pro dicto Johanne per ejus sacramentum, et ipsum Johannem quittavit de dicta causa matrimoniali; presentibus Radulfo de Fossa, Philippo Malherbe, clericis, nostris notariis, Johanne Savegnie, G. Samedi, Thoma Bueselin.

176. — (6) Anno Domini M° CCC° XXX° IIII^{to} die martis in festo sancti Valentini (7), presentes in judicio coram nobis Petrus Baudri et Henricus Blangernon, clerici, plegiaverunt apud nos ad reddendum nostro carceri, quocienscunque nobis placuerit, et specialiter ad diem assignatam, Johannem Goye et Baur. le Gratiouz, clericos, nostros subditos, in nostro carcere detentos, pro pluribus criminibus sibi a nobis impositis.

---

(1) 6 décembre.
(2) 6 décembre.
(3) 7 janvier 1335.
(4) P. 76.
(5) 16 janvier 1335.
(6) P. 74.
(7) 14 février 1335.

177. — (1) Visitatio facta apud Listreium per nos fratrem Thomam Hamonis, gerentem vices officialis cerasiensis, anno Domini M° CCC° XXX° IIII[to] die lune post Letare Jerusalem (2).

177 *a*. — Nomina juratorum : Johannes Riquent, Thouroudus Rigal, Th. la Pie, alias Goshin, Johannes Rogeri, Johannes Evrart, Thomas de Alnetis, Exuperius le Forestier, Guillermus le Siret, Robertus Herberti, Germanus Herberti, Guillermus Henrici et Johannes Unfredi.

177 *b*. — Thouroudus Rigal male se habet cum uxore sua et diffamatur de quadam muliere et confessus est.

Theophania relicta Johannis Bachelier (?) diffamatur de Colino Gosceaume.

Thomas le Valeiz diffamatur de quadam advena quam tenet in domo sua.

Alienna de Alnetis suspecta est de lepra.

Houpequin diffamatur de uxore Gravelot et eam cognovit carnaliter et verberavit dictum Gravelot.

Germanus le Rouz diffamatur eo quod sustinuit sentenciam excommunicationis per spacium trium annorum et amplius.

Filia Boursart diffamatur de Johanne Goye, et peperit puerum quem dicebat ipsum Johannem genuisse.

Johannes la Pie diffamatur de sorore Johannis Vincencii.

Cecilia la Vietu diffamatur de Laurentio le Bourgez.

Jaqueta filia Gronse diffamatur de Johanne Goye et peperit puerum de eodem et cotidie revertit ad opus.

178. — Visitatio facta apud Ceraseyum per nos fratrem Thomam Hamonis, gerentem vices officialis cerasiensis, anno Domini M° CCC° XXX° IIII[to] die jovis ante Ramos Palmarum (3).

178 *a*. — Nomina juratorum : Henricus Durant, Petrus Neel, Johannes le Monnier, Radulfus Fiquet, Thomas de Ceraseyo, alias Pesant, Th. le Maistre du Bur, Petrus le Caus, Ricardus de Talancia, Johannes Normant et Guillermus le Cauvet.

178 *b*. — Th. Adam uxoratus diffamatur de uxore Johannis Richier.

Th. de Ceraseio, alias le Pesant, diffamatur de quadam muliere de hamello Osane.

---

(1) P. 76.
(2) 27 mars 1335.
(3) 6 avril 1335.

Th. Durant, alias le Mestre du Bur, diffamatur de Poteria.

Uxor Laurencii le Coq diffamatur de communi.

Filia à la Mahee diffamata fuit quondam de Thoma Poulain antequam affidaret eam, et dicitur a fame patrie, et eciam a dicto Thoma quod fuit diu est prenans de eodem, et dubitatur de morte pueri ne interfectus esset.

Filia Rabiosi diffamatur de communi.

Ricardus le Luey diffamatur de communi a morbo lebre.

Ph. Vimbelet [et] Johannes Rabiosi diffamantur a communi ex eo quod non frequentant ecclesiam nulla die totius anni.

Relicta Silvestri Fiquet diffamatur de communi.

ANNO 1335.

(1) . . . .

179. — Ea die . . . . . le Rouz R. cum nisi Colino du . . .
. . . . . VIII solidos ad quindenam.
. . . . de die Pasche cum nisi de . . . .
rdo et Guillermo Haiz.

180. — Injunximus ad penam IX librarum vel Scale Roberto Billon excommunicato ut infra quindenam proximo venturam faciat se absolvi ab hujusmodi (?) vinculo excommunicationis. Actum die veneris post Quasimodo, anno, etc., XXXV° (2).

Item et similiter Johanni le Pelerin, Guillermo Preposito et Germano Riquent ad penam consimilem.

181. — (3) In causa in qua ex nostro procedebamus officio contra Radulfum Villemin, pro eo quod in domo sua detinet concubinas et meretrices ac eciam ribaldos, et ad plenum tenet in sua domo bourdellum, assignata esset dies martis ante festum Nativitatis beati Johannis Baptiste (4) peremptorie coram nobis dicto Radulfo ad respondendum articulis nostris contra ipsum in scriptis traditis, ipsa die dictus Radulfus coram nobis in judicio personaliter comparuit, et cum nos ex nostro officio contra ipsum vellemus procedere super

---

(1) P. 66.
(2) 28 avril.
(3) P. 78.
(4) 20 juin ? — Je ne suis pas certain que l'article 181 appartienne à l'année 1335.

dictis articulis, necnon et ipsum compellere ad solvendum nobis decem libras turonenses pro quadam pena alias a nobis contra ipsum commissa pro causis predictis; idem Radulfus noluit quod procederemus ulterius contra ipsum, imo gagiavit nobis emendam ad nostram voluntatem tam super predictis articulis quam emenda ante dicta, et juravit ad Sancta Dei Euvangelia de emenda quam taxabimus nobis facere omnimode nostram voluntatem, ad quam taxandam nos assignavimus eidem Radulfo diem jovis post dictum festum (1) peremptorie coram nobis, ad quam diem idem Radulfus non venit nec pro se misit, quare ipsum reputavimus contumacem et ipso a nobis reputato contumace nos taxavimus dictam emendam ad viginti et quinque libras turonenses nobis ab eodem solvendas infra.

182. — (2) Anno Domini M° CCC° XXX° V° die martis post Invocavit me (3), injunximus Colino le Coq, ad penam XL librarum et scale, quod de cetero tractet fideliter uxorem suam sicut bonus et probus homo, et eidem uxori similiter ad dictam penam quod eat cum dicto Colino, et quod ei faciat sicut bona uxor debet facere marito suo, cui injunctioni ipsi sponte acquieverunt.

183. — (4) Visitatio facta apud Listreium per magistrum Johannem Goyin, officialem cerasiensem, anno Domini M° CCC° XXX° V^{ta} die lune post Letare Jerusalem (5).

183 a. — Nomina juratorum : Johannes le Veir, Germanus Rabasse, Henricus Bertout, Johannes Evrart, Petrus Evrart, Germanus le Muey, Guillermus le Siret, Johannes Fabri, Robertus Herberti, Exuperius le Forestier, Guillermus le Vietu, Guillermus l'Engleiz, Germanus Bachelier.

183 b. Parvus filius Guillermi l'Aloier diffamatur de lepra.
Johannes Sallo similiter diffamatur de lepra.
Thouroudus Rigal diffamatur de uxore au Haloour, ipso marito hoc consenciente; item diffamatur de usura.
Filia Blanc Vilain diffamatur de Petro Jugan, et habuit puerum de eodem.

---

(1) 20 juin ?
(2) P. 77.
(3) 1336.
(4) P. 76.
(5) 11 mars 1336.

Bourgueta, filia Germani le Roux diffamatur de puero suo, quia nesciunt quid fecit de eodem.

Relicta au Seeley est prenans; nesciunt a quo.

Uxor Thome le Conte diffamatur de quadam muliere communi quam tenet in domo sua.

Uxor Helye Gravelot diffamatur de communi.

Thomassia la Po......ere est prenans de Henrico Vigoris.

Jaqueta filia Gronse est prenans de Johanne Goye, et alias habuit quandam puerum de eodem.

184. — (1) Visitatio facta apud Listreyum per fratrem Robertum Rossel, anno Domini M° CCC° XXX° V° die lune post Judica me (2).

184 a. — Nomina juratorum : Guillermus Trublart, Thomas le Moine, Colinus de Vastignie, Petrus le Cauf, Robertus Fiquet, Laurentius Jouele, Guillermus le Cauvet, Ricardus Danielis, Guillermus Tresel, Petrus Boutequien, Ricardus le Coq.

184 b. — La Torte Fiquet diffamatur eo quod non frequentat ecclesiam tribus annis elapsis.

Relicta Ricardi Richier similiter diffamatur de causa consimili.

Ricardus le Luey diffamatur de lepra.

Ricardus Foin diffamatur de relicta Moquet et tenet eam quasi suam uxorem.

Johanna filia Morice diffamatur de Johanna de Thaone.

Ricardus Herberti diffamatur de filia Leporis.

Hocheta et ejus filia diffamantur de communi.

Maria la Potiere diffamatur de magistro de Buro et tenet quasi suam uxorem sponsatam.

Th. Ade diffamatur de uxore Johannis Richier.

ANNO 1336.

185. — (3) Registrum excommunicatorum Cerasiensium de anno, etc., XXX° VI°.

---

(1) P. 77.
(2) 18 mars 1336.
(3) P. 79.

185 *a.* — Jordanus de Mesnillo de Planquereyo pro judicato contra Petrum Genas.

Joretus Vitart pro contumacia contra Henricum de Ponte, clericum.

Johannes Baudouin pro contumacia contra Johannem Herberti, clericum.

Johannes de Gardino pro contumacia contra magistrum G. de Ponte.

Robertus de Montignie [et] Colinus Pignon pro judicato contra Johannem Herberti, clericum.

Alexander Haiz, Jordanus de Monte, Guillermus Billeheut [et] Johannes le Rouillart pro contumacia contra Thomam Baudri.

Ricardus Anquetil pro contumacia contra Johannem le Quidet.

Johannes Achart, clericus, [et] Johannes du Fay pro judicato contra Petrum Baudri.

Johannes Fiquet pro judicato continente V solidos contra Ricardum de Ponte.

Johannes de Gardino pro judicato contra Colinum Baudri.

185 *b.* — Frater Guillermus Herberti, frater Johannes la Gambe [et] frater Petrus Camouissie, augustini, suspensi contra Johannem Vastebley, presbiterum, pro contumacia.

Guillermus de Quemino, alias Longuet, Johannes Fiquet clericus [et] Rogerus Morice pro judicato contra Henricum de Ponte.

Michael la Grive et Laurentius le Bourgez pro judicato contra Thomam le Coq.

Johannes du Fay pro contumacia contra Rogerum Genas.

Jacobus de Tresgoz [et] Philippus Rogeri pro contumacia contra Colinum de Ceraseyo.

Johannes de Cantillie pro judicato contra magistrum J. de Monfiquet.

Colinus Pignon pro judicato contra Rogerum Genas ; item pro judicato contra Guillermum Baudri.

Colinus Guerout [et] relicta Thome Tanquerey pro judicato de nisi contra Henricum de Ponte.

Radulfus Vauxie, Laurentius le Prevost [et] relicta Silvestri Fiquet pro judicato contra magistrum G. de Tainvilla.

185 *c.* — Guillermus de Ceraseyo pro contumacia contra Henricum de Ponte.

Johannes de Roz, Radulfus Vauxie [et] Martinus Quesnel pro judicato contra Henricum de Ponte.

Ricardus le Brun pro contumacia contra Johannem Achart.
Johannes Tallepie pro contumacia contra Sansonem le Viellart.
Reginaldus le Coquierre pro judicato contra Thomam Durant.
Gaufridus Avice pro judicato de nisi contra Germanum Torneboulent.
Johannes [et] Johannes les Portiers, clerici, pro judicato de nisi contra Guillermum de Fayaco.
Jordana relicta Radulfi Davi [et] Johannes Davi clericus pro judicato de nisi contra Colinum Baudri.
Johannes Billeheut pro contumacia contra Colinum Baudri.
Germanus de Mara pro judicato de nisi contra dictum Colinum.
185 d. — Th. Brasart pro judicato contra fratrem Robertum Tessel.
Guillermus de Ceraseyo pro contumacia contra fratrem Robertum Oliverii.
Guillermus le Dyacre pro contumacia contra Ranulfum Bouchart.
[Gui]ll[ermus] (?) du Fay pro judicato de nisi contra Colinum Baudri.
Johannes Petite pro contumacia contra Germanum de Monfreard et Radulfum Pevrel.
Johannes du Fay pro judicato contra Germanum Riquent.
Martinus Bernart pro judicato de nisi continente X solidos X denarios contra Johannem Herberti.
Reginaldus Morice, Johannes de Thaone [et] Ph. le Boursier pro judicato contra Henricum de Ponte.
Robertus Osane pro judicato [contra] Henricum de Cantillie.
Martinus Bernardi pro judicato contra Radulfum Seart.
Robertus de Montigneio et Colinus Pignon pro judicato contra Johannem Herberti.
185 e. — Robertus Osane pro judicato de nisi contra Ricardum de Ponte.
Herbertus Evrart pro judicato de nisi contra Garinum Yvelin.
Colinus Guerout pro judicato de nisi contra Johannem l'Aloier.
Rogerus Moisson pro judicato de nisi contra Johannem de Roz.
Petrus Crabin pro judicato de nisi contra Colinum Paen.
Ricardus Anquetil pro judicato contra Johannem le Quidet.
Johannes [et] Radulfus les Boulengiers pro judicato de nisi contra Ricardum de Ponte.
Duo Jumelli. — Radulfus Guillemin pro defectu solucionis emendarum nostrarum ad instanciam ministri officii nostri.

Colinus le Coq pro judicato contra Thomam le Coq.

Johannes de Tousey, ejus uxor, Guillermus le Mulot, ejus uxor et Nicolaa Piederche pro contumacia contra Johannem Carmouissie.

185 f. — Robertus de Bernesco [et] relicta Thome de Quemino pro judicato contra magistrum J. de Montfiquet.

Colinus le Coq pro contumacia contra Henricum de Cantillie.

Ricardus Morice, ejus uxor, relicta Colini le Baup [et] Guillermus le Bouloour pro judicato et defectu solucionis litterarum contra Ricardum de Ponte.

Jordanus de Monte pro contumacia contra Ricardum de Ponte.

Colinus le Coq pro judicato contra Johannem Agoulant.

Petrus Bueselin, Th. Durant alias le Mestre du Bur, Th. de Ceraseyo clericus alias Mustel (?) [et] Guillermus le Saige pro defectu solucionis litterarum curie contra Colinum du Buoth.

Jordanus de Monte [et] Joretus Vitart pro contumacia contra Colinum du Buoth.

Laurentius de Tainvilla [et] Colinus le Coq pro judicato contra Colinum Baudri.

185 g. — (1) Robertus de Montignie [et] Ricardus Morice pro judicato contra Colinum de Heriz.

Guillermus du Fay pro judicato contra Stephanum de Torneyo.

Guillermus de Dumo pro judicato de nisi contra magistrum J. Baudri.

Relicta Roberti de Ceraseyo pro judicato contra Colinum Baudri.

Robertus Osane [et] Petrus le Paumier pro judicato contra Petrum Genas.

Johannes l'Abbey pro judicato de nisi contra Rogerum la Havey.

Laurentius de Tainvilla, relicta Gregorii Benedicti [et] Goretus Trublart pro judicato contra Henricum de Ponte

Colinus Ballet et Thomassia ejus filia pro contumacia contra Petrum Gobout et uxorem ejusdem.

Guillermus le Mulot pro judicato contra Longuet.

Ricardus le Brun pro judicato contra Johannem Achart, clericum

185 h. — Johannes Fiquet pro judicato contra magistrum Th. Riquetens.

Goretus Trublart pro judicato de nisi contra Martinum de Ceraseyo.

Ricardus Morice pro contumacia contra Laurencium Camerarium.

(1) P. 80.

Colinus la Havey [et] Johannes Billeheut pro contumacia contra Colinum Baudri.

Monfiquet. — Guillermus le Diacre pro judicato contra Ranulfum Bouchart.

Reginaldus Morice pro judicato contra Colinum Baudri.

Cartigneium. — Johannes Tallepie pro judicato contra Sansonem le Viellart.

Henricus le Portier pro judicato contra Yvonem Prepositi.

Th. Durant alias le Mestre du Bur [et] Maria la Potiere pro judicato de nisi contra Johannem Bernart.

Goretus Trublart, Guillermus de Ceraseyo, Th. le Coq, Matheus [et] Johannes du Tronquey, Ph. le Cordier, Th. Durant alias le Mestre du Bur [et] Stephanus Quesnel pro contumacia contra Henricum de Ponte.

Robertus le Coq pro judicato contra Henricum de Cantillie.

185 *i*. — Colinus du Leisir pro contumacia contra Colinum Baudri.

Johannes le Portier et Johanna ejus uxor pro judicato de nisi contra Johannem Bernart.

Relicta Germani de Furno pro judicato contra Henricum de Ponte.

Ricardus le Brun pro contumacia contra Johannem Achart.

Johannes Lileman pro contumacia contra Philippum le Cordier.

Johannes de Fayaco, Johannes de Tronqueto [et] Goretus Trublart pro contumacia contra Ricardum de Ponte.

Jacobus le Baup, Henricus le Portier [et] Johannes le Portier senior pro judicato contra Colinum de Heriz.

Th. Brusart pro judicato contra Sansonem de Marsayo (?).

Guillermus Baton pro contumacia contra Reginaldum de Heriz.

Colinus Guerout pro judicato contra Colinum Baudri.

185 *k*. — Guillermus Baton pro judicato et contumacia contra Reginaldum de Heriz.

Martinus Bernardi pro judicato et contumacia contra Laurencium Camerarium.

Relicta Gregorii Benedicti pro judicato contra Ricardum de Ponte.

Conveinz. — Guillermus Osane pro contumacia contra Rogerum Genas.

Goretus Trublart [et] Guillermus le Mulot pro contumacia contra Henricum de Ponte.

Colinus Guerout pro judicato, — Johannes [et] Johannes les Portiers [et] Johannes le Faiel pro contumacia, — contra Colinum du Buoth.

Johannes le Portier junior pro judicato contra Yvonem Prepositi; item pro judicato contra Reginaldum de Heriz.

Johannes l'Esragie pro contumacia contra Johannem Dyonisii.

Robertus de Montignie pro judicato de nisi contra Johannem de Faleysia.

Guillermus Baron pro contumacia contra Reginaldum de Heriz.

Ricardus Morice pro contumacia contra Laurencium Camerarium.

185 *l*. — Johannes le Portier, clericus, junior, pro judicato de nisi contra magistrum J. de Monte Fiqueti.

Matheus de Crisetot pro judicato de nisi contra Johannem Genas, clericum.

Guillermus le Court pro contumacia contra Yvonem Prepositi.

Joretus Vitart pro judicato de nisi contra Colinum Baudri.

Martinus Bernardi pro judicato contra magistrum G. de Ponte.

Goretus Ydoisne pro judicato contra Henricum de Ponte.

Guillermus de Quesneto, alias l'Escrivein, pro judicato contra Reginaldum de Heriz.

Colinus de Monte de Conveinz pro judicato contra Johannem........

Johannes le Tousey, ejus uxor, Colinus [et] Henricus les Pignons pro contumacia contra Johannem Camouissie.

Colinus Pignon pro judicato contra Yvonem Prepositi.

185 *m*. — Colinus du Leisir pro judicato contra Johannem de Ponte.

Relicta Guiardi........., Guillermus de Ceraseyo, Johannes de Tronqueio, Johannes Miette [et] Colinus Pignon pro contumacia contra Johannem de Ponte.

Matheus Varnier pro contumacia contra Yvonem Prepositi; item pro judicato contra Johannem Goye.

Guillermus du Fay [et] Johannes de Gorges tonnelier pro judicato contra Yvonem Prepositi.

Ricardus de Grano, Robertus de Montignie [et] Joretus Vitart pro judicato contra Reginaldum Morice.

Colinus de Talancia, Th. de Landis, Radulfus Vauxie, Laurentius de Tainvilla, Nicolaa Piederoche [et] ejus filia pro judicato contra Colinum Baudri.

185 n. — (1) Colinus Pignon pro judicato — Matheus de Tronqueto, Johannes de Tronqueto [et] Goretus Trublart pro judicato contra Henricum de Ponte.

Germanus de Mara pro judicato contra Ranulfum Bouchart.

Guillermus Baven pro judicato contra Colinum Vitardi.

Guillermus du Fay pro judicato contra Robertum le Portier.

Colinus Guerout pro judicato contra magistrum G. de Ponte.

186. — (2) Johannes filius Roberti Riqueut nobis gagiavit emendam ad voluntatem nostram pro eo quod delinquerat in filiam Sellonis de Cantu Lupi in nostra jurisdictione, et eandem cognoverat carnaliter, anno, etc. XXXVI die martis post festum Exaltacionis Sancte Crucis (3).

187. — (4) Anno Domini M° CCC° XXX° VI^{to} die martis post festum sancti Andree apostoli (5), taxavimus nostram emendam contra Goretum Trublart, clericum, ad C. solidos pro eo quod manus injeccerat temere violentas usque ad effusionem sanguinis in magistrum Guillermum de Ponte, clericum, et eum condempnavimus ad solvendum nobis dictos centum solidos infra quindenam proximo venturam. Solvit emendam ad voluntatem nostram.

188 a. — Anno Domini M° CCC° XXX° VI^{to} die martis post Epiphaniam (6), Goretus Trublart in judicio nobis gagiavit emendam ad nostram voluntatem levandam, pro eo quod de nocte verberavit Colinum Busquet in nostra jurisdictione euntem ad domum suam usque ad maximam effusionem sanguinis et alias.

188 b. — Eodem anno et dicta die martis (7), Johannes Goye, clericus, nobis gagiavit emendam ad nostram voluntatem pro eo quod de nocte ruperat hostium domus Sansonis le Viellart, et volebat cognoscere carnaliter uxorem ejusdem contra voluntatem ejusdem, de quo nos tenemus ad plenum informati per famam patrie.

189. — Eodem anno et die martis post Reminiscere (8), Colinus

---

(1) P. 81.
(2) P. 77.
(3) 17 septembre.
(4) P. 78.
(5) 3 décembre.
(6) 7 janvier 1337.
(7) 7ⁱ janvier 1337.
(8) 18 mars 1337.

Guerout gagiavit emendam super carnali copula in Roussam de Costentino.

190. — (1) Visitatio facta apud Listreyum per magistrum Johannem Govin, officialem Cerasiensem, die jovis post Reminiscere anno Domini M° CCC° XXX° VI° (2).

Nomina juratorum : Radulfus le Lavendier, Guillermus l'Englez, Guillermus Emeline, Th. Rogeri, Germanus Bachelier, Thomas Fabri senior, Johannes Fabri, Robinus Osber.

Filia Gronse diffamatur de Johanne Goye et diu est habuit puerum de eodem.

Æmencia filia a la Robillarde diffamatur de Germano filio Thome Fabri.

ANNO 1337.

191. — (3) Registrum excommunicatorum de villa cerasiensi pro anno, etc. XXX° VII° incipiendo die lune pro Pascha Domini (4).

191 a. — Germanus de Mara pro judicato de nisi contra Petrum.
Joannes Achard, pro judicato de misi contra dictum Petrum.
Th. Boulart pro judicato de nisi contra Rogerum la Havey.
Colinus Gueroult pro judicato contra Th. Baudri.
Guillermus du Fay pro judicato contra Colinum Baudry.
Jacobus le Baup pro judicato contra Guillermum de Fossa.
Johannes Fiquet pro judicato contra Colinum le Sage.
Guillermus le Rouz pro judicato contra Lucam Fabri.
Radulfus Vauxie pro judicato de nisi contra Petrum Baudri.
Guillermus Queneto, alias l'Écrivein, pro contumacia contra Colinum Baudri.

191 b. — Yvo de Heriz pro judicato contra Rogerum de Heriz.
Th. de Talencia, Colinus Pignon, Johannes Miette, Guillermus de Quemino, clericus, [et] Ricardus de Grano pro judicato contra Johannem Bernardi.
Guillermus du Fay pro judicato contra Henricum du Pont.

(1) P. 77.
(2) 20 mars 1337.
(3) P. 81.
(4) 21 avril 1337.

Jacobus le Baup pro judicato contra Colinum de Heriz, clericum.

Hamon de Crueria pro judicato contra Colinum Baudri.

Johannes du Fay [et] Goretus Trublart pro contumacia contra Colinum de Heriz.

Germanus de Mara pro contumacia contra Henricum de Ponte.

Guillermus de Heriz, alias Longuet, contra fratrem Robertum Oliverii.

Johannes Crabin pro contumacia contra Colinum le Roussel presbiterum.

Johannes Fiquet [et] Goretus Trublart pro judicato contra Henricum de Ponte.

191 c. — Th. de Ceraseio, clericus, pro judicato contra Thomam de Talancia.

Ricardus Dareis pro contumacia contra Henricum Baston.

Robertus Moisson, clericus, pro judicato contra Colinum le Roussel, presbiterum.

Johannes le Portier primogenitus pro judicato contra Colinum de Heriz.

Guillermus Fabri, clericus, pro nisi contra Petrum Genas.

Hamon de Crueria pro judicato de nisi contra Reginaldum de Heriz.

Ranulfus Achart et ejus uxor pro judicato de nisi contra Colinum Baudri.

Guillermus Moisson [et] Jordanus de Monte pro contumacia contra Th. Baudri.

[J]oh[annes] le Portier, clericus, pro judicato contra Johannem le Richomme.

191 d. — [Jacobus] le Baup pro judicato, — .... le Portier, [et] .... pro contumacia contra Colinum de Heriz.

Goretus Davi pro contumacia contra Colinum de Heriz.

Ricardus Quesnel, Guillermus du Fay et Laurentius de Tainvilla pro judicato contra Henricum de Ponte.

Jacobus le Baup [et] Johannes le Portier senior pro judicato, — Laurentius Valeiz, Johannes Genas de Ria, Johannes Brohon [et] Colinus Frontin pro contumacia contra Colinum de Heriz.

Th. de Vassegnie pro judicato contra Gaufridum le Faiel.

Th. de Quesneto pro contumacia contra Ranulfum Bouchart.

Germanus de Mara pro judicato contra Petrum Baudri.

Guillemota relicta Martini Bernardi [et] Petrus ejus filius pro judicato de nisi contra Reginaldum de Heriz.

191 e. — Guillermus le Rouz pro judicato contra Colinum le Rouz.

Petrus Morin pro contumacia contra Petrum Camonissie.

Ricardus Miette, Colinus Perret, alias Bertran, Goretus Trublart pro contumacia contra Laurencium Camerarium.

191 f. — Robertus de Montignie pro judicato contra Philippum de Onfarvilla.

Johannes le Tousey pro duobus judicatis contra fratrem Johannem de Baiocis.

Michaela filia Johannis Le Tousey pro judicato contra Reginaldum de Heriz.

Johannes Fiquet, Goretus Davi [et] Guillermus de Heriz alias Longuet pro judicato contra Petrum Genas.

Colinus Frontin pro contumacia contra Johannem et Johannem de Ceraseyo.

Johannes le Quidet pro judicato de nisi contra Johannem de Roz, clericum.

Th. le ..... in pro judicato contra ministrum officii suis culpis exigentibus.

191 g. — Ricardus de Grano [et] relicta Germani de Furno pro judicato de nisi contra Philippum Malherbe.

Th. Brasart pro judicato de nisi continente IIII solidos IIII denarios contra Petrum Baudri.

Guillermus de Quesneto, alias l'Escrivein, Th. Boulart et Johannes de Tronqueto contra Ivonem Prepositi.

Guillermus Baudri, clericus, pro judicato contra Henricum de Ponte.

Relicta Girardi le Guiloour [et] Colinus ejus filius pro contumacia contra Johannem de Verneto, clericum.

Johannes le Tousey pro contumacia contra Philippum de Onfarvilla.

Colinus le Coq pro contumacia contra Johannem de Vern[e]to (?), clericum.

Johannes le Tousey, alias Galopin, pro judicato contra Petrum Baudri.

191 h. — (1) Nicolaa Piederche pro judicato contra Petrum Goubout.

Ricardus de Grano pro judicato contra Philippum le Cordier.

Guillermus le Dourey pro contumacia contra Guillermum de Molendino.

(1) P. 82.

Relicta Rogeri de Landis pro judicato de nisi contra Ricardum de Ponte.

Planquere. — Johannes Quevount pro judicato contra Colinum du Buoth.

Ricardum Morice, Ricardum Dyrete, Johannem de Roz, Th. Brasart, Laurentium de Tainvilla, Guillermum le Mulot, Colinum le Coq, Johannem du Fay, Robertum le Cordier [et] Matheum de Tronqueio, pro contumacia contra Petrum de Quesneto.

Th. Boulart [et] Henricum Vigoris pro judicato contra Henricum de Ponte.

Colinum Pignon [et] Johannem Miette pro judicato contra Colinum Bel-Ael.

Colinus [et] Petrus Bernardi pro judicato, — relicta Martini Bernardi pro contumacia, — contra Laurencium Camerarium.

Michael la Grive pro contumacia contra Colinum Baudri. — *Bis.*

191 *i*. — Th. le Portier pro judicato de nisi contra Colinum Baudri.

Johannes Miette, Robertus Hequet junior, Guillermus de Heriz alias Longuet, Ricardus Quesnel, Guillermus Piquot, Ricardus de Grano pro judicato contra Henricum de Ponte.

Johannes de Molendino, Johannes Brohon, Ricardus Huvey [et] Jacobus Le Baup pro contumacia contra Colinum de Heriz.

Colinus le Havey pro judicato de nisi contra Guillermum de Molendino.

Guillemeta relicta Martini Bernardi pro judicato contra Johannem Bernardi.

Robertus Moisson [et] Jordanus de Monte pro contumacia, — Robertus de Montignie pro judicato, — contra Johannem Camonissie.

Th. Brasart, Thomas de Talancia [et] Stephanus de Valle, — Ricardus de Grano [et] Jacobus le Heriz pro judicato — contra Colinum du Buoth.

Colinus le Rouz, alias Baderel [et] Robertus de Montignie pro judicato contra Colinum Baudri.

Johannes Moisson pro contumacia contra magistrum Johannem Baudri.

191 *j*. — Colinus Guerout [et] Jacobus le Baup pro litteris curie contra Colinum de Ponte.

Relicta Jacobi de Tresgoz [et] Ricardus Morice pro contumacia contra magistrum G. de Ponte.

..... Guillerm. de Ceraseyo pro judicato contra Henricum de Ponte.
. . . .

Henricus le Portier, Guillemota de Landis, Thomassia de Ceraseyo [et] Guillermus le Sage pro judicato contra Yvonem Prepositi.

Item (1) pro judicato contra Petrum Gobout.

Johanna filia Henrici de Roz pro litteris curie — Jacobus le Heriz, pro judicato, — et Th. de Ceraseyo pro contumacia, contra Colinum du Buoth.

Joretus Vitardi pro contumacia contra Johannem Genas de Ria.

Item idem Joretus [et] Ricardus Havey pro contumacia contra Guillermum Baudri.

191 *k.* — Item idem Ricardus, Matheus de Tronqueto, Johannel le Vidouil, Ricardus Morice, Guillermus Toustain, alias Mulot (?), Jacobus le Baup, Henricus Pignon [et] Petrus Bueselin pro judicato contra Henricum de Ponte.

Guillermus de Quemino, alias Bouguet, Th. de Talancia, Johannes l'Esragié [et] Guillermus de Ceraseio pro judicato contra Ricardum de Ponte.

Th. Brasart pro contumacia contra Thomam Durant, alias le Maistre du Bur.

Uxor Johannis de Agnis, Thomas de Quesneto, Petrus Bueselin, Guillermus Jonget, Colinus Guerout [et] Petrus le Guiloour pro contumacia contra Ricardum de Ponte.

Relicta Johannis le Heriz, Michael la Grive, Guillermus de Ceraseio [et] Guillermus Picot pro judicato contra Henricum de Ponte.

191 *l.* — Colinus Guerout pro judicato contra Petrum Baudri.

Colinus la Havey [et] Henricus le Portier pro judicato contra Yvonem Prepositi.

Th. Lombart pro judicato contra Ricardum de Ponte.

Henricum le Portier, Johannem le Portier, primogenitum, Colinum Guerout, Robertum de Montignie, Johannem le Faiel, Johannem de Cantilleyo, Colinum le Rouz, alias Baderel [et] Johannem de Molendino, pro litteris curie et contumacia contra Philippum Malherbe.

Joretus Vitardi pro judicato contra Sansonem de Marseio.

Johannes de Molendino pro contumacia contra Colinum de Heriz.

Johannes de Roz pro judicato contra Colinum Bel-Ael.

---

(1) Sous-entendu *Guillelmus-le-Sage.*

1337 ? — [REGISTRUM EXCOMMUNICATORUM DE LISTREYO] (1).

192 a. — (2) Radulfus le Boulenguier pro judicato contra Ricardum le Tornoierre.

Laurentius de Haia pro judicato contra Stephanum de Molendino.

Johannes Guognerey pro judicato contra Robertum Pommier.

Guillermus le Prevost pro judicato, — Germanus [et] Johannes les Neirs, Robertus de Monfreard [et] Cecilia la Vietu pro litteris, — contra Colinum du Buoth.

Bertoudus le Tousey, Johannes Henrici, Johannes le Francheis [et] Guillermus Emmeline pro contumacia contra Johannem Fabri.

Th. la Douche, Johannes Unfredi, Petrus Evrart pro contumacia contra Henricum Bertout et Johannem Fabri.

Johannes le Guognerey pro judicato contra G. de Hamello.

192 b. — Guillermus le Petit pro contumacia contra Johannem Goie.

Johannes le Guognerey [et] Ludovicus Berguet pro judicato contra Radulfum Rogeri.

Guillermus Henrici pro judicato de nisi contra Johannem le Richomme.

Guillermus le Rosey pro judicato de nisi contra Matheum Flambart.

Johannes le Neir pro judicato contra Johannem Gales.

Petrus de Crisetot pro contumacia contra Philippum Tesson.

Robertus Mauger pro judicato contra Johannem le Richomme.

Guillermus le Petit pro contumacia contra Johannem le Guognerey.

Th. Faber senior pro judicato contra Thomam Baudri; item pro judicato contra Thomam Henrici juniorem.

192 c. — Guillermus le Petit pro judicato de nisi contra Th. Fabri seniorem.

Germanus Riqueut pro contumacia contra Germanum Roberti.

Petrus de Crisetot pro judicato contra Philippum Tesson.

Th. Fabri senior pro judicato contra Thomam Henrici juniorem.

Germanus Riqueut pro judicato contra Petrum Olivier; item pro

---

(1) Je ne suis pas certain que le titre que je supplée soit le véritable. La date de 1337 n'est donnée au n° 192 que par conjecture.

(2) P. 85.

judicato contra Johannem le Richomme.

Robertus Cauvin pro judicato contra Petrum Olivier.

Johannes Davi, alias d'Oesey pro judicato contra Johannem le Richomme.

Germanus Drouelin pro contumacia contra Robertum de Bernesco.

Th. de Alnetis pro judicato et contumacia contra Guillermum Lairouz; item pro judicato contra Johannem le Richomme.

192 d. — Guillermus Bacon [et] Germanus le Rouz pro judicato contra Petrum Genas.

Johannes le Gognerey pro judicato [contra] Henricum de Ponte.

Germanus Riqueut et ejus uxor contra Hylarium Riqueut pro judicato.

Guillermus le Rosey pro judicato de nisi contra Yvonem Prepositi.

Johannes le Neir, Ludovicus Berguet [et] Johannes Gogueree pro judicato contra Radulfum Rogeri.

Ludovicus Berguet pro judicato contra Yvonem Prepositi; item pro judicato continente XXVI solidos contra Ricardum de Ponte.

Th. Fabri senior pro contumacia contra Ricardum Tesson.

193. — (1) Anno M° CCC° XXX° VII° die martis post festum beati Mathei apostoli (2), Ricardus Quesnel et Ricardus filius ejus gagiaverunt emendam, videlicet pro eo quod dictus filius temere violentas manus injecit in Henricum Guignet, clericum, et promiserunt per fidem suam voluntatem nostram super premissis omnibus facere.

194. — Johannes le Portier, clericus, gagiavit emendam pro eo quod ceperat gagia mobilia Ricardi de Ponte, clerici. Actum die lune ante festum sancte Katerine virginis anno M° CCC° XXX° VII° (3).

195. — (4) Vitatio facta apud Listreium per magistrum Johannem Govin, officialem cerasiensem die martis post Judica me, anno etc. XXX° VII° (5).

Nomina juratorum : Thouroudus Rigal, Johannes Unfrey, Robertus Osber, Johannes Aleaume, Stephanus Brasun, Germanus Bachelier.

Robertus Tousey, ut aliqui dicunt, diffamatur de lepra.

---

(1) P. 78.
(2) 22 Septembre.
(3) 18 novembre.
(4) P. 77.
(5) 31 mars 1338.

Exuperius le Forestier tenet ut sponsam Johannam l'Orfeline consanguineam uxoris quondam ejusdem Exuperii, et est, ut dicitur, prenians de eodem, et alias quendam puerum de ipso.

Th. le Valeiz diffamatur de quadam muliere de Constantino et eam tenet ut sponsam suam.

Johannes Goye diffamatur de Jaqueta filia Gronse.

ANNO 1338.

196. — Registrum excommunicatorum de Ceraseyo de anno etc. XXX° VIII°.

196 a. — Laurentius de Hamello pro contumacia contra Robertum Herberti.

Guillermus de Dumo pro contumacia contra Colinum Godart et Henricum du Fay.

Th. Boulart pro judicato contra Robertum le Mareschal. Item pro contumacia contra Johannem de Cantilleyo.

Relicta Henrici Blangernon, Henricus Vigor, Johannes Fiquet, Guillermus Fabri, Joretus Vitart, Relicta Johannis le Heris, alias Homm..... [et] Michael la Grive [pro.....

Johannes de Roz pro judicato contra Colinum Bela.

Th. Boulart pro contumacia contra Johannem le Portier.

Joretus Vitardi pro judicato contra Colinum; item pro judicato contra Henricum de Ponte; item pro judicato contra Philippum Malherbe.

Ricardus Quesnel pro contumacia contra Petrum.....; item pro judicato de nisi contra ipsum.

Jacobus de Sola, Johannes Fiquet, Michael la Grive [et] relicta Johannis le Heriz alias Homm..... pro judicato.

196 b. — Robertus de Montigneyo pro contumacia contra Be.....

Michael la Grive pro contumacia contra Colinum Be.....

Yvo de Heriz pro judicato de nisi continente X.....

Michael la Grive pro contumacia contra Colinum.....

Ricardus Morice pro contumacia contra Guillermum.....

Guillermus de Dumo pro judicato et contumacia.....

Ranulfus Aubedayn pro contumacia contra magistrum G.....

Guillermus le Rouz [et] Germanus de Mara pro judicato, Rogerus Patey, Yvo de Hericio (?) Hamon Beuselin, Petrus de Crueria, Johannem Broshon, pro contumacia.....

196 c. — Guillermum de Quemino, clericum, pro judicato contra Rogerum la Havey.

Ricardum Escageul pro contumacia contra Laurencium Camerarium.

Ricardum de Grano pro judicato contra Colinum de Buoth.

Guillermum de Quesneto, alias l'Escrivein, pro contumacia contra Rogerum Genas.

Guillermum de Heriz, alias Longuet, pro judicato contra fratrem Robertum Rossel.

Guillemotam filiam Rogeri de Land. pro judicato contra Petrum Baudri.

Longuet pro contumacia contra Guillermum la Havey.

Hamonem de Crueria et ejus uxorem pro contumacia contra Laurentium Jouele.

Robertus le Fouquart [et]..... Johannes le Tousey, clericus, pro judicato contra Guillermum de Grano.

Joretus Vitardi pro judicato contra Johannem Genas de Ria.

Guillermus Osber pro contumacia contra Martinum Quesnel.

196 d. — Robertus le Fouquart, Johannes (?) Boulart [et]..... de Bernesco pro contumacia contra Robertum Herberti.

... ouz (?), alias Baderel, contra fratrem Robertum Corbel.

..... pro contumacia contra Reginaldum de Heriz, clericum.

Th. Boulart et ejus uxor pro judicato de nisi contra Johannem Bernardi.

Reginaldum Morice pro judicato contra Robertum la Havey.

Yvo Benedicti pro judicato contra Colinum Baudri.

Ricardus Quesnel pro contumacia contra Ricardum Boutequien.

Michael la Grive pro judicato contra Henricum de Ponte; item pro contumacia contra Colinum Baudri.

Item idem Michael [et] Germanus de Mara pro judicato contra Henricum de Ponte.

Johannes Jordan (?) pro judicato de nisi contra Johannem Vastebley, presbiterum.

196 e. — Guillermus Osber pro judicato de nisi contra Thouroudum Rigal.

Johannes le Portier senior, clericus, pro judicato de nisi contra le Richomme.

Guillermus Moisson pro judicato, — Lucas de Castereyo pro contumacia, — Guillermus le Bouloour [et] Th. Durant, pro contumacia, — contra Johannem Bernart.

Petrus Bueselin [et] Guillermus le Rouz pro judicato de nisi contra Petrum le Cronier, presbiterum.

Germanus de Mara pro contumacia contra Ricardum de Ponte.

Guillermus Osber pro judicato contra Colinum Furon.

Johannes Achart, clericus, pro judicato de nisi contra Petrum Baudri.

Ricardus de Grano pro contumacia contra Robertum Herberti.

Guillermus Moisson pro judicato contra Herbertum Moisson; item pro judicato contra Colinum de Buoth.

196 f. — Th. Boulart pro judicato [et] Jacobus le Heriz pro judicato de nisi contra dictum Colinum.

Johannes Meronnie (?), clericus, pro judicato contra Thomam Baudri.

Michael la Grive pro contumacia contra Johannem Herberti.

Ricardus de Grano pro judicato de nisi contra magistrum Th. Riquetemps.

Robertus de Montignie pro judicato contra Robertum la Havey.

Robertus de Montignie [et] Johannes Genas de Ria pro judicato contra Robertum Herberti.

Robertus [et] Laurentius les Portiers fratres pro judicato de nisi contra Rogerum la Havey.

Joretum Hardy pro judicato contra Petrum Baudri. — Montfiquet.

Colinus Alixandre pro contumacia contra Ricardum Direys.

Ranulfus Tuebuef pro contumacia contra Henricum Baston. — Baiex.

196 g. — Th. Boulart, Johannes Miette [et] Guillermus le Rouz (Ver supra mare), [et] Michael la Grive pro judicato contra Henricum de Ponte.

Nicolas Piederche pro contumacia contra Guillermum Baudri.

Guillermus Osber pro judicato contra Johannem Billeheut.

Michael la Grive pro contumacia contra Johannem Herberti.

Petrus Bueselin, Th. Boulart, Jacobus le Baup, Johannes de Tronqueto [et] Ricardus Huvey, pro defectu solucionis litterarum curie contra Colinum de Ponte.

Ricardus Merite, Guillermus le Mulot [et] Rogerus Patey pro judicato contra Henricum de Ponte.

Guillermus le Mulot, Johannes de Tronqueto, Rogerus Patey, relicta Henrici (?) ... le Heriz, [et] ...., pro judicato contra Henricum de [Ponte].

196 *h* — (1). Th. Boulart, Ricardus de Grano, Ricardus Boutequien [et] Singerus Villequin, pro litteris curie, — Robertus Moisson, Henricus de Castereyo, Rogerus Genas, Johannes Genas [et] Colinus de Vastigneyo senior, pro contumacia, — contra Colinum de Buoth.

Robertus de Montigneyo pro judicato de nisi contra Johannem Bernart; item pro judicato contra Yvonem Prepositi; item pro judicato contra Johannem le Fournier; item pro judicato contra Petrum Jugan.

Guillermus de Quemino, alias Longuet, pro judicato contra relictam Reginaldi Baudri.

Ricardus Morice pro judicato contra Johannem le Fournier; item pro judicato contra Yvonem Prepositi, item pro contumacia contra ipsum.

Gaufridus de Monfiquet pro contumacia contra Philippum de Grainvilla.

Robertus le Grandin pro judicato contra Colinum de Buoth.

Johannes l'Esragie pro judicato contra Yvonem de Heriz.

Guillermus Moisson pro judicato contra ministrum officialis; item pro judicato contra Yvonem Prepositi.

196 *i.* — Nicolaa Piederche pro judicato contra Yvonem Prepositi; item pro judicato de nisi contra Philippum Malherbe.

Ricardus de Grano pro judicato de nisi contra ipsum.

Guillermus de Ceraseyo pro judicato de nisi contra Yvonem Prepositi.

Johannetus Vitart [et] Henricus le Portier, clerici, [et] Michael la Grive, pro contumacia contra Yvonem Prepositi.

Laurencius Durant pro contumacia contra filiam a Goubaut.

Yvo Benedicti pro judicato de nisi contra Petrum Baudri.

Johannes le Faiel pro judicato contra Johannem le Richomme.

Guillermus de Nuelleyo pro judicato contra Henricum Baston.

Petrus Bueselin pro judicato de nisi contra Petrum le Foulon, presbiterum.

Ricardus de Grano [et] Guillermus de Ceraseio pro judicato contra Ricardum de Ponte.

197 — (2). Registrum excommunicatorum de Listreyo de anno XXXV[III].

197 *a.* — Petrus Basire, pro judicato (*bis*), — Johannes Malherbe,

---

(1) P. 84.
(2) P. 85.

Guillermus Torel alias ......1, Matheus Frambart, Robertus de Monte Freardi, Robertus de Gouvilla, Rogerus Prepositi, Colinus du Leisir, Guillermus le Prudhomme, Petrus de Alnetis, Thomas Durant, Guillermus de Molendino, [et] Yvo de Cuseio (?), pro contumacia, — [et] Germanus Riqueut pro judicato, — contra Johannem le Richomme.

Johannes le Gorrey [et] Petrus le Vietu pro contumacia contra Reginaldum de Heriz.

Robertus Prepositi pro judicato de nisi contra Johannem Genas clericum.

Germanus Riqueut pro manifesta offensa contra ministrum officii.

Item idem Germanus, Robertus Prepositus [et] Petrus Basire pro judicato contra Petrum et Johannem Genas.

Petrus le Vietu pro contumacia et litteris curie contra Philippum Malherbe.

Guillermus le Vietu pro contumacia contra Johannem le Neir.

Petrus Basire pro contumacia [et] Radulfus Henrici pro judicato contra Johannem le Richomme.

Stephanus Brasun pro contumacia contra Philippum de Onfarvilla.

197 b. — Johannes de Molendino, clericus, pro judicato de nisi contra Colinum Baudri.

Johannes le Richomme pro contumacia contra Colinum du Buoth.

Th. Durant et ejus uxor pro judicato de nisi contra Johannem Goye.

Item idem Th. [et] Gaufridus Avice pro judicato contra le Richomme.

Item idem Gaufridus pro judicato contra Johannem le Faiel.

Johannes de Molendino pro contumacia contra Thomam Potier.

Johannes le Goguerey, Dametus Fabri, Th. Henrici [et] Petrus Quivet pro contumacia contra le Richomme.

Robertus de Monfreard pro judicato contra Radulfus Rogeri.

197 c. — Robertus Prepositi pro contumacia contra Colinum du Buoth.

Laurencius le Gascoing [et] Johannes le Telier pro judicato contra le Richomme.

Robertus Prepositi [et] ejus uxor pro judicato de nisi contra Radulfum Pevrel.

Robertus de Houtevilla pro contumacia contra Colinum du Buoth.

Radulfus le Pouchin pro judicato contra Th. Prepositi.

Ricardus le Tonnouerre pro judicato contra Colinum du Buoth.

Radulfus le Boulengier [et] Ricardus le Tonnouerre pro judicato de nisi contra Radulfum Rogeri.

Ludovicus Berguet pro judicato contra Colinum de Heriz.

Th. de Alnetis pro judicato contra Johannem le Richomme; item pro judicato contra fratrem Ricardum de Crepone.

197 d. — (1) Germanus Drouelin, Germanus Quenivet, ejus uxor, ... le Rey, Johannes Bequet, clericus, [et] Germanus de Monfreard clericus, pro contumacia contra le Richomme.

Robertus de Coutanvilla [et] Martinus Radulfi pro judicato de nisi contra dictum le Richomme.

Robertus de Monfreard pro contumacia contra Robertum Herberti

Th. Durant et ejus uxor pro judicato de nisi contra Thouroudum Rigal.

Germanus Quenivet et ejus uxor pro judicato de nisi contra Radulfum Pevrel.

Johannes le Gorrey pro judicato contra Radulfum Rogeri.

197 e. — Robertus de Monfreard pro contumacia contra Yvonem Prepositi.

Radulfus Henrici pro judicato contra Johannem le Richomme.

Thomas de Alnetis et ejus uxor pro contumacia contra Thomam le Coq.

Sello Cauvin, Germanus le Rouz, Guillermus le V....ch... [et] .... pro litteris curie contra Philippum Malherbe.

Th. Durant pro judicato contra Thouroudum Rigal.

Robertus le Prevost pro judicato contra Colinum du Buoth *(bis)*.

198. — (2) Anno Domini M° CCC° XXX° VIII° die martis post Cantate (3), Johannes Bernardi gagiavit emendam, quam taxavimus ad XX solidos, pro eo quod dicit officiali : « Deable i a part » et monitus fuit de reddendo infra quindenam dictos vinginti solidos clerico seu promotori officii, alioquin dicet etc.

Item idem Johannes gagiavit emendam pro eo quod dementitus fuit in judicio Ricardum de Grano.

199. — (4) Visitatio facta apud Ceraseyum per dictum magistrum

---

(1) P. 86.
(2) P. 74.
(3) 12 mai.
(4) P. 77.

Johannem Govin die martis ante ascensionem anno etc. XXX°. VIII° (1).

199 *a*. — Nomina juratorum : Radulfus, Fiquet, Goretus Candel, Johannes le Mulot, Laurentius Jouele, Johannes Camerarius, Johannes de Verneto, Petrus Houlette, Guillermus de Fourmegneyo, Robertus le Gay, Petrum Boutequien, Ricardum de Talancia, Joretum de Monte, Guillermum le Heriz, Th. le Moine, Guillermum Tresel.

199 *b*. — Uxor Johannis Piroudol diffamatur de lepra.

Guillermus de Castro similiter de lepra.

Colinus le Heriz et Guillemeta de Baiocis insimul sunt quasi uxorati.

Filia au Dagre diffamatur de famulo mallifero (?).

Colinus Guerout diffamatur de Ruffina (?) de Costantino.

. . . .

..... Foin tenet relictam Moquet ut suam uxorem.

Uxor au Courant diffamatur de Philippo de Onfarvilla.

199 *c*. — Vaubon diffamatur de Videcoqua.

Magister de Buro et Poteria sunt insimul quasi uxorati.

Thomas Ade tenet suas concubinas videlicet relictam Johannis Richier et relictam Colini le Baup qui fuerunt sui consanguinei.

Uxor Guillermi de Dumo diffamatur de Johanne le Portier.

Philippus Tesson tenet concubinam suam filiam Blangernon.

200. — (2) Anno Domini M° CCC° XXX° VIII° die martis post festum sancti Barnabe apostoli (3), Johannes le Portier, serviens justicie secularis, coram nobis gagiavit emendam pro eo quod perturbaverat et impedierat nostram jurisdictionem, videlicet quod preceperat Colete filie Hamonis le Cordier que fecerat citare coram nobis Rogerum Leer et ejus uxorem, ne ipsa eos tractaret coram nobis sub certa pena, et juravit ad sancta Dei evangelia super hoc facere nostram voluntatem.

201. — (4) Anno millesimo CCC° XXX° VIII° die mercurii post festum sancti Andree, apostoli (5), Petrus Paumier gagiavit nobis emendam super eo quod violenter manus injecerat in Yvonem le Prevost, clericum, et promisit voluntatem nostram facere de emenda.

(1) 19 mai.
(2) P. 74.
(3) 16 juin.
(4) P. 75.
(5) 9 décembre.

ANNO 1339.

202. — (1) Registrum excommunicatorum de Ceraseyo de anno etc. XXXIX°.

202 a. — * Ricardus Morice pro judicato contra Sansonem de Mais.

* Item pro contumacia contra Guillermum Baudri.

Vaubadon. — * Ricardus Verel pro contumacia contra Henricum Tillou (?).

* Ricardus de Grano pro judicato contra Guillermum Baudri, clericum.

Th. Durant, alias maistre de Bur, contra Johannem Bernaici (?), clericum.

* Ricardus Quaisnel, Johannes de Ros, clericus, Hamon Bueselin, Ricardus Morice, Guillermus Moisson pro judicato contra Henricum de Ponte, clericum.

* Thomas Boulait, clericus, et ejus uxor pro judicato de nisi contra Johannem Bernardi, clericum.

* Colinus Guerout [et] Ricardus de Grano pro judicato contra Germanum de Mara, clericum.

* Ricardus Morice pro contumacia contra Guillermum Baudri, clericum.

* Item idem Ricardus [et] Colinus Guerout pro judicato contra Sansonem de Mais, clericum.

202 b. — * Robertus le Foucart pro judicato contra magistrum G. de Ponte, clericum.

* Ricardus Quaisnel et Ricardus ejus filius clericus, uxor Laurentii le Quot, [et] Robertus Moisson, pro contumacia contra Henricum de Ponte, clericum.

* Joretus Vitart, clericus, Hamon Bueselin [et] Johannes Galopin pro judicato contra Colinum de Buotho, clericum.

* Michael la Grive pro contumacia contra Colinum Baudri.

* Philippus Audrin (2) alias du Cancel (?) pro contumacia contra Petrum Goubout.

* Petrus Toustain alias Maioc pro contumacia contra Gaufridum de Montfiquet, clericum.

(1) P. 87.
(2) Peut-être *Andriu*.

* Guillermus Belhoste pro judicato contra Guillebertum le Cronfer.
* Guillermus Jorget pro judicato et contumacia contra Thomam Baudri.
* Piederche pro judicato contra Guillermum Baudri.
* Item pro judicato contra Petrum de Quesneto.

202 c. — * Robertus Le Foucart pro judicato contra dictum Petrum.
* Ricardus de Grano pro judicato de nisi contra magistrum Th. Richetemps, clericum.
* Item pro judicato contra Germanum de Mara, clericum.
* Robertus Osane pro judicato de nisi contra Colinum Baudri.
* Johannes Meinimuié (?), clericus, pro judicato contra Thomam le Portier, clericum.
* Johannes Davi, clericus, pro judicato contra Johannem le Daim.
* Petrus Jugan, clericus, pro contumacia contra Thomassiam la Busquete.
* Johannes Genas, clericus, pro judicato contra Petrum Baudri, clericum.
* Item pro judicato contra Johannem Vastebley, presbiterum.
* Johannes l'Abbey pro judicato de nisi [et] Robertus le Fouquart pro judicato contra Colinum Baudri.
* Guillermus Longuet [et] Guillermus le Rouz pro judicato contra Petrum Baudri, clericum.

202 d. — * Ricardus Morice, Robertus (?) Fouquart [et] Ricardus de Grain pro judicato contra Robertum Herbert, clericum.
* Ricardus Quaisnel et Thomas ejus filius, clericus, pro judicato de nisi contra Colinum Baudri.
* Michael la Grive pro contumacia contra Johannem Vastebley, presbiterum.

Henricus le Boutellier, presbiter, suspensus pro judicato contra Guillermum Baudri, clericum.
* Ricardus Quaisnel, Guillermus Picot, Thomas Boulart, Guillermus Moisson [et] Hamon Bueselin pro judicato contra Henricum de Ponte, clericum.
* Thomas Boulart, clericus, et Petrus Bueselin pro judicato contra dictum Henricum.
* Petrus Toustain ex officio pro contumacia culpis suis exigentibus.
* Rogerus (?) Morice pro judicato contra Matheum de Guilloour, clericum.

Martinus Quaisnel, clericus, pro judicato contra Colinum Baudri.

202 e. — * Colinus de Ros [et] Radulphus Vauxie pro judicato de nisi contra magistrum Guillermum de Tainvilla.

* Ricardus de Grain, Guillermus Picot [et] Guillermus de Ceraseyo, pro judicato contra Ricardum de Ponte.

* Michael la Grive pro contumacia contra Johannem Vastebley, presbiterum.

Guillermus Osber pro contumacia contra Colinum Belael.

* Matheus Varnier pro contumacia contra Johannem Genas de Ria.

* Robertus le Fouquart pro judicato contra Guillermum Baudri.

* Guillermus de Faiaco pro contumacia contra Johannem Vastebley presbiterum.

Martinus Quesnel [et] ejus uxor pro judicato continente septies XX libras XV solidos contra Colinum Baudri.

* Colinus de Talancia, clericus, pro judicato de nisi contra dictum Baudri.

* Guillermus Fabri, clericus, pro contumacia contra Colinum de Roz.

202 f. — Johannes de Tronqueta pro contumacia contra Colinum le Rouz.

* Robertus le Fouquart pro judicato contra Petrum de Quesneto.

* Hamon Bueselin pro judicato contra Colinum Baudri.

* Michael la Grive pro contumacia contra dictum Baudri.

* Johannes du Fay pro contumacia contra Ranulphum Bouchart.

* Robertus de Juez, Th. Goye junior, Robertus Osane, Henricus le Portier pro contumacia contra Ricardum Gabrielis.

Radulphus Mordant [et] Ricardus le Blont pro judicato contra Johannem Jehan.

* Th. Boulart, Michaelem la Grive, Guillermum de Queneto alias L'Escrivein, relictam Thome de Quemino, Ricardum Morice, Colinum Pignon, Ricardum de Grano, Colinum le Havey, Colinum le Rouz alias Baderel, Petrum Bueselin (pro judicio), [et] Joretum Vitart, pro litteris curie contra Johannem Malherbe.

202 g. — * Johannes le Tousey alias Galopin pro contumacia contra fratrem . . . .

* Oliverus Joreth (?), clericus, pro contumacia contra Gaufridum de . . . . . .

* Th. le Moine pro judicato contra Colinum de Buoth.

* Ricardus de Grano, Ricardus Morice [et] Seherus Villequin.
* Michael la Grive pro judicato contra Colinum Baudri (?).
* Johannes Candel, Johannes Maucarey, Hamon Bueselin, Relicta Girardi le Guiloor [et] Guillermus Moisson, pro judicato contra ......
* Johannes Miette pro judicato contra Petrum (?) le Coq (?).
* Johannes de .... pro judicato (?) et contumacia contra ....

202 *h*. — (1) Guillermus Ruelon (2) pro contumacia contra Petrum Bernart.
* Michael la Grive pro contumacia contra Petrum Baudri.
* Item pro judicato contra Yvonem Prepositi.
* Item pro contumacia contra Colinum Baudri.
* Item pro judicato contra Johannem Herberti.
* Guillermus de Ceraseyo pro judicato contra Yvonem Prepositi.
* Joretus Vitart.
* Guillermus le Tornoour (?), [et] Hamon Bueselin, pro contumacia contra Th. le Coq.

Philippus Morin pro contumacia contra Robinum la Havey.

202 *i*. — * Nicolaa Piederche pro contumacia contra Ricardum Rouaude.
* Ricardus Quesnel [et] Ricardus Havey pro contumacia contra Johannem Herberti.
* Johannes le Grandin pro contumacia contra Petrum Boutequien.
* Ricardus Morice et ejus uxor pro contumacia contra Colinum Souplest.
* Michael la Grive pro judicato et contumacia contra Colinum Baudri.
* Johannes de Tronqueto, Th. Perret de Lucerna [et] Petrus du Val de Quein, pro judicato de nisi contra Johannem Bernart.
* Johannes l'Esragie pro judicato contra Yvonem de Heriz.

203. — (3) Registrum excommunicatorum de Listreyo de anno, etc. XXXIX°.

203 *a*. — Johannes de Molendino, clericus, pro judicato de nisi contra Thouroudum Rigal; item pro judicato de nisi contra Radulfum Prevel.

Uxor Johannis l'Aloier pro manifesta offensa contra ministrum officii; item contra Johannem Genas, clericum, pro contumacia.

---

(1) P. 88.
(2) Peut-être *Tuelon*.
(3) P. 84.

Johannes l'Aloier pro contumacia contra dictum ministrum officii.

Ludovicus Berguet [et] Radulfus le Pouchin pro judicato contra Colinum de Heriz, clericum.

Johannes de Molendino, clericus, pro judicato de nisi contra Stephanum Bernart, clericum.

Johannes le Richomme, clericus, pro manifesta offensa contra officialem.

Germanus Riqueut pro contumacia contra Johannem le Richomme, clericum.

Thomas Henrici [et] Radulfus Henrici pro judicato contra Johannem le Richomme.

203 b. — Johannes le Portier senior pro judicato de nisi contra dictum Johannem.

Ricardus le Tornoueur et ejus uxor pro judicato de nisi contra Radulfum Pevrel.

Ricardus de Torneriis [et] Thomas le Daneiz, clericus, pro judicato de nisi contra Johannem le Richomme, clericum.

Johannes Malherbe pro contumacia contra Johannem Fabri.

Johannes Rogeri pro judicato contra fratrem Thomam Hamonis.

Thomas le Cordier, clericus, pro contumacia contra Radulfum Rogeri, clericum.

Radulfus Henrici pro judicato contra Johannem le Richomme, clericum.

Thomas Perier pro judicato de nisi contra Johannem de Faiaco.

Drouetus Sauvegrain et Rogerus ejus filius pro contumacia contra Martinum Quaisnel.

203 c. — Johannes de Molendino, clericus, pro judicato contra Guillermum de Hamello, clericum.

Thomas de Alnetis pro judicato contra Johannem le Richomme.

Agnes la Turpine [et] Guillermus de Baugeio pro contumacia contra Johannem le Faey.

Johannes de Molendino, clericus, pro judicato contra Johannem Herbert, clericum.

Thomas Durant et ejus uxor pro judicato de nisi contra Thouroudum Rigal.

Petrus Basire [et] Radulfus le Pouchin pro judicato de nisi contra Germanum Drouelin.

Johannes de Molendino, clericus, pro judicato contra Henricum de Ponte.

Johannes Malherbe pro judicato contra Johannem Fabri.

203 d. — Robertus Prepositi pro judicato contra Colinum de Buoth.

Ricardus le Tonnouerre [et] ejus uxor pro judicato de nisi contra Radulfum Pevrel.

Johannes Radulfi, clericus, pro judicato contra dictum Radulfum.

Binetus de Juez, Th. Herberti, clericus, [et] Robertus de Monfreart (?) pro contumacia contra Johannem le Richomme.

Item idem Robertus [et] Thomas [et] Guillermus ejus filii pro contumacia contra Johannem Henrici juniorem.

Th. Fabri senior pro judicato contra Andream Dodey.

Germanus Riqueut pro contumacia contra Johannem Fabri.

Germanus Riqueut pro emendis curie nostre et contumacia contra ministrum officii.

Guillermus le Petit [et] ejus uxor pro contumacia contra le Richomme.

203 e. — Michael le Rouissolier, Robertus de Monfreard, Matheus Flambart [et] Guillermus le Rosey pro judicato contra Henricum de Ponte.

Andreas Cheval pro contumacia contra Johannem le Richomme.

Johannes l'Aloier senior, Sello Cauvin [et] .... pro litteris curie contra Philippum Malherbe.

Robertus de Monfreard pro contumacia contra Rogerum Genas.

Th. de Alnetis et ejus uxor pro judicato contra Th. le Coq.

Robertus de Monfreart pro judicato et contumacia contra le Richomme.

Radulfus le Pouchin pro judicato de nisi contra Stephanum Bernardi.

204 a. — (1) Ricardus Boutequien [et] Joretus Vitardi gagiaverunt emendam pro eo quod manus ad invicem injecerunt violenter et juraverunt ad sancta Dei euvangelia de emenda facere nostram voluntatem et eam solvere quocienscunque voluerimus. Actum anno etc., XXX° IX° die martis in vigilia Nativitatis beate Marie Virginis (2).

204 b. — Ea die (3), Johannes l'Aloier nobis gagiavit emendam antequam proferremus nostram sentenciam deffinitivam de processu coram nobis agitato inter promotorem officii et ipsum, pro eo quod

---

(1) P. 71.
(2) 7 septembre.
(3) 7 septembre.

impediverat divinum servicium in die Pasche ultimo preterito, de hoc quod erat excommunicatus pro judicato auctoritate officialis Baiocensis, processu super hoc agitato a Pascha usque ad diem qua gagiavit emendam, et juravit facere nostram voluntatem de tali emenda quam taxabimus.

205. — (1) Anno Domini millesimo CCC° XXXIX° die lune ante festum beati Mathei apostoli et evangeliste (2), gagiavit nobis emendam Ricardus Quesnel, junior, rector ecclesie sancti Maculphi, levandam ad voluntatem nostram, pro eo quod de nocte una cum complicibus suis ivit ad domum Matilidis la Canteresse et volebat dictus Ricardus filiam dicte Matilidis suponere vi et violentia, et quod debuit frangere domum dicte Matilidis una cum complicibus suis, super quibus omnibus debemus conscientiam nostram informare. Actum ut supra.

206 a. — (3) Visitatio facta apud Ceraseyum anno etc., XXXIX° die martis post Reminiscere (4), per homines hic sequentes.

Th. le Moine, Colinum Pignon, Ricardum Daniel, Henricum de Cantillie, Johannem Filleul, Laurentium Foin, Robertum Hequet juniorem, Johannem Normant, Radulfum Fiquet, Robertum Fiquet, Henricum Durant, Henricum Trublart, Johannem le Mulot, Robertum le Breton, Guillermum Billeheut.

206 b. — Filia au Bourgueel puerperavit puerum, sed nesciunt a quo.
Filia Rabiosi habuit quemdam puerum de Henrico Guiguet.
Ricardus Foin et relicta Moquet se ad invicem habent quasi uxorati.
Colinus le Coq et ejus uxor non bene se habent inter se.
Colinus de Castro diffamatur de lepra.

206 c. — Relicta Johannis le Heriz diffamatur est de lepra.
Filia Morice diffamatur de Johanne de Thaone.
Filia Boutequien diffamatur de Yvone de Castro.
Alicia la Tourte diffamatur de communi.
Colinus le Heriz et Guillemeta de Baiocis sese ad invicem habent quasi uxorati.
Matillidis la Chanteresse diffamata est eo quod tenet ut dicitur lupanar.
Uxor Colini le Havey diffamata est de Bertran.

(1) P. 52.
(2) 20 septembre.
(3) P. 80.
(4) 14 mars 1340.

Laurencius le Portier tenet filiam Ricardi de Villeyo suam concubinam.

207 a. — (1) Anno Domini M° CCC° XXX° IX° die lune ante festum sancti Benedicti in marcio (2), Germanus Riqueut nobis gagiavit emendam pro eo quod fecerat Johannem Fabri qui ipsum citare fecerat in nostra curia trahi in curia seculari, impediendo nostram jurisdictionem et juravit ad sancta Dei evangelia de dicta emenda nostram facere voluntatem, et cum hoc injunximus ei quod dedampnificaret dictum Johannem de curia seculari.

207 b. — Anno et die predictis (3), Guillermus le Cavelier nobis gagiavit emendam pro eo quod cotidie veniebat cotidie citans gentes et nostros subditos de citatoriis Baiocarum in jurisdistione nostra; quam ex tunc taxavimus ad C solidos, et juravit ad sancta Dei euvangelia de eadem nostram facere voluntatem.

ANNO 1340.

208. — (4) Anno M° CCC° XL° die martis ante Ascensionem Domini (5), Henricus Guignet, Laurentius le Portier, Ricardus le Meteer, Martinus de Ceraseyo, Th. Brasart, clerici, gagiaverunt nobis emendam pro eo quod ipsi portaverant superlicium et polam ecclesie de Ceraseyo in redditu processionis de sancto Quintino, et promiserunt per fidem nobis satifacere de emenda pro libito voluntatis.

209. — Visitatio facta apud Listreium die martis post Nativitatem beati Johannis anno XL° (6) per magistrum Johannem Govin, officialem Cerasiensem.

209 a. — Nomina juratorum : Johannes Unfrey, Robertus Osber, Th. Fabri, Johannes Rogeri, Helyes Gravelot, Stephanus Brassun, Petrus le Boulenger, Th. le Merceer, Johannes le Neir, Johannes le Richomme, Johannes Riqueut, Radulfus le Lavendier, Guillermus de Alnetis.

(1) P. 52.
(2) 20 mars 1340.
(3) 20 mars 1340.
(4) P. 86.
(5) 23 mai.
(6) 26 juin.

Primo nos vidimus libros, ornamenta altaris, vestimenta, fontes, vas crismatis et corporis Christi bene adornatos, exceptis vase crismatis et fontibus qui non erant bene parati; sed thesaurariis injunximus ut ea faciant reparare.

209 b. — Presbiter de Listreio tenet notorie et manifeste Thomassiam filiam Germani l'Aloier suam concubinam, et ipsa habuit puerum de eodem. — Memoria quod pro testamentis sigillandis ipse vult habere quinque vel decem solidos pro sue libito voluntatis et sic de sponsalibus extraneis, nec se bene habet faciendo servicium pro pauperibus defunctis, et sine nostro mandato ipse recepit latores cujuslibet privilegii, et mulieres non uxoratas purificat sine nostra licentia.

Johannes Goye tenet filiam Gronse suam concubinam.

Johannes de Molendino tenet uxorem Boisdet suam concubinam.

210. — (1) Anno Domini M° CCC° XL° die martis ante festum sancti Clementi (2), dominus Philippus le Viguerouz, presbiter, nobis gagiavit emendam ad nostram voluntatem, pro eo quod ipse in nostra juridictione carnaliter cognovit filiam a l'Aloier et pluria alia delicta, et juravit ad sancta Dei euvangelia super hoc facere nostram voluntatem, et eam taxatam nobis solvere quocienscunque eam habere voluerimus; presentibus fratre Johanne Moisson, m[agistro] G. de Tainvilla, domino Rogero le Gouiz, Philippo Malherbe clerico tabellione nostro publico; et die martis precedenti nos injunxeramus eidem quod cum ipsa de cetero non participet quoquo modo ad penam XL librarum turonensium, et quod fugiat societatem dicte filie.

ANNO 1341.

211. — (3) Registrum de villa Listreyi pro anno, etc. XLI°.

211 a. — Th. Henrici junior pro judicato de nisi contra Guillermum de Hamello, clericum.

* Guillermus de Tribus Montibus pro judicato de nisi contra Germanum Drouelin.

* Radulphus le Pouchin pro judicato contra Johannem le Faiel.

* Petrus de Bellovisu pro judicato contra Radulphum (?) de Montefreart.

(1) P. 14.
(2) 20 novembre.
(3) P. 88.

* Robertus de Monfr. [pro judicato (?)] contra Johannem le Richomme.

* Item idem Robertus [et] Johannes Precart pro judicato contra ipsum Johannem.

* Johannes Jehan alias Pelerin junior pro .... contra ipsum Johannem.

* Thomas (?) Drouelin pro contumacia contra ipsum Johannem.

211 b. — * Guillermus le Proudhomme [et] Johannes Radulphi pro judicato contra ipsum Johannem.

* Radulphus Henrici pro judicato de nisi contra ipsum Johannem.

* Robertus Prepositus pro judicato contra fratrem Johannem de Baiocis.

* Radulphus le Pouchin, Johannes (?) ...., ..., ..., ..., [et] .... pro contumacia contra Henricum de Ponte.

* .... oye, pro contumacia contra Rogerum Genas.

* Johannes (?) ...., [Sel]lo Cauvin [et] ...., pro contumacia contra Johannem le Richomme. — Sello per abbatem absolutus.

Robertus Mauger, * Guillermus de Tribus Montibus [et] Audrena (?) la Cohue, pro contumacia contra dictum Johannem.

* Guillermus .... [et] ejus uxor pro contumacia contra Johannem Davi.

Germanus (?) Guiomart (?) pro contumacia contra Johannem Vastebley, presbiterum.

211 c. — * ....d, clericus, pro judicato de nisi contra Nicholaum le Roussel, presbiterum

.............., pro judicato contra Johannem le Richomme.

* .... G.....y (?), [et] pro contumacia contra Guillermum .e V...h...

.... pro judicato contra Guillermum ....

* Johannes (?) .... et ejus uxor pro contumacia contra Petrum Jugan.

* Petrus de Bellovisu [et] Guilletus le Rouz, pro contumacia contra Johannem Beforel.

* Johannes Goye pro contumacia contra Rogerum Genas.

* Guillermus Osber (?) [et] ejus uxor pro contumacia contra Johannem Davi.

* Germanus Riqueut pro contumacia contra Johannem de Molendino.

211 d. — * Th. Fabri (?) senior [et] Johannes Henrici pro contumacia contra dictum Johannem.

* Germanus de Monfr., clericus, pro judicato contra Colinum Baudri.

* Th. Durant, Johannes Henrici junior [et] Johannes Riqueut junior, pro contumacia contra Johannem le Richomme.

* Radulphus le Pouchin pro judicato contra Philippum Tesson.

* Johannes le Portier, junior, [et] Robertus Mauger, pro contumacia contra le Richomme.

* Johannes le Forestier [et] Johannes Henrici junior pro judicato contra Johannem le Richomme.

* Guillermus Osber et ejus uxor pro judicato et contumacia contra Johannem Davi.

* Johannes Poignart pro contumacia contra Petrum Baudri.

* Radulphus le Pouchin pro judicato contra relictam Ricardi le Tonnoueire (?).

212 a. — (1) Anno Domini M° CCC° XLI° die martis post Cantate (2), Michael Tapin, clericus, de Ver supra mare, rector pro tempore scolarum Ceraseyi, nobis gagiavit emendam pro eo quod quadam die dominica eodem anno manus injecit temere violenter in Colinum le Danchoour, eum percussiendo de pugno et de palma tribus vicibus et de pedibus, in monasterio Cerasiensi coram altare beate Marie Magdalene post missam celebratam et juravit ad sancta Dei euvangelia de dicta emenda nostram facere voluntatem et eam nobis solvere quocienscunque nobis placuerit.

212 b. — Anno etc. XLI°, Germanus de Mara et Petrus Crabin plegiaverunt Thomam Fiquet de reddendo nostro carceri corpus ejusdem seu eorum corpora pro ipso dum et quando nobis placuerit, quem nostro carcere tenebamus mancipatum pro eo quod in nostra jurisdictione verberaverat usque [ad] effusionem sanguinis, cum clamore de herou, Colinum Pacii cui treugas dederat, et juravit idem Thomas ad sancta Dei euvangelia se coram nobis comparere quocienscunque ipsum habere vellemus.

213. — (3) Visitatio facta apud Ceraseyum per magistrum Johannem

---

(1) P. 75.
(2) 8 mai.
(3) P. 74.

Gouvin, officialem, die jovis post Penthecosten Domini anno etc. XLI° (1).

213 a. — Nomina juratorum : Petrus de Quesneto, Th. Jamelot, Guillermus Tresel, Henricus de Cantillie, Laurentius Foin, Colinus le Lael, Johannes Mainnie, Petrus Neel, Henricus Durant, Ricardus Picou, Guillermus Trublart, Goretus Candel, Guillermus le Pas, Raginaldus Samedi, Thomas le Moine, Guillermus Piquot, Ricardus le Telier.

213 b. — Presbiter Cerasiensis diffamatur de uxore Colini le Baup.

Guillermus de Castro diffamatur de lepra.

Ricardus le Lue diffamatur de lepra.

Uxor Billeheut diffamatur de carminibus.

Filia au Gelouz diffamatur de Johanne de Valle. Habuit puerum de ipso.

Thomas Ade diffamatur de relicta Johannis Richeri, et ipsa similiter de ipso et alias.

Filia Rabiosa diffamatur de Henrico Guignet et a communi.

Johannes de Thaone tenet filiam Morice concubinam suam, et habuit de eodem III pueros.

213 c. — Leta Malherbe habuit quendam puerum; sed nescit a quo.

Filia a Goubaut diffamatur de Johanne Baudri.

La Paule diffamatur de Yvone de Castro et habuit puerum de ipso.

Filia Billeheut diffamatur de filio Mathei Goye.

Relicta Silvestri Fiquet de Sohero Vilequin uxorato.

Uxor Petri Durant diffamatur de la Canne.

Colinus Vitart diffamatur de Bahouel.

Uxor Thome de Ceraseyo diffamatur de filio Guiart.

Filia au Bourgueel diffamatur de quodam homine de quo habuit puerum.

Martinus de Ceraseyo diffamatur de filia Roberti (?) Busquet.

Johanna Blangernon diffamatur de Philippo Tesson.

213 d. — Katherina Perret diffamatur de Guillermo le Rouz.

La Costentineise diffamatur de Henrico Vigoris.

Filia .... diffamatur de quodam homine de Saonneto.

.... diffamatur de Malo Johanne.

(1) 31 mai.

Relicta Johannis le Heris diffamatur de lepra.

Filia Aelicie Blangernon diffamatur de Philippo de Onfarvilla.

Filia Laurencii le Bourgeis uxorata diffamatur de Philippo de Onfarvilla.

Filia Lucote diffamatur de aliquibus.

Cecilia de Fossato diffamatur de aliquibus.

Filia Johannis de Landa habuit puerum de Laurencio de Ponte.

213 e. — (1) Deficientes de visitatione facta anno XLI°.

Guillermus Tresel, Petrus le Caus, Johannes Fiquet, Ricardus de Grano, Johannes Camonassie, ..., Henricus de Cantillie, Th. de Vastignie, Petrus de Quesneto.

214. — (2) Eodem anno die martis post Trinitatem Domini (3), dominus Radulfus Ravengier, presbiter de Duobus Gemellis, in judicio, nobis sedentibus pro (?) tribunali, gagiavit nobis emendam super excessibus et delictis ab ipso in nostra jurisdictione perpetratis, ... in ultima nostra visitatione facta apud Duos Gemellos, ad quam taxandam nos .... proximo ventur.., et juravit ad sancta Dei euvangelia de ipsa nostram [voluntatem facere] .... R. de Ponte ....

215 a. — (4) Anno Domini M° CCC° XLI° die jovis ante Nativitatem beati Johannis Baptiste (5), nos Johannes Gouin, officialis Cerasiensis, visitavimus apud Listreyum, et nos informavimus per eos qui secuntur :

Radulfus Rogeri, Johannes Fabri, Johannes le Neir, Stephanus Brasun, Johannes Philippi, Helyas Graveler, Colinus Gosceaume, Petrus le Boulenger, Guillermus le Vietu, Thouroudus Rigal, Robertum Prepositi, Exuperium le Forestier, Germanum le Neir, Thomam Fabri, Johannem le Richomme, Sellonem Cauvin.

215 b. — Presbiter diffamatur de filia a l'Aloier et ipsa habuit plures pueros de eodem.

Henricus Rogeri fornicatur cum relicta au Seeley. Taxata est ad X solidos solvendos die martis post Misericordia Domini.

(1) P. 70.
(2) P. 75.
(3) 5 juin.
(4) P. 54.
(5) 17 juin.

Johannes Grye fornicatur cum filia Gronse et habuit pueros de eodem.

Guillemeta la Bourgeite diffamatur de Y. Bacon.*

Thouroudus Rigal diffamatur et fornicatur cum pluribus.

Presbiter [et] custos diffamantur de eo quod sponsalia neque testamenta facerent nec sigillarent nisi prius haberent propter hoc salaria.

Johannes Poignant qui uxoratus est fornicatur cum pluribus aliis.

Fama publica laborat contra Johannem Goye pro eo ut dicetur quod abussus de falsis litteris et sigillis.

216. — (1) Anno Domini M° CCC° XLI° die martis ante estivale festum beati Martini (2), Johannes le Mouchez nobis gagiavit emendam ad nostram voluntatem, pro eo quod ipse et sua uxor cum sua filia manus injecerant temere violentas in Johannem de Verneto, clericum, usque ad effusionem sanguinis et citra, et de dicta emenda juravit ad sancta Dei euvangelia omnimode nostram facere voluntatem quocienscunque nobis placuerit.

217. — Anno Domini M° CCC° XLI° die martis ante festum sancti Clari (3), nos injunximus Ingerrano Douin, ad penam XL librarum et scale, quod de cetero tractet suam uxorem bene et pacifice sicut probus homo; nec eam verberet indebite et dicte uxori quod eadem faciat fidelitatem bonorum suorum mobilium cui injunctioni sponte acquieverunt.

218. — (4) Anno Domini M° CCC° XLI° die mercurii ante festum apostolorum Symonis et Jude (5), nobis gagiavit emendam Thomas de Ceraseyo, clericus, pro eo quod impediendo et perturbando jurisdictionem nostram ipse fecit citare uxorem suam coram officiali Baiocensi; quam taxavimus ad centum solidos et ipsi injunximus quod dictos denarios nobis solvat infra Pascha Domini proximo venturum; cui injunctioni acquievit, et pro eo quod nos propter hoc tenebamus ipsum nostro carceri mancipatum, Colinus de Ceraseyo, clericus, fidejussit eum de dicta emenda, et ipso sic plegiato a dicto Colino, nos ipsum Thomam de dicto carcere deliberavimus.

---

(1) P. 58.
(2) 8 juillet.
(3) 16 juillet.
(4) P. 74.
(5) 25 octobre.

ANNO 1342.

219. — (1) Registrum de Listreyo pro anno etc. XLII°.

219 a. — * Petrus de Bellovisu, Johannes le Forestier, [et] Johannes Henrici junior pro judicato contra relictam Ricardi le Tonnouerre.

* Petrus de Bellovisu pro judicato contra Thomam Leporis.

* Item, Johannes le Forestier, Th. Fabri senior, Sello Cauvin, Th. Cauvin, Johannes le Forestier, Radulphus Henrici, Johannes Henrici junior, [et] Petrus de Bellovisu, pro contumacia contra relictam Ricardi le Tonnouerre.

* Th. Henrici junior pro judicato contra ipsam.

* Johannes le Portier junior pro judicato de nisi contra Rogerum (?) de Heriz.

* Radulphus Henrici [et] Johannes Paumier pro contumacia contra relictam Ricardi le Tonnouerre.

219 b. — * Robertus de Monfreart pro contumacia contra Johannem Bernart.

* Robertus Prepositi pro judicato contra Johannem le Richomme.

* Guillermus Osber pro judicato contra relictam Jordani Nicolay.

* Johannes Henrici junior [et] Germanus Riqueut pro contumacia contra relictam Ricardi le Tonnouerre.

* Th. Fabri senior, Th. Perier [et] Robertus le Barbier, pro contumacia contra Sansonem de Marsaio.

* Germanus Riqueut [et] Johannes le Gorrey pro judicato contra Johannem le Richomme.

* Johannes Achart, clericus, pro contumacia contra Johannem Goye.

219 c. — * Johannes Henrici junior pro contumacia contra Thomassiam relictam Ricardi le Tonnouerre.

* Item pro contumacia contra Johannem le Richomme.

Johannes Ennourey pro contumacia contra Thomam Fabri juniorem.

* Johannes Henrici junior pro judicato contra Johannem Goye.

* Johannes le Portier junior, clericus, pro judicato de nisi contra Philippum Malherbe.

* Germanus Riqueut pro contumacia contra Henricum Petri.

(1) P. 88.

* Johannes le Forestier pro contumacia contra Johannem le Richomme.
* Item pro contumacia ex officio ad denunciationem dicti Johannis.
* Johannes .... judicato contra Th. Hais.
. . . .

220. — (1) Visitatio facta fuit apud Listreyum per magistrum Johannem Gouin, officialem Cerasiensem, die jovis ante festum sancti Johannis Baptiste anno etc. XLII^{do} (2), per homines subscriptos :

Stephanum Brasseur, Johannem Fabri, Johannem Rogeri, Guillermum l'Englez, Robertum Gaufridi, Exuperium le Forestier, Johannem Roberti.

Primo vidimus omnia ornamenta ecclesiastica bene et sine defectu sufficientia, libros similiter bonos et sufficientes, nisi solummodo unum gradale male ligatum; fontes tamen sine serratura.

Presbiter de Listreyo tenet suam concubinam filiam a l'Aloier sicut ipsa esset sua sponsa, et habuit de eodem plures pueros.

Stephanus Bernardi diffamatur de Johanna la Pierele, et habuit unum [puerum] de eodem.

Filia a l'Orfelin habuit unum puerum de Thour, et de omnibus aliis sicut in visitatione anni precedentis.

221. — (3) Anno M° CCC° XL° II° die martis post festum beate Marie Magdalene (4), Martinus Manchon, clericus, gagiavit nobis emendam pro eo quod manus violenter apposuerat in presentia nostra in curia abbatie Cerasiensis, videlicet in Goretum Ydoene.

ANNO 1344.

222. — (5) Visitatio facta apud Listreium per magistrum Johannem Gouvin, officialem Cerasiensem, die jovis ante festum sancti Clari anno Domini M° CCC° XLIIII^{to} (6).

Nomina juratorum : Radulfus Rogeri, Stephanus de Molendino, Guillermus l'Engleiz, Johannes Roberti, Germanus, Colinus Gos-

---

(1) A l'intérieur de la couverture.
(2) 20 juin.
(3) P. 58.
(4) 23 juillet.
(5) A l'intérieur de la couverture.
(6) 15 juillet.

ceaume, Johannes le Neir, Johannes Gohin, Thomas Rogier, Robertus Herbert alias au Tousey.

Primo vidimus omnia ornamenta ecclesiastica bene et sine deffectu sufficientia; libros similiter.

Presbiter de Listreio tenet suam concubinam filiam a l'Aloier, et genuit in eadem 1 puerum masculum et 1 femellam.

ANNO 1345.

223. — (1) Anno Domini M° CCC° XLV° die martis ante festum sancti Barnabe apostoli (2), presens in judicio coram nobis Johannes Goye, clericus, nobis gagiavit emendam pro eo quod cognovit carnaliter Jaquetam filiam Ricardi le Camtuerre (?), quam sibi inhibuimus; quam taxavimus in instanti ad X libras, cui taxationi sponte acquievit et juravit ad sancta Dei euvangelia eas solvere quocienscunque nobis placuerit.

224. — (3) Anno Domini M° CCC° XLV° die martis ante festum sancti Laurentii (4), circa horam tercie, inditione XIII^a pontificatus domini pape anno III°, ...mriolo aule pavate, uxor Guillermi Billeheut revocavit errorem suum dicendo quod verba que dixerat in judicio erant falsa et falsum dixerat nec de cetero perseverabit in talibus, et quod totum erat mendatium; presentibus magistro J. Gouin officiali, Thoma Riquetemps (?), Ricardo Quesnel, fratribus Guillermo de Quesneto, ballivo Roberto Corbel, Guillermo de Cantillie, Guillermo de Celis, Guillermo de Haia, Johanne des ....., Renaudo le Gouiz, Johanne Vastebley, presbiteris, Colino de Quesneto, clerico. MALHERBE.

225. — (5) Anno Domini M° CCC° XLV° die martis ante exaltationem sancte Crucis (6), Laurentius Foin nobis gagiavit emendam pro eo quod manus injecit usque ad sanguinis effusionem in Guillermum Fabri, clericum, et juravit ad sancta Dei euvangelia facere nostram voluntatem de emenda quam taxabimus contra ipsum.

(1) P. 55.
(2) 7 juin.
(3) P. 54.
(4) 9 août.
(5) P. 55.
(6) 13 septembre.

ANNO 1346.

226. — (1) Visitatio facta fuit apud Listreyum per magistrum Johannem Govin, officialem cerasiensem, die jovis ante festum sancti Barnabe apostoli anno XLVI° (2).

226 a. — Nomina juratorum : Johannes Rogeri, Germanus Riqueut, Johannes Roberti, Guillermus de Molendino, Stephanus de Molendino, Thomas le Mari, Johannes Unfrey, Robertus Hebert, Binetus (?) de Jues (?), Robertus de Juez, Henricus Bertout, Thomas le Pelous, Guillermus le Vieti, Johannes Fabri, Thomas le ...., Drouetus Fabri, Johannes le Neir, Johannes le Rique homme, Germanus le Pelous, Colinus Gosseaume, Colinus Blandin, Guillermus de Alnetis (3), Philippum Rogeri, Stefanum de Molendino, Johannem de Roca clericum, Johannem Riqueut clericum juniorem, Johannem Heberti, Thomam Berguet, Gaufridum de Burgo clericum.

226 b. — Johannes Achart, alias Vaulion, diffamatur de Alicia filiatra sua.

Johannes Caruel diffamatur de Hylaria Riqueut.

Erenborc filia Germani le Rous habuit duos pueros; nesciunt a quo.

Dies assignatur ad diem martis proximo venturam Johanni Rogeri.

Presbiter de Listreio emendavit malefactionem cimiterii.

Johannes Fabri emendavit deffectus.

227. — Anno Domini M° CCC° XLVI° die martis post festum sancti Barnabe apostoli (4), Johannes Rogeri et Johannes Fabri nobis gagiaverunt emendam pro eo quod fregerunt portam cimiterii de Listreio, et juraverunt ad sancta Dei evangelia facere de dicta emenda nostram voluntatem; presentibus fratribus Roberto Oliveri, Gaufrido de Dobra, Philippo Malherbe, Guillermo Syart (?) et pluribus aliis.

228 a. — (5) Anno Domini M° CCC° XLVI°, die martis ante festum beati Johannis Baptiste (6), presens fuit in judicio coram nobis Phi-

---

(1) A l'intérieur de la couverture.
(2) 8 juin.
(3) Peut-être les noms qui suivent, écrits à part et d'une autre main, n'appartiennent-ils pas à la liste des jurés.
(4) 13 juin.
(5) P. 55.
(6) 20 juin.

lippus le Viguerous, presbiter; nobis gajavit emendam pro eo quod tenet publice filiam à l'Aloier ut sua esset sponsa, et de ea habuit unum puerum, quam sibi inibuimus alias et modo jubemus; et dictam emendam taxamus in instanti ad X libros, cui taxationi sponte acquievit, et juravit ad sancta Dei euvangelia eas solvere quocienscunque nobis placuerit.

228 b. — Eadem die (1) et pro eadem causa Thomassia filia Guillermi l'Aloier nobis gajavit emendam, quam taxamus in instanti ad C solidos; cui taxationi sponte acquievit, et juravit ad sancta Dei solvere quotiens nobis placuerit.

228 c. — Eo die (2), nobis emendam gagiavit emendam Johannes Caruel pro eo quod carnaliter cognovit Hilariam Riqueut. Dicta Hilaria nobis emendam gagiavit. Que emende taxantur pro duabus ad XX solidos.

228 d. — Facte fuerunt emenda iste presentibus magistro Thoma Riquetens, fratre Johanne de Baiocis, Philippo Malherbe, Guillermo Simonis et pluribus aliis fide dignis.

229. — (3) Johannes Achart, alias Vaulion, nobis gagiavit emendam pro eo quod carnaliter cognovit filiatram suam et de ipsa habuit unum [puerum], quam emendam nos taxamus ad decem libras vel ad penam corporalem que dividetur per nos. Actum anno XL...., [die] jovis ante festum beati Clari (4), presentibus domino Hugone Affun, magistro Thoma ...., Colino Bernardi ...., Philippo Nepotis et pluribus aliis fide dignis.

ANNO 1351.

229 bis. — (5) Anno L primo martis post Letare Jerusalem (6), Johannes Richier, alias Gatin, vadiavit emendam ad voluntatem nostram pro eo quia confessus fuit in judicio manus injecisse ad defendendum in Johannem le Portier, clericum, in mercato de Ceraseyo. Et eo die

---

(1) 20 juin.
(2) 20 juin.
(3) A l'intérieur de la couverture.
(4) juillet. Je ne puis compléter la date de l'année.
(5) P. 19.
(6) 22 mars 1352.

Circ. a. 1369 CURIE OFFICIALIS CERASIENSIS.

Johannes le Portier, clericus, vadiavit emendam pro eo quod percussit dictum Gatin retro manu dicens quod idem Gatin spuit in vultu.

ANNO 1361.

230. — (1) Anno Domini M° CCC° LXI° die mercurii ante festum sancti Petri ad cathedram (2), Robertus le Grandin, de Beinis (?), gagiavit nobis emendam in judicio pro eo quod citaverat plures in nostra juridictione nostros homines et subditos coram officiali Baiocensi sive contractus, etc. ; et juravit ad sancta Dei euvangelia facere voluntatem nostram de eadem, et de hoc fidejussit ipsum dominus de Beinis et ejus mater, et renunciavit quod ratione minoris etatis contra non veniret.

ANNO 1369 VEL CIRC. (3).

231. — (4) Die martis in festo beati Remigii (5), Thomas de Costentino, actor, et Bertaudus de Teuvilla, clericus, de omnibus injuriis ex utraque parte inter ipsos usque ad hodiernum diem, ad penam perjurii et centum solidorum turonensium, et durabit usque ad festum Omnium Sanctorum (6), in Colinum Samedi, unicum arbitrum nominatum a dictis partibus.

232. — (7) In vigilia sancti Laurencii dies mercurii (8), Thomas Quinot, clericus, verberavit turpiter in capite captum in gutture usque ad sanguinis effusionem enormem cum baculo. Testes Johannes Vivien famulus Johannis le Lavendier, Johannes Ameline filius Johannis Ameline, relicta Radulfi le Rusolier, Jacobus Quinot.

233. — (9) Die dominica ante festum beati Dionisii (10), pro verberibus

(1) P. 30.
(2) février 1362.
(3) Je réunis sous cette date une vingtaine d'articles (231-255) dont je ne puis déterminer la date, mais qui semblent postérieurs à environ 1365 et antérieurs à environ 1375.
(4) P. 2.
(5) La fête saint Remi tomba le mardi en 1370.
(6) Suppl. *compromiserunt.*
(7) P. 9.
(8) Cette date pourrait convenir à l'année 1373.
(9) P. 11.
(10) Le ms. porte *Ditnos.* avec un signe d'abréviation.

testes : relicta Radulfi Guesdon, Johanna relicta Germani Riqueut, Lucia uxor Philipoti Quinet. — Die dominica in mense setembri Henricus Bertin verberavit le Quoquet.

234. — (1) Intendit probare coram vobis promotor officii, actor, contra Colinum le Tose, reum, quod ipse reus manus injecit violentas in dominum Guillermum le Deer, presbiterum; item et quod idem reus ambulans cum dicto presbitero de Ceraseyo apud Listreyum in via percussit dictum presbiterum; item et quod dictus manus in dictum presbiterum cum ira et mala voluntate injecit; item et quod idem presbiter iratus eo quod dictus (* reus percussit eum revocavit in suum cor.); item et quod premissa sunt vera.

235 a. — (2) In causa de Convains, Stephanus Hervey verberatus per Colinum le Sage penes Dodaere et ad pontem Tenneres vel eo circa. Colinus le Sage citatus ad sabbatum.

Uxor Guillermi Baignart citata ad diem jovis vel veneris responsura causa sortilegii.

In causa de Listreyo Stephanus Bernart, clericus, notarius curie nostre, verberatus per Philipotum Rogerii et per Petrum de Batpaumes et fratrem suum.

Thomas de Cantepie Joreta uxor Laurentii Quevet.

Uxor scutiferi et Ector (?) de Listreyo, Michael Picot, G. Henrici, Fortin, Reginaldus Lupus, Stephanus Bernart, Philipotus Rogerii et uxor ejus, Philipotus le Pelous alias Gal., Johannes l'Engles alias Jembu.

235 b. — Quedam vidua de Convains vocata la Rendre conquesta est et conqueritur ad officium quod Petrus Ediene voluit ipsam rapere et capere violenter verberando eam turpiter. Quare citatus fuit ad diem lune in vigilia sancti Johannis Baptiste (3).

Rector de Beynes conqueritur de Johanne du Bois d'Ele super injectione manuum violentarum per dictum Johannem in se et in pannis suis in presentia multorum. Die mercurii ante festum sancti Nicholai.

235 c. — Die jovis ante festum sancti Nicholai estivale, circa horam vesperorum, comparuerunt coram nobis rector de Beines et, ex

(1) P. 35.
(2) P. 28.
(3) Cette date pourrait convenir à 1365 ou 1376.

una parte, et Johannes du Bois d'Ele, ex altera; dictus rector asserens quod dictus Johannes manus injecit violentas in ipsum et in pannis suis, mantellum suum in hoc injuste detinendo; quare petebat sibi mantellum suum restitui; qui Johannes juratus coram nobis dixit per juramentum quod fecerat quod manus non injecerat in dictum rectorem; quibus assignavimus diem ad diem sabbati inde sequentem, videlicet dicto rectori ad probandum super injectione a dicto Johanne in ipsum et in pannis suis facta ut dicebat, et dicto Johanni ad probandum similiter videlicet quod manus non injecit in dictum rectorem et quod sponte exuens mantellum suum tradidit et dimisit pro octo solidis in domo dicti Johannis jam expensis.

235 d. — Quia Petrus Ediene, alias Fare, volebat coire cum quadam vidua vocata la Rendie contra voluntatem ipsius in juridictione nostra, ut asseruit nobis, et quod propter hoc verberavit eam turpiter, de hoc se conquerendo, quam dictum Petrum fecimus citari per apparitorem nostrum ad diem lune ante festum nativitatis sancti Johannis Baptiste, qui non venit nec pro se misit; ideo ipsum reputavimus contumacem, et eundem Petrum excommunicavimus culpis suis exigentibus et sic remansit et est excommunicatus.

Johannes de Roca ......, clericus, et dominus G. le Deen, presbiter, compromiserunt in Ricardum Vincent ad penam decem librarum si .... die martis ante festum beate Marię Magdalene.

236. — (1) Prorogamus Blasio Meriane diem suum ad diem jovis ante festum kathedre sancti Petri.

Colinus de Cantillie pro sigillo. Die mercurii ante ascensionem Domini 22 denarios.

Guillermus le Tousey contra Stephanum de Molendino causa reconvencionis petit quod fecit pactum pro serviendo sibi per annum per precium sex librarum et quod perpessus est dampnum de retardatione servitis in quinque solidos.

237. — (2) Nos prorogamus Blasio Meriane diem suum ad diem martis ad taxandam emendam.

Symon Freret, Becomirour penes Johannem le Guilour, relicta Rogeri Eschevas, Thomas Jupin, uxor de Giretel, Goubert, Jamet Buquet, Thomas de Tonnieres, alias Vaux.

(1) P. 18.
(2) P. 20.

G. le Pilleys, Robertus le Fretey, Simon Dorenlot, absoluti per dominum abbatem.

Guillermus le Maroul le jeune ad diem martis post festum sancte Agathe.

238 a. — (1) In causa ex officio. Johannes Bois d'Ele citatus pro injectione in rectorem de Beennes; item pro injectione.

Item Petrus de Batpaumes pro injectione in Stephanum Bernart, clericum.

Item Johannes le Jambu pro recoligendo dicta testium super ipso.

Item Rogerus Genas pro injectione in G. Blang. in Colinum Seart et Joannem de Heriz, clericos. Ex officio.

238 b. — Johannes de Sancto Claro comparuit coram nobis die sabbati post festum sancti Petri ad vincula in causa injectionis manuum in Henricum de Heriz et fuerunt producti ex officio duos testes videlicet Guillermum Pantouf et Colinum Briquet et assignata dies Johanni de Sancto Claro ad diem mercurii ex officio ad videndum testes produci secundo.

238 c. — Dies assignatus erat Colino le Touse ad dicendum contra testes et attestationes testium productorum per promotorem ad diem mercurii post festum beati Mathei, apostoli, quam diem prorogavimus ad diem veneris proximo sequentem rogatu domini abbatis.

238 d. — Philipotus le Pele de Croe confessus fuit in judicio debere (?) XL solidos domino abbati, die mercurii ante festum beati Michaelis, et habet [terminum (?)] quindene.

239. — (2) Ex officio, in causa scutiferi ad producendum testes, ad diem veneris.

Ex officio, Ricardus (?) Jembu.

Ex officio, in causa de Boys d'Ele, ad diem veneris.

Ex officio, in causa Genas, ad diem veneris.

240. — (3) Guillermus de Formigneyo et uxor ejus, Thomas le Clerc, Colinus Hart, uxor Roberti le Quoc, filia Henrici de la Valaals, uxor (?) Laurencii de Grain, Johannes Piton, ancilla Rabasce, ad octo dies per abbatem; die mercurii ante festum Michaelis.

(1) P. 30.
(2) P. 32.
(3) P. 34.

Circ. a. 1369   CURIE OFFICIALIS CERASIENSIS.   475

Die mercurii ante festum sancti Michaelis, prorogavimus Guillermo l'Er diem suum ad octo dies.

241 a. — (1) Guillermus le Guillour, clericus, juratus, etc. dicit per suum juramentum quod in presentia plurium, de quorum nominibus non recolit, erat apud Sanctum Laudum in taberna penes Mauteint, et quod audivit quod actor petebat a dicto reo XII solidos, et post plura verba composuerunt per IX solidos reddendos eidem actori ad festum sancti Egidii sequentis; non recolit de tempore sed dicit quod fuit in anno elapso ante dictum festum. De tercio (?) articulo ignorat.

241 b. — Thomas de Alnetis, clericus, ex officio Petrum le Tousey clericum. R[eum ?].

Thomas Lison manus apposuit in Johannem le Deen et in Dionisium Quinot, clericos, et in bonis eorum.

242. — (2) Henrica uxor Colini Oliverii dixit se nichil vidisse.

Henrica uxor Johannis Pomier quod interverberabant se in Quesnesia et quod ex utraque fuit fluxus sanguinis.

Ranulfus Roberti, clericus, quod Ludovicus et Laurentius interverberabant se in Quesneia et bene sit quod ibi fuit efusio sanguinis ex utraque parte de Astancia domine uxoris prenominate testis loquens et Johannes le Goez.

Johannes le Goiez dicit quod in Quesneya Laurentius de Alnetis percussit Ludovicum Riqueut una vice unum itum validum super capud. Johannes Riqueut senior percussit similiter super Laurentium. Sed Laurentius primo percussit super Riqueut seniorem.

Laurentius Confessus fuit manus aposuisse in panis junioris Riqueut et quod percussit ipsum cum pugno una vice.

243. — (3) In causa matrimoniali coram nobis agitata inter Johannem de Ponte et Guillermetam la Senescalle, ex una parte, et Johannam la Rate opponentem, ex altera, in hunc modum: quia dicta Johanna dicebat dictum Johannem tempore juventutis sue unum puerum in ea genuisse, quem dicta Guillermeta de sacro fonte levasse asserebat, viso et examinato processu, visis positionibus et responsionibus et interrogatoriis a nobis ex officio diligenter inquestis et responsionibus pertinentibus ad easdem, consideratis et aliis que nos movere poterant

(1) P. 63.
(2) P. 64.
(3) P. 14.

et debebant, communicato jurisperitorum consilio, dictos Johannem et Guillermetam adjudicamus in maritum et uxorem, non obstante impedimento dicte Johanne, de quo nobis constare non potuit, ipsos Johannem et Guillermetam ad solemnizandum matrimonium in facie ecclesie (1) temporibus ad hoc aptis bannis que factis ut moris est, dum tamen non sit impedimentum canonicum quod obsistat, finaliter pronunciamus. Lata partibus presentibus die sabbati ante festum sancti Barnabe apostoli.

244. — (2) Die martis post Letare Jerusalem, Johanna filia Johannis Ameline citata comparuit coram nobis, et dixit per juramentum quod non coierunt carnaliter, et quod Germanus de Furno afidaverat eam in die dominica ad faces in sero in domo Johannis Ameline, et quod osculaverunt inter se, et quod inter se se regratiaverunt, et eidem injunximus ad penam C marcarum argenti et scale re forciori vinculo se ligarent de cetero invicem donec causa terminaretur inter dictum G. et Guillemetam filiam Johannis Riqueut, et eciam eidem assignamus diem martis post judica.

245 a. — (3) In causa inter Stephanum de Molendino et dominum G. le Deen, presbiterum.

Rogera la Margnete, jurata, etc., dixit quod erant ad ignem sedentes, et quod accepit in brachiis suis filiam dicti Stephani dicens : « Mea pulcra netis, ego dabo tibi unam tunicam burelli mei, » et quod erat I annum elapsum.

Johannes Alani testis, etc., dixit quod est unum annum elapsum quod sedebant ad ignem et quod dictus G. dixit : « pulcra neptis, oscula me » ; et osculavit eam, et tunc dixit : et ego do tibi unam tunicam burelli mei quando factum fuerit. »

Johanna uxor testis precedentis dixit eodem modo quod maritus suus.

Martis post festum beati Petri ad vincula.

245 b. — Thomas Quinot, clericus, dicit per suum juramentum quod quantumcunque procreassent insimul, credidit quod fuit de voluntate dicte mulieris, et credidit melius quod carnaliter peccarent quam alias in dicta nocte. Ad secundum articulum dicit quod bene

---

(1) P. 15.
(2) P. 90.
(3) P. 66.

credit quod pluries in simili se invicem connexerunt, et quod hoc audivit pluribus hominibus et feminis dixi que aliud et quod fama talis est.

Dionisius Quinot, clericus, testis, etc.
Radulfus Roberti, clericus, testis, etc.
Robertus Riqueut, clericus, etc.
Ren. l'Engleis, testis, etc.
Johannes Riqueut, junior, testis, etc.
Germanus Galteri testis, etc.
Guillermus Bilion testis, etc.
Radulfus ...... et testis, etc.
Petrus le Touse testis, etc.
Johannes le Touse testis etc. sicut primus testis.

246. — (1) Die lune post Cantate Domino; domino G. Berguet III rogamus, videlicet I super dominum G. le Deen presbiterum, alterum super Symone Preposito de Blagneyo, tercium admonitio super Johannem de Vallibus de Cotun.

Eodem die, Henrico de Val. unum super les Hupines.

247. — (2) Presbitero de Ceraseyo : Excommunicavimus Samsonem le Mareschal pro contumacia contra Dyonisiam filiam Reginaldi Morice.

248 a. — (3) Gaufridus de Burgo confessus XX denarios.
Robertus le Quoquet.
Johannes Caruel confessus fuit VIIII blans.
Guillermus Henrici XIII blans.
Robertus Henri VI blans.
Stefanus de Molendino IX blans.
G. le Tousey III blans.
Johannes Riqueut, clericus, X solidos. Negat.
Johannes de Roca confessus fuit XVI manseis.
Robertus le Quoquet IX blans.

248 b. — Johannes le Petit, alias l'Abbey, actor, et Radulfus Rogerii, reus, constituti in jure coram nobis, compromiserunt in Gaufridum de Monfiquet, clericum, unicum arbitrum arbitratorem seu amicabilem compositorem, die martis ante festum beate Cecilie virginis.

(1) P. 63.
(2) P. 84.
(3) P. 86.

Mercurii ante festum Lucie virginis, V solidos.

Johannes Alani, alias le Breton, pro Petro le Tousey, clerico, ad penam II solidorum.

Johannes Riqueut, pro Johanne Heberti, ad penam duorum solidorum, VII solidos VI denarios.

Johannes Alani confessus fuit XVIII denarios; item confessus fuit VII denarios obolum, scilicet expensas (?) super X solidos V blans; item super IIII blans negat. Item confessus fuit IX denarios.

Johannes Bequet XVIII solidos. Johannes Alani pro ipso ad penam V solidorum.

248 c. — Philippus le Pelous alias Gelet X .... Johannes Riqueut pro ipso ad penam V solidorum.

Johannes Henrici XV solidos. Johannes Henrici pro ipso ad penam V solidorum.

Stefanum de Molendino V solidos. Robertus (?) Henrici ad penam II solidorum.

Johannes de Roca, clericus, V solidos. Robertus Henrici pro ipso ad penam II solidorum.

Philippotus le ..... tu, alias Gaspel; VII solidos VI denarios. Robertus Henrici pro ipso ad penam duorum solidorum.

Thomas Berguet XVIII solidos. Co...........ut pro ipso ad penam V solidorum.

248 d. — Philippotus Rogeri V solidos. G. Berguet pro ipso ad penam XII denariorum.

Michael Picot .... Riqueut pro ipso ad penam III solidorum.

Robertus Henrici presente XVIII solidos negat. Philipotus le Vietu V solidos. .... pro ipso ad penam XII denariorum.

Gaufridus de Burgo, clericus, XV denarios. Johannes Alani pro ipso ad penam X denariorum.

Johannes Roberti VIII solidos clericus (?). Johannes Riqueust pro ipso ad penam VIII denariorum.

Petrus Evrart V solidos. Johannes Riqueust.................
.... ad penam XII denariorum.

249. — (1) Die martis post Letare Jerusalem, Ranulfus l'Engleys,

---

(1) P. 96.

clericus, confessus fuit G. Goye, clerico, III bussellos frumenti precio (1) ad causam thesaurarie de Listreyo de redditu; item XXXII denarios de arreragiis redditus dicte thesaurarie, salvis expensis.

Eodem die, G. Berguet confessus fuit Thome Ferrant V solidos de nummatis dicti Thome, salvis expensis.

Eodem die, G. Onfredi confessus fuit G. Henrici VI solidos per computum factum inter ipsos ex omnibus pro tempore [preterito].

250 a. — (1) Johannes le Goujez confessus fuit. Thome Sansonis XX solidos VI denarios cum expensis, die lune ante purificationem beate Marie, cum clausula de nisi.

250 b. — Guillermus le Jolis confessus est Guillermo Henrici VIII solidos X denarios pro compotis factis inter ipsos, tam de nummatis taberne ipsius quam pro aliis, et de hoc supposuit juridicioni nostre cum expensis inde factis. Martis post festum beate Agathe. Eodem die, confessus fuit rectori de Listrie VI solidos pro argento (?) dicti presbiteri eidem tradito, supponens se juridicioni nostre.

Eodem die, Johannes Bequet, alias le Rousset, confessus fuit Ludovico le Vietu XXXV solidos cum expensis inde factis pro uno jumento quam (?) dictus (?) le Rousset habuit a dicto Ludovico.

250 c. — G. (?) Bernardi, junior, confessus est Gaufrido Malherbe XLVI solidos VI denarios pro vendicione brasii cum clausula de nisi, X solidos in [capite (?)] quadragesime, ad Rogationes XVIII solidos III denarios et totidem ad nativitatem beati Johannis Baptiste.

250 d. — Die martis ante festum beati Mathie apostoli, Guillermus Henrici confessus est Gaufrido Malherbe, clerico, sexaginta et unum solidos pro venditione brasii (?) per finem compoti facti inter ipsos solvendos in medio quadragesime.

250 e. — Johannes Riqueut, junior, clericus, recognovit et confessus [fuit] debere Germano Roberti XL solidos et II virga canopis, ex vero et legitimo mutuo, [reddenda (?)] ad festum sancti Michaelis in mense septembri; cui injunctioni acquievit.

Die martis post Oculi mei, Guillermus Henrici confessus fuit debere Gaufrido Malherbe, clerico, XXXIII solidos de venditione brasii, solvendos ad Pascha.

251 a. — (2) Die lune post festum beati Barnabe apostoli, Stefanus

(1) P. 90.
(2) P. 64.

ee Molendino confessus fuit in jure coram nobis sex boissellos ordei dt sex albos valoris II solidorum et sex denariorum salvis expensis ad quindenam Johanni le Tousey.

251 b. — Eodem die, Johannes de Roca confessus fuit in jure coram nobis septem boissellos ordei salvis expensis solvendos ad quindenam Johanni le Tousey.

251 c. — Laurentius de Bapaumes confessus fuit in jure debere Thome Toustein XIII solidos de nummatis taberne dicti Thome die martis post Eucaristiam Domini.

252 a. — (1) Die martis post Eucaristiam Domini, Johannes de Roca confessus fuit Philippo le Pelous, alias Galet, quinquaginta solidos turonenses pro computo de omnibus in quibus ad invicem convenerant usque ad dictum diem.

252 b. — Die lune ante festum beati Barnabe apostoli Ranulfus l'Engleis, clericus, confessus fuit Johanni le Touse XXVIII albos taliter quod si plus debebat in verbo dicti Johannis ponebat sine alio processu pro nummatis taberne dicti Johannis.

252 c. — Die lune ante festum beati Barnabe apostoli, confessus fuit in judicio coram nobis Johannes de Roca Colino de Cantillie XX^u solidos de nummatis sue taberne, solvendos ad quindenam.

253. — (2) Ricardus Vaumen (?), de sancto Quintino, promisit per fidem juramenti servire cum superlitibus suis in opere rotarie per unum annum integrum cum duobus mensibus cum Johanne Riqueut juniore et Ludovico Riqueut, clericis, ita et taliter quod opus et lucrum per tempus predictum erit dictis Riqueut et quod hoc pactum factum fecerunt cum dicto Ricardo causa addicendi artem suam, et de hoc se supposuit juridictioni nostre per preciam IX^{em} francorum auri per tempus supradictum et unam bonam tunicam burelli cum calciamentis suis per tempus supradictum et tenentur dicti clerici superletilia dicti Ricardi in casu frature meliorare et reparari et si contingat ipsos dicedere causa rationabili dictus confitens aut qui causam habuerit ab eo non petet nisi ad respetum temporis quo cum ipsis superfuerit secundum salarium predictum solvendum per quarteria anni.

---

(1) P. 63.
(2) P. 62.

254. — (1) Johannes de Hamelo de Campigneyo, tutor heredum Nicholai de Hamelo, recognovit debere XV dolia calcis (2), de quibus promisit quinque solvere infra festum Omnium Sanctorum et de aliis decem doliis promisit solvere X frans infra festum sancti Andree, salvis expensis, supponente se juridictioni nostre.

255. — (2) S. de Molendino debet J. Riqueut VI solidos IIII denarios ad causam nummatarum taberne et ex attornatione J. Pouchin et ex factione rotarum fust.

ANNO 1370.

256. — (3) De anno septuagesimo. Regestrum excommunicatorum.

256 a. — Presbitero Beate Marie sancti Amandi et sancti Laurencii de Torigneyo, Presbitero de Convains, Presbitero de Croe : Colinum Durant alias Fleches, Robertum le Clerc, Tassinum le Pillour, Petrum Bertout, Ricardum Dyonisii, Thomas Dionisii, relicta Guillermi Hamonis, Johannes l'Escogan clericus, Ludovicum Besquier, Johannem Priant, excommunicatos pro judicato contra religiosos viros abbatem et conventum de Ceraseio. — Convains; per rogatum.

Croue. — Item Ricardum de Bernesco excommunicatum pro contumacia contra eosdem religiosos de Ceraseyo.

Presbitero de Ceraseyo : Robertus le Quoc et ejus uxor excommunicati pro contumacia contra Johannem Hequet.

Presbitero de Ceraseyo : Johannes de Sancto Claro pro contumacia contra Petrum le Paumier.

Presbitero de Ceraseyo : relictum Renaudi le Guillour pro contumacia contra Johannem Petri.

Presbitero de Ceraseyo : Jouet filius Johannis le Touse pro contumacia contra promotorem.

256 b. — Johannam la Merelee pro contumacia contra Thomam de Cantepie, clericum.

Presbitero de Listreyo : Thomam de Cantepie, clericum, pro judicato contra Thomam Potier.

---

(1) P. 31.
(2) P. 44.
(3) P. 10.

Presbitero de Listreyo : Guillermum de Alnetis pro contumacia contra Johannem le Touse.

Dyonisium Dragee bis excommunicatum contra Henricum de Valeya. — Per rogatum; Convains.

Robertum le Grandin, clericum, pro judicato, — Convains : Guillermum l'Er pro contumacia, — presbitero de Convains : Michaelem le Gorju, pro contumacia, — contra ipsum Henricum de Valeya. Per rogatum.

Presbitero de Convains : Johannem l'Escogan pro contumacia contra abbatem et conventum de Ceraseyo.

Croue : Philippum le Pele pro contumacia contra ipsos.

Colinum de Hungrie pro contumacia contra promotorem. Colinum de Hungrie excommunicatum pro contumacia contra promotorem, culpis suis exigentibus.

Presbitero de Saoneto : Johannem Vernet excommunicatum pro contumacia contra abbatem et conventum de Ceraseyo.

256 c. — Presbitero de Duobus Jumellis : Guillermum de Bosco excommunicatum pro contumacia contra Guillermum Bernart.

Presbitero de Ceraseyo : Michaelem Varignon excommunicatum pro contumacia contra Ricardum Adubedent. Per rogatum.

Robertus Baudouin excommunicatus pro judicato contra Thomam de Cantepie. Beate Marie de Blayneyo.

Johannem Petri alias Henaut excommunicatum contra Guillermum de Montfiquet pro judicato.

Guillermum Tresel excommunicatum ex officio.

Guillermum le Couf excommunicatum ex officio.

Johannem Rabas pro judicato contra Robertum . . . .

Johannem Harel, clericum, excommunicatum pro contumacia contra Thomam Toutain. Presbitero de Nova Villa; per rogatum.

257. — (1) Anno Domini M° CCC^{mo} septuagesimo die mercurii ante festum sancti Mathei apostoli (2). Regestrum excommunicatorum.

257 a. — Aeliciam uxorem Ricardi Daniel excommunicatam pro contumacia contra Ranulfum Marie.

Johannem Hequet, alias Morin, excommunicatum pro judicato contra Thomam de Cantepie.

(1) P. 24.
(2) septembre.

Inguerrannum de Mara excommunicatum pro contumacia contra Colinum de Cantilleyo. De Sancto Martino de Blengnyo.

Robertum Loyspant, Tassinum le Pilléour, Petrum le Bienex, Martinum de Vale, Johannem le Duc, Johannem Furet, Lucam Hanourey, Johannem l'Engleis, Johannem Canal, Robertum de Ponte, de Thorignie, excommunicatos pro contumacia contra religiosos viros abbatem et conventum de Ceraseyo. Per rogatum.

Ricardus Corneille de Beneio excommunicatus pro contumacia contra Johannem du Boys d'Ele. Per rogatum. 2 solidos.

Johannem Maysel de Convains excommunicatum pro contumacia contra Thomam Potier.

257 b. — Ludovicum Bochier, Johannem Poiant, de Conveins, Guillermum de Brae de Heuteville, excommunicatos pro contumacia contra abbatem et conventum de Ceraseyo. Per rogatum.

Iterum. Presbitero de Renge : Ricardum Cornelle excommunicatum contra Johannem du Boys d'Ele pro contumacia, et per rogatum. Iterum II solidos.

Presbitero de Angguierwile; Johannem Martin, clericum, excommunicatum pro contumacia contra religiosos viros abbatem et conventum de Ceraseyo. Per rogatum.

Presbitero de Lystreio : Thomam le Pele excommunicatum contra Thomam Potier pro contumacia.

Philipotus le Pelous, alias Galet.

Presbytero de Listreyo : Robertum Malherbe, clericum, excommunicatum pro contumacia contra Guillermum Ameline.

Presbitero de Listreyo : Thomam Sanson alias Machon excommunicatum pro judicato contra Guillermum Goye, clericum. 15 denarios.

257 c. — Presbitero de Molis : Ricardus Auberth, clericus, Philipotus Oliverii excommunicati pro contumacia contra abbatem et conventum monasterii Sancti Vigoris de Ceraseyo. Per rogatum.

Presbitero de Listreyo : Johannem l'Engleys, alias ..., excommunicatum pro contumacia contra Petrum de Batpaumes.

Presbitero de Molis : Robertum Osber, Ricardum Osber, clericum (iterum), excommunicati (iterum) pro contumacia contra religiosos viros abbatem et conventum de Ceraseyo. Per rogatum.

Presbitero de Treveriis. Rogerum Gouet et ejus filium clericum excommunicatos pro contumacia contra promotorem officialis cerasiensis per rogatum culpis suis exigentibus. Nihil quia fuit absolutus ad P. Bernart instanciam.

Presbitero de **Listreyo** : Michaelem Picot et Matheum le Touse, (12 denarios), excommunicatos pro contumacia contra G. le Touse clericum.

257 *d*. — Presbitero de **Haya** : Ricardum le Canoine excommunicatum pro contumacia contra Ricardum Vitart. Per rogatum.

Presbitero beate Marie de **Blaingnie** : Johannem Flambart, Robertum Baudouin excommunicatos pro contumacia contra Petrum Guignet.

Presbitero de **Ceraseyo** : Robertum Petri excommunicatum pro contumacia contra Guillermum le Tousey pro contumacia.

Presbitero de **Ceraseyo** : Jacobum Buqueti et Colinum Buqueti excommunicatos ex officio contra promotorem.

257 *e*. — Presbitero de **Bleingnie** beate Marie : Ricardum Prepositi clerici (1), — presbitero de **Ceraseyo** : filium Thome Anglici, — excommunicatos ex officio culpis suis exigentibus contra promotorem.

Presbitero de **Ceraseyo** : Robertum Bequet excommunicatum pro judicato de nisi contra Thomam Pothier de Liteau.

Presbitero de **Ceraseyo** : Robertum Bequet excommunicatum pro judicato contra Colinum de Quemino.

Item presbitero de **Ceraseyo** : Robertum Bequet excommunicatum pro judicato contra relictam Johannis Aubin.

257 *f*. — Presbitero de **Torignie** : Johannem du Baille, Ricardum Heret, Colinum Durant alias Fleches, Johannem le Bocher, Robertum le Clerc, Colinum le Sage (?), Ricardum Dionisii, Thomam Dionisii, Gaschier Bouel, excommunicatos pro contumacia contra religiosos viros abbatem et conventum de Ceraseyo. Per rogatum.

Presbitero de **Convains** : Johannem Marquier, alias Sauvin, Michaelem le Gorju, Radulfum du Hamelo contra religiosos, etc. Per rogatum.

Presbitero de **Formigneyo** : Symonem de Lentot, Guillermum le Pilleys excommunicatos pro contumacia contra religiosos, etc. Per rogatum.

Decano de **Campigneyo** : Johannem le Midout, presbiterum, suspensum pro contumacia contra dictos religiosos Per rogatum.

(1) *Sic.*

Presbitero de Virville : Radulfum l'Ermite excommunicatum pro contumacia contra dictos religiosos. Per rogatum.

Presbitero de Listreyo : Johannem l'Abbe, Stephanum Bequet, excommunicatos pro judicato contra Colinum de Cantillie.

Presbitero de Listreyo : Johannem de Cantepie, clericum, excommunicatum pro judicato de nisi contra Thomam Potier (?).

257 g. — Presbitero de Listreyo : Thomam de Cantepie excommunicatum ex officio culpis suis exigentibus contra promotorem.

Presbitero de Ceraseyo : Georgiam uxorem Laurencii Quevet excommunicatam ex officio culpis suis exigentibus contra promotorem.

Presbitero de Formigneyo : Symonem Dorenlot, Guillermum le Pilleys excommunicatos pro contumacia contra religiosos. Per rogatum.

Presbitero de Virville : Radulfum l'Ermite excommunicatum pro contumacia contra religiosos. Per rogatum.

Presbitero de Agnierville : Reulandum dictum Clericum excommunicatum pro contumacia contra religiosos. Per rogatum.

258. — (1) Anno Domini M° CCC^{mo} septuagesimo die martis ante festum sancti Michaelis in monte Tumba (2), Thomas de Cantepie et Joreta uxor Lorencii Quenet gagiaverunt nobis emendam ad voluntatem nostram pro eo quod dictus Thomas diffamatur de ipsa Joreta, et juraverunt dictam emendam solvere; quam emendam retinemus ad taxandum quia data fuit Guillermo de Arouville.

259 a. — (3) Thomas Jupin, operator in opere fullonis, gagiavit nobis emendam eo quod operatus fuit in opere predicto in solemnitate dedicationis monasterii cerasiensis, quam emendam nobis promisit solvere fide media ad voluntatem nostram, et taxavimus eam ad II solidos. Anno setuagesimo die mercurii ante festum sancti Andree apostoli (4).

259 b. — Die et anno predicto, Johannes le Guilouur gagiavit nobis emendam pro coopertore suo faciens opus suum in solemnitate dedicationis monasterii cerasiensis, quam emendam promisit solvere fide media ad voluntatem. Taxatam ad II solidos.

(1) P. 24.
(2) 24 septembre.
(3) P. 19.
(4) 27 novembre.

260. — (1) Anno LXX°, die martis post festum sancti Hilarii (2), Blasius Meriane citatus ex officio comparuit in judicio coram nobis, et gagiavit nobis emendam pro eo quod ipse dixit domino Guillermo le Deen, presbitero, palam et publice in ecclesia tunc missam parrochialem celebranti, populo ubi undique congregato, quod ipse revelaverat confessionem suam, ecclesiam et ministros ejusdem diffamando, quam emendam nobis promisit solvere fide media ad voluntatem nostram, salvis expensis promotoris; quam taxavimus ad XVI solidos. Satisfecit.

261. — (3) Anno septuagesimo. Visitatio facta seu inquisitiones generales per nos Ludovicum de Monte Freardi, officiales de Ceraseyo, die martis post Letare Jerusalem (4).

261 a. — Nomina juratorum: Colinum le Bourgeel, Johannes Beer, Petrus le Guiloour, Thomas le Tort, Johannes Hequet, Hamon Baudri, Thomas de Tornieres alias de Vax, Thomas Ferrant, Thomas Jupin senior, Colinum Paris, Johannes de Cantillie, Johannes le Cordier, Johannes le Touse senior, Sanson de Calenche, Bartholomeus de Tainville, Laurentius Sanson, Petrus Hequet, Guillermus le Fevre, Johannes le Guiloour.

261 b. — Soror Colini Malherbe diffamatur de uno britone et habuit unum puerum de eo.

Uxor Guillermi Bignart diffamatur de sortilegio. Fa..

Johannes Pomier et uxor ejus non bene se habent ad letum. Citati coram nobis juraverunt quod bene se haberent de cetero; quod eis injunximus ad penam scale.

Joreta uxor Laurentii Quevet diffamatur de Thoma de Cantepie et pluribus aliis, videlicet (?) de communi. Fama talis est.

Uxor Guillermi Fouin diffamatur de domino Radulfo Den. Item diffamatur de domino Johanne Viel.

261 c. — Johannes Miete diffamatur de lepra.

Uxor Ren. Morice diffamatur de communi. Citata coram nobis noluit jurare; cui assignata fuit dies post prandium.

Alicia filia Ricardi Daniel diffamatur de communi et male se habet cum marito suo.

---

(1) P. 24.
(2) 15 janvier 1371.
(3) P. 25.
(4) 26 mars 1371.

Alicia uxor Ricardi Daniel diffamatur de filio Guillermi Fabri et de aliis, et non se bene habet cum marito suo.

Johanna la Gachierre diffamatur de Thomas Piederche et pluribus aliis.

261 d. — Relicta Petri Houlete diffamatur de sortilegio. Jurata coram nobis factum.

La Louvete diffamatur de pluribus.

Coleta filia Thome de Landis diffamatur de Radulfo Agoulant.

Guillerma Morice concubina Johannis de Ponte et habuit sex pueros de eo.

Villemeta relicta Ranulfi le Guiloour diffamatur de adulterio et peperit unum puerum. Fatetur.

Relicta Johannis de Sancto Claro diffamatur de adulterio et peperit unum puerum. Fatetur.

Johanna filia Johannis de la Crouere diffamatur de incontinentia et habuit unum puerum. Fatetur.

262 a. — (1) Anno LXX° die lune post Judica me (2), Guillermus de Beinnes, clericus, presens in judicio coram nobis gagiavit nobis emendam eo quod verberavit Thomam le Tort eum turpiter vulnerando multis plagis, ita quod dubitatum fuit de vita ejus; tamen savatus fuit; quam emendam taxavimus ad quadraginta solidos sub moderatione domini abbatis.

262 b. — Ipso die (3), Bertaudus de Teinville, clericus, gagiavit nobis emendam eo quod accusatus coram nobis quod fecerat juramentum in curia seculari coram senescallo absque licencia nostra, factum sponte recognoscens. Emendam illam remisimus amore amicorum suorum.

262 c. — Ipso die (4), Alicia uxor Ricardi Drouel diffamata de filio Guillermi Fabri ac eciam de aliis accusata coram nobis in judicio gagiavit emendam; quam taxavimus ad V solidos. Pauper est.

262 d. — Ipso die (5), Thomas Predel et Johanna la Gadriere citati coram nobis et causanti de adulterio jurare noluerunt neque obedire, propter quod excommunicati fuerunt.

(1) P. 24.
(2) 24 mars 1371.
(3) 24 mars 1371.
(4) 24 mars 1371.
(5) 24 mars 1371.

ANNO 1371.

263. — (1) Regestrum excommunicatorum curie cerasiensis de anno setuagesimo primo incipiente ad Pascha (2).

263 a. — Presbitero de Listreyo : Johannem le Baut excommunicatum pro contumacia contra Guillermum le Tousey.

Presbitero de Moyon : Johannem Baivel excommunicatum pro contumacia contra Henricum de Valeya. Per rogatum.

Presbitero de Listreyo : Henricum le Telier alias Bertin, clericum, excommunicatum pro contumacia contra Johannem de Roqua.

Presbitero de Ceraseyo : Michaelem Varignon excommunicatum pro judicato de nisi contra Johannem Rabasse.

Presbitero de Listreyo : Thomam de Cantepie, clericum, excommunicatum pro contumacia contra Colinum Potier.

Presbitero de Listreyo : Guillermum Rogier excommunicatum pro contumacia contra Johannem le Tousey.

Presbitero de Croue : Ricardum de Berneet, — presbitero de Convains : Johannem Briant, — excommunicatos pro judicato contra religiosos viros abbatem et conventum de Ceraseyo. Per rogatum.

Presbitero de Ceraseyo : Johannem le Roussel, alias Gratien, excommunicatum pro contumacia contra Johannem Riqueut.

263 b. — Priorem de Duobus Jumellis suspensum pro contumacia contra Colinum de Cantilleyo, clericum.

Presbitero de Listreyo : Michaelem Picot excommunicatum pro judicato contra Colinum de Cantilleyo.

Presbitero de Ceraseyo : Michaelem Varignon excommunicatum pro judicato de nisi contra Johannem Rabasse.

Presbiteris de Ceraseyo et de Convains : Radulfum de Hamello excommunicatum pro contumacia contra Colinum du Quemin.

Presbitero de Ceraseyo : Petrum Ediene, alias Fare, excommunicatum pro contumacia contra promotorem officii culpis suis exigentibus.

Presbitero de Trivieres : Michaelem Ricardi, alias la Longnie, excommunicatum pro judicato de nisi contra Petrum Baudri, clericum. Per rogatum.

(1) P. 20.
(2) 6 avril.

Presbitero de Listreyo : Petrum de Batpaumes excommunicatum pro contumacia contra Thomam Potier.

263 c. — Presbitero de Ceraseyo : Guillermum Bagnart et (1) ejus uxorem excommunicatos pro contumacia culpis suis exigentibus contra promotorem officii.

Presbitero de Ceraseyo : Robertum le Quoc, clericum, excommunicatum pro judicato contra relictam Johannis Aubin; item pro contumacia contra Johannem Hequet.

Presbitero de Conveins : Guillermum l'Er excommunicatum pro contumacia contra promotorem culpis suis exigentibus.

Item presbitero de Conveins : ipsum excommunicatum pro contumacia contra Dionisium Quinot.

Presbitero de Tonneriis : Guillermum de Tonneriis excommunicatum pro contumacia contra Johannem Pier., alias Simenelierum.

Presbitero de Listreyo : Robertum le Quoquet, Stephanum Bequet, Petrum de Batpaumes, Johannem Riqueut, clericum, Johannem Alexandri, Thomam Ameline, Stephanum de Molendino, Johannem l'Engleys, alias le Jaimbu, Johannem de Roqua clericum, Johannem et Petrum les Tousez, clericos, Philipotum le Vietu, Ranulfum l'Engleys, Johannem Roberti excommunicatos pro contumacia contra Bertrandum (?) Ruaut, armigerum.

263 d. — Presbitero de Convains : Johannem Prient excommunicatum pro contumacia contra religiosos viros abbatem et conventum de Ceraseyo. Per rogatum.

Presbitero de Formigneyo : Symonem Dorenlot, Guillermum le Pilleys excommunicatos pro contumacia contra religiosos. Per rogatum.

Presbitero Virville : Roulandum le Clerc. Per rogatum.

Presbitero de Listreyo : Guillermum Unfredi pro judicato. Per rogatum.

Presbitero de Huppano : Johannem Patri excommunicatum pro contumacia contra Thomam Henri. Per rogatum.

Decano de Campigneyo : Rectorem de Argougetis; — presbitero de Formigneyo : Symonem Dorenlot, Guillermum le Pilleys; — presbitero de Villerville : Roulandum le Clerc; — presbitero de Brolio : Guillermum Unfredi; — excommunicatos pro contumacia contra religiosos de Ceraseyo. Per rogatum.

263 e. — Presbitero de Arello : Heredes Joreti Guenivet excom-

---

(1) Le ms. porte *ex*.

municatos pro contumacia contra Robertum de Moleyo, monachum. Per rogatum.

Presbitero Beate Marie de Blagneyo : Robertum Beaudouin excommunicatum pro judicato de nisi contra Petrum le Foulon.

Presbitero de Ceraseyo : Joretam uxorem Laurentii Quevet pro contumacia culpis suis exigentibus contra promotorem officii.

Presbitero de Virville : Reulandum le Clerc, Radulfum l'Ermite; — presbitero de Formigneyo : Symonem Dorenlot; — presbitero de Hotteville : Guillermum de Braie; — presbitero de Brolio : Guillermum Unfredi; — excommunicatos pro judicato contra religiosos de Ceraseyo. Per rogatum.

Presbitero de Saone : Johannem Nero et excommunicatum pro contumacia contra Guillermum de Montfiquet. Per rogatum.

264. — (1) De anno setuagesimo primo.

264 a. — * Presbitero de Cloe : Jordanus Bennes excommunicatus pro contumacia contra Henricum de Valeyo, clericum. Per rogatum.

* Presbitero Beate Marie de Blagneyo : Johannem le Moyne excommunicavimus pro contumacia contra Colinum de Cantilleyo, clericum.

* Presbitero de Montfiquet : Johannem Julien, clericum, excommunicavimus contra Thomam Jueim pro contumacia. Revocata.

* Presbitero de Listreyo : Robertum Malherbe, clericum, excommunicavimus contra Guillermum Goye, clericum. Per rogatum.

* Presbitero de Listreyo : Johannem de Cantepie excommunicavimus pro contumacia contra Radulfum Deen, presbiterum, procuratorem parrochianorum de Listreyo.

* Presbitero de Cloeyo : Jodanum Bennees excommunicavimus pro contumacia contra Henricum de Valeyo, clericum.

264 b. — * Decano de Couvains : dominum Guillermum le Candelier, rectorem ecclesie sancti Martini de ...., suspensum pro contumacia [contra] Henricum de Valeia, clericum. Per rogatum.

* Presbitero de Listreyo : Robertum Malherbe, clericum, excommunicavimus pro contumacia contra Guillermum Guoys, clericum. Per rogatum.

* Presbitero de Listreyo : Thomam de Cantepie excommunicavimus

(1) P. 101.

pro judicato contra Thomam Dodaer. Suum universis. Per Rogatum.

* Presbitero de Ceraseyo : Johannem Petri, alias le Grein, excommunicavimus pro contumacia contra Colinum de Quemino.

Item Decano de Couvains : dominum Guillermum le Candelier, rectorem ecclesie Sancti Martini de Blagneyo, suspensum pro contumacia contra Henricum de Valeya. Per rogatum.

264 c. — Presbitero Listreyo : Johannem l'Engleys, alias le Jambu, excommunicavimus pro contumacia contra Johannem et Petrum les Touses, clericos.

Presbitero de Listreyo : Johannem l'Engleys, alias le Jambu, et Johannem Alexandri excommunicavimus pro contumacia contra Johannem Requeut, clericum.

Presbitero de Listreyo : Thomam de Cantepie, clericum, excommunicavimus pro contumacia contra Colinum le Touse.

Presbitero Sanctorum Laurentii et Amandi de Thorigneyo : Colinum Durant, alias Freches, Ricardum et Thomas dictos Denis, Johannem le Bochu, Thomas Pijon, excommunicavimus pro judicato contra religiosos de Ceraseyo. Per rogatum.

Presbitero de Listreyo : Dionisium Quinot, clericum, excommunicavimus pro contumacia contra Petrum de Batpaumes.

Presbitero de Listreyo : Johannem Henri, alias Quarantel, excommunicavimus pro judicato contra Johannem le Bocheler.

264 d. — Presbitero de Listreyo : Johannem Pevrel, alias Cadel, excommunicavimus pro judicato contra dominum Radulfum Daen, rectorem ecclesie de Listreyo.

Presbitero de Ceraseyo : Robertum le Quoc, clericum excommunicavimus pro judicato de nisi contra Colinum de Quemino.

Presbitero de Listreyo : Thomas Quinot excommunicavimus pro contumacia contra Robertum le Portier, clericum.

Johannem de Roca, clericum, excommunicavimus pro contumacia contra Colinum le Touse.

Presbitero de Listreyo : Germanum Gaufridi excommunicavimus pro contumacia contra Robertum le Portier, clericum.

Philippum le Pel........., Johannem le Ja..... alias le Jambu (?), ... promotorem officii culpis suis exigentibus.

264 e. — Presbitero de Listreyo : Excommunicavimus Ph. Quinot Johannem de Jen. pro contumacia contra Colinum le Tousey.

Presbitero de Couvains : Excommunicavimus ..... Fessart pro judicato contra Germanum (?) de Montfiquet. Per rogatum.

Presbitero de .... Excommunicavimus ..... le Fayel, clericum, pro contumacia [contra Germanum (?)] de Monfiquet.

Presbitero de Listreyo : Johannem Henri, alias Quarentel, excommunicavimus pro judicato contra Johannem le Bacheler.

Presbitero de Tonniereres : Thomam de Tonneres excommunicavimus pro contumacia contra Thomam de Costentin, alias le Carue. Per rogatum.

264 *f*. — Presbitero de Couvains : Radulfum du Hameylo, Michaelem le G......, ..., Ricardum de Bernesco, Philippum le Pele ....., [Johannes] le Midont presbiter, excommunicavimus pro judicato contra religiosos de Ceraseyo. Per rogatum.

Presbitero de Vaucellis : Radulfum le Muete excommunicavimus pro judicato contra fratrem Radulfum Mauricii, sigilliferum curie cerasiensis.

Presbitero de Formigneyo : Johannem ...... et Symonem Dorenlot excommunicavimus pro contumacia contra religiosos de Ceraseyo. Per rogatum.

Presbitero de Virvile : Radulfum l'Ermite, Reulandum le Clert, — Presbitero de Formigneyo : Guillermum le Pilleys, — excommunicavimus pro judicato contra religiosos de Ceraseyo.

Presbitero de Campigneyo : Johannem de Qu..... excommunicavimus pro contumacia contra Thomam Potier. Per rogatum.

265. — (1) In causa matrimoniali coram nobis agitata inter Philipotum Aubelet, ex parte una, et Dyonisiam filiam Johannis Ligier et Robertum le Goupil, ex altera, partibus juratis et diligenter exquisitis et examinatis, respectis natura cause, conditionibus personarum, communicato jurisperitorum consilio, dictos Dyonisiam et Robertum ab impetitione dicti Philipoti absentis in hiis scriptis (2), dantes eisdem Roberto et Dionisie, quos adjudicamus in sponsos, licenciam matrimonium inter se contrahendi, ipsius Philipoti oppositione de qua nobis constare non potuit non obstante, ipsum Philipotum tamen ab expensis absolvimus et ex causa. Lata partibus presentibus die sabbati post festum sancti Marci euvangeliste anno LXXI° (3).

(1) P. 24.
(2) Suppl. *absolvimus*.
(3) 26 avril.

266. — Anno LXX° primo, die veneris ante Penthecosten Domini (1), Johannes de Bosco Ale, clericus, citatus ex officio comparuit in judicio coram nobis, domino abbate presente, et gagiavit emendam pro eo quod ipse in jurisdictione nostra manus injecit in rectorem de Beinnes, quam emendam gagiavit ad voluntatem nostram et eam taxatam solvere promisit quociens eam habere voluerimus; presentibus Guillermo de Monfiqueto notario nostro, Johanne de Heriz, Roberto le Portier, Stephano Seart apparitore nostro et pluribus aliis; quam emendam taxavimus ad XL solidos, sub gratia domini abbatis.

267. — Anno LXX primo, die jovis ante Trinitatem Domini (2), Petrus de Batpaumes citatus ex officio comparuit coram nobis in judicio et gagiavit nobis emendam ad voluntatem nostram pro eo quod percusserat duos validos itus cum puno Stephanum Bernardi, clericum et notarium curie nostre, et eam taxatam solvere promisit quociens eam habere voluerimus, presentibus Guillermo de Brenvilla, Nicholao de Cantillie, Thoma Potier de Listeia, Guillermo de Montfiquet, et pluribus aliis; quam emendam taxavimus ad centum solidos; presentibus Johanne de Bosco Ale, clerico, Guillermo de Montfiquet notario nostro, Stephano Seart apparitore nostro, et pluribus aliis.

268. — (3) In causa matrimoniali coram nobis agitata inter Johannem de Ponte et Guillermetam dictam la Senescalle, ex una parte, et Johannem uxorem Vic. de Land. (4) opponentem, ex altera, in hunc modum quia dicta Johanna dicebat dictum Johannem tempore juventutis sue unum puerum in ea genuisse, quem dictam Guillermetam de sacro fonte asserebat levasse, viso et examinato processu, visis positionibus et responsionibus et interrogatoriis a nobis ex officio nostro factis ac eciam partibus prius juratis et diligenter examinatis et responsionibus partium ad easdem consideratis et aliis que nos movere poterant et debebant, communicato juris peritorum consilio, dictos Johannes (5) et Guillermetam adjudicamus in maritum et uxorem, non obstante impedimento dicte Johanne de quo nobis constare non potuit, ipsum Johannem ad solemnizandum matrimonium in face ecclesie cum dicta Guillermeta temporibus ad hoc aptis bannisque factis ut moris est, dum

---

(1) 25 mai.
(2) 29 mai.
(3) P. 25.
(4) Peut-être *Vicenoti de Landis*.
(5) Le manuscrit porte *Johannam*.

tamen non sit impedimentum canonicum quod obsistat, finaliter pronunciantes. Lata, partibus presentibus, die sabbati ante festum Sancti Barnabe apostoli anno septuagesimo primo (1).

269. — (2) Guillermus Bagart in jurisdictione nostra inventus per apparitorem nostrum fuit citatus de mandato nostro cum ejus uxore ad diem veneris post nativitatem beati Johannis Baptiste (3), responsurus contra promotorem nostri officii, videlicet quia invenimus per generales inquisitiones factas in villa de Ceraseyo quod uxor dicti Guillermi pluries operaverat de sortilegio in jurisdictione nostra; qui quidem Guillermus respondit apparitori nostro ipsum citando : « Or set d'un estront », nec comparuerunt coram nobis; quare merito reputavimus contumaces et eos excommunicavimus culpis suis exigentibus pro manifesta ofensa. Anno LXXI°.

(4) De anno setuagesimo primo.

270. — Die mercurii post conversionem sancti Pauli (5), comparuit in judicio coram nobis Ricardus Renant, de Semillie, et gagiavit nobis emendam ad voluntatem nostram solvendam, eo quod manus injecerat violenter in Guillermum Petri, clericum, de Convains, videlicet infra portas abbacie cerasiensis, vulgaliter, in die fori, de qua emenda promisit fide media voluntatem nostram facere, juridicioni nostre se supponendo ; quam taxavimus ad centum solidos turonenses ; presentibus Stephano Seart, clerico, Roberto le Portier, Guillermo de Monfiqueto et pluribus aliis.

271. — Die lune post conversionem sancti Pauli (6), comparuit coram nobis Clemens le Marchant, de Listeya, et gagiavit nobis emendam ad voluntatem nostram, pro eo quod manus injecerat violenter in Guillermum Bernart, clericum, juniorem ; de qua emenda promisit fide media voluntatem nostram facere, jurisdicioni nostre se supponendo. Taxavimus ad X solidos.

272. — Die veneris ante purificationem beate Marie (7), comparuit in judicio coram nobis Blasius Meriane et gagiavit nobis emendam

(1) 7 juin.
(2) P. 27.
(3) 27 juin.
(4) P. 116.
(5) 29 janvier 1372.
(6) 27 janvier 1372.
(7) 31 janvier 1372.

ad voluntatem nostram pro eo quod deportavit quasdam decimas captas in campo de subtus burgum in terra Qui-Dort sine licencia Roberti le Portier tunc decimatoris, de qua emenda promisit fide media voluntatem nostram facere, juridicioni nostre se supponendo; quam emendam taxavimus ad III solidos; presentibus Roberto le Portier, Stefano Seart, clerico, Johanne de Heriz, clerico, ... Roberti, clerico, et pluribus aliis. Solvit V albos per nos, et quitatus fuit.

ANNO 1372.

273. — (1) Registrum de anno LXXII. Registrum excommunicatorum de anno setuagesimo secundo incipiens ad Pascha (2).

273 *a*. — Presbitero de Listreyo : Johannem Pevrel pro contumacia contra Johannem l'Abbe.

Presbitero de Listreyo : Johannem Peverl alias Cadal excommunicatum pro judicato contra promotorem officii.—Item dictum Johannem excommunicatum ex officio pro contumacia contra promotorem officii culpis suis exigentibus.

Presbitero de Listreyo : Johannem de Roqua, clericum, excommunicatum pro judicato contra Henricum de Valeya.

Presbitero de Virvilla : Radulfum l'Ermite excommunicatum pro contumacia;—presbitero de Russie : Johannem de Ponte excommunicatum pro judicato, contra religiosos de Ceraseyo. Per rogatum.

Presbitero de Convains : Relictam Johannis Moiquier alias Sauvin, excommunicatam pro contumacia, — Johannem Priant, Johannem l'Escogan, clericum, pro contumacia contra religiosos. Per rogatum.

Presbitero Sanctorum Amandi et Laurencii de Thorigneyo : Colinum Durant alias Fliches, Petrum Vimonis, Jordanum le Temps, Johannem le Moigniey, Thomam Pigon, Johannem le Bochu, excommunicatos pro judicato contra religiosos de Ceraseyo. Per rogatum.

273 *b*. Presbitero de Croeyo : Ricardum de Benesco excommunicatum pro judicato contra [religiosos de Ceraseyo. Per rogatum].

Presbitero de Listreyo : Robertum le Quoquet excommunicatum pro contumacia contra Inguerrannum de Dumo, monachum de Ceraseyo.

(1) P. 445.
(2) 28 mars.

Presbitero de Listreyo : Johannem Davi excommunicatum pro contumacia contra Robertum le Portier, clericum.

Presbitero de Ceraseyo : Joreta uxor Laurencii Quenet excommunicata pro contumacia contra promotorem officii culpis suis exigentibus. Ex officio.

Presbitero de Listreyo : Johannem de Roqua excommunicatum pro judicato contra Thomam Henrici.

Decano de Campigneyo : Johannem le Midonc, presbiterum, suspensum pro contumacia contra religiosos de Ceraseyo.

Presbitero de Ceraseyo : excommunicavimus Henricum le Jaesdie pro contumacia contra Rogerum Tresel.

Presbitero de Listreyo : Robertum le Quoquet excommunicatum pro contumacia contra rectorem de Listreyo.

273 c. — Presbitero de Blado : Johannem Robart, alias Boutdewille, excommunicatum pro judicato contra Guillermum Polain, alias Barate. Per rogatum.

Presbitero de Beynes : Johannem Salet, Thomas Salet, excommunicati pro judicato contra Johannem Petri.

Presbitero de Listreyo : Johannem Henri, alias Karentel, excommunicatum pro judicato contra Colinum le Touzey.

Presbitero de Listreyo : Thomam le Boulengier excommunicatum pro contumacia contra Petrum de Batpaumes.

Presbitero de Vade Badonis : Guillermum Pinet excommunicatum pro contumacia contra Johannem le Tousey.

Presbitero de Beines : Thomam Salet excommunicatum pro judicato de nisi contra Johannem Petri.

Presbitero de Convains : Excommunicavimus Johannem Mensel pro judicato contra Ricardum Vio... Philippotam ejus uxorem quondam uxorem Thome de Ponte.

Presbitero de Listeya : Guillermum Potier excommunicatum pro contumacia contra Thomam Potier. Per rogatum.

Presbitero de Listeya : Martinum Denis excommunicatum pro contumacia contra Guillermum le Tennour, clericum.

Presbitero de Convains : Guillermum l'Er excommunicatum pro contumacia contra religiosos de Ceraseyo. Per rogatum.

273 d. — Presbitero de Melpha : Guillermum le Larimier excommunicatum pro contumacia contra religiosos de Ceraseyo.

Presbitero de Convains : Johannem l'Escogan, clericum, excommunicatum pro contumacia contra Thomam Toutein. Per rogatum.

Presbitero de Listreyo : Gaufridum de Burgo, clericum, excommunicatum pro judicato, videlicet pro emendis curie nostre.

Presbitero de Croeyo : Ricardum de Bernesco excommunicatum pro contumacia ; — presbitero de Virville : Radulfum l'Ermite excommunicatum pro contumacia ; — presbitero de Enguenoville : Philippum Bouchart alias de Baiex excommunicatum pro contumacia ; — contra religiosos de Ceraseyo. Per rogatum.

Presbitero de Formigneyo : Robertum et Thomam dictos le Fretes excommunicatos pro contumacia contra dictos religiosos. Per rogatum.

Presbitero de Sancto Johanne de Baiex : Egidium le Rey excommunicatum pro contumacia contra Robertum le Portier, clericum. Per rogatum.

Presbitero de Listreyo : Gaufridum de Burgo, clericum, excommunicatum pro contumacia culpis suis exigentibus ad instanciam promotoris nostri officii.

Presbitero de Listeya : Thomam le Gaubouant excommunicatum contra Thomam Potier. Per rogatum.

Presbitero de Listreyo : Johannem de Roqua excommunicatum pro judicato contra Henricum de Valeya.

274 a. — (1) Presbitero de Listreyo : Guillermum de Alneto ; — excommunicatos pro contumacia contra Johannem le Tousey.

Presbitero de Cloueyo : Rogerum de Haya excommunicatum pro contumacia contra Thomam Potier.

Presbitero de Vuillye : Simonem le Pele excommunicatum pro contumacia contra Sansonem de Chalenche, clericum.

Presbitero de Listreyo : Stephanum de Molendino excommunicatum contra Petrum de Batpaumes.

Presbitero de Convains : Johannem Ricardi excommunicatum pro contumacia contra Henricum de Valeya. Per rogatum.

Presbitero de Listreyo : Stephanum de Molendino excommunicatum pro contumacia contra Johannem de Ponte, clericum.

Dominum Guillermum le Deen, presbiterum suspensum pro contumacia contra Johannem l'Abbey. Presbitero de Listreyo.

Presbitero de Ceraseyo : Johannes de Roqua, clericus, excommuni-

(1) P. 113. — Je ne suis pas certain que le n° 274 appartienne à l'année 1372.

catus pro contumacia culpis suis exigentibus contra promotorem officii. Bis, bis.

274 b. — Presbitero de Ceraseyo : Guillermum Fresel excommunicatum pro contumacia contra Thomam Potier.

Presbitero de Cloeyo : Rogerum de Haya, clericum, pro contumacia contra Thomam Potier; — presbytero de Campigneyo : Johannem de Quireyo excommunicatum pro contumacia contra dictum Potier; — per rogatum.

Presbitero de Listreyo : Johannem de Roqua, clericum, excommunicatum pro judicato contra Thomam de Cantepie, clericum.

Presbitero Sancti Thome de Sancto Laudo ; Laurentium Damonis et Thomam le Priour, excommunicatum pro contumacia contra Colinum de Cantilleyo. Per rogatum.

Presbitero de Listreyo : Johannem Karuel excommunicatum pro judicato contra Johannem le Portier, magister scolarum.

Presbitero de Listreyo : Stephanum de Molendino excommunicatum pro judicato contra Guillermum Omonf.

Decano de Campigneyo : Johannem le Midonc, presbiterum, suspensum; — presbitero de Croeyo : Petrum l'Effant, Ricardum de Bernesco, excommunicatos; — pro contumacia contra religiosos de Ceraseyo. Per rogatum.

Presbitero de Thorigneyo : Gacherus Bonel, Richerus Dionisii, Dyonisius de Grano, Johannes le Magnen, Johannem le Bochu, et heredes Tassini le Pillour, excommunicatos pro contumacia contra religiosos viros abbatem et conventum de Ceraseyo. Per rogatum.

274 c. — Presbitero de Convains : Alanum le Suour excommunicatum pro contumacia contra religiosos de Ceraseyo. Per rogatum.

Johannem le Deen, Johannem Michaelis, Germanus Michaelis, clericos, Johannem Bouivin, Ricardum Trestot, Germanum le Vietu, Thomam Sansonis alias le Machon, Philippum le Deen, de Listreyo, excommunicatos pro judicato de nisi contra Bartholomeum Ruaut.

Presbitero de Listreyo : Stephanum de Molendino excommunicatum pro judicato contra Johannem de Ponte, clericum.

Presbitero de Ceraseyo : Rogerum Tresel excommunicatum pro contumacia contra Johannem le Marescal.

Presbitero de Listreyo : Thomam de Cantepie, clericum, excommunicatum pro judicato contra Thomam le Clert.

Presbitero de Listreyo : Johannem l'Abbe excommunicatum pro judicato contra Robertum le Portier.

Presbitero de Torneris, vel de Blagneyo: Thomam le Coq alias Maselin excommunicatum pro contumacia contra Thomam Potier. Per rogatum.

274 d. — Presbitero de Listreyo : Guillermum Onfredi ; — presbitero de Croeyo : Ricardus de Bernesco, Petrus l'Effant ; — decano de Campigneyo : Johannnes le Midonc, presbiter, suspensus ; presbitero de Magnavilla : Johannes Bouchart, de nisi ; — presbytero de Formigneyo : Guillermum le Pilleys ; — presbitero de Thorigneyo : heredes Tassin le Pilleur, Johannes le Bochu, Johannes du Baele, Hugo (?) de Bosco ; — excommunicati pro contumacia contra religiosos de Ceraseyo. Per rogatum.

Presbitero de....... Germanum Malherbe excommunicatum pro contumacia contra Petrum de Batpaumes.

Presbitero de Ceraseyo : Rogerum Tresel (?) excommunicatum pro contumacia contra Robertum le Quoc, clericum (?).

Presbitero de Listreyo : Philoppotum le......., alias Galet, excommunicatum pro contumacia contra Mariellum de Ponte.

275 a. — (1) Presbitero de Listreyo : Guillermum Ferrant, clericum. Thomas le Leut, alias le Melle, contra Petrum de Batpaumes, pro contumacia.

Thomas.......

Presbitero de Ruceyo : Johannem de Ponte excommunicavimus pro judicato de nisi contra religiosos de Ceraseyo. Per Rogatum.

Presbitero de Magna Villa : Johannem Bouchart pro contumacia. — Presbitero de Enguenovilla : Thomam de Lanbel, pro contumacia. — Presbitero de Formigneyo : Robertum et Thomam les Fretes, pro contumacia ; item G. le Pilleys et Simonem Dorenlot. Et assignati sunt de nisi pro LXX solidis solvendis ad quindenam Pasche cum residuo absenciarum suarum et salvis expensis pro contumacia (debent adhuc pro suis absenciis II solidos III denarios), — rectorem ecclesie de Monte Fiqueti, pro contumacia. — Presbitero de Couvains : G. Ber, pro contumacia. — Presbitero de Virvilla : Radulfum l'Ermite (superius notatum), pro contumacia, — contra religiosos de Ceraseyo. Per rogatum.

(1) P. 104. — Je ne suis pas certain de la date de ce numéro.

Presbitero de........ : excommunicavimus Ricardum de G....., pro contumacia contra Robertum de A...illie.

275 *b*. — Presbitero Sanctorum Laurencii et Amandi de Thorigneyo : Jordanum le Tens, Johannem le Magnan, Rogerum de Bosco excommunicavimus pro contumacia contra dictos religiosos de Ceraseyo. Per rogatum.

Presbitero de Blado : Johannem Robart, alias Bout de Viulle, excommunicavimus pro judicato de nisi ad instanciam Guillermi Poulain, alias Barate.

Presbitero de Listreyo : Guillermum de Doyto excommunicavimus pro judicato contra Colinum le Tousey.

Decano de Campigneyo : rectorem ecclesie de Argougetis suspensum, — Johannem l'Esrogan excommunicatum (debet II solidos VI denarios ad quindenam Pasche solvendos), Ricardum de Bernesco excommunicatum (debet II solidos VI denarios ad quindenam Pasche solvendos), — contra reliogiosos viros de Ceraseyo. Per rogatum.

Presbitero de Quarentem : Philippum Bourdon, clericum, excommunicavimus pro contumacia contra Robertum le Quot, clericum.

Presbytero de Ceraseyo : Rogerum F.....tin excommunicavimus pro judicato contra Guillermum Tresel.

Presbitero de Listreyo : Petrus de Batpaumes excommunicatus pro judicato contra Guillermum de Monfiquet.

276 *a*. — (1) Anno setuagesimo secundo, die mercurii post Quasi modo (2), comparuit in judicio coram nobis Johannes Viel, presbiter, citatus coram nobis et accusatus de delicto fornicationis facte in jurisdictione nostra cum uxore Johannis le Tourneour vocata Egidia; qua die juravit nunquam concubuisse cum ea; cui assignavimus diem veneris sequentem.(3) ad probandum contra ipsum primo et proponendum.

Die veneris sequente, comparuit in judicio dictus Johannes Viel, presbiter, coram fratre Radulfo Mauricii, vices officialis gerente, qui in causa predicta quatuor testes fecit jurare quos tunc produxerat promotor curie cui dixit dictus presbiter : « Volo scire qui erit judex meus in ista causa. » Cui dictus vices gerens respondit : « Ego sum

---

(1) P. 102.
(2) 7 avril 1372.
(3) 9 avril.

vices gerens in officialis absentia. » Tunc dixit dictus presbiter : « Vos non teneo pro judice meo pro certo »; quod fuit in magnum prejudicium tocius jurisdicionis et de ista injuria remanxit impunitus, et in isto statu causa predicta remanxit.

276 b. — (1) Anno setuagesimo secundo, die mercurii post Quasimodo (2), comparuit in judicio coram nobis Colinus de Quemino, et gagiavit nobis emendam ad voluntatem nostram taxandam, pro eo quod dixerat apparitori nostro ipsum citanti in curia abbatie quod non daret in officiali neque in sigillifero neque in omnibus aliis ministris curie unum stercus, et hoc dixit coram pluribus; et tam de ista emenda quam pro istis injuriis nobis gagiavit promisit fide media facere voluntatem nostram, juridicioni nostre se supponendo; quam emendam taxavimus ad centum solidos; presentibus Bartholomeo Ruaut, Guillermo de Monte Fiqueto, Stefano Sear apparitore nostro, Johanne Hequet alias Hequetel, et pluribus aliis.

276 c. — Anno setuagesimo secundo die mercurii post Quasimodo (3), comparuit in judicio coram nobis Colinus de Quemino, et gagiavit nobis emendam ad voluntatem nostram taxandam pro eo quod dixit apparitori nostro despiciendo nos et statum curie nostre vilipendendo, dicto apparitore officium suum exercendo et faciendo, quod non daret in officiali neque in sigillifero neque in aliis ministris omnibus curie unum stercus et hoc die cum ira et mala voluntate in loco communi et coram pluribus in medio fori, et ista emenda sic nobis gagiata in judicio pro predictis injuriis ut dictum est, dictus Colinus promisit fide media voluntatem nostram facere de hujusmodi emenda, jurisdicioni nostre se supponendo, quam emendam taxavimus ad centum solidos turonences; presentibus Bartholomeo Ruaut armigero, Guillermo de Monte Fiqueto, Stephano Seart, Johanne Hequet alias Hequetel, et pluribus aliis.

277 a. — Ipso die mercurii ante festum apostolorum Philippi et Jacobi (4), comparuit in judicio coram nobis Thomas Lison de Listreyo, quem pronunciavimus excommunicatum pro eo quod con-

---

(1) P. 146.
(2) 7 avril.
(3) 7 avril.
(4) 28 avril.

Pagination incorrecte — date incorrecte

NF Z 43-120-12

fessus fuit manus injecisse temere violenter se retrahendo in Gaufridum de Burgo, clericum, in jurisdicione nostra; et de hoc gagiavit nobis emendam ad voluntatem nostram, et de ipsa emenda promisit nobis fide media facere voluntatem nostram, juridicioni nostre se supponendo; quam taxavimus ad decem solidos presentibus predictis et pluribus. . . . . . .

277 b. — Ipso die mercurii (1), comparuerunt in judicio coram nobis Robertus Grison de Listreyo et Johanna de Bosco qui cognoverunt se invicem carnaliter copulam traxisse et puerum insimul procreasse ex ilicito coitu in juridicione nostra, qui utrique emendarunt et gagiaverunt emendam ad voluntatem nostram, et promiserunt fide media de ipsa emenda facere voluntatem nostram, juridicioni nostre se supponendo; quam emendam taxavimus ad X solidos; presentibus supradictis testibus et pluribus [aliis]. Solverunt IIII solidos.

278. — (2) Die martis post festum beate Anne (3), comparuit in judicio coram nobis Gaufridus de Burgo, clericus, alias Petit Cadal, et gagiavit nobis emendam ad voluntatem nostram, pro eo quod manus injecerat temere violenter in Johannem l'Engleys, alias Lambum, usque ad sanguinis effusionem et citra; de qua emenda promisit nobis fide media facere voluntatem nostram; quam taxavimus ad XX solidos die mercurii post festum sancti Petri ad Vincula (4); presentibus domino G. le Deen, S. Seart et pluribus aliis.

279. — Die lune post festum sancti Petri ad Vincula (5), comparuit in judicio coram nobis Robertus le Quoquet, de Listreyo, clericus, et gagiavit nobis emendam ad voluntatem nostram pro eo quod manus injecerat turpiter violenter in Gaufridum, de Burgo, clericum, usque ad sanguinis effusionem et citra; de qua emenda promisit nobis fide media facere voluntatem nostram, quam taxavimus ad vinginti solidos turonenses; presentibus G. de Monfiqueto, S. Sear, fratre Radulfo Mauricii monacho rectore de Beennes et pluribus aliis.

280. — Die mercurii post festum sancti Petri ad Vincula (6), comparuit in judicio coram nobis Johannes Morice, clericus, et gagiavit nobis

(1) 28 avril.
(2) P. 402.
(3) 27 juillet.
(4) 4 août.
(5) 2 août.
(6) 4 août.

emendam ad voluntatem nostram, pro eo quod manus injecerat in Guillermum l'Abbe, clericum; de qua emenda promisit facere voluntatem nostram fide media; quam taxivimus ad V solidos; presentibus S. Seart, Stephano Bequet et pluribus.

281. — Die lune ante festum beati Mathei apostoli (1), comparuit in judicio coram nobis Guillermus Goie, de Listreyo, clericus, et gagiavit nobis emendam ad voluntatem nostram taxandam pro eo quod respondit in curia seculari coram cenescallo in causa injuriarum in prejudicium ordinis et privilegii clericalis; de qua emenda promisit facere voluntatem nostram facere fide media; quam taxavimus ad V solidos; presentibus Guillermo Barate, Johanne Hequet, alias Morin, Stephano Seart apparitore nostro, et pluribus aliis. Solvit II solidos; quitatus pro tanto; Roberto le Portier, S. Seart, Ricardo Vitart, et pluribus aliis.

282. — (2) Anno LXXII° die mercurii in vigilia Epiphanie (3), comparuit in judicio coram nobis Rogerus Genas et gagiavit nobis emendam ad voluntatem nostram taxandam, pro eo quod processum G. Goye et Thome Gohin, clericorum, maliciose in judicio ceperat copiandum, quia copias dicti processus non fecit nec reddidit in retardatione cause et curie derisione; de qua emenda promisit fide media facere voluntatem nostram, quam emendam taxavimus ad X solidos.

283. — (4) Die mercurii post festum beati Mauri (5), comparuit in judicio coram nobis Thomas de Cantepie, clericus, et gagiavit nobis emendam ad voluntatem nostram taxandam, pro eo quod confessus fuit in judicio manus injecisse in Johannem de Roqua, clericum; de qua emenda promisit fide media voluntatem nostram facere; présentibus Radulfo Daen rectore de Listreyo, Stephano Seart, Guillermo de Arunvilla et pluribus aliis. Quam taxavimus ad X solidos presentibus. . . . . . .

284. — In nomine Domini visis et diligenter attentis hinc et inde propositis coram nobis officiali cerasiensi in negotio taxationis expansarum coram nobis judicialiter agitato inter G. Goye et Thomam Goherum, clericos, actores, ex parte una, et Petrum de Batpaumes,

---

(1) 20 septembre.
(2) P. 444.
(3) 5 janvier 1373.
(4) P. 402.
(5) 19 janvier 1373.

reum, ex altera, constanteque nobis sufficienter et debite prout decet de procuratorio et mandato specialiter directo et concesso pro parte dicti rei ad ipsum deffendendum Johanni de Heriz, clerico, procuratori dicti rei, quoad hec per eum constituto ante datum memorialis et actorum, de quibus se juvant dicti actores in negocio memorato, tam per originale dicte procurationis nobis ostensum quam per copiam ejusdem procurationis dictis actoribus judicialiter concessam, et quod ipse procurator sufficienter instructus judicium pro dicto reo adversus dictos actores ipsum reum deffendendo ac faciendo continuationem, quam idem reus negare nititur, virtute cujus ortum (1) habent expense predicte; interloquendo pronunciamus et decernimus fore de jure procedendum ad taxationem expansarum predictarum, quas petunt dicti actores contra dictum reum; propositis in contrarium a parte dicti rei nequaquam obstantibus, salvis expensis a parte dictorum actorum contra dictum reum factis in negocio et prosecutione negocii presentis interlocutorii, quas ipsis actoribus adjudicamus in hiis scriptis contra reum, earum taxationem nostro judicio reservantes, interlocutoriam nostram predictam in scriptis taliter proferendo.

285 a. — (2) Quia tu, Rogerus Genas, perturbasti nos, juridicionem nostram exercendo, per verba injuriosa, statum curie nostre contempnendo, et quia monitus de emendendo emendare recusastis, ideo te excommunicamus pro manifesta offensa. Martis ante Purificationem (3).

285 b. — Die martis ante Purificationem beate Marie (4), comparuit in judicio coram nobis Petrus de Batpaumes, et gagiavit nobis emendam ad voluntatem nostram taxandam, pro eo quod ipse Petrus stans in jure coram nobis dismentivit Johannem Gohin, clericum, cum animo injuriarum et male voluntatis; de qua emenda promisit dictus Petrus fide media facere voluntatem nostram.

285 c. — Quia Rogerus Genas subditus noster et de jurisdicione nostra stans in jure coram nobis, nobis et juridicioni nostre parere contradixit, statum nostrum et curie nostre contempnendo, dicens : « ego non teneo vos pro judice », ipsa verba pluries repetans coram

(1) P. 103.
(2) P. 114.
(3) 1ᵉʳ février 1373.
(4) 1ᵉʳ février 1373.

multis, et quia monitus de emendendo emendare recusavit, ideo ipsum excommunicamus pro manifesta offensa. Martis ante Purificationem beate Marie virginis (1).

286. — Cum Rogerus Genas stans in jure coram fratre Radulfo Mauricii, gerenti vices nostras et de precepto domini abbatis et nostri, dixisset eidem vices nostras gerenti : « ego non teneo vos pro judice », ipsius juridicioni contradicendo ipsamque contempnendo, propter quod sentenciam excommunicationis in scriptis monicione premissa in ipsum tulerat ipsumque publice denunciari excommunicatum facerat; tandem anno Domini M° CCC^{mo} LXXII° die mercurii ante festum beati Valentini (2), coram nobis officiali cerasiensi dictus Rogerus Genas personaliter constitutus humiliter et devote flexis genibus in judicio et in nostri presentia dictique vices nostras gerentis et domini Guillermi le Deen rectoris ecclesie de Ruil, domini Enguerranni Gerardi rectoris ecclesie de la Folie, Stephani Seart, clerici, Guillermi Goye, Thome Gohin, Johannis Gohin clericorum, Guillermi de Monte Fiqueti et plurimorum aliorum, suam absolutionem petiit, offerens se ad emendendum quicquid antea dixerat in judicio cum voluntate dicti fratris Radulfi nostras vices gerentis, et eidem et nobis gagiavit emendam decem librarum ad voluntatem ipsius fratris Radulfi et nostram, et promisit fide media de eadem emenda facere voluntatem nostram dictus Rogerus quocienscunque voluerimus, et hiis sic actis dicto Rogero absolutionem suam concessimus, cum ecclesia claudere gremium non debeat redeunti. Actum ut supra.

287. — (3) Anno LXXII, die mercurii ante festum beati Gregorii (4), comparuit in judicio coram nobis Henricus de Valeya et gagiavit nobis emendam pro Rogero de Valeya, filio suo, clerico ad voluntatem nostram taxandam, pro eo quod dictus Rogerus manus injecerat temere violenter in Guillermum Beuselin, clericum, ipsum percussiendo de cultello unum validum itum in brachio usque ad magnam sanguinis effusionem, de qua emenda dictus Henricus promisit fide media voluntatem nostram facere quocienscunque voluerimus; presentibus Roberto le Portier, Stephano Seart, clericis, Guillermo de Monte-Fiqueti, Petro de Batpaumes et pluribus aliis.

(1) 1er février 1373.
(2) 9 février 1373.
(3) P. 163.
(4) 8 mars 1373.

ANNO 1373.

288. — (1) Regestrum excommunicatorum incipiente ad Pascha de anno LXXIII°.

288 a. — Johannem Morice excommunicavimus pro judicato contra Colinum de Quemino.

Presbitero de Croeyo : dominum Johannem le Midont, presbiterum, suspensum, — Petrum L'Effant, — contra religiosos de Ceraseyo pro contumacia. Per rogatum.

Presbitero de Beynes : Guillermum de Doyto pro judicato contra Colinum le Tousey.

Presbitero de Listreyo : Johannem de Roqua excommunicatum pro contumacia contra Germanum Roberti. Debet V denarios. Absencia.

Presbitero de Virville : Radulfum l'Ermite excommunicatum pro contumacia contra [religiosos de Ceraseyo].

288 b. — Presbitero de Formigneyo : Guillermum le Pilleys et Symonem Dorbenlot, — presbytero de Magnevilla : Johannem Bouchart, — presbitero de Enguonoville : Thomam de Lanbel, — excommunicatos pro contumacia contra religiosos de Ceraseyo.

Presbitero de Sancto Amando de Thorigneyo : Rogerum de Bosco, Johannem le Duc, Johannem le Berbu, Johannem....., ... B...el, Johannem Pores, Johannem le Magnen, excommunicatos pro contumacia contra religiosos de Ceraseyo.

Presbitero de Listreyo : Johannem de Cantepie, clericum, excommunicatum pro contumacia contra Thomam le Clerc.

. . . .
. . . .

289. — (2) Iterum de anno LXXIII°.

289 a. — Presbitero de Listreyo : Thomas le Goulouant excommunicatum pro contumacia contra Thomam Potier. Per rogatum.

Presbitero de Listreyo : Johannem l'Engleys, alias le Jambu, excommunicatum pro contumacia contra Marcellum de Ponte.

(1) P. 104.
(2) P. 105.

Presbitero de Listreyo : Johannem Colin excommunicatum pro contumacia contra Petrum de Batpaumes.

Presbitero de Listreyo : Guillermum de Montfreaut excommunicatum pro judicato contra Guillermum le Tousey.

Presbitero de Ceraseio : Johannem Hequet, alias Morin, excommunicatum pro judicato contra priorem Ceraseyi, de nisi.

Presbitero de Formigneyo : Guillermum le Pilleis [et] Simonem Dorenlot excommunicatos pro contumacia contra religiosos de Ceraseyo. Per rogatum.

Presbitero de Listreyo : Johannem Karuel excommunicatum pro contumacia contra religiosos de Ceraseyo.

Presbitero de Convains : Ricardum Omont excommunicatum pro judicato, presbitero de Formigneyo : Symonem Dorenlot, Guillermum le Pilleys excommunicatos pro contumacia, — presbitero de Magnavilla : Johannem Bouchart excommunicatum, — pro judicato contra religiosos de Ceraseyo.

289 b. — Presbitero de Listreyo: Petrum de Batpaumes excommunicatum pro judicato contra. . . . . . — item pro contumacia contra Thomam Potier.

. . . . et Johannem le Tosey monitos (?) contra sigilliferum.

Presbitero de Listreyo : Johannem Alexandri l'Engleys excommunicatum pro contumacia contra religiosos de Ceraseyo. Per rogatum.

Presbitero de Convains : Colinum le Sage excommunicatum pro contumacia contra Thomam Potier.

Presbitero de Convains : Ricardum de Groucie, Johannem Varin, Johannem de France excommunicatos pro contumacia contra religiosos de Ceraseyo. Per rogatum.

Presbitero de Listreyo : Petrum de Batpaumes excommunicatum pro judicato contra religiosos de Ceraseyo.

Presbitero de Listreyo : dominum Guillermum le Deen, presbiterum, suspensum.

Johannem Caruel, Stephanum de Molendino, Philippum le Pelours, Johannem Riqueut alias le Lent, excommunicatos pro contumacia contra Thomam Potier.

Presbitero de Listreyo : Johannem de Cantepie, Germanum Malherbe, Johannem Alexandri excommunicatos, per rogatum, pro contumacia contra Robertum le Quoquet et socios suos, collectores cujusdam auxilii concessi Rogero de Clua (Olna ?) per parrochianos de Listreyo. Per rogatum.

Presbitero de Listreyo : Johannem le Jambu, alias l'Engleys, excommunicatum pro contumacia contra Johannem Riqueut juniorem.

289 c. — Presbitero de Listreyo : Gaufridum de Burgo, clericum, excommunicatum pro deffectu solucionis emendarum curie. Item eundem excommunicatum culpis suis exigentibus contra promotorem officii.

Decano de Convains et presbytero de Sancto Claro : dominum Gaufridum Baynel, presbiterum, suspensum pro contumacia contra dominos Ludovicum de Monte Freardi et Jordanum Rufi, presbiteros, et Thomam Potier. Per rogatum.

Presbitero de Virville : Robertum le Gas [et] Radulfum l'Ermite excommunicatos pro contumacia contra religiosos de Ceraseyo. Per rogatum.

Presbitero de Agnierville : Robertum Cadot excommunicatum pro contumacia contra religiosos de Ceraseyo. Debet I..... Per rogatum.

Presbitero de Listreyo : Petrum de Batpaumes excommunicatum pro judicato contra Guillermum Goye et Thomam Gohin, clericos.

Processus (?) eorundem super quadam appellatione non (?) adhuc satis.....

Gaufridum de Burgo excommunicatum contra promotorem officii.

Presbitero sancti Thome sancti Laudi : Thomam le Priour excommunicatum pro judicato de nisi contra Colinum de.....; clericum. Per rogatum.

Presbitero de Campigneyo : Johannem de Quiere, — presbitero de....., Rogerum Jayvalet, — excommunicatos pro coutumacia contra.....

289 d.—Presbitero de Convains : Guillermum Lent (?) excommunicatum pro contumacia contra dictos religiosos de Ceraseyo. Per rogatum.

Guillermum le Miere (presbitero de Ostralantibus) pro contumacia contra dictos religiosos. Per rogatum.

Presbitero de Thorigneyo : Johannem le Bochu, Johannem le Doit, — presbitero de Croeyo : Ricardum de Bernesco, — presbitero de Formigneyo : Symonem Dorenlot et Guillermum le Pilleys, — presbitero de Enguervilla : Robertus et Thomas les Fretes, — pro contumacia contra dictos religiosos. Per rogatum.

.... ville : Johannem Bouchart excommunicatum pro judicato contra..................

(1) Presbitero de Ceraseyo : Henricum le Pate excommunicatum pro contumacia culpis suis exigentibus contra promotorem officii.

Presbytero de Lystreyo : Thomam le Pele excommunicatum pro contumacia contra Henricum de Valeya (?).

Presbitero de Ceraseyo : Henricum le Gaedi excommunicatum pro contumacia; — presbitero de Convains : Johannem l'Esrogan excommunicatum pro contumacia, — contra Thomam Potier.

Presbitero de Ceraseyo : Ricardum de Vastigneyo, alias le Mereley, excommunicatum pro judicato contra Gaufridum Malherbe, clericum.

289 e. — Presbitero de Convains : Guillermum l'Er excommunicatum pro contumacia contra religiosos de Ceraseyo. Per rogatum.

Decano de Convains : dominum Gaufridum Baynel excommunicatum pro judicato contra dominos Ludovicum de Monte Freardi et Jordanum le Rous, presbiteros, et Thomam Potier, suspensum. Per rogatum.

Presbitero de Listreyo : Guillermum Onfredi excommunicatum pro contumacia contra religiosos de] Ceraseyo. Per rogatum.

Presbitero de Listreyo : excommunicavimus Stephanum de Molendino pro judicato contra Johannem le Touse juniorem. Item dictum Stephanum pro judicato contra J. Hequet.

Presbitero de Listreyo : excommunicavimus Johannem de Roqua pro judicato contra Johannem Hequet.

Presbitero de Listreyo : excommunicavimus Johannem Neus, alias Armel (?), pro judicato contra Johannem Hequet.

290. — (2) Anno Domini M° CCC° LXXIII° comparuit coram nobis Jouet le Tousey, clericus, et Johannes le Tousey, senior, pater ejusdem Jouet, qui dictus Jouet prius auctorizatus a patre suo prenominato et in presentia ejusdem gagiavit nobis emendam ad voluntatem nostram taxandam, pro eo quod manus injecerat temere violenter in .... filium Johannis de la Cruiere usque ad sanguinis offusionem, videlicet in capitis ejusdem, cum punis et genuum per lassum; de qua emenda promisit facere voluntatem nostram fide media quandocunque voluerimus, presentibus Petro Bernart, Johanne de Heriz clerico, Guillermo de Montfiquet; die lune post festum apostolorum Philippi et Jacobi (3).

(1) P. 106.
(2) P. 104.
(3) 2 mai.

291. — (1) Anno LXXIII die mercurii ante festum beatorum Gervasii et Prothasii (2), comparuit in judicio coram nobis Stefanus de Molendino et gagiavit nobis emendam ad voluntatem nostram taxandam pro eo quod manus injecerat in Johannem le Deen, clericum, ipsum hurtando cum brachiis; de qua emenda promisit fide media facere voluntatem nostram; quam taxavimus ad V solidos, die mercurii ante natale beati Johanni Baptiste (3).

292. — Anno LXXIII° die sabbati post festum appostolorum Petri et Pauli (4), comparuit in judicio coram nobis Stephanus Bernart, presbiter, nostro carcere mancipatus, pro suspicione raptus et violentie ab ipso presbitero, ut dicebatur, factorum Guillemete de Costentino, nunc uxoris Colini Osmont; qui quidem presbiter de hoc accusatus ex officio coram nobis confessus fuit ipsam Guillemetam pluries in jurisdicione nostra carnaliter cognovisse de voluntate ejusdem; et de hoc gagiavit nobis emendam ad voluntatem nostram taxandam fide media quocienscunque voluerimus; et de eadem emenda promisit fide media facere voluntatem nostram; quam taxavimus ad XX solidos.

293. — Anno LXXIII° die martis post festum beati Clari (5), comparuit coram nobis iterum et secundo Stephanus Bernart, presbiter, nostro carcere mancipatus pro suspicione raptus et violencie ab ipso presbitero, ut dicitur, in Guillemetam uxorem Colini Osmont de Costentino; qui quidem presbiter de hoc accusatus ex officio coram nobis confessus fuit ipsam pluries in jurisdicione nostra carnaliter cognovisse. Ipsam citatam absentem reputavimus et reputamus merito contumacem.

294. — Anno LXXIII° die martis ante festum beate Marie Magdalene (6), comparuit coram nobis dominus Stephanus Bernart, presbiter et rector ecclesie de Listreyo; qui cum accusati essent coram nobis ex officio, pro eo quod dictus Stephanus in ecclesia de Listreyo nupcias celebraverat et desponsaverat Laurencium de Batpaumes de Ceraseyo cum quadam femina de Listreyo sine certificacione bannorum per presbiterum Ceraseyi ut moris est, quod fuit magna dedignacio et prejudi-

---

(1) P. 103.
(2) 15 juin.
(3) 22 juin.
(4) 2 juillet.
(5) 19 juillet.
(6) 26 juillet.

cium pro ecclesia Ceraseyi, et de hoc magnum periculum posset orire; qui quidem rector dixit coram nobis quod non erat per eum, et quod nunc non erat in ecclesia sua; et propter hoc dictus dominus Stephanus gagiavit nobis emendam ad voluntatem nostram taxandam; quam taxavimus ad quinque solidos.

295. — Anno LXXIII° die mercurii post festum Assumpcionis beate Marie Virginis (1), comparuit in judicio coram nobis Guillermus de Beinis et gagiavit nobis emendam ad voluntatem nostram taxandam, pro eo quod manus injecerat in Robertum Petri, ipsum turpiter vulnerando cum puno et in die fori, de qua emenda promisit fide media facere voluntatem nostram, et ad hoc se supposuit juridicioni nostre; quam emendam taxavimus ad XX^{ti} solidos turonenses.

ANNO 1374.

296. — (2) Regestrum excommunicatorum incipiente (3) a Pascha de anno LXXIIII^{to} (4).

296 a. — Presbitero de Listreyo : Robertum le Quoquet excommunicatum pro judicato contra Marcellum de Ponte.

Presbitero de Listreyo : Johannem Riqueusi excommunicatum ex officio culpis suis exigentibus, ad denunciationem Roberti le Koc, clerici.

Presbitero de Listreyo : Radulfum le Quoquet excommunicatum culpis suis exigentibus, ad denunciationem promotoris nostri officii.

Presbitero de Ceraseyo : Michaelem le Vaingnon excommunicatum pro judicato contra, — presbitero de Ceraseyo : Gaufridum le Fayel excommunicatum pro contumacia contra — Colinum le Tousey.

Presbitero de Listreyo : Guillermum Goye, clericum, et ejus uxorem excommunicatos pro contumacia contra, — presbitero de Listreyo : Stephanum Bequet et ejus uxorem excommunicatos pro contumacia contra — Johannem Oliveri.

Presbitero de Listreyo : dominum Guillermum le Deen, presbiterum,

---

(1) 17 août.
(2) P. 106.
(3) Le ms. porte, ici et plus bas, *incipient* avec un signe d'abréviation.
(4) 2 avril.

excommunicatum pro judicato contra abbatem et conventum de Ceraseyo.

Decano de Convains : dominum Gaufridum Baynel suspensum pro judicato de nisi contra Thomam Potier. Per rogatum.

Presbitero de Convains : Johannem l'Escogan excommunicatum pro judicato de nisi contra Thomam Potier. Per rogatum. Debet XIII denarios.

Presbitero de Convains : Guillermum l'Er excommunicatum pro contumacia contra Thomam Potier. Per rogatum.

296 b. — Presbitero de Convains : Michaelem le Gorgeu excommunicatum pro judicato contra Thomam Potier. Per rogatum.

Presbitero de Listreyo : excommunicavimus Johannem Armel pro judicato contra Johannem Hequet.

Stephanum de Molendino pro emendis nostris excommunicavimus.

Presbitero de Listreyo : Robertum le Quoquet excommunicatum pro emendis curie.

Presbitero de Listreyo : Johannem Karuel excommunicatum pro judicato contra Thomam Potier.

Presbitero de Convains : Johannem Ricardi excommunicatum pro contumacia contra Henricum de Valeya. Per rogatum.

Presbitero de Sancto Claro : excommunicavimus pro contumacia Johannem la Loque, alias Lombart, contra Henricum de Valleia.

Presbitero de Listreyo : dominum Guillermum le Deen, presbiterum, suspensum pro judicato de nisi contra religiosos de Ceraseyo.

Presbitero de Listreyo : Stephanum de Molendino excommunicatum pro judicato contra Ricardum Vitart.

Presbitero de Listreyo : Johannem le Petit, alias l'Abbey, excommunicatum pro contumacia contra Bertaudum de Teinville, clericum, et Johannem le Tousey.

Presbitero de Cloeyo : Colinum de Villiers, armigerum, excommunicatum pro contumacia contra Thomam Potier.

296 c. — Presbitero de Ceraseyo : Petrum le Fayel, clericum, excommunicatum contra Thomam Potier pro contumacia.

Presbitero de Ceraseyo : Gaufridum le Fayel excommunicatum pro judicato contra Colinum le Tousey, pro contumacia.

Presbitero de Listreyo : Stephanum de Molendino excommunicatum pro judicato contra Marcellum de Ponte, clericum.

Presbitero de Listreyo : Stephanum de Molendino excommunicatum contra sigilliferum curie nostre pro defectu solucionis sigilli.

Presbitero de Listreyo : Petrum Durant, alias Fleuri, clericum, excommunicatum pro contumacia contra Johannem Pevrel, alias le Quadal.

Presbitero de Listreyo : Gaufridum de Burgo, clericum, excommunicatum pro emendis et sigillo curie ad instantiam fratris Radulfi Mauricii sigilliferi.

Presbitero de Listreyo : Johannem Quaruel excommunicatum pro contumacia contra Marcellum de Ponte, clericum.

Presbitero Sancti Clari : Johannem Lombart, alias la Loque, excommunicatum pro contumacia contra Henricum de Valeya. Per rogatum.

Presbitero de Convains : Colinum Noel excommunicatum pro contumacia contra Henricum de Valeya. Per rogatum.

296 d. — (1) Presbitero de Convains : Ludovicum Boschier excommunicatum pro contumacia contra Johannem Potier, magister scolarum Ceraseyi.

Presbitero de Listreyo : Johannem le Lavandier excommunicatum pro judicato de nisi contra Guillermum de Montfiquet et ejus uxorem.

Presbitero de Thorigneyo Sanctorum Amandi et Laurentii : Gashier Bonel, Riquier Denis, Ricardum Dionis, heredes Colini Durant, Dionysium Guillelmum et Johannem de Grano, Johannem le Doit, Johannem Chanal, Johannem le Bochu, Colinum le Sage, Johannem Anglici, Dionisium de Grano, Johannem du Val excommunicatos contra religiosos viros abbatem et conventum de Ceraseyo pro contumacia, et per rogatum.

Presbitero de Convains : Philippum Thomassie, alias Pijon, excommunicatum pro judicato contra Colinum de Quemino, et per rogatum.

Presbitero de Listreyo : Stephanum de Molendino excommunicatum pro contumacia contra Petrum de Alneto.

Presbitero de Ceraseyo : Jordanam uxorem Rogeri Tresel, alias le Petit Doutey, excommunicatam pro contumacia contra Johannem Toustein.

Presbitero de Listreyo : Stephanum de Molendino excommunicatum pro contumacia contra Petrum de Alnetis.

Presbitero de Ceraseyo : Johannem le Guilleour excommunicatum pro contumacia contra Robertum le Portier, clericum.

(1) P. 107.

Presbitero de Listreio : Guilliermum Goye, clericum, — presbitero de Listreyo : Petrum de Bosco, — excommunicatos pro contumacia contra Johannem le Tosey juniorem.

Presbitero de Vale Badonis [presbitero de Beynes] Johannem le Marescal excommunicatum pro contumacia contra Thomam Berguet.

296 e. — Presbitero de Thorignieo : Gaschier Bonel, Dyonisius Bel Guilliermus, Thomas Dyonisii, Johannes Chanal, Guilliermus le Duc, Ricardus de Bon Fosey, Gaschier le Duc, Guilliermum Quenart, Guilliermum le Ber, Cuilliermum le Queus, Laurencium la Broque, Guilliermum le Duc, Gaschier Bonel, Ricardum Dyonisii, Dyonisius de Grano, Johannem Chaval, Johannem le Bochu, Johannem l'Engleys, Riquier Denis, Johannem du Baele. Per rogatum.

Presbitero de Listreyo : Guillermum Goye, clericum, pro contumacia contra Johannem le Tousey juniorem.

Presbitero de Moon : Rogerum Boschier, alias Feret (?), excommunicatum pro contumacia contra Rogerum Genas. Johannes le Guilleour ipsum plegiavit. Item eumdem contra Thomam Potier.

Presbitero de Listreyo : Johannem ....., clericum, excommunicatum pro contumacia contra Thomam Potier.

Presbitero de Listreyo : Stephanum de Molendino excommunicatum pro contumacia contra Thomam Potier.

Presbitero de Ceraseyo : Alicia Longuet excommunicata culpis suis exigentibus contra promotorem officii. Item eadem excommunicata ex officio culpis suis exigentibus contra promotorem officii.

Presbitero de Listreyo : Johannem le Lavandier et ejus uxorem excommunicatos pro judicato de nisi contra Guillermum de Montfiquet.

Presbitero de Listreyo : Stefanum de Molendino excommunicatum pro contumacia contra Johannem Morice, clericum.

Presbitero de Listreyo : Gaufridum de Burgo, clericum, excommunicatum pro contumacia contra Johannem Morice, clericum.

296 f. — Presbitero de Listreyo : Guillermum Goye, clericum, excommunicatum pro contumacia contra Johannem le Tousey juniorem.

Presbitero de Ceraseyo : Petrum le Fayel, clericum, excommunicatum pro contumacia contra Laurenciam de Grano.

Presbitero de Listreyo : Stefanum de Molendino, — Presbitero de Listreyo : Johannem de Roqua vel Gaufridum de Burgo, — excommunicatos pro contumacia contra Johannem le Tousey juniorem.

Presbitero de Brolio : Benedictum Auvrey excommunicatum pro contumacia contra Guillermum Goye, clericum. Per rogatum. Debet XXI denarios.

Presbitero de Cottuno : Radulfum Pevre excommunicatum pro contumacia contra Joretam relictam Laurencii Quenet.

Presbitero de Listreyo : Guillermum Omouf, alias Assin, excommunicatum pro contumacia contra Guillermum de Vallibus de Cotun. Per rogatum.

Presbitero de Thorignyo : Ricardum Dyonisii excommunicatum pro contumacia contra religiosos viros abbatem et conventum de Ceraseyo. Per rogatum.

Presbitero de Agnierville : Robertum Cadot, — presbitero de Virville : Radulfum l'Ermite, — excommunicatos pro contumacia contra dictos religiosos. Per rogatum.

Presbitero de Listreyo : Johannem Colin excommunicatum pro contumacia contra Johannem Henrici pro contumacia.

297 a. — (1) Anno LXXIIII°, die mercurii ante Penthecosten Domini (2), comparuit in judicio coram nobis le Quoquet, et gagiavit nobis emendam ad voluntatem nostram taxandam, pro eo quod manus injecerat in Germanum de Montfreart, clericum ; et de eadem emenda promisit facere voluntatem nostram quandocunque voluerimus ; quam taxavimus ad quinque solidos.

297 b. — Anno et die supradictis (3), comparuit in judicio coram nobis Vigor Qui Dort, citatus ex officio ad denunciationem Jacobi filii Johannis de Sancto Claro ....; qui accusatus quod dictum clericum verberaverat confessus fuit coram nobis in judicio quod ejus capucium de ejusdem clerici colo per vim extraxerat ; super quo gagiavit nobis emendam ad voluntatem nostram taxandam, et promisit fide media de eadem emenda nostram facere voluntatem ; quam taxavimus ad II. solidos VI denarios.

298. — (4) Anno Domini M° CCC° LXXIIII° die lune post Penthecosten Domini (5), nos Ludovicus de Montfreart, officialis Cerasiensis, visitavimus ecclesiam de Listreyo.

(1) P. 111.
(2) 17 mai.
(3) 17 mai.
(4) P. 112.
(5) 22 mai.

298 a. — Nomina juratorum: Hugo de Montfreart et Guillermus Goye thesaurarii, Germanus le Vietu, Symonem de Senseya, Johannes Pevrel clericus, Ludovicus Pevrel, Johannes Paret, Egidius Anfrie, Ricardus de Gouvile, Philippus Jacobi, Johannes Michaelis, Johannes Aleaume, Michael Cibot, Johannes Roberti, Ranulfus Anglici, Johannes le Deen clericus, Guillermus le Tousey, Johannes le Tousey, Johannes Riqueust, Johannes Riqueust clericus, Philippus le Deen, Johannes l'Abbey, Guillermus Onfrey, Thomas Onfrey, Johannes de Roqua clericus, Stephanus Bequet, Johannes le Lavendier, Thomas Quinot clericus, Germanus de Montfreart clericus, Guillermus du Kamel clericus, Petrus Gacien, Johannes Colini, Ricardus Treslot, Philippus le Pelous.

298 b. — Primo invenimus deffectum notorium, quia non erat calix argens ibi et celebrabant cum calice plunbo, et thesaurarii super hoc causati dixerunt quod apud Baiocas habebant alium calicem argenteum qui non detinebatur nisi propter duos florenos, et injunximus dictis thesaurariis et precepimus quod illum calicem argenteum haberent infra mensem ad penam XL solidorum.

Postea inquirimus de ornamentis ecclesie et invenimus ornamenta satis competentia.

Invenimus deffectum notorium in libris, quia non erant ligati et cadebant caterna quasi de omnibus propter deffectum religature; quos precepimus religari et emendari infra festum beati Michaelis proximo sequentis ad penam decem librarum turonensium.

Item invenimus deffectum quia non erant nisi unum par corporalium, et percepimus aliud par haberi infra festum Assumptionis beate Marie inde sequentis, ad penam XL solidorum.

Item invenimus deffectum notorium in ecclesia, ita et taliter quod presbiter non potest stare ad altare ad divinum officium agendum propter pluvias et ventos, et similiter quia corporalia non possunt stare nec tenere super calicem propter ventos contrariores, quod est magnum vituperatio erga Deum et seculum; ideo precepimus expresse thesaurariis et bonis gentibus ville quod istum deffectum emendetur et quod ecclesia repparetur, ita quod presbiter et clerici stare possint ad majus altare et ad altare beate Marie ad divina officia celebranda infra festum beati Michaelis inde sequentis, ad penam XL librarum turonensium.

Item precepimus rectori quod majus altare de cetero semper maneat coopertum de una thoallia.

298 c. — Postea inquirimus per dictos homines juratos super heresi, sortilegio, usurarum pravitate, lepra, fornicationibus, raptoribus, incontinentiis et aliis criminibus.

Guillermus Goye, clericus, dicit quod dominus Guillermus le Deen diffamatur de Rogera la Magnete et quod fama hoc tenet.

Johannes l'Abbey deponit de domino G. le Deen, presbitero, similiter.

Guillermus le Tousey, clericus, dicit quod le Machon diffamatur de la Marion de Ceraseyo, et quod Philippus Rogeri diffamatur de eadem, et quod dominus G. le Deen, presbiter, tenet ancillam suam vulgaliter.

Johannes le Tousey, clericus, dicit quod dominus Guillermus le Deen, presbiter, de Rogera ancilla sua, diffamatur et quod fama tenet hoc.

Johannes Riqueust, carpenterius, credit de G. le Deen, presbiter, tenet ancillam suam, et dicit quod hoc fama tenet.

Johannes de Roqua, clericus, dicit quod dominus G. le Deen, presbiter, copulat cum Rogera ancilla sua carnaliter et quod fama tenet hoc.

Germanus de Montfreart, clericus, dicit quod dominus Guillermus diffamatur de Rogera ancilla sua et quod hoc fama tenet.

Philippus le Pelous dicit sicut Germanus de Montfreart de domino Guillermo le Deen, presbitero.

Johannes le Lavendier dicit quod dominus Guillermus le Deen diffamatur de Rogera ancilla sua et quod fama tenet hoc.

Thomas Quinot, clericus, dicit de domino Guillermo le Deen, presbitero et de Rogera ancilla sua sicut Johannes le Lavendier.

Michael Chibot dicit et credit de Guillermo le Deen, presbitero et de ancilla sicut Thomas Quinot, clericus.

299. — (1) Anno LXXIIII° die jovis post Penthecosten Domini (2), comparuit in judicio coram nobis Stephanus de Molendino et gagiavit nobis emendam ad voluntatem nostram taxandam eo quod manus injecerat in Germanum de Monfreart, clericum, infra metas juridicionis nostre et de eadem emenda promisit fide media voluntatem

---

(1) P. 111.
(2) 25 mai.

nostram [facere] quociénscunque voluerimus; quam taxavimus ad quinque solidos.

300. — Die martis post Eucaristiam Domini (1) comparuit coram nobis Johannem de Quemino, alias le Prodome, et gagiavit nobis emendam ad voluntatem nostram taxandam eo quod manus injecerat in Radulfum filium Johannis Riqueut, clerici, et promisit fide media de eadem emenda facere voluntatem nostram quandocunque voluerimus; quam taxavimus ad X (?) solidos. Quitus pro........

301. — Anno LXXIIII° die mercurii in vigilia apostolorum Petri et Pauli (2), comparuit in judicio coram nobis Johannes le Tousey, clericus, dictus Jouet, et gagiavit nobis emendam ad voluntatem nostram taxandam eo quod confessus fuit manus injecisse in Johannem le Guilleour; de qua emenda promisit fide media facere voluntatem nostram quocienscunque voluerimus; quam taxavimus ad X solidos, presentibus Johanne de Heriz clerico, Stephano Seart, Colino le Tousey, Guillermo de Montfiquet et pluribus aliis, die mercurii post festum beati Martini estivalis (3).

302 a. — Eodem anno die jovis ante festum beati Clari (4), comparuit in judicio coram nobis Robertus le Grandin, clericus, et contra ipsum proposuit Guillermus de Montfiquet ad dictam diem quod manus injecerat temere cum ira et mala voluntate in dominum Enguerranum Guerat, presbiterum et rectorem ecclesie de la Folie, et in pannis ejusdem rectoris, et quod postea accepit unam securim cum qua irruere volebat in dictum presbiterum, que dictus Robertus negavit esse vera per juramentum suum; et tunc assignatus fuit dies lune dicto Roberto ad probandum primo et ad procedendum ulterius; et fuit hoc in domo Roberti le Portier, clerici, et infra metas juridicionis nostre; et postea arestavimus dictum clericum quousque daret fidejussorem de stando juri coram nobis ad omnes dies sibi assignatos et assignandos quandiu processus hujusmodi durabit.

302 b. — Die veneris ante festum beati Clari (5), comparuit coram nobis dominus Robertus, rector ecclesie de Beinnes et petivit esse

(1) 6 juin.
(2) 28 juin.
(3) 5 juillet.
(4) 13 juillet.
(5) 14 juillet.

plegium dicti clerici quem admissimus ad penam decem librarum turonensium ad quam penam fide media sponte se obligavit, juridicioni nostre se supponendo, et tunc dictum clericum dimissimus abire, ita tamen quod semper custodiret dies suos processu hujusmodi durante.

302 c. — Anno LXXIIII° die lune ante festum beati Clari (1), comparuit [in] judicio coram nobis Robertus le Grandin, clericus, predictus, et gagiavit nobis emendam ad voluntatem nostram taxandam eo quod cognovit se manus injecisse in dominum Inguerrandum Guerat, actorem, presbiterum, cum ira et mala voluntate; de qua emenda promisit fide media facere voluntatem nostram, et ad hoc se supposuit jurisdicioni nostre; cui assignavimus diem lune inde sequentem, visuro et audituro dictam emendam taxari, ad sexaginta solidos turonenses, presentibus domino Inguerr............, Roberto le Portier clerico, domino Roberto..........., Stephano Seart apparitore nostro et pluribus.

303. — (2) Anno LXXIIII° die mercurii (?) ante (?) festum beati Laurencii (3), comparuerunt in judicio coram nobis Johannes l'Engleis, alias le Jambu, et Guillermus le Tousey, clericus, qui gagiaverunt emendam ex utraque parte pro eo quod manus injecerunt alter in alium et de hac emenda promiserunt facere voluntatem nostram, salvis expensis promotoris.

304. — Anno LXXIIII° die sabbati post festum beati Egidii (4), comparuit in judicio coram nobis Johanna uxor Reginaldi Morice et dictus Reginaldus pro prestando auctoritatem dicte uxori sue, que causata per promotorem curie nostre de injectione manuum in Johannem le Brevetier, clericum, confessa fuit coram nobis manus injecisse in dictum clericum usque ad sanguinis effusionem, et per confessionem ipsius denunciata fuit in judicio excommunicata, et injunximus eidem ad penam XL solidorum quod faceret se absolvi infra mensem, pro qua quidem injectione dictus Reginaldus maritus ejusdem gagiavit nobis emendam ad voluntatem nostram taxandam, et promisit fide media facere voluntatem de eadem emenda; cui assignavimus

---

(1) 17 juillet.
(2) P. 110.
(3) 7 août.
(4) 2 septembre.

diem mercurii ante festum Nativitatis beate Marie (1) ad dictam emendam videndam taxari; et taxavimus eandem emendam ad decem solidos turonenses presentibus domino G. le Deen presbiterum, Johanne Riqueust clerico et pluribus aliis. Solvit III solidos.

ANNO 1375.

305. — (2) Regestrum excommunicatorum curie cerasiensis de anno LXX° quinto.

305 a. — Presbitero de Convains : Colinum le Sage, clericum, excommunicatum contra sigilliferum pro deffectu solutionis emolumenti sigilli. Item eundem culpis suis exigentibus contra promotorem officii.

Presbitero de Listreyo : Gaufridum de Burgo, clericum, excommunicatum pro contumacia contra Johannem le Tousey, juniorem.

Presbitero de Listreyo : Johannem le Lavendier et uxorem ejus excommunicatos pro judicato de nisi contra Guillermum de Montfiquet.

Presbitero de Listreyo : Johannem Karuel, — presbitero de Listreyo : Johannem de Roqua, clericum, — excommunicatos pro judicato de nisi contra Johannem Hequet, tabernarium.

Presbitero de Listreyo : Gaufridum de Burgo, clericum, excommunicatum pro contumacia contra Johannem le Tousey, juniorem.

Presbitero de Listreyo : Gaufridum de Burgo, clericum, excommunicatum pro contumacia contra Johannem le Tousey juniorem.

Presbitero de Listreyo : Stephanum de Molendino excommunicatum pro judicato contra Johannem Morice, clericum.

Presbitero de Listreyo : Gaufridum de Burgo, clericum, excommunicatum pro contumacia contra Johannem le Tousey juniorem.

Presbitero de Listreyo : Petrum de Bosco excommunicatum pro judicato contra Guillermum Goye, clericum.

305 b. — Presbitero de Listreyo : Germanum Gaufridi excommunicatum pro judicato de nisi contra Johannem Hacheren.

Presbitero de Ceraseyo : Colinum le Tousey excommunicatum pro contumacia contra Robertum le Portier, clericum.

Presbitero de Convains : Michaelem le Gorin excommunicatum pro judicato contra Guillermum Plom alias Barate. Per rogatum.

(1) 6 septembre.
(2) P. 108.

Presbitero de Valle Badonis : Guillermum le Jolis excommunicatum pro contumacia contra Guillermum Goye. Per rogatum.

Presbitero de Listreyo : Johannem le Meteer, clericum, excommunicatum pro contumacia contra Radulfum Riqueust, clericum.

Presbitero de Lystreyo : Robertum le Quoquet, excommunicatum pro contumacia contra Marcellum de Ponte, clericum.

Presbitero de Listreyo : Johannem le Quet, alias le Rousset; — presbitero de Listreyo : Thomam Berguet; — presbitero de Listreyo : Philippum Rogerii, excommunicatos pro contumacia contra Johannem de Ponte, clericum.

Presbitero de Blado : Johannem Robart, alias Bout de Ville, excommunicatum pro judicato de nisi contra Colinum le Tousey. Per rogatum.

Presbitero de Listreyo : Guillermum le Deen, rectorem ecclesie du Rucel, excommunicatum pro judicato de nisi contra abbatem et conventum de Ceraseyo.

305 c. — Presbitero de Listreyo : Colinum Radulfi excommunicatum pro contumacia contra Guillermum Goye, clericum.

Presbitero de Listreyo : Robertum le Quoquet excommunicatum pro contumacia culpis suis exigentibus contra promotorem officii.

Presbitero de Ceraseyo : Guillelmum Poulein, — presbitero de Ceraseyo : Colinum Agoulant, — excommunicatos pro contumacia contra Marcellum de Ponte, clericos.

Presbitero de Listreyo : Johannem le Meire excommunicatum pro contumacia contra Colinum de Quemino.

Presbitero de Brolio : Haoulfum de Houteville excommunicatum pro contumacia contra religiosos viros abbatem et conventum de Ceraseyo. Per rogatum.

Presbitero de Formigneyo : Guillermum le Poilleys excommunicatum pro contumacia contra religiosos de Ceraseyo. Per rogatum.

Presbitero de Listreyo : Henricum Bertin excommunicatum pro contumacia contra Philippum le Pelous, alias Galet.

Presbitero de Listreyo de Sancto Claro : Johannem la Loque, alias Flambart, excommunicatum pro contumacia contra Henricum de Valleya. Per rogatum.

305 d. — Presbitero Convains : Michaelem le Gorin, — presbitero de Convains : Guillermum le Petiot, — excommunicatos pro contumacia contra Henricum de Valeya. Per rogatum.

Presbitero de Convains : Colinum le Sage, clericum, Guillermum L'Er, Michaelem le Gorin, Colinum le Marchant, — presbitero de Ceraseyo : Blasium Meriane, — contra Marcellum de Ponte, clericum, excommunicatos pro contumacia. Per rogatum.

Presbitero de Listreyo : Stefanum de Molendino excommunicatum pro judicato contra Johannem Riqueust, juniorem.

Presbitero de Listreyo : Stefanum de Molendino, Stefanum Bequet, Johannem Maguet excommunicatos pro contumacia contra Johannem de Roqua.

Presbitero de Sancto Claro : Johannem Flambart, alias la Loque, — presbitero de Convains : Colinum de Roqua, — excommunicatos pro contumacia contra Henricum de Valeya.

Presbitero de Ceraseyo : Johannem .... lepet (?) excommunicatum pro contumacia contra Thomam Toustein, alias de Daer.

Presbitero de Ceraseyo : .... le Tort (?) excommunicatum pro contumacia culpis suis exigentibus contra [promotorem] officii.

306. — (1) Die jovis ante Ascensionem Domini (2), Guillermus le Tousey, clericus, de Listreyo, nobis monstravit se conquerendo quod Georgius de Caron ipsum verberaverat et usque ad effusionem sanguinis maximam et citra ipsum vulneraverat crudeliter in brachio suo, ita et taliter quod de sanitate bracii medici desperabant, et quod dictus Georgius cubitum dicti brachii amputaverat cum ense sua, et os cubiti amputatum portabat in bursa sua, quod nobis monstravit; et postea nos fecimus dictum Georgium citari per supposicionem (?) coram nobis ad diem martis ante Ascensionem Domini; qui cum ad dictum diem comparuisset et super hoc accusatus fuisset coram nobis, dominus abbas diem prorogavit usque ad diem jovis post Penthecosten Domini, quam diem sibi assignavimus ad id agendum quod agi debuit die martis ante dicta; et Guillermo Ler similiter, de quo dictus clericus conquerebatur, quod ipsum vulneraverat cum pugno pluries itus validos et pluries repetendo.

307 a. — (3) Anno LXXV° die mercurii post festum beati Egidii (4), comparuit in judicio coram nobis Guillermus Goye, clericus, qui

---

(1) P. 95.
(2) Je ne suis pas certain que cet article soit de l'année 1375.
(3) P. 110.
(4) 5 septembre.

gagiavit nobis emendam ad voluntatem nostram taxandam, eo quod manus injecit temere violenter in Benedictum Auvrey; de qua emenda promisit fide media facere voluntatem nostram; quam emendam taxavimus ad X solidos.

306 *b.* — Anno et die predictis (1), comparuit in judicio coram nobis Guillermus Normant, et gagiavit nobis emendam ad voluntatem nostram taxandam, pro eo quod manus injecerat temere violenter in filium Thome le Meaufeys, clericum; de qua emenda promisit fide media facere voluntatem nostram; quam taxavimus ad X solidos.

308. — (2) Anno Domini millesimo CCC^{me} setuagesimo quinto, die martis ante Nativitate beate Marie (3), nos officialis cerasiensis nos transportavimus in villa dicti loci, et ibi sedimus subter porticum domus Guillermi Blanguesnon, clerici, circa horam tercie diei predicte, in et pro informationem faciendo cujusdam malefacti et vulnerationis cutelli in corpus Roulandi le Juvencel; et ibi sedentes fecimus venire coram nobis Johannem le Mestre, juratum regis, qui vulnus dicti vulnerati paraverat, et ibidem presentes erant coram nobis Gaufridus et Sanson clericus dictos (sic) de Thalenche pro terra cerasiensi et in jurisdicione dicti loci juratos, Colinum de Cantillie, Bertaudus de Teinville, Robertus Baron, Thomas de Landis, Thomas Ferrant, Guillermus Blancguesnon et Johannes Riqueust, clerici, et Stefanus Seart, apparitores curie nostre, qui quidem dictus Johannes le Mestre, qui dictum vulneratum paraverat, ut predictum est, a nobis requisitus ut nobis diceret quo modo et qualiter invenit dictum vulneratum, qui dixit per suum juramentum quod invenit dictum vulneratum in domo Thome Rupin, junioris, jacentem, manibus et brachiis expansis, turpiter vulneratum in ventre vulneratione cutelli circa umbilicum, et dixit quod per vulnus dicti vulnerati exierant bouelli ipsius ad grossitudinem duorum pugnorum hominis, quos buellos dixit quod refixit et reposuit et suiit cum quatuor punctis acus, et dixit quod unum de dictis boellis graviter erat incisum, pro quo amplius dubitabat de vulnerato, et dixit nobis dictus Johannes juratus quod bene sciebat et sibi videbatur quod si accideret quod dictus vulneratus citra novem dies a die qua fuerat vulneratus decederet quod

---

(1) 5 septembre.
(2) P. 89.
(3) 4 septembre.

ad causam vulneris predicti moreretur. Hiis sic actis coram nobis in presencia clericorum superius scriptorum nos officialis vocavimus Gaufridum et Sansonem clericum dictos de Thalenche, juratos pro villa et jurisdicione cerasiensi, quibus per fidem et juramentum injunximus ut incontinenti ad dictum vulneratum accederent, viderent et diligenter palparent et indagarent et vulnus ipsius et quod secundum quod invenirent nobis veritatem reportarent, et cum ipsis ire fecimus alterum juratum qui dictum vulneratum paraverat et clericos superius nominatos, et cum hoc predictis juratis districte injunximus per juramentum quod fecerant quod dictum vulneratum inquirerent et scrutarent diligenter quisnam esset qui ipsum vulneraverat et quomodo vocatur, et ad hoc audiendum clericos quos cum ipsis ire fecimus vocarent, ac eciam diligenter peterent dictum vulneratum et inquirerent si sciret quod essent aliqui participes aut adjutores ipsius qui eum vulneraverat, et si essent quod eorum nomina nobis reportarent; et hiis sic et taliter actis et intervallo facto quantum temporis, ipsi jurati cupiebant et volebant dicti Gaufridus et Sanson, jurati pro villa et juridicione cerasiensi, ut dictum est superius, cum alio jurato prenominato qui vulneratum predictum paraverat, ad nos revertentes, per juramentum quod fecerant nobis reportaverunt, clericis superius nominatis presentibus, quod omnia a nobis sibi injuncta diligenter fecerant, et quod vulnus dicti vulnerati palpaverant, sed intus respicere non valebant quia sutum erat, et dixerunt quod, secundum quod invenerunt cum jurato qui dictum vulneratum paraverat, maxime quia dixit eis quod inter boellos exeuntes per vulnus dicti vulnerati invenit unum grossum incisum et perforatum magis dubitabant de vulnerato, et cum hoc dictum vulneratum in debili statu videbant (1) nobis reportaverunt quod si contigeret quod dictus vulneratus infra novem dies a die qua vulneratus fuerat moreretur, quod ejus mors de vulnere et ad causam vulneris esset, et quod factum homicidium vocaretur et esset. Item dicti jurati nobis reportaverunt quod dictus Roulandus, ut dictum est, vulneratus illis dixit et affirmavit quod Rogerus filius Henrici de Valeya, clericus, ipsum vulneravit et percussit cutello; et quod illud vulnus quod habebat sibi fecit pro qua in illo statu erat, et quod nullus alius ad hoc fuit consentiens, adjutor

(1) P. 90.

aut particeps, nisi ille solus Rogerus filius Henrici de Valeya, clericus, ut dictum est; et hiis sic actis, incontinenti nos officialis cerasiensis, astante nobiscum fratre Radulpho Mauricii ac Stephano Seart, apparitoribus curie nostre, visitavimus dictum vulneratum, et ab illo requisivimus ut nobis diceret quisnam esset qui vulnera[vera]t eum, et quod in tali facto veritatem proferret propter anime ejus periculum, qui nobis respondit et asseruit quod Rogerus filius Henrici de Valeya, clericus, sibi hoc fecerat, et quod de alio non conquerebatur.

309 *a.* — (1) Die veneris ante Nativitatem beate Marie (2), nos officialis cerasiensis audientes et intelligentes per famam publicam quod Reulandus le Juvencel esset mortuus per vulnus sibi factum a Rogero filio Henrici de Valeya, clerico, in jurisdicione nostra et infra metas juridicionis nostre, et quod non supervixit nisi quatuor diebus postquam fuerat vulneratus, et quod res transierat in homicidium, ut dicebatur, fecimus citari coram nobis ad diem lune immediate sequentem (3) bonos homines de circuitu loci in quo dictus Reulandus vulneratus fuerat, tam clericos quam laicos, ut certius hujus facti veritatem scire possemus per debitam informationem.

309 *b.* — Die lune post Nativitatem beate Marie (4), nos officialis cerasiensis fecimus informationem per bonos homines comparentes coram nobis ad hanc informationem diligenter faciendam, quos districte jurare fecimus et singuli ac singulariter examinavimus cum omni diligentia, tam clericos quam laicos.

309 *c.* — Johannes le Tousey, senior, clericus, juratus et diligenter requisitus si sciret quomodo et qualiter Reulendus le Juvencel fuit vulneratus, et que causa fuit quod Rogerus filius Henrici de Valeya, clericus, ipsum vulneraret cum cutello suo, ut dicebatur, et qualis causa potuit esse inter ipsos, dicit per suum juramentum quod tantum scit de predictis quod die dominica post festum beati Egidii (5), qua die in domo sua fecit nupcias filio suo, qui uxorem desponsaverat in sero illius diei, fere per unam lucam, de nocte, in domo sua erat Petrus Ediene, alias Farey, tenens unam ensem, que ensis erat in

---

(1) P. 91.
(2) 7 septembre.
(3) 10 septembre.
(4) 10 septembre.
(5) 2 septembre.

vagina sua, et quod ibi advenit Rogerus filius Henrici de Valeya, clericum, tenentem unum cutellum in manu sua, et interrogavit ab illo qui ensem predictum tenebat cujus ensis erat et quod ipsam volebat habere, et posuit manum ad ensem; qui Petrus Ediene tenens ensem ut dictum est dicto Rogero respondit quod illa ensis erat Petri, armigeri domini abbatis, et quod certe ipsam non haberet, et dicit qui loquitur quod dum dictus Petrus ita teneret ensem predictam ne Rogerus predictus haberet, Reulandus le Juvencel qui erat in domo venit ad eos et adjuvit illum qui ensem tenebat ne dictus Rogerus haberet; cui Reulando dictus Rogerus dixit : « Truant, que en avez vous à fere? » Et dicit qui loquitur quod absque alio certamine dictus Rogerus voluit dictum Reulandum percutere de cutello quem in manu sua tenuit, et quod dictus Reulandus cepit cutellum per ferrum in manu sua, ita et taliter quod digiti ejus incisi fuerunt, et quod dictus Rogerus retrahens cutellum suum percussit dictum Reulandum in ventre, et quod tunc dixit dictus Reulandus de dicto Rogero : « Penes-ley, bone gent, si vous voules; je suy mort »; [et quod Laurentius le] Rous, alias Fouin, per vim dicto Rogero abstulit cutellum. Et dicit dictus Johannes le Tousey, senior, clericus, qui loquitur, quod cum audivit quod dictus Reulandus ita vulneratus dixit : « je suy mort », cucurrit ad Rogerum predictum qui ipsum Reulandum vulneraverat, et cepit eum, et dixit ei et aliis qui ibi aderant quod eum justicie redderet, et dicit quod hostia domus sue clausit fortiter, et quod misit ad domum servientis ut ad se cito veniret ut dictum Rogerum secum duceret et incarceraret secundum quod casus requirebat; et dicit quod interim fecit filium suum surgere qui erat in lecto cum sponsa sua ut juvaret ad custodiendum domum et dictum Rogerum, et dicit quod postea Johannes de Heriz, serviens justicie secularis jurisdicionis cerasiensis, venit, cui tradidit dictum Rogerum et deliberavit; et narravit quomodo dictum Reulandum vulneraverat; quem Rogerum dictus serviens cepit et in (?) carcerem duxit. Requisitus de astantibus dicit quod Henricus l'Escaioul, clericus, Johannes de Croueria, Guillermus Goubert, Guillermus le Sage, Laurencius le Rous alias Fouin, Petrus Ediene alias Farey, nepos du Levrot, laïci, erant presentes, et dicit quod de hoc facto nescit amplius pluries requisitus.

309 d. — (1) Laurentius le Rous, alias Fouin, laicus, juratus et

(1) P. 92.

requisitus quid sciat de predictis, dicit per suum juramentum quod tantum scit de predictis quod erat in domo Johannis le Tousey, senioris, clerici, et quod bene scit quod erat dies dominica post festum beati Egidii (1), et quod ibi remanxerat in sero pro se spaciando, quia ibi fuerat ad prandium nupciarum, et dicit quod vidit Petrum Ediene ibidem presentem tenentem unam ensem, et dicit quod Rogerus filius Henrici de Valeya clericus intravit in domum dicti Johannis le Tousey, et quod tenebat unum cutellum in manu sua nudum, et voluit habere ensem quam tenebat Petrus Ediene predictus, sicut dixit qui primus deposuit; et dicit quod Reulandus ibi adveniens se posuit ad juvandum Petrum Ediene qui ensem tenebat, et quod brachium manus Rogeri tenuit in qua cutellum tenebat, et dicit quod dictus Rogerus brachium ad se retrahendo percussit dictum Reulandum in ventre, et quod tunc dixit dictus Reulandus : « Penes-ley; je suy mort », et dicit quod dicto Rogero removit cutellum, et rupit in duas partes, quia tantum fecisset dicto Johanni le Tousey, ut sibi videbatur, si dictum cutellum habuisset; et de aliis deponit et dicit sicut Johannes le Tousey clericus, Henricus l'Escaioul clericus, Johannes de Croeria, Guillermus Goubert, Petrus Ediene alias Farey nepos du Levrot, et dicit quod fama talis est.

309 e. — Henricus le Heriz, clericus, juratus, etc., dicit et deponit modo et forma quibus deposuit Johannes le Touse, senior, clericus, primus deponens, et dicit quod quando Rogerus filius Henrici de Valeya, clericus, intravit in domum Johannis le Tousey, senioris, clerici predicti, tenebat unum cutellum nudum in manu sua, et quod Reulandus dixit qui ibi aderat : « Ostes luy le coutelet », et de omnibus aliis deponit sicut primus deponens, ut dictum est, et dicit se nichil aliud scire de predictis nisi quod fama talis est.

309 f. — Johannes de Croeria, laicus, juratus, etc., dicit quod erat presens in domo Johannis le Tousey, senioris, clerici, et dicit quod non vidit quando Rogerus filius Henrici de Valeya, clericus, percussit Reulandum le Juvencel de cutello; sed dicit quod bene scit quod dictus Rogerus percussit predictum Reulandum, ut dictum est superius, et quod ibi non fuit alter qui hoc faceret, et dicit quod fama talis est.

(1) 2 septembre.

Guillermus le Sage, laycus, juratus, etc., dicit et deponit modo et forma quibus deposuit Johannes de Croueria.

Petrus Ediene, alias Farey, laycus, juratus, etc., dicit per suum juramentum et deponit modo et forma quibus deposuit Johannes le Tousey, primus deponens, et dicit quod fama talis est.

Thomas le Levrot non erat presens, laycus, juratus, etc.; sed dicit quod bene credit quod Rogerus de Valeya, clericus, percussit Reulandum le Juvencel cum cutello, ut dictum est, et dicit quod fama talis est.

309 *g*. — Guillemetus le Guilleour, clericus, juratus, etc., requisitus quid sciat de predictis, dicit per suum juramentum quod non erat presens, nec vidit; sed audivit dixi ab hiis qui viderant factum et credit eis quod non mentiuntur (?). Requisitus a quibus audivit, dicit quod audivit a Johanne le Tousey, clerico, seniore, et a Henrico le Heriz, clerico, qui fuerant presentes ad illud factum, et dicit quod fama talis est per totum circuitum ville cerasiensis (1).

309 *h*. — (2) Thomas Jupin, junior, laicus, juratus, etc., dicit per suum juramentum quod non erat presens ad illud factum; sed erat in domo sua, et dicit [quod] Reulandus le Juvencel vulneratus addutus fuit in domo sua, et quod ibi vidit vulnus dicti vulnerati, et vidit quod bouelli ipsius vulnerati exierant ad magnam quantitatem per vulnus ipsius, et dicit quod ibi in domo sua venit medicus qui dictum vulneratum paravit, et vidit quod refixit et reposuit buellos per vulnus dicti vulnerati, et quod vulnus suiit cum uno acu, et dicit quod ibidem in domo sua, cum medicus vulneratum parabat, ut dictum est, advenit Johannes de Heriz, serviens justicie secularis jurisdicionis cerasiensis, secum ducens Rogerum filium Henrici de Valeia, clericum, quem propter hoc factum ducebat ad prisionem, cui Rogero vulneratus dixit dum vidit, serviente audiente et omnibus qui ibi aderant audientibus : « Rogier de la Valee eci present m'a cen fet », et dicit quod ad hec verba dictus Rogerus nichil respondit, nisi (3) de hoc haberet bonum jus coram officiali baiocensi, et dicit quod fama talis est.

---

(1) Au bas de la p. 92 du ms., d'une autre main que le texte de l'enquête, sont inscrits les noms suivants : *Henrica uxor Colini Oliverti, Henrica uxor Johannis Pomieu, Johannes le Goiez, Ranulfum Robert, Johannem le Quot alias le Rousset, Thomam de Alneto clericum* (ou *clericos*).

(2) P. 93.

(3) Suppl. *quod ?*

309 *i*. — Radulfus Agoulant, clericus, juratus, etc., dicit per suum juramentum quod non erat presens ad hoc factum, sed dicit quod a Johanne le Tousey, clerico, seniore, qui primus deposuit, totum factum narrari audivit, et sibi videtur, ut dicit et credit, quod dictus Johannes verum dicit, quia fama totaliter talis est.

Philippus Jupin, clericus, juratus, etc., dicit per suum juramentum quod non erat presens; sed dicit quod a Henrico le Heriz, clerico, qui tercius deposuit, totum hoc factum narrari audivit, et dicit quod videtur sibi quod verum dicit, et credit ei, et dicit quod fama talis est.

309 *k*. — Petrus le Guilleour, clericus, juratus, etc., dicit per suum juramentum quod ad illam horam qua dicitur Rogerum filium Henrici de Valeya clericum vulnerasse Reulandum le Juvencel, erat ad quiescendum in lecto suo, sed dicit quod audivit Henricum le Heriz, clericum, totum illud factum narrare, et dicit quod bene credit ei, quia fama talis est.

Johannes le Guilleour, clericus, juratus, etc., dicit per suum juramentum et deponit modo et forma qua deposuit Petrus le Guilleour, clericus, qui deposuit duodecimus, et dicit quod fama talis est.

309 *l*. — Guillermus le Guilleour, clericus, juratus, etc., dicit per suum juramentum quod in lecto suo ad quiescendum erat ad illam horam qua dicitur Rogerum filium Henrici de Valeya, clericum, Reulandum le Juvencel vulnerasse; sed dicit quod a Petro Ediene, alias Farey, qui sextus deposuit, illud factum narrare audivit et dicit quod bene credit ei, et quod fama talis est.

Guillermus Bernart, clericus, junior, juratus, etc., dicit per suum juramentum quod erat in lecto suo ad quiescendum, et deponit modo et forma qua deposuit Guillermus le Guilleour, clericus, qui quatuordecimus (*sic*) deposuit, et dicit quod fama talis est.

309 *m*. — (1) Guillermus Bernart, clericus, senior, juratus, etc., dicit per suum juramentum quod erat in domo sua, et quiescebat in lecto suo, et dicit quod audivit dixi a pluribus quorum nomina ignorat, et specialiter Johanni de Croueria, qui erat in domo Johannis

(1) P. 94.

le Tousey, senioris, presens, ut dicebat, quando Rogerus filius Henrici de Valeya, clericus, percussit de cutello Reulandum le Juvencel, et dicit quod dictus Johannes hoc non vellet dicere nisi verum esset, et quod bene credit ei super hoc, quia fama talis est.

Bertaudus de Teinville, clericus juratus, etc., dicit per suum juramentum quod erat in lecto suo ad quiescendum ad illam horam qua dicitur quod Rogerus filius Henrici de Valeya percussit Reulandum le Juvencel de cutello; sed dicit quod fama talis est et quod aliud nescit.

309 *n*. — Robertus Baron, clericus, juratus, etc., dicit per suum juramentum quod audivit quod Raulendus le Juvencel, jacens in lecto suo vulneratus, dicebat quod Rogerus filius Henrici de Valeya, clericus, illud vulnus sibi fecerat pro qua jacebat, et dicit quod fama talis est.

Guillermus Blancguesnon, clericus, juratus, etc., dicit per suum juramentum quod audivit dixi a Petro Ediene, alias Farey, quod Rogerus filius Henrici de Valeya percussit Reulandum le Juvencel de cutello in ventre, et quod dictus Petrus dicebat quod erat presens. Dicit quod audivit quod dictus Reulandus in lecto suo jacens vulneratus dicebat quod Rogerus filius Henrici de Valeya, clericus, illud vulnus sibi fecerat pro qua jacebat, et quod dixit : « Beneit soit qui l'en punira; » et dicit quod fama talis est et quod aliud nescit.

309 *o*. — Johannes le Roux, clericus, juratus, etc., dicit per suum juramentum quod non erat presens, sed audivit quod Laurentius le Roux, alias Fouin, dicebat quod erat presens, et vidit quod Rogerus filius Henrici de Valeya, clericus, percussit Reulandum le Juvencel de cutello in ventre in domo Johannis le Tousey, clerici, senioris, et dicit quod sibi videtur quod dictus Petrus in hoc non vellet mentire, et quod bene credit ei quia fama talis est.

Thomas de Landis, clericus, juratus, etc., dicit per suum juramentum quod non erat presens et quod erat in lecto suo ad quiescendum. Sed dicit quod audivit quod Reulandus le Juvencel, in presentia sacerdotis qui sibi sacramenta ecclesiastica ministravit, dicebat quod Rogerus filius Henrici de Valeya, clericus, illud vulnus sibi fecerat pro qua jacebat, et dicit quod fama talis est.

Stefanus Jupin, laycus, juratus, etc., dicit per suum juramentum et deponit modo et forma qua deposuit Guillermus le Guilleour, clericus, qui deposuit quatuordecimus, et dicit quod fama talis est.

ANNO 1376.

310. — (1) Regestrum excommunicatorum, incipiente ad Pascha anno Domini M° CCC° septuagesimo sexto (2).

310 a. — Presbitero de Ceraseyo : Guillermum Bernart, seniorem clericum excommunicatum pro judicato de nisi contra Ricardum Vitart.

Presbitero de Listreyo : Johannem Henrici, alias le Aratel, excommunicatum pro contumacia et culpis suis exigentibus contra promotorem officii.

Presbitero de Listreyo : Stefanum de Molendino excommunicatum contra sigilliferum curie.

Presbitero de Convains : Guillermum l'Er excommunicatum pro contumacia et culpis suis exigentibus contra Guillermum Touzey, clericum. Per rogatum. — Item eundem pro contumacia et culpis suis exigentibus contra promotorem officii. Per rogatum. — Item eundem pro contumacia et culpis suis exigentibus contra Guillermum le Tousey, clericum. Per rogatum. — Item eundem pro contumacia et culpis suis exigentibus contra promotorem officii. Per rogatum.

Presbitero de Convains : Georgium de Caron, pro contumacia et culpis suis exigentibus contra Guillermum le Tousey, clericum. Per rogatum. — Item eundem excommunicatum pro contumacia et culpis suis exigentibus contra promotorem officii. Per rogatum.

Presbitero de Listreyo : Stefanum de Molendino excommunicatum contra Guillermum Bernart, clericum, juniorem.

310 b. — Presbitero de Ceraseyo : Aliciam uxorem Ricardi Daniel excommunicatam pro contumacia contra promotorem officii.

Jacobum de Cantillie excommunicatum pro contumacia culpis suis exigentibus contra promotorem officii. — Presbitero de Ceraseyo.

Presbitero de Listreyo : dominum Guillermum le Deen excommunicatum pro judicato de nisi ; — presbitero de Listreyo : Robertum le Quoquet excommunicatum pro judicato de nisi ; — contra religiosos de Ceraseyo.

(1) P. 109.
(2) 18 avril.

Presbitero de Ceraseyo : Jacobum dictum filium Nicholai de Cantillie excommunicatum pro contumacia culpis suis exigentibus contra promotorem officii.

Presbitero de Prato Corbin : Johannem le Clerc excommunicatum pro judicato contra Thomam Potier. Per rogatum.

Presbitero de Listreyo : Guillermum le Tousey, clericum [excommunicatum], pro contumacia et culpis suis exigentibus ad denunciationem promotoris officii.

Presbitero de Ceraseyo : Johannem Pepin et Ricardum de Castello, clericos, excommunicatos pro contumacia contra Baudetum Clementis Re.....

310 c. — Presbitero de Listreyo : Gaufridum de Burgo, clericum, et Johannem Henrici, alias le Aratel, excommunicatos pro contumacia contra Petrum le Tousey, clericum, et Ricardum (?) Michaelis.

Presbitero de Convains : Colinum le Marchant excommunicatum pro contumacia contra Marcellum de Ponte, clericum. Per rogatum.

Presbitero de Listreyo : Guillermum Berguet excommunicatum pro contumacia contra Marcellum de Ponte, clericum.

Presbitero de Ceraseyo : Johannem Pepin, clericum, et Thomam Pepin excommunicatos pro contumacia contra Henricum de Valeya et Marcellum de Ponte. Per rogatum.

Presbitero de Convains : Colinum le Marchant pro contumacia contra Marcellum de Ponte. Per rogatum.

Presbitero de Torigneyo : Petrum Marie et Petrum le Sage excommunicatos pro contumacia contra religiosos de Ceraseyo. Per rogatum.

Presbitero de Sancto Claro : Johannem Andree, alias Flambart, excommunicatum pro judicato de nisi. contra Henricum de Valeya. Per rogatum.

Presbitero de Ceraseyo : Petrum de Bapaumes excommunicatum pro judicato contra Petrum Baudri, clericum.

310 d. — Presbitero de Listreyo : Johannem Caruel excommunicatum pro judicato contra Colinum le Tousey.

Presbitero de Listreyo : dominum Guillermum le Dẹen, presbiterum, pro judicato de nisi excommunicatum contra religiosos de Ceraseyo.

Presbitero de Ceraseyo : Johannem Pepin, clericum, Thomam Pepin excommunicatos pro judicato de nisi contra Henricum de Valeya.

Presbitero de Listreyo : Johannem de Roca excommunicatum pro judicato de nisi contra Henricum de Valeya.

Presbitero Listreyi : Philippotum le Vietu, Johannem Henrici alias le Arartel., contra Joannem Pevrel et Germanum Gachon (?), factores confratrie sancti Germani de Listreyo, de anno ultime preterito.

Presbitero sancti Johannis de Ostrelanc : Guillelmum Medici excommunicatum pro judicato de nisi contra Philippum de ..... Per rogatum.

Dominum Guillermum le Deen, presbiterum, pro judicato de nisi contra religiosos viros abbatem et conventum de Ceraseyo.

Presbitero de Cotun : Johannem de Vallibus excommunicatum pro contumacia contra Guillermum Berguet.

311 (1) Anno LXXVI° die martis post festum beati Pauli (2), comparuit in judicio coram nobis Joretus Morice, et gagiavit nobis emendam, ad voluntatem nostram taxandam, eo quod accusatus coram nobis de fornicacione cum Alicia uxore Guillermi Gorrey dictum delictum confessus fuit coram nobis et promisit fide media de eadem emenda facere voluntatem nostram quandocunque voluerimus. Taxavimus ad X solidos. Anno et die predictis injunximus dicto Joreto ne amplius de cetero cum dicta Alicia participaret de die nec de nocte in loco suspisioso aut al...................

ANNO 1377.

312. — (3) Registrum excommunicatorum curie cerasiensis de anno setuagesimo septimo, incipiente ad Pascha (4).

312 a. — Johannem Lescegan, clericum, excommunicatum pro judicato de nisi contra Thomam Potier. Per rogatum. Presbitero de Couvains.

Presbitero de Listreyo : Johannem de Roca, clericum, excommunicatum pro judicato contra Ricardum Vitart.

Presbitero de Ceraseyo : Johannem Jaquete excommunicatum pro contumacia et culpis suis exigentibus contra promotorem officii.

(1) P. 310.
(2) 1er juillet.
(3) P. 95.
(4) 29 mars.

Presbitero de Ruceyo : Johannem de Planca excommunicatum pro contumacia contra Th. Potier. — De prebenda domini Petri de Sancto Claro.

Presbitero de Listreyo : Ranulfum l'Engleys [et] Stefanum de Molendino excommunicatos pro judicato contra Johannem le Tousey.

Presbitero de Ceraseyo : Johannem le Hupinot excommunicatum pro judicato contra Henricum de Valeya.

Presbitero de Cormollein : Johannem Cornicam excommunicatum pro contumacia contra Gaufridum de Montefiqueti, clerici *(sic)*.

312 *b*. — Presbitero de Listreyo : Johannem Pevrel, alias Cadal, excommunicatum pro judicato de nisi contra Gaufridum Malherbe, clericum.

Presbitero de Listreyo : Philippotus Rogeri (1) et Thomas Bouvet contra Guillermum le Tousey, clericum, et G. Henrici pro contumacia.

Presbitero de Ceraseyo : Johannem Lepec excommunicatum pro contumacia contra sacristam cerasiensem.

Presbitero de Listreyo : Robertus le Quostere (?) pro deffectu solutionis emendarum curie nostre contra promotorem.

Presbitero de Ceraseyo : Thomam Polein et ejus uxorem Philippotam (?) excommunicatos pro contumacia contra Guillermum Bernardi, seniorem, clericum.

Presbitero de Ceraseyo : Michaelem Varignon contra Guillermum Tresel, clericum.

Presbitero de Listreyo : Johannem de Saone, alias le Baut, [et] Johannem Alexandri, excommunicatos contra promotorem officii pro contumacia et culpis suis exigentibus.

Presbitero Sancti Johannis de Osculantibus : Guillermum le Miere excommunicatum pro judicato de nisi contra religiosos de Ceraseyo. Per rogatum. — Item ipsum excommunicatum pro judicato de nisi contra Colinum de Quemino.

312 *c*. — Presbitero de Listreyo : Johannem de Saone, alias le Baut, et Johannem Alexandri pro contumacia culpis suis exigentibus contra promotorem officii. Per ....

Presbitero de Listreyo : Johannem le Goujez, clericum, excommunicatum pro contumacia contra Thomam Sansonis.

---

(1) Peut-être : *Philippotus, Rogerus et.*

Presbitero de Couvains : Michaelem le Grain pro judicato contra G. Polein, alias Barate. Excommunicatus fuit per rogatum.

Presbitero Listreyi : Johannem Alexandri excommunicatum contra promotorem officii pro deffectu solutionis expensarum dicti promotoris. — Item denunciamus ipsum excommunicatum pro contumacia culpis suis exigentibus contra dictum promotorem.

Presbitero Sancti Machuti baiocensis : Dominum Johannem de Brueria rectorem de Spineto Tesson, per rogatum decani baiocensis suspensum contra Thomam Potier pro contumacia (?).

Presbitero de Ceraseyo : Petrum Ediene excommunicatum pro judicato contra sacristam cerasiensem.

Presbitero de Couvains : Ricardum Johannem (1), de Groucie, pro contumacia culpis suis exigentibus contra promotorem officii.

Presbitero de Sancto Claro : Thomam de Bosco Ale, clericum, contra Thomam Toustein. Per rogatum. — Item ipsum excommunicatum contra dictum Thomam Toustein pro contumacia.

313. — (2) Anno LXXVII° die lune post Cantate Domino (3), comparuit in judicio coram nobis Joetus le Tousey, clericus, et gagiavit nobis emendam ad voluntatem nostram taxandam, eo quod manus injeccit in Jaquetum Jaquete, dictum filium Colini de Cantillie, ut confessus fuit in judicio coram nobis; de qua emenda promisit facere voluntatem nostram ; presentibus Stefano Seart clerico apparitore nostro, Thoma capellano cure cerasiensis, G. le Tournour clerico, et pluribus aliis; quam taxavimus ad quinque solidos. Quitus per duos solidos et sex denarios.

314.—Anno Domini M° CCC° LXXVII° die veneris ante Penthecosten Domini (4), comparuit in judicio coram nobis Johannem Jaquete dictum filium Colini de Cantillie, et gagiavit nobis emendam, ad voluntatem nostram taxandam, eo quod manus injeccit temere violenter in Joetum le Tousey, clericum, usque ad sanguinis effusionem et citra, in fronte dicti clerici; de qua emenda promisit fide media facere voluntatem nostram quandocunque voluerimus ; et eidem injunximus ad penam XX" solidorum turonensium quod faceret se absolvi a penitenciario

---

(1) Peut-être : *Johannis*.
(2) P. 110.
(3) 27 avril.
(4) 15 Mai.

ecclesie baiocensis infra festum sancti Johannis Baptiste; cui injunctioni acquievit, quia prius ipsum Johannem pronunciavimus in judicio excommunicatum pro eadem injeccione; quam emandam......

315. — Anno LXXVII° die jovis post Penthecosten Domini (1), comparuit coram nobis Sanson de Chalenche, clericus, et gagiavit nobis emendam ad voluntatem nostram taxandam, eo quod percussit Thomam le Portier cum pede in tendella turpiter, ita quod idem Thomas ivit cum baculo pluribus diebus, et promisit per fidem suam de eadem emenda facere voluntatem nostram quandocunque voluerimus; Stefano Seart clerico apparitore nostro presente; quam taxavimus ad X solidos satis fecit de V que solidis.

316. — (2) Anno Domini M° CCC° LXXVII° die martis post Trinitatem Domini (3), nos officialis cerasiensis visitavimus et inquisivimus per bonos homines dicte ville, juratos, super heresi, sortilegio, usurarum pravitate, lepra, fornicatione, raptoribus, incontinentiis et aliis omnibus.

316 a. — Nomina juratorum : Thomas et Guillermus dictos (*sic*) Lebergues, Laurentius de Bapaumes, Guillermus le Vietu, Germanus Riqueut, Johannes Bequet, Johannes Hebert, Johannes le Lavendier, Stefanus de Molendino, Stefanus Bequet, Robertus de Alneto, Guillermus Oniouf, Johannes Michaelis, Philippus James, Johannes Pevrel, Thomas Prepositi, Johannes le Rouselier, Jeremius (?), Thomas Goubout, Adam de Cantepie, Thomas Vincent, Radulphus l'Engleys, Thomas Onfredi.

316 b. — Invenimus defectum notorium in superliciis, et injunximus thesaurariis et bonis hominibus dicte ville haberi quatuor superlicia infra festum Assumpcionis beate Marie ad penam XL solidorum. Alia ornamenta erant satis competentia.

Item in ecclesia non erant cape. Injunximus duas capas haberi infra Purificationem beate Marie ad penam XL solidorum turonensium.

Item erat defectus notorius de toualles; injunximus sex toualles haberi infra festum beati Michaelis ad penam XL solidorum.

Item invenimus vitreas diruptas et cancellum male reparatum, ita quod propter pluvias et ventos contrarios presbiter et clerici non

---

(1) 24 Mai.
(2) P. 97.
(3) 26 mai.

possunt stare ad majus altare, nec corporalia non possunt tenere super calicem et similiter ad altare beate Marie. Idcirco precipimus et injunximus emendari tam in vitreis quam etiam in coopertura et aliis necessariis, ad penam centum solidorum turonensium, citra festum Omnium Sanctorum.

Item non erat nisi unum par corporalium; precipimus aliud par haberi infra festum beati Michaelis, ad penam XL solidorum turonensium.

Item invenimus quod domus leprosarie dicte ville cecidit per terram propter sustentacionis defectum, quam precepimus refici et reparari infra Natale Domini, ad penam XL solidorum turonensium.

316 c. — (1) Gaufridus Gobout, presbiter, manus injeccit in Guillermum le Forestier, clericum (?) dominum du Coisiel.

317. — (2) Die mercurii post festum Sancti Urbani (3), comparuit coram nobis in judicio Germanus Roberti de Listreyo, alias de Furno, clericus, se conquerendo de Philippo le Pelous, alias, Galet dicens dictum Philippum manus in eum injecisse temere violenter cum injuria, quem Philippum requisivimus in judicio presentem; e contrario juravit; cui assignavimus diem mercurii, ad instanciam dicti Germani actoris, post festum Sancte Petronille (4) ad videndum jurare testes productos in dicta causa per dictum actorem et ad procedendum ulterius.

318. — Die martis post festum beati Petri ad vincula anno LXXVII° (5), condempnavimus Thomassiam relictam Laurentii de Alnetis Johanni Gohin, alias le Bon, in X solidis, pro injuriis a dicta relicta eidem clerico dictis vulgariter in exitu misse quadam die dominica, solvendis et reddendis eidem clerico ad voluntatem suam.

319. — (6) Philippus le Pelous, alias Galet, conqueritur de domino G. le Dein, presbitero, eo quod dictus presbiter ipsum percussit cum pugno suo [ad (?)] nasum usque ad magnam sanguinis effusionem die dominica vigilia Sancti Andree apostoli (7), de nocte, in domo.....(?) Goye, ipso Galet sedente ad mensam ad illam horam, presentibus.....

---

(1) Cet article n'appartient peut-être pas au procès-verbal de la visite de Littrl.
(2) P. 83.
(3) 27 mai 1377 ? La date de l'année est douteuse.
(4) 3 juin.
(5) 4 août.
(6) P. 94.
(7) 27 novembre. La date de l'année est incertaine.

320. — (1) Die jovis post Ramos Palmarum, Johannes Marie, de parrochia..... de Sancto Laudo, nostre jurisdicione se supponens, confessus est spontaneus debere religiosis viris abbati et conventui de Ceraseyo centum et decem solidos turonenses, cum clausula de nisi, solvendos ad quindecim dies medietatem, et aliam medietatem ad festum nativitatis beati Johannis Baptiste anno LXXVII°.

ANNO 1378.

321. — (2) Registrum excommunicatorum curie cerasiensis de anno LXX VIII° incipiente ad Pascha (3).

* Johannem Caruel excommunicatum pro contumacia contra Henricum de Valeya. Presbitero de Listreyo.

* Presbitero de Valle Badonis. Colinum Regnart pro contumacia contra Thomam Potier. Per rogatum.

* Presbitero de Listreyo : Guillermum le Tousey, clericum, pro contumacia contra Bertaudum de Teinville.

* Presbitero de Listreyo : Germanum Gaufridi pro judicato contra G. Goye, clericum, thesaurarium ecclesie de Listreyo.

* Germanum Ameline excommunicamus pro deffectu solutionis expensarum promotoris ad instanciam ejusdem.

* Presbitero de Listreyo : Philippotum Rogeri excommunicamus pro judicato de nisi contra Guillermum Poulein, alias Boutte.

* Presbitero de Listreyo : Johannem de Roca excommunicamus pro contumacia contra G. Bernardi, juniorem, clericum.

* Presbitero de Listreyo : Robertum le Coquet excommunicamus pro contumacia et culpis suis exigentibus contra promotorem officii.

* Presbitero de Listreyo : Guillermum Goye, clericum, pro judicato de nisi contra Gaufridum Malherbe, clericum.

* Presbitero de Listreyo : Philippum Rogeri pro judicato contra Joettum (?) le Tousey.

* ...... Philippum contra G. Bernardi, juniorem, clericum, pro judicato de nisi.

322. — (4) Die sabbati post Quasimodo (5), Coleta uxor Ricardi Dio-

---

(1) P. 96.
(2) 97.
(3) 18 avril
(4) P. 96.
(5) 1er mai.

nisii, de parrochia Sancti Amandi de Thorigneyo, confessa fuit coram nobis pro se et marito suo et recognovit debere religiosis viris abbati et conventus de Ceraseyo centum solidos turonenses solvendos videlicet XL^{ta} solidos ad festum Sancti Clari (1), LX^{ta} ad festum Omnium Sanctorum, inde sequens (2), cum clausula de nisi, et si opus esset uxor recepit dictum debitum in se, et de hoc se supposuit jurisdicioni nostre; anno LXXVIII°.

323. — (3) Anno LXXVIII° die martis post Misericordias Domini (4), comparuit coram nobis Guillermus Bernardi, senior, clericus; gagiavit nobis emendam ad voluntatem nostram taxandam; pro eo quod manus injeccit Ricardam uxorem Guillermi Bernardi juniorem ipsam verberando; de qua emenda promisit per fidem suam facere voluntatem nostram; quam taxavimus ad decem solidos.

324. — * Die martis post Jubilate Deo (5), comparuit coram nobis Johannes Germanus Ameline, et gagiavit nobis emendam ad voluntatem nostram taxandam pro eo quod manus injecit in personam Johannis le Meteer, clerici, ut confessus fuit coram nobis; de qua emenda promisit per fidem suam facere voluntatem nostram; quam taxavimus ad X solidos; presentibus domino Guillermo le Dein presbitero, Johanne Riqueut clerico juniore. Fuit remissa rogatu nepotis abbatis, et ea die monitus fuit dictus Germanus ex parte nostra de reddendo expensas promotori, quas taxavimus ad V solidos.

325. — * Anno LXXVIII° die martis post Cantate Domino (6), comparuit in judicio coram nobis Philippus le Pelous, alias Galet, et gagiavit nobis emendam ad voluntatem nostram taxandam, pro eo quod manus injeccerat temere violentas in personam domini Guillermi le Deen, presbiteri, usque et citra sanguinis effusionem, de qua emenda promisit fide media facere voluntatem nostram; presentibus domino G. Fusterii sacrista monasterii cerasiensis, Guillermo Boisbaston armigero magistro Buri regis, Stefano Seart clerico apparitore nostro, Johanne Hequet, G. Henrici, Johanne Riqueut juniore clerico, et pluribus aliis; et postea assignavimus peremptorie coram nobis diem

(1) 18 juillet.
(2) 1er novembre.
(3) P. 95.
(4) 4 mai.
(5) 11 mai.
(6) 18 mai.

martis post Vocem joconditatis (1) dicto Philippo ad videndum dictam emendam per nos taxandam una cum expensis ministri officii nostri continuata ad diem martis post Ascensionem Domini (2). Taxavimus emendam ad centum solidos turonenses et condempnavimus ipsum in tringinta solidis pro expensis ministri officii nostri, presentibus G. Goye clerico, Stephano Seart apparitore nostro clerico, Ranulfo Anglici, Petro le Tousey clerico, Colino Seart clerico, G. Berguet (?). et pluribus aliis.

326. — (3) Die lune post Vocem joconditatis (4), Guillermus Bernardi, senior, clericus, recognovit Guillermo de Guilleour, clerico, XX solidos ex venditione brasii ordei, solvendos ad Nativitatem beati Johannis Baptiste anno LXXVIII° (5).

327 a. — Anno LXXVIII die martis ante Penthecosten Domini (6), Radulphus Riqueut recognovit Johanni de Quemino, alias le Fevre, XXXII solidos VI denarios reddendos ad festum beati Clari (7) per fidem, etc., per compotum factum inter ipsos pro omnibus pro toto tempore preterito.

327 b. — (8) Die martis post Ascensionem Domini (9), Guillermus Goye, clericus, recognovit Gaufrido Malherbe, clerico, X libras turonenses (francos (sic) pecia pro XX solidis turonensibus) per unum compotum pro omnibus de tempore preterito, cum obligatione omnium bonorum suorum, renunciando, etc., solvendas medietatem ad festum Sancti Clari (10) et aliam medietatem ad festum Sancti Michaelis in mense septembri (11), cum clausula de nisi; anno LXXVIII.

328. — *(12) Die mercurii ante Penthecosten Domini (13), comparuit coram nobis Johannes le Tousey et gagiavit nobis emendam ad voluntatem nostram taxandam eo quod manus injecerat in G. de Burgo,

---

(1) 25 mai.
(2) 1er juin.
(3) P. 90.
(4) 24 mai.
(5) 24 juin.
(6) 1er juin.
(7) 14 juillet.
(8) P. 96.
(9) 1er juin.
(10) 18 juillet.
(11) 29 septembre.
(12) P. 95.
(13) 2 juin.

clericum, de qua promisit facere voluntatem nostram, quam taxavimus ad V solidos turonenses et expensas promotoris ad tantum.

329. — (1) Die mercurii post Penthecosten Domini anno LXXVIII (2), Blesius ....ciaire recognovit Gaufrido Malherbe centum et tres solidos turonenses ..... solvendos ad quindenam Remi ..... (3).

330 a. — (4) Die lune vigilia apostolorum Petri et Pauli (5), confessus fuit in judicio Philipotus Rogerii XIIII albos G. Bernardi, juniori, clerico, de mutuo (?), solvendos ad Pascha (6).

330 b. — Ea die (7) gagiavit (?) nobis emendam in judicio dominus G. le Deen, presbiter, supponens se jurisdicioni nostre, eo quod manus injecerat in uxorem .... facere voluntatem, etc.

331. — (8) Die dominica ante festum Sanctorum Arnulfi et Clari anno LXXVIII° (9), Guillermus Semion, supponens se jurisdicioni nostre, recognovit Petro .... libras turonenses monete currentis, unum florinum pro viginti solidis, solvendas et reddendas ad festum Sancti Michaelis in mense septembri (10).

332 a. — *(11) Die martis post festum Sancti Benedicti estivale (12), comparuit in judicio coram nobis Colinus Morice et gagiavit nobis emendam ad voluntatem nostram taxandam eo quod manus apposuit in Colinum Vincencii, clericum; de qua emenda promisit facere voluntatem nostram, presentibus pluribus fide dignis; quam taxavimus ad V solidos, et expensas promotoris ad totidem, scilicet V solidos.

332 b. — *Eadem die (13), Thomas le Viellart, alias le Formelet (?), gagiavit nobis emendam ad voluntatem nostram taxandam, eo quod manus apposuit in Guillermum le Tousey, presbiterum, de qua

---

(1) P. 100.
(2) 9 juin.
(3) 15 octobre.
(4) P. 90.
(5) 28 juin.
(6) 10 avril. 1379.
(7) 28 juin.
(8) 11 juillet.
(9) 11 juillet.
(10) 29 septembre.
(11) P. 95.
(12) 18 juillet.
(13) 18 juillet.

emenda promisit facere voluntatem nostram coram pluribus fide dignis, quam taxavimus ad V solidos; tam (?) pro expensis promotoris quam pro [emenda (?)] predicta solvit X blans.

332 c. — * Die martis ante festum Sanctorum Arnulfi et Clari (1), dominus Guillermus le Deen gagiavit nobis emendam ad voluntatem nostram taxandam, pro eo quod manus injeccerat temere violentas in uxorem Thome le Carmey, et pro injuriis eidem factis a dicto presbitero; de qua emenda promisit fide media facere voluntatem nostram, quam taxavimus ad XX" solidos turonenses. Et sunt pro emendis (?).

333 a. — * Die martis ante festum beate Marie Magdalene (2), dominus Guillermus le Deen gagiavit nobis emendam ad voluntatem nostram taxandam pro eo quod [manus appo]suit temere violentas in Johannem de Roca, clericum; de qua emenda promisit fide media facere voluntatem nostram, quam emendam ad X solidos turonenses [taxavimus, qui decem (?)] solidi reportantur in emenda XX solidorum precedenti. Anno LXXVIII°.

333 b. — In causa injuriarum coram nobis agitata inter Thomam de Costentino, alias le Carney, et Katherinam, ejus uxorem, a suo dicto marito autorizatam, ex una parte, et dominum Guillermum le Deen, presbiterum, ex altera, habito super hec juris peritorum consilio, consideratis condicionibus personarum et qualitate injuriarum, injurias de quibus constat ad plenum dictis Thome et ejus uxori taxamus viginti solidos turonenses pro dictis injuriis, in quibus dictum presbiterum dictis Thome et ejus uxoris, quas eisdem ad judicium nostre taxationis reservantes taxamus ad V solidos. Latum die martis ante festum beate Marie Magdalene (3).

333 c. — In causa injuriarum coram nobis agitata inter Johannem le Roissolier, ex una parte, et dominum Guillermum le Deen, presbiterum, ex altera, cognito de meritis cause, consideratis conditionibus personarum, et modo et qualitate injuriarum, injurias de quibus constat per informationem debite factam dicto Johanni taxamus viginti solidos turonenses, in quibus dictum presbiterum eidem Johanni condempnamus pro dictis injuriis, et in duodecim solidis turonensibus similiter taxamus dictum presbiterum pro expensis dicti Johannis, ipsum Johan-

---

(1) 13 juillet.
(2) 20 juillet.
(3) 20 juillet.

nem super residuo petitorum absolventes. Latum die martis ante festum beate Marie Magdalene (1).

334. — *(2) Guillermus le Tousey, clericus et Guillermus Berguet (?), principes mercatores decime de Cormequeron pro isto augusto..... anno LXXVIII° de Gaufrido de Monfiquet, clerico, per precium XXX^{ta} V° librarum tournois, unum francum auri pro XX solidis, solvendarum ad festum Sancti Gabrielis (3) IIII libras XV solidos et residuum sive medietatem ad festum Purificationis beate Marie (4) et aliam medietatem ad festum Magdalene inde sequentis (5).

*Guillermus et Thomas dicti Berguetz confessi sunt et recognoverunt teneri et debere Guillermo le Tousey, clerico, XXII libras, et de......... pro ostensioni (?)

*Guillermus Bernardi senior clericus recognovit Thome Aubri XIII solidos per finem compoti inter ipsos.

*G. Bernart, junior, recognovit Perrote la Gerve V solidos pro toto tempore preterito pro omnibus, reddendos ad quindenam martis post festum beati Luce euvangeliste (6). Radulfus.

335. — *Anno Domini millesimo CCC° LXXVIII° die sabbati in festo Sancti Michaelis in monte Tumba (7), Guillermus Berguet conduxit Ludovicum le Vietu, clericum, ad serviendum sibi in omnibus serviciis et operibus quibus se scierit et poterit juvare usque ad unum annum plenarie completum, per precium quindecim librarum turonensium monete currentis, unum francum auri pro XX^{ti} solidis, ita et taliter quod dictus Guillermus super dictis XV libris solvet dicto Ludovico super dictum salarium suum ad natale Domini proximo sequens (8) LX^{ta} solidos, octo libras ad festum Sancti Michaelis predictum (9), et quatuor libras ad natale Domini inde sequens (10). Actum die veneris post beati Luce euvangeliste (11). Radulfus.

(1) 20 juillet.
(2) P. 100.
(3) 2 octobre.
(4) 2 février 1379.
(5) juillet 1379.
(6) 2 novembre.
(7) 16 octobre.
(8) 25 décembre.
(9) 16 octobre 1379.
(10) 25 décembre 1379.
(11) 22 octobre.

336. — (1) Die sabbati ante festum beate Lucie (2), Guillermus le Miere, de parrochia Sancti Johannis de Osculantibus, confessus fuit debere abbati et conventui cerasiensi centum solidos turonenses pro decima vocata Marescot, quam tenuit de dictis religiosis in isto augusto ultime preterito, solvendos dictis religiosis ad quindenam, cum clausula de nisi, juridicioni nostre se supponendo.

337. — * (3) Anno LXXVIII die martis ante Purificationem beate Marie virginis (4), Johannes Quinot gagiavit nobis emendam ad voluntatem nostram taxandam, pro eo [quod] manus injexit temere violenter in Dionysium Auber; de qua emenda promisit fide media facere voluntatem nostram quocienscunque voluerimus; presentibus Stefano S[eart] apparitore nostro, Thoma Berguet. Michi recognovit.

ANNO 1379.

338 a. — * (5) Die martis post Ascensionem Domini anno LXXIX° (6), Guillermus le Tousey, clericus, gagiavit nobis emendam eo quod confessus fuit in judicio coram nobis manus injeccisse in Philippotum Rogeri; quam taxamus ad V solidos turonenses, et duos solidos pro expensis promotoris officii, solvendos ad quindenam.

338 b. — * Eadem die (7), Philippotus Rogeri confessus fuit manus injeccisse temere violenter in Guillermum le Tousey, clericum, et de et super hoc nobis gagiavit emendam ad voluntatem nostram taxandam, quam taxamus ad V solidos, et pro expensis promotoris officii duos solidos solvendos ad quindenam. Et super hoc moniti fuerunt.

339 a. — * Die dominica Trinitate Domini (8), circa solis occasum, Radulfus Roberti, clericus, conqueritur quod Germanus Roberti, clericus, ipsum percussit die predicta usque ad sanguinis effusionem in capite cum uno baculo; presentibus Thoma Berguet, Johanne

---

(1) P. 19.
(2) 11 décembre.
(3) P. 100.
(4) 1er février 1379.
(5) P. 98.
(6) 24 mai.
(7) 24 mai.
(8) 5 juin.

Pouchin dit Maguet, Johanne Catrio (?) clerico, Johanne le Vietu, Germana (?) uxore Yvonis Anglici, Perrota uxore Radulfi Roberti predicti.

339 b. — * Item eadem die et hora (1), Yvo Anglici percussit dictum Radulfum cum una petra super spatulam, testibus predictis testibus.

339 c. — * Item eadem (2) die et hora, Yvo Anglici dicit quod Radulfus Roberti, clericus, ipsum percussit, scilicet quod levavit mentonem suum, et post percussit cum pugno in capite, et post cum baculo in capite una vice, Germano de Furno clerico presente, Johanne Poucin, Johanne le Vietu, Thoma Berguet, Chardinam filiam filii Ranulfi Anglici; Laurentio Doreta, ad mentonem itum puni; Perrotam matrem Germani de Furno in domo Germani, quantum ad mentonem et itum baculi in buto gardini sui.

340. — Johannes Quenet conqueritur quod die veneris in crastino Ascensionis Domini (3) Thomas de Cantepie, clericus, ipsum percussit ante solis o[ccasum] in campo ipsius Quenet cum ense in capud et in corpore usque ad sanguinis effusionem in stando et contra terram Johanne Silv..... filio J. le Tousey, filio Philippi Davi, Johanne de Quemino. Nichil probare potuimus.

341 a. — * (4) [Die] mercurii ante Eucharistiam Domini (5), Germanus de Furno gagiavit nobis emendam ad voluntatem nostram taxandam, ex eo et pro eo quod manus injecit temere violenter in Radulfum Roberti, clericum, usque et citra sanguinis effusionem in capite, et promisit per fidem suam de eadem emenda facere voluntatem nostram, quam taxavimus ad XX solidos turonenses, die martis post festum beati Barnabe apostoli (6), presentibus Colino de Cantilleyo clerico, Stefano Seart clerico, Guillermo Goye clerico, Barnone Baudri clerico, Johanne Riqueut clerico, juniore, et pluribus aliis, et pro expensis promotoris V solidos. Solvit XV pro toto et quitatus fuit.

341 b. — * Eadem die et anno LXXIX° (7), Radulfus Roberti, clericus, gagiavit nobis emendam ad voluntatem nostram taxandam, ex

---

(1) 5 juin.
(2) 5 juin.
(3) 20 mai.
(4) P. 99.
(5) 7 juin.
(6) 7 juin.
(7) 7 juin.

eo et pro eo quod manus injecit temere violenter in Yvonem Anglici, de qua emenda promisit per fidem suam in manu nostra facere voluntatem nostram, quam taxavimus ad vigenti solidos turonenses die predicta, presentibus supra scriptis, et pro expensis promotoris V solidos. Solvit decem solidos et fuit quitus.

341 c. — * Yvo Anglici gagiavit nobis emendam, anno et die prescriptis (1), ex eo et pro eo quod manus injecit in Radulfum Roberti, clericum, temere violenter, ipsum percussiendo cum una petra super spatulam, et promisit per fidem suam de eadem emenda facere voluntatem nostrum; quam taxavimus die jovis ante festum Sanctorum Gervasii et Protasii (2), ad decem solidos turonenses die predicta, presentibus supra scriptis, et promotorem officii III solidos. Solvit quinque solidos et fuit quittus.

342. — (3) Guillermus le Guilleour conqueritur quod Laurentius le Couturier cepit ipsum ad capucium, quod revocavit ad annimum suum, die .... in festivitate Sanctorum Gervasii et Prothasii (4) circa horam vesperarum, presentibus Thoma Jupin juniore, Henrico de Herry, Michaele Mahieu, Philippoto filio ....

343. — * (5) Die jovis ante nativitatem beati Johannis Baptiste anno predicto (6), Laurencius le Couturier, alias Brillet, gagiavit nobis emendam ad voluntatem nostram taxandam pro eo quod manus injexerat temere violenter in Guillermum le Guilleour, clericum, ipsius caputium rumpendo, de qua emenda promisit fide media facere voluntatem nostram, quam taxavimus ad X solidos, et expensas promotoris ad II solidos.

344 a. — (7) Anno LXXIX die dominica ante festum beati Martini estivalis (8), conquestus est nobis G. le Tousey, clericus, quod eadem die Johannes le Gascoing, clericus, manus apposuit in dictum G. usque et citra sanguinis efusionem per os et nares ipsius et in pannos ipsius similiter. Fuit quittus [ad] petitionem Gaufridi de Monfiquet.

---

(1) 7 juin.
(2) 16 juin.
(3) P. 98.
(4) 19 juin.
(5) P. 99.
(6) 23 juin.
(7) P. 98.
(8) 3 juillet.

344 b. — Ipsa die (1), conquestus est nobis Johannes filius Johannis Caruel quod Germanus Ameline eadem die manus apposuit in ipsum clericum usque et citra [sanguinis] efusionem per os ipsius, presentibus Johanne Caruel, Gaufrido filio Roberti le Quoquet et ejus uxore, Guillemetam uxorem Germani Ameline, Perrota uxore..... le Peloue.

344 c. — Ipsa die (2), Jaquetus Quinot, clericus, manus apposuit in Gaufridum le Quoquet.

344 d. — Ipsa die (3), Stefanus de Molendino conqueritur quod Johannes filius Johannis Caruel ipsum verberavit cum pugnis, ipsum levando e terra, et.......de, testibus S. de Molendino et ejus uxore, Germano Ameline et ejus uxore, Inguerranno Quivot, clerico, Johanne Bacon.

345. — (4) Die martis post festum beati Clari (5)...............
[In causa] matrimoniali coram nobis agitata inter Thomam le Potier et Guilletam filiam Colini le Cordier, contrahere volentes invicem, [ex una parte], et Moratam filiam Simonis Ravenel opponentem, ex altera, que jurata coram nobis de dicta oppositione dedicere......... suum juramentum.

346. — Die mercurii ante festum beati Petri ad vincula (6), nobis conquesti fuerunt Gaufridus Peussart, Petrus Ediene et Blanchart quod Guillermus Goye, clericus, in ipsos manus injecerat temere violenter, ipsos percussiendo turpiter et vulnerando enormiter sine causa pluribus presentibus videntibus.

347. — (7) * Die dominica ante festum beati Petri ad vincula (8), Johannes Riqueut, clericus, Johennetus Riqueut et Ludovicus Riqueut, clerici, manus apposuerunt in Laurentium de Alneto, clericum, ipsum percussiendo in capite cum pugnis, jactatus in terram itu pugni circa [horam] vesperarum in cultura abbatis subtus quercus, et ad fontem cum picherio terre, presentibus Philippota uxore Philippi........, Joueta

---

(1) 3 juillet.
(2) 3 juillet.
(3) 3 juillet.
(4) P. 97.
(5) 12 juillet. La date de l'année est douteuse.
(6) 27 juillet.
(7) P. 98.
(8) 31 juillet.

uxore Giroti Amphrie, Joueta uxore du Gouchiet, Johanne le Dein, Thoma Bertout clerico.

348. — Johannes filius Johannis Amoretes, clericus, conqueritur quod Colinus Moyson manus et Thomassia ejus uxor manus apposuerunt in ipsum et.......unt in terram cum pugno, ita quod emisit sanguinem per nares, et ejus uxor ita similiter et momordit ipsius (?) sinum, die lune festi sancti Petri (1) circa horam nonam, teste Coleta filia Ranulfi le Rebovs.

349. — Die....... festum beati Petri ad vincula, Jaquetus Quinot manus injecit temere violenti in Gaufridum le Coqet.

350. — * (2) Die mercurii in festo beati Laurentii (3), Ludovicus Tiqueut, clericus, gagiavit nobis emendam ad voluntatem nostram taxandam, eo quod manus injecerat in Thomam de Alneto, clericum, et promisit de eadem fide media nostram facere voluntatem.

351. — * (4) Die martis post Nativitatem beate Marie virginis (5), Guillermus le Tousey, clericus, confessus fuit in judicio coram nobis manus apposuisse in Petro Villain uxore (?) Philippi le Pelous, alias Galet, de jactu unius lapidis in capud ipsius, ad magnam sanguinis effusionem, pro qua injeccione nobis gagiavit emendam ad voluntatem nostram, taxandam, et promisit fide media de eadem facere voluntatem nostram.

352 a. — Die jovis vigilia Epifanie Domini anno LXXIX° (6), comparente in judicio coram nobis Hugone de Monfreart, armigero, arbitro arbitratore seu amicabili compositore unico nominato et electo in quodam compromisso, fide et pena vallato, inter Johannem seniorem et Johannem juniorem dictos Riqueuz, clericos, ex una parte, et Laurentium de Alneto, clericum, ex altera et inter dictos Riqueuz prenominatos, ex una parte, et Germanum Ameline absens (sic), ex altera, qui quidem arbiter dictum et sententiam suam arbitralem in hunc modum videlicet quod dictus Laurentius solveret et redderet Johanni Riqueut seniori X solidos turonenses in exoneratione cujusdam emende quam gagiaverat per antea pro injuriis et malefactis inter ipsos, ac eciam adju-

---

(1) 1ᵉʳ août.
(2) P. 97.
(3) 10 août.
(4) P. 99.
(5) 13 septembre.
(6) 5 janvier 1380.

dicavit eidem Johanni dictus arbiter XXV solidos a dicto Laurentio eidem Johanni solvendos pro expensis inde factis, solvendis et reddendis videlicet medietate ad festum Purificationis (1), et aliam medietatem ad Pascha inde sequens (2).

352 b. — * Ipso die (3), gagiavit nobis emendam idem Laurentius eo quod manus apposuerat temere violenter in personam Johannis Riqueut, junioris, quam taxavimus ad X solidos. Item gagiavit nobis emendam, eodem die, dictus Laurentius pro eo quod manus apposuit temere violenter in personam Johannis Riqueut, senioris, quam taxavimus ad X solidos, et promisit per fidem suam dictus Laurentius de dictis emendis nobis satisfacere ad festum Purificationis beate Marie virginis (4).

352 c. — * Die lune post Epifaniam Domini (5), Jaquetus Quinot, clericus, gagiavit nobis emendam eo quod confessus fuit in judicio manus [apposuisse in] Ludovicum (?), clericum, et promisit per fidem suam facere voluntatem nostram de eadem emenda, quam taxavimus ad X solidos turonenses solvendos infra festum Purificationis beate Marie (6), cum clausula de nisi, in manu Stefani Seart, et recepi super hoc XV denarios.

ANNO 1380.

353 a. — Die dominica post Ascensionem Domini (7), Johannes filius Thome le Peley fuit apud Robertum le Quoquet in campis qui sunt in capite gardini G. Lyonet (?), taliter quod fecit cadere ipsum et equm super quem sedebat, cum duobus pugnis, ante solis occasum, Gaufrido filio dicti Roberti, Johanne le Roysolier, uxore Ricardi le Peley, Johanne Robillart. Emendavit. Taxavimus ad V solidos emendam, et expensas promotoris ad III solidos solvendos ad III septimanas.

353 b. — * Presbitero de Ceraseyo. Excommunicavimus pro judicato Guillermum .... contra abbatem Co.......

(1) 2 février 1380.
(2) 25 mars 1380.
(3) 5 janvier 1380.
(4) 2 février 1380.
(5) 9 janvier 1380.
(6) 2 février 1380.
(7) 6 mai. La date de l'année n'est pas certaine.

354 a. — *(1) Martis post festum beati Nicholai estivalis (2), Stefanus de Molendino confessus fuit G. Goie, clerico, VII bussellos avene cum dimidio de precio V solidorum turonensium de redditu, reddendos ad quindenam.

354 b. — Eodem die (3), G. Bernardi, clericus, junior recognovit Thome Albini XXXIII solidos IX denarios turonenses pro brasio ordei eidem vendito tradito et deliberato a dicto Thoma...., solvendos ad quindenam.

354 c. — *Eodem die (4), Germanus Gaufridi recognovit G. Goye, clerico, VII bussellos frumenti et dimidium, de precio XII solidorum et sex denariorum, et duos bossellos ordei, de redditu ecclesie et de thesauro Sancti Germani, solvendos ad quindenam.

355 a. — Anno LXXX° die jovis post Penthecosten Domini (5), Stefanus de Molendino recognovit Colino de Cauchie, clerico, XX solidos turonenses per finem [compoti] nummatarum taberne dicti Colini, solvendos ad quindenam.

355 b. — Eodem die (6), Johannes le Couturier, alias Maguet, recognovit Colino de Cauchie, clerico, III solidos II denarios de nummatis taberne solvendos ad quindenam.

356. — Die jovis post Pentheucosten Domini (7), Stefanus de Molendino recognovit Marciali de Ponte XII denarios de numatis taberne.

357. — *G. Mauricii, alias le Parfet, confessus fuit G. Goye, clerico, V solidos, die jovis post festum Trinitatis (8), de numatis taberne.

358 a. — *...... ante nativitatem beati Johannis Baptiste (9), Stefanus de Molendino recognovit G. Bernardi, juniori, clerico, XXVIII denarios, una cum expensis de ....

358 b. — *Eodem die (10), Johannes le Couturier, alias Maguet, recognovit G. Bernardi, juniori, clerico, XXV denarios obolum de nummatis taberne et pro expensis.

(1) P. 100.
(2) 15 mai.
(3) 15 mai.
(4) 15 mai.
(5) 16 mai.
(6) 16 mai.
(7) 16 mai.
(8) 23 mai.
(9) 24 juin.
(10) 24 juin.

358 c. — * Eodem die (1), Rogerus Stefani (?) recognovit Guillermo Tresel, seniori, XLV solidos, per compotum factum inter ipsos pro ....

359 a. — Die veneris post festum beati Martini estivalis (2), G. Poulein, alias Barate, recognovit Henrico Viel, clerico, XV solidos pro venditione brasii ordei.

359 b. — Yvo (?) de ..... pie conqueritur quod Joreta relicta Laurentii Quenet manus apposuit in ipsum temere violenter, ... despectu (?) ipsius jactavit unum cisum plenum servesie contra vultum ejusdem, et jactavit .... in igne ad capud ipsius quatries, et cum cutello suo dirupit et cecuit pannum .... circa solis occasum, quadam die mercurii circa festum Omnium Sanctorum (3), et rupit capu..................

359 c. — * Presbitero de Ceraseyo : Excommunicavimus pro judicato [continente] XL^{ta} solidos turonenses contra Thomam Marquier.

ANNO 1381?

360. — * (4) Laurentius de Alneto II solidos. — Thomas de Alneto IX denarios.

* Die lune in festo Marie Magdalene (5), Johannes Roberti et Johannes filius Thome Quinot nobis gagiaverunt emendam quod ....

ANNO 1383.

361. — * (6) Anno Domini M^{mo} CCC^{mo} octogesimo tercio die sabbati in vigilia Pasche (7), Colinus le Touze gagiavit emendam eo quod manus apposuerat in Petrum Anglici, ipsum hurtando cum pugnis circa pectus, de quibus, etc.

(1) 24 juin.
(2) 6 juillet.
(3) Octobre ou novembre.
(4) P. 94.
(5) 22 juillet.
(6) P. 99.
(7) 21 mars.

ANNO 1391.

362. — (1) Regestrum excommunicatorum curie domini abbatis cerasiensis pro anno Domini M^{mo} CCC^{mo} nonagesimo primo incipiente a Pascha usque ad aliud Pascha inde sequens (2).

362 *a*. — Presbitero de Listreyo : Johannes le Tonnerre pro contumacia contra Guillermum de Hamello.

Presbitero de Listreyo : Guillermus Morice, alias le Parffet, pro contumacia contra curatum de Listreyo.

Presbitero de Duobus Jumellis : Dionisius Galienna pro contumacia contra Guillermum Bacon, armigerum.

Presbitero de Listreyo : Johannes le Tonnerre pro contumacia contra Joretum Morice.

Presbitero de Listreyo : Johannes le Caruel, junior, pro contumacia contra Joretum Morice.

Presbitero de Folia : Johannes Asini, clericus, pro judicio contra Petrum Dain. Per rogatum.

Presbitero de Ceraseyo : Radulfus Gracien et ejus uxor pro contumacia contra Colinum de Quemino.

Presbitero de Listreyo : Johannes Militis pro contumacia contra dominum Radulfum Dean.

362 *b*. — Presbitero de Listreyo : Nocoetus le Pelloux pro contumacia Ricardum Ferrant.

Presbitero de Ceraseyo : Johannes de Quemino, alias le Prodomme, pro contumacia contra Colinum Vincentii.

Presbitero de Listreyo : Johannes le Tonnerre pro judicato contra Guillermum de Hamello.

Presbitero de Ceraseyo : Robertus de Mileriis pro contumacia contra Joretum Morice.

Presbitero de Listreyo : Johannes Riqueut, dit le Lou, pro contumacia contra Joretum Morice.

Presbitero de Listeya : Robertus de Doito pro contumacia contra Colinum Vincentii. Per rogatum.

(1) P. 117.
(2) 26 mars 1391.— 14 avril 1392.

Presbitero de Sancto Lupo prope Baiocas : Mauricius Sansonis pro contumacia contra Jouetum le Touze. Per rogatum.

Presbitero de Ceraseyo : Colinus Guiart pro manifesta offensa contra promotorem culpis suis exigentibus.

362 c. — Presbitero de Ceraseyo : Joretus Onffrie pro manifesta offensa contra promotorem officii nostri, culpis suis exigentibus.

Presbitero de Listreyo : Guillermus de Monte Freardi alias du Perrey; —presbitero de Listreyo : Guillermus de Hamello alias Peudoiseaux;— presbitero de Listreyo : Ranulphus Anglici, clericus, — pro contumacia contra Guillermum de Hamello et Johannem Gacion, clericos.

Presbitero de Ceraseyo : Guillermus le Portier, alias Tassot, pro contumacia contra Jouetum le Touze, clericum.

Presbitero de Treveriis : Auberius de Sancto Claro pro contumacia contra Johannem de Trouerno. Per rogatum.

Presbitero de Listreyo : Guillermus le Pency; — presbitero de Listreyo : Johannes le Caruel; — presbitero de Listreyo : Radulphus Ameline;—presbitero de Listreyo : Johannes Riqueut, alias Ribart (?),— Johannes Fortin,—pro contumacia contra Johannem de Ponte, clericum.

Presbitero de Listreyo : Johannes le Caruel, clericus, pro contumacia contra Sansonem le Mareschal.

362 d. — Presbitero de Listreyo : Johannes de Escaolis pro contumacia contra fratrem Guillermum Trenchefort.

Presbitero de Listreyo : Philippotus Rogerii pro contumacia contra Ricardum Ferrant.

Presbitero de Ceraseyo : Petrus de Bapaumes [et] Penot de Ponte pro contumacia contra fratrem Gauffridum de Boucheyo.

Presbitero de Ceraseyo : Guillermus Bacon pro manifesta offensa contra Guillermum Poulan, juniorem.

Presbitero de Ceraseyo : Rogerus Frontan pro judicato contra Thomam Richerii.

Presbitero de Ceraseyo : Henricum Petey pro contumacia contra Colinum Vincentii.

363. — (1) Secuntur emende curie cerasiensis pro anno Domini M^{mo} CCC^{mo} nonagesimo primo incipiente a Pascha usque ad aliud Pascha inde sequens (2), ut continetur in isto regestro.

---

(1) P. 118.
(2) 26 mars 1391.— 14 avril 1392.

363 *a*. — Henricus Maresc, de Duobus Jumellis, coram nobis gagiavit emendam ex eo quod in die Eucharistie Domini (1) infra monasterium de Duobus Jumellis, hora misse, magnum scandalum fecit, impediendo servicium misse, taliter quod presbiter et clerici siluerunt propter tumultatem et clamorem gencium quas ipse inflammavit, de qua emenda promisit facere voluntatem nostram quandocumque voluerimus anno Domini M^{mo} CCC^{mo} nonagesimo primo die veneris ante nativitatem beati Johannis Baptiste (2), quam emendam taxavimus ad X solidos.

363 *b*. — Johannes Fabri, de Listreyo, coram nobis officiali cerasiensi gagiavit emendam, [ad] voluntatem nostram taxandam, ex eo quod ipse animo malivolo adhesit ad gutur Ludovicum le Vietu, clericum, et levavit mentonem ipsius cum mala voluntate, de qua emenda promisit facere voluntatem nostram quandocunque voluerimus anno Domini M^{mo} CCC^{mo} nonagesimo primo die martis post translationem Sancti Martini (3) ; quam taxavimus ad X solidos.

363 *c*. — Colinus Malherbe nobis gagiavit emendam ex eo quod ipse animo malivolo percussit Johannem de la Sauchee, clericum, usque et citra sanguinis effusionem, de quodam ferro equi in supercillio occuli, taliter [quod] vulnus insecutum fuit ; de qua emenda promisit facere voluntatem nostram taxandam quandocumque voluerimus anno Domini M^{mo} CCC^{mo} nonagesimo primo die jovis post decolacionem beati Johannis Baptiste (4), quam taxavimus ad XXX solidos. Injunctum fuit eidem ut se faceret absolvi infra sex septimanas ad penam XL solidorum.

363 *d*. — Johannes Pouchin, alias Maignet, coram nobis officiali cerasiensi nobis gagiavit emendam ex eo quod ipse tenebat une houete galice in manu sua de qua fossabat juxta quoddam escalarium in pomerio suo; tamen Johannes le Caruel, clericus, venit ad ipsum cum cadrigua sua, et dixit ei quod transiret per dictum escalarium extra voluntatem suam, et dictus Pouchin dicendo eidem clerico quod e[xiret] suum hereditagium, et se deffendendo, de dicta houeta attingit super brachium dicti clerici et percussit ipsum usque et citra sanguinis

---

(1) 25 mai 1391.
(2) 23 juin.
(3) 7 juillet.
(4) 31 août.

effusionem ; de qua emenda promisit facere voluntatem nostram quandocunque voluerimus ; anno Domini M^{mo} CCC^{mo} nonagesimo primo, die mercurii post festum beati Dionisii (1) ; quam emendam taxavimus ad XV solidos. Injunctum fuit eidem ut se faceret absolvi infra duos menses ad penam XX^{ti} solidorum turonensium.

363 e. — Henricus Anglici coram nobis gagiavit emendam ex eo quod ipse recognovit in juridicione nostra uxorem filii Matthei Vitecoq pluries carnaliter cognovisse ; de qua emenda promisit facere voluntatem nostram taxandam quandocunque voluerimus ; quam taxavimus ad X solidos.

363 f. — (2) Johanna relicta Johannis Guiot coram nobis gagiavit emendam eo quod ipsa recognovit quod perrexerat ad domum Mathei Vitecoq, et dixit uxori filii ejus Mathei quod maritum suum desineret seu relinqueret ipsum maritum, eidem blaphemando, et quod de bonis ipsius caperet cum habundancia, et quod inveniret canonicum seu virum ecclesiasticum qui ipsam honeste teneret, et per consilium ipsius relicte dicta uxor venit ad domum dicte relicte cum pluribus bonis, et ibi fuit per spacium unius diei et duarum noctium, et ibi carnaliter cognita fuit de dicto Henrico Anglici, etc. ; de qua emenda promisit facere voluntatem nostram quandocunque voluerimus ; quam taxavimus ad XXX solidos. De qua emenda Johannes de Tourneriis, clericus, remansit fidejussor et obligatus nobis pro ipsa relicta, quia ipsa est commorans in parrochia de Couvains. Iste est debitor emende predicte.

363 g. — Henricus Viel, clericus, coram nobis gagiavit emendam ex eo quod ipse recognovit quod perrexerat cum Henrico Anglici, cognato suo, ad domum relicte Johannis Guiot, ubi nurum Mathei Vitecoq erat sciens bene quod ipsa se permisit carnaliter cognosci a dicto Henrico, quia presens erat et de nocte ; de qua emenda promisit facere voluntatem nostram quandocunque voluerimus ; quam taxavimus ad V solidos.

363 h. — Anno Domini M^{mo} CCC^{mo} nonagesimo primo, die lune post conceptionem beate Marie Virginis (3), per officialem cerasiensem injunctum fuit Colino Guiart pro injectione facta in Johanne Poullain,

---

(1) 11 octobre.
(2) P. 119.
(3) 11 décembre.

clerico, de qua idem clericus ab eodem non erat contentus nec eidem satisfacionem fecerat, et quod se faceret absolvi a tali qui super hoc haberet potestatem ad penam XX^u solidorum turonensium, et quia fuit Pascha precedenti anno innodatus in vinculo illius excommunicationis contra legem bonorum christianorum, et cum non fecit se absolvi nec per publicationem populo factam, nec per presbiterum, etc., ideo taxavimus ad [XX solidos].

363 *i.* — Guillelmus Furnarii, de parrochia de Ceraseyo, coram nobis gagiavit emendam cum voluntate domini abbatis ex eo quod ipse in cimiterio de Savigneyo quemdam puerorum suorum sepeliri fecit seu in terram fodiri per curatum dicti loci sine licentia a dicto officiali cerasiensi seu curato ejusdem loci prius obtenta, de qua emenda promisit facere ad voluntatem dicti domini abbatis quandocunque voluerimus; quam emendam taxavimus ad XX solidos.

363 *k.*—Dominus Johannes Durant, presbiter, curatus de Savigneyo, in manu domini abbatis cerasiensis gagiavit emendam ad voluntatem suam taxandam, ex eo quod bene confessus fuit plures pueros de parrochia de Ceraseyo in cimiterio de Savigneyo sepelliri seu in terram poni de quibus licentiam minime pecierat officiali cerasiensi seu curato ejusdem loci, de qua emenda promisit facere voluntatem dicti domini abbatis, quandocunque voluerit; quam emendam taxavimus ad XL solidos, ad voluntatem domini abbatis.

(1) Bertinus Quenet coram nobis officiali cerasiensi nobis gagiavit emendam ex eo quod ipse recognovit infra domum relicte Johannis Hoquet de nocte intrasse contra voluntatem ejus et jacuisse cum ipsa, et Johannes Guellin secum; de qua emenda promisit facere voluntatem nostram quandocunque voluerimus; anno Domini M^{mo} CCC^{mo} nonagesimo primo die sabbati post festum beati Petri ad cathedram (2), quam emendam taxamus ad V solidos.

Item idem nobis gagiavit emendam ex eo quod ipse pluries carnaliter cognovit Aeliciam relictam Johannis Hequet, viduam, de qua emenda promisit facere voluntatem nostram quandocunque voluerimus quam taxavimus ad X solidos.

363 *l.* — Aelicia relicta Johannis Hequet coram nobis officiali cerasiensi gagiavit emendam [ad] voluntatem nostram taxandam ex eo

---

(1) P. 120.
(2) 22 janvier 1392.

quod se pluries permisit carnaliter cognosci a Bertino Quenet et de Johanne Guelin pro una vice; de qua emenda promisit facere voluntatem nostram taxandam quandocunque voluerimus; anno nonagesimo primo die martis post Letare Jerusalem (1), quam emendam taxavimus ad XV solidos.

363 *m*. — Colinus Vincentii, clericus, coram nobis officiali cerasiensi gagiavit emendam ex eo quod ipse recognovit uxorem Dyago pluries carnaliter cognovisse, de qua emenda pro ambobus promisit facere voluntatem nostram quandocunque voluerimus; anno et die ut supra (2); quam emendam taxavimus pro illis duobus ad XL solidos.

363 *n*. — Guillemeta uxor Petri Tresel coram nobis gagiavit emendam ex eo quod se permisit carnaliter cognosci de Juliano de Gardino, de qua emenda promisit facere voluntatem nostram quandocunque voluerimus, anno et die ut supra (3); quam taxavimus ad XII solidos.

363 *o*. — Jacobus le Mareschal, clericus, de parrochia de Ceraseyo, coram nobis officiali cerasiensi gagiavit emendam ad voluntatem nostram taxandam ex eo et pro eo quod ipse pluries carnaliter cognovit Philippotam uxorem Guillermi de Furno, et quod maritus ejus invicem invenit ipsos in thoro seu camera ejusdem uxoris in presencia plurium gencium, de qua emenda promisit facere voluntatem nostram quandocunque voluerimus; anno et die predictis (4); quam emendam taxavimns ad C solidos, ad voluntatem domini abbatis.

363 *p*. — Guillemeta uxor Radulfi Pinel coram nobis officiali cerasiensi gagiavit emendam ex eo quod ipsa se permisit pluries carnaliter cognosci de Oliverio de Plesseyo, armigero, de qua emenda promisit facere voluntatem nostram quandocunque voluerimus, anno Domini M^{mo} CCC^{mo} nonagesimo primo die veneris ante Judica me (5); quam taxavimus ad XL solidos.

363 *q*. — (6) (Prima emenda). Symon le Barbier, de parrochia Sancti Macuti Baiocensis, coram nobis officiali cerasiensi gagiavit emendam, [ad] voluntatem nostram taxandam, ex eo et pro eo quod

---

(1) 17 mars 1392.
(2) 17 mars 1392.
(3) 17 mars 1392.
(4) 17 mars 1392.
(5) 17 mars 1392.
(6) P. 121.

vulgaliter coram multis in villa cerasiensi jactavit unum ciphum vini rubei in vultu fratris Johannis Cauvin, cantoris monasterii Sancti Vigoris cerasiensis, de qua emenda promisit facere voluntatem nostram quandocunque voluerimus, et pro eo quod non habebat ad promptum fidejussores pro solucione dicte emende obligavit se et omnia bona sua coram Thoma Benardi, tabellione curie secularis cerasiensis. Anno nonagesimo primo, die martis ante festum beatorum Tiburcii et Valeriani (1); quam emendam taxavimus ad XX solidos. Solvit per ipsum domino abbati super salarium suum XX solidos.

ANNO 1392.

364. — (2) Regestrum excommunicatorum curie ecclesiastice domini abbatis cerasiensis pro anno Domini M^{mo} CCC^{mo} nonagesimo II^{do}.

364 a. — **Presbitero de Listreyo** : Johannes le Caruel senior, Johannes le Tenneur alias Benhuchet, Johannes Bequet alias le Rousset, pro contumacia contra Thomam Potier.

Presbitero de Ceraseyo : Simon Hebert, Thomassia relicta Philippi le Pegnie pro contumacia contra Thomam Potier.

Presbitero de Bruillio et de Moleyo : Guillermus le Denneiz pro contumacia contra Thomam Potier. Per rogatum.

Presbitero de Listreyo : Johannes le Caruel, clericus, pro contumacia contra Petrum Mitan.

Presbitero de Ceraseyo : Johannes Jouvenc, alias Fetetay, pro contumacia contra Colinum Vincentis, clericum.

Presbitero Beate Marie de Blagneyo : Petrus Lomiot contra Joretum Morice pro contumacia. Per rogatum.

Presbitero de Listreyo : Bertinus clerici contra Johannem pro contumencia contra Johannem le Dean et Johannem Pommer, thesaurarios dicte ecclesie.

Presbitero de Listreyo : Johannes Bequet alias le Rousset, pro judicato contra Johannam relictam Thome de Tourneris.

Presbitero de Blagneyo : Johannes le Griart pro contumacia contra promotorem culpis suis exigentibus. Per rogatum.

---

(1) 11 avril 1392.
(2) P. 122.

Presbitero de Tourneriis : Johanna relicta Thome de Tourneriis pro contumacia contra Joretum Morice. Per rogatum.

364 b. — Presbitero de Espineto Tesson : Guillermus Bellenguier pro contumacia contra Yvonem Vitart, clericum, cum auctoritate tutoris sui. Per rogatum.

Presbitero de Listreyo : Laurencius de Aunez et ejus uxor pro contumacia contra Hacoetum Ameline et Philippotum le Vietu.

Presbitero de Listreyo : Johannem le Pelloux et ejus uxorem pro contumacia contra Hacoetum Ameline et Philippotum le Vietu.

Presbitero de Listreyo : Laurencius de Aunez et ejus uxor pro contumacia contra Philippotum le Vietu et Hacoetum Ameline.

Presbitero de Listreyo : Thomassia relicta Guillermi des Aunez pro contumacia contra ipsos predictos.

Presbitero de Listreyo : Johannes le Tonnerre alias Behuchet pro judicato contra Guillermum de Hamello clericum.

Presbitero de Blagneyo : Johannes le Griart pro contumacia contra Johannem Sorel, clericum. Per rogatum.

Presbitero de Ceraseyo : Ludovicus Durant pro contumacia contra Johannem le Portier.

364 c. — Prebitero de Listreyo : Johannes le Tonnerre pro judicato contra Guillermum de Hamello.

Presbitero de Listreyo : Guillermus le Touze, alias le Peney, pro contumacia contra Petrum de Talencia, clericum.

Presbitero de Listreyo : Robertus Jaquet pro contumacia contra Thomam Sansonis, alias le Marchant (?).

Presbitero de Haya : Johannes Olivier pro contumacia contra dominum Nicolaum Fauque, presbiterum. Per rogatum.

Presbitero de Tourneriis : Philippus Roberti pro contumacia contra Jouvetum le Touze, clericum. Per rogatum.

Presbitero de Listreyo : Michiel Robillart pro contumacia contra Johannem le Touze, clericum.

Presbitero de Listreyo : Johannes Robillart pro contumacia contra Jouvetum le Touze.

Presbitero de Tourneriis : Robertus Ricardi pro contumacia contra Jouvetum le Touze. Per rogatum.

365. — (1) Sequitur regestrum emendarum curie officialis domini

(1) P. 123.

abbatis cerasiensis pro anno Domini M⁻ᵒ CCC⁻ᵒ nonagesimo II^do, incipiente a Pascha usque ad aliud Pascha inde sequens (1), ut continetur in isto regestro.

365 *a*. — Thomas Benart, clericus, coram nobis gagiavit emendam ex eo quod recognovit manus injecisse in Guillelmum Poullain, alias Barate, clericum, videlicet ipsum percussiens animo malivolo super humeros cum puno una vice, de qua promisit facere voluntatem nostram quandocunque voluerimus; quam emendam taxavimus ad V solidos.

365 *b*. — Colinus Guiart coram nobis gagiavit emendam ex eo quod ipse dixit alta voce verba injuriosa in presentia judicis, videlicet Johanni de Percheyo, clerico, apparitori curie domini officialis cerasiensis, excercendo et agendo suum officium, dicendo eidem quod non daret unum stercus canis apparitori nec officiali, dictas injurias pluries repetendo, de qua emenda promisit facere voluntatem nostram taxandam quandocunque voluerimus; quam emendam taxavimus ad XX solidos.

365 *c*. — Johannes de Ponte Jonnor, de Hamello Davi, coram nobis gagiavit emendam ex eo quod invenit Guillelmum Blangernon, clericum, cindentem ramos seu frondes circa nemus domini abbatis, et eidem removit assiam seu hachetam suam per vim et violentiam, taliter quod dicta hacheta unum contra alterum trahendo attingit manum dicti clerici, et fecit eidem sanguinis effusionem, et idem de Ponte se submisit deposicioni testium in dicta causa productorum qui totum factum viderant, et super hoc fuerunt duo testes concordes non singulares qui retulerunt coram nobis predictum factum fore verum; de qua emenda promisit facere voluntatem nostram taxandam; quam taxamus ad X solidos.

365 *d*. — Dominus Radulphus Davi, curatus de Listreyo, coram nobis et in presencia magistri Johannis Manchon, vicarii domini abbatis, gagiavit emendam ex eo quod confessus fuit quod fecerat in ecclesia sua banna et preconizationes de matrimonio contrahendo inter Lourencium Le Vennour, ex una parte, de parrochia de Moleyo, et sororem Guillelmi Letouze, junioris, de Listreyo, et dictis bannis ipsorum se opposuit quidam homo, filius Ricardi le Poller; et super

---

(1) 14 avril 1392. — 6 avril 1393.

hoc dictus curatus illos tres coram se venire fecit et ad sancta Dei evangelia ipsos jurare compellit, et postea sine licencia officialis cerasiensis de conjugio ipsorum ad placitum suum disposuit et ordinavit, de qua emenda promisit facere voluntatem nostram taxandam ; quam emendam taxavimus ad XXV solidos.

365 *e*. — (1) Johannes le Portier coram nobis officiali cerasiensi gagiavit emendam ex eo quod uxor ejus miserat quadam die dominica Ricardum Pinart et Guillelmum Canouille, quadrigare nemus appropriatum pro molendinis religiosorum abbatis et conventus cerasiensis et pro illo opere dictus Portier se obligavit pro dictis Pinart et Canouille ipsos liberare, de qua emenda promisit facere voluntatem nostram taxandam ; quam emendam taxavimus ad X solidos.

365 *f*. — Thomas Jemmez, de Brolio, coram nobis gagiavit emendam ex eo quod confessus fuit infra mettas juridictionis nostre manus apposuisse in Petrum Quillet, clericum, videlicet manum leviter apponendo contra pectus dicti clerici tantum; idem clericus animo suo revocavit; de qua emenda promisit facere voluntatem nostram taxandam; quam taxamus ad X solidos.

365 *g*. — Petrus Benardi de Listreyo, clericus, nobis gagiavit emendam eo quod in judicio recognovit carnaliter cognovisse filiam Michaelis Chibot, et incontinenti ipsa adjudicata fuit eidem Petro in sponsam pro certis pactis factis inter ipsos, de qua emenda promisit facere voluntatem nostram taxandam; quam emendam taxavimus ad V solidos.

365 *h*. — Guillemeta filia Michaelis Chibot coram nobis gagiavit emendam ex eo quod carnaliter se permisit cognosci ab ipso Petro pluries, de qua promisit facere voluntatem nostram taxandam; quam taxavimus ad V solidos.

365 *i*. — Jorectus Onffray, clericus, coram nobis gagiavit emendam ex eo et pro eo quod manus apposuit temere violenter in personam Thome de Ponte, clericum *(sic)*, cum ira et mala voluntate, sicut invenimus per dicta et depositiones testium in causa officii nostri productorum. Ipsum clericum cepit dictus Joretus ad gutur, et ex hoc non contentus ipsum clericum percussit de capite (?) cujusdam baculi in tendella, et item de alio (*vel* alto) baculo ipsum clericum super

(1) P. 124.

oppressit (?), taliter quod cecidit in terram. Tamen dictus Joretus ad nos accedens, nollens amplius (?) in dicta causa procedere, et super dictis injectionibus nobis gagiavit emendam voluntatem nostram [taxandam], se supponens jurisdictioni nostre et ad hoc presens fuit venerandus vir magister Johannes Manchon [vicarius] domini abbatis, ad cujus ordinationem hec facta fuerunt, in monasterio cerasiensi, presente Thoma Potier. Actum anno Domini M^{mo} CCC^{me} nonagesimo II^{do}, die dominica ante festum Marie Magdalene (1); quam emendam taxavimus ad XX solidos.

365 k. — Johannes le Ressolier coram nobis gagiavit emendam ex eo quod ipse manus apposuerat temere violenter in Robertum Jaquez, clericum, ipsum ad gutur capiendo et pannos ejus dilenniendo animo malivolo et irato, de qua emenda promisit facere voluntatem nostram quandocunque voluerimus; quam emendam taxavimus ad XV solidos.

365 l. — (2) Gauffridus Grandin, alias Poussart, coram nobis gagiavit emendam, ad causam uxoris sue, ex eo quod dicta uxor manus apposuit temere violenter in Johannem de Tourneriis, clericum, ipsum cum unguibus in vultu strifendo usque et citra sanguinis effusionem, et ipsum cum punis contra pectus burgando, de qua emenda ipse Poussart pro uxore sua promisit facere voluntatem nostram taxandam; quam emendam taxavimus ad X solidos. Solvit V solidos. Injunctum fuit eidem ut se faceret absolvi infra mediam cadragesimam ad penam XX^{ti} solidorum turonensium.

365 m. — Ricardus Ferrant, clericus, coram nobis gagiavit emendam ex eo quod confessus fuit Ricardum de Sallen percussisse de puno super nasum ad effusionem sanguinis, de qua emenda promisit facere voluntatem nostram taxandam; quam emendam taxavimus ad V solidos.

Item idem Ricardus Ferrant coram nobis gagiavit emendam ex eo quod percuxit filium Ricardi de Sallen de manu super caput, de qua promisit facere voluntatem nostram taxandam; quam emendam taxavimus ad V solidos.

(1) 16 juillet.
(2) P. 125.

ANNO 1393.

366. — (1) Secuntur emende curie domini Abbatis cerasiensis pro anno Domini M^{mo} CCC^{mo} nonagesimo tercio incipiendo a Pascha usque ad aliud Pascha (2).

366 a. — Guillermus Bacon coram nobis officiali cerasiensi gagiavit emendam ex eo et pro eo quod ipse animo malivolo manus apposuit temere violenter, ad diem mercati cerasiensis, in Johannem l'Ermite, clericum, ipsum percussiendo de manu super caput una vice, de qua emenda promisit facere voluntatem nostram quandocunque voluerimus; quam taxavimus ad X solidos; solvit per ipsum X solidos Johanni de Percheyo.

366 b. — Guillermus Prepositi coram nobis gagiavit emendam ex eo et pro eo quod confessus fuit percussisse de quadam quarta stanni et de quodam cipho Æliciam relictam Johannis Hequet et Guillermum Benart, clericum, super caput, de qua emenda promissit facere voluntatem nostram quando voluerimus; quam taxavimus ad X solidos.

366 c. — Anno Domini M^{mo} CCC^{mo} nonagesimo tercio die mercurii ante festum beati Johannis ante portam latinam (3), cum procederemus ex officio nostro ad denunciationem promotoris ejusdem, contra Johannem filium Petri Anquetil et contra Colinum Riqueut, clericos, et contra quemlibet ipsorum, ex eo et pro eo quod fama publica refferente assertive dicebatur quod ipsi prenominati quidam alteri consilium auxilium pariter et juvamen dando faciendo et prestando, in loco vocato Nemore Abbatis sive le Boys l'Abbe, Johannem Bequet, alias le Rousset, cogitative verberaverant enormiter et atrociter; videlicet quisque predictorum ex latere suo ad effusionem sanguinis maximum et citra super caput dicti Rousset et per corpus latera tibias et plantas pedum ac brachia, taliter quod jacuit per magnum tempus; et ad nostram noticiam deveniens hoc factum, cupientes hujus rei scire veritatem, promotorem nostrum una cum aliis missimus apud Listreyum ad inquirendum hujus rei certitudinem per informacionem legitime factam; qui ad domum dicti Rousset accedens et per jura-

---

(1) P. 126.
(2) 6 avril 1393. — 19 avril 1394.
(3) Mai.

mentum suum ipsum de predicto facto requirendo et super animam suam reportavit quod ita ut pretangitur a dictis clericis et eorum altero sine causa verberatus fuerat dictus Rousset et non ab altero, et cum hoc ad ipsius facti majorem informationem faciendam per decem et octo homines fide dignos, ad sancta Dei euvangelia juratos, super quibus XI clerici erant, nos super hoc informavimus singulariter, qui nobis retulerunt quod in consciencia sua bene credebant quod dicti clerici lesum verberaverant, dicendo quod non credebant quod dictus hoc non refferret nisi taliter esset; item et cum causali essent dicti clerici an judicio coram nobis super sancta Dei euvangelia de refferendo predicti facti veritatem, educti et propter hoc de prisionibus, pecierunt tempus se advisandi, tandem anno predicto, videlicet die mercurii post festum beati Nicolai estivalis, dicti clerici comparuerunt coram nobis dictumque juramentum refferre timendo, ultro per fidem suam in manu nostra prestitam, promiserunt promisitve alter eorum de illo facto respectui nostrum et officii nostri, sive per emendam aut per aliud, quilibet pro se, de et super hoc facere voluntatem nostram (1) quandocunque voluerimus, et ad hoc fuit Petrus Anquetil pater dicti Johannis clerici presens, qui per fidem suam fidejussor sponte remanxit pro dicto filio suo vice et nomine dicti filii juridictioni nostre quoad hoc se supponens, et ad hoc bona fide obligando, etc., et Colinus Riqueut, clericus, similiter fecit et per fidem suam promisit modo et forma quibus Johannes filius dicti Anquetil super hoc facto promiserat fideliter observare sine fraude, et cum hoc Hugo de Monte Freardi, armiger, ad hoc presens pro dicto Riqueut remanxit fidejussor, juridictioni nostre quoad hoc se supponendo bonaque sua ad hoc obligando, etc., quem Johannem Anquetil taxavimus ad et similiter dictum Colinum Riqueut taxavimus ad.....

366 d. — Thomas Potier, pro se et uxore ejus, et Ricardus de Salen coram nobis officiali cerasiensi invicem promiserunt per fidem suam et cum clausula de nisi solvere infra Pascha proximo venturum XL^{ta} solidos turonenses pro pena et labore cujusdam processus in quo erant versus promotorem officii, videlicet quod ipse promotor procedebat contra ipsos propter hoc quod ipsi diffamati erant quod verbe-

---

(1) P. 127.

raverant Ricardum Ferrant, clericum, super dentes, quos taxavimus ad XL^{ta} solidos turonenses.

366 e. — Thomas Berguet coram nobis gagiavit emendam ex eo quod ipse percussit Johannem Gohin, alias le Bon, clericum, videlicet duos itus de buto quinque digitorum super caput, de quo promisit facere voluntatem nostram; quam taxavimus ad X solidos.

Thomas le Machon coram nobis officiali cerasiensi gagiavit emendam ex eo quod ipse coram nobis confessus fuit sororem ez Quaruaux carnaliter cognovisse, et in illa quendam puerum genuisse, de quo ipse pro ambobus promisit facere voluntatem nostram quandocunque voluerimus; quam taxavimus ad quinquaginta solidos turonenses. Solvit priori tempore quo vivebat.

366 f. — Ivo Anglici coram nobis gagiavit emendam ex eo quod ipse adhesit Jacobum le Mareschal, clericum, per guttur de duabus manibus animo malivolo, de quo promisit facere voluntatem nostram; quam taxavimus ad quinque solidos. Solvit V solidos.

Henricus Anglici, clericus, coram nobis gagiavit emendam ex eo quod ipse percuxit Jacobum le Mareschal de pugno super caput una vice, de quo promisit facere voluntatem nostram; quam taxavimus ad quinque solidos turonenses.

366 g. — Henricus Pater (?) coram nobis gagiavit emendam ex eo quod ipse publice faciebat opus terrenum in diebus Penthecostes Domini (1) in abbacia cerasiensi ad terrandum (?) solaria dicte abbatie, de quo promisit facere voluntatem nostram quando voluerimus; quam emendam taxavimus ad ....

366 h. — (2) Johannes Pouchin, alias Maignet, coram nobis gagiavit emendam ex eo quod ipse die lune de feriis (?) Pache Domini (3) buletavit unam sarcinam sive summam frumenti, de quo promisit facere voluntatem nostram, quando voluerimus quam taxavimus ad quinque solidos. Solvit per ipsum V solidos.

Johannes le Coefy coram nobis gagiavit emendam ex eo quod carnaliter confessus fuit ancillam Thome Toutain, alias Dodace, pluries cognovisse de qua promisit facere voluntatem nostram; quam taxavimus de presenti ad XX solidos.

(1) 25 mai.
(2) P. 128.
(3) 7 avril.

366 *i.* — Injunctum fuit, die lune ante festum Omnium Sanctorum, Johanni Guille, ad penam decem librarum, quod ipse non frequentaret nec in loco suspecto cohabitaret cum Philippota filia au Coeffle uxorata, quia alias de illa suspectus fuerat.

366 *k.* — Die veneris ante festum beati Martini hiemale (1), injunctum fuit Philippote filie au Couffle uxorata, ad penam decem librarum turonensium, quod permaneret cum marito suo, et quod carnaliter se non permisisset cognosci a Johanne Guille, et quod illa in loco suspecto cum ipso non cohabitasset nisi in presencia duorum vel trium fide dignorum sub pena supradicta.

Injunctum fuit Thome le Coeffle, qui coram nobis comparuit, quod in domo sua nullatenus Johannem Guille et Philippotam filiam suam invicem subtraheret aut supportaret, se consensciendo quod unus alteram carnaliter cognovisset, ad penam centum solidorum turonensium.

366 *l.* — Robertus de Doito coram nobis gagiavit emendam et in manu domini abbatis, eo quod quasdam injurias dixerat fratri Oliverio l'Escot, elemosinario de Ceraseyo, videlicet quod dictus elemosinarius erat dissipator bonorum et quod alienaverat hereditagium ipsius Roberti, falce et finaliter quod erat latro, de quo promisit facere voluntatem nostram quandocunque voluerimus; quam emendam taxavimus ad XX solidos.

366 *m.* — Le Ridour de Tourneriis coram nobis gagiavit emendam eo quod percuxerat Henricum Leng....., clericum, penes Guillermum Benart de quadam quarta stanni super humeros una vice, de quo pro[misit] facere volontatem nostram; quam taxavimus ad quinque solidos.

Philippota uxor Gauffridi de Cantilleyo coram nobis gagiavit emendam eo quod ipsa carnaliter pluries se permisit cognosci a magistro Guillermo Souvalle, presbitero, de quo promisit facere voluntatem nostram quandocunque voluerimus, quam taxavimus ad XXX solidos turonenses. Injunctum fuit eidem ne de cetero in loco suspecto cum ipso cohabitaret aut frequentaret nec cum aliis personis, de quibus fuit et adhuc est diffamata, nisi in presencia duarum vel trium personarum fide dignarum, ad penam LX^{ta} solidorum turonensium et fidei mentite.

(1) 7 novembre.

366 n. — (1) Gauffridus de Burgo, clericus, nobis gagiavit emendam ad voluntatem nostram taxandam, ex eo quod ipse cum ira manus apposuit temere violenter in uxorem Thome le Prince, et ipsam burgavit ad terram, et etiam percuxit de puno super caput una vice, de quo promisit facere voluntatem nostram; quam taxavimus ad X solidos. Solvit X solidos.

366 o. — Robertus Jaquez, clericus, coram nobis gagiavit emendam ex eo et pro eo quod nisus fuit subtrahere et defraudare curiam, super emenda quam Forein et soror ez Caruaux fecerant, videlicet quia ipsos degagiavit de suis pannis, habendo certam peccuniam ab ipsis, eisdem promittendo quod ipsos non accusaret apud promotorem, de qua emenda promisit facere voluntatem nostram taxandam, quam taxavimus ad X solidos. Solvit X solidos.

Item idem Robertus Jaquez coram nobis gagiavit emendam ex eo et pro eo quod ipse certas guerbas ordeiceas ad decimas pertinentes secum importaverat et detinuerat, quasi furando, et ipsas latitando in suo hospicio, de quo promisit facere voluntatem nostram taxandam; quam taxavimus ad X solidos. Solvit X solidos.

366 p. — Petrus Anglici, clericus, coram nobis gagiavit emendam juxta factum quod fama communis tenebat, videlicet quod ipse diffamatus fuerat quod Johannem Challot, laycum, attroci verberatione et enormi verberaverat de pedibus et punis super caput et aliis membris, ipsum ad terram prosternendo, et cutellum suum super ipsum trahendo, de quo promisit facere voluntatem nostram taxandam; quam taxavimus ad XL solidos.

366 q. — Yvo Anglici, clericus, coram nobis gagiavit emendam ex eo et pro eo quod percussit dictum Challot de puno super caput una vice, et tamen erat in comitatu dicti Petri, fratris sui, de qua promisit facere voluntatem nostram taxandam; quam taxavimus ad X solidos. Solvit X solidos.

366 r. — Philippota filia Thome le Coeffle coram nobis gagiavit emendam ex eo quod diffamata fuerat a Johanne Guille, ac eciam quod pertransierat per desuper muros abbacie cerasiensis ad frequentandum invicem, de quo promisit facere voluntatem nostram; quam taxavimus ad XX solidos. Solvit XX solidos. Injunctum fuit eidem ne cum dicto Guille in loco suspecto de cetero (?) non cohabitet aut frequentet, ad penam XL^{ta} solidorum turonensium et fidei mentite.

(1) P. 129.

ANNO 1395.

367. — (1) Secuntur emende curie domini abbatis cerasiensis pro anno Domini M^{mo} CCC^{mo} nonagesimo quinto incipiendo a Pascha usque ad aliud Pascha (2).

367 a. — Germanus Anglici, junior, clericus, de Listreyo, coram nobis officiali gagiavit emendam ex eo et pro eo quod ipse animo malivolo percussit Johannem Malet de quodam baculo super humeros una vice, taliter quod prostratus fuit usque ad terram, de qua emenda promisit facere voluntatem nostram quandocunque voluerimus; quam emendam taxavimus ad. . . . .

367 b. — Thomas Pelin junior, de Cappellania, coram nobis gagiavit emendam ex eo quod manus apposuit temere violenter in Henricum Anglici, clericum, ipsum percussiendo de pugno super nasum et dentes usque et citra sanguinis effusionem, de qua emenda promisit facere voluntatem nostram taxandam, quandocunque voluerimus; quam taxavimus ad. . . . . . Injunctum fuit eidem, ad penam XX^u solidorum turonensium, quod se facere[t] absolvi a tali qui super hoc haberet potestatem infra unum mensem.

367 c. — Petrus Liebart, scutifer, clericus, de parrochia de Berigny coram nobis gagiavit emendam voluntatem nostram taxandam ex eo quod percuxerat Colinum d'Artinville clericum de quadam saleria stanni super verticem capitis usque et citra sanguinis effusionem, et finaliter de puno super caput duabus vicibus, de qua promisit fide sua facere voluntatem nostram taxandam, quandocunque voluerimus; quam taxavimus ad. . . . .

367 d. — Johannes le Coeffle, de Ceraseyo, coram nobis gagiavit emendam ex eo quod percuxerat animo malivolo Sansonem de Calence, clericum, de puno super caput una vice, de qua promisit facere voluntatem nostram taxandam, quam taxavimus ad. . . . . . . Injunctum fuit eidem quod se faceret absolvi infra sex septimanas ad penam XX^u solidorum turonensium.

367 e. — Sanson de Calence, clericus, de Ceraseyo, coram nobis gagiavit emendam ex eo quod levavit mentonem cum ira et mala

---

(1) P. 130.
(2) 11 avril 1395. — 2 avril 1396.

voluntate ad Johannem le Coeffle, de qua promisit facere voluntatem nostram; quam taxavimus ad.... ....

367 *f.* — Colinus le Rimier, alias Guelin, coram nobis gagiavit emendam ex eo quod ipse manus apposuit temere violenter in Bertinum le Monnier et fecit eum corruere desuper suum equum in periculum suorum membrorum, de qua promisit facere voluntatem nostram quandocunque voluerimus; quam emendam taxavimus ad........

368. — (1) Die lune ante festum Sancti Andree (2), Sanson de Chalancia treugas dedit ac prestitit Ricardo le Melerey, pro se et suis aherentibus suaque familia, quas quidem treugas fideliter tenere et observare injunctum fuit dicto Sansoni sub pena XX^{ti} marcarum argenti et per suum juramentum.

ANNO 1396.

369. — (3) Registrum excommunicatorum in curia officialis domini abbatis monasterii Sancti Vigoris cerasiensis pro anno Domini millesimo CCC^{mo} nonagesimo sexto.

369 *a.* — Presbitero de Audreyo : Guillermus Gondouin, clericus, pro contumacia culpis suis exigentibus contra promotorem curie.

Presbitero cerasiensi : Colinus Regis pro contumacia contra Guillermum Poullein, clericum.

Presbitero de Listreyo : Johannes le Metteer pro contumacia contra Guillermum le Touze, clericum, juniorem. Presbitero de Listreyo : idem Johannes le Metteer pro contumacia.

Presbitero de Listreyo : Guillermus Thomasse pro contumacia contra Petrum Durant, alias Floury.

369 *b.* — Presbitero de Convains : Johannes l'Escogan contra Thomam Potier pro judicato. Per rogatum.

Presbitero Beate Marie de Sancto Laudo : Henricus de Partenay, clericus, pro judicato contra religiosos abbatem et conventum de Ceraseyo.

Presbitero Beate Marie de Sancto Laudo : Henricus de Partenay aggravatus et reaggravatus pro judicato contra religiosos abbatem et conventum cerasienses.

---

(1) A l'intérieur de la couverture.
(2) ... novembre. C'est simplement par approximation que je range l'article 368 sous l'année 1395.
(3) P. 132.

Presbitero de Listreyo : Johannes Rondel pro contumacia contra Johannem Prevel.

Presbitero de Listreyo : Stephanus le Prince pro contumacia contra Johannem Prevel.

370. — (1) Secuntur emende curie domini officialis cerasiensis pro anno Domini M^{mo} CCC^{mo} nonagesimo sexto, incipiendo a Pascha usque ad aliud Pascha (2).

370 a. — Guillermus Gondouin, clericus, nobis gagiavit emendam ad voluntatem nostram taxandam ex et pro eo quod percusserat Guillermum de Bon Raoul usque et citra sanguinis effusionem, infra palmam manus sue, de quodam magno cutello; de quo promisit facere voluntatem nostram; quam taxavimus ad XX^{ti} solidos. Solvit.

370 b. — Thomas Grave, clericus presbiteri de Duobus Jumellis, coram nobis gagiavit emendam ex eo quod animo malivolo percusserat Colinum le Gaistre, armigerum, in tibia de quodam lapide quem sibi irruerat, de quo promisit facere voluntatem nostram; quam taxavimus ad XL solidos.

370 c. — Colinus le Gaistre, de Duobus Jumellis, coram nobis gagiavit emendam ex eo quod animo malivolo quandam alapam dederat Thome Grave, clerico, de quo promisit facere voluntatem nostram; quam taxavimus ad XX solidos. Solvit X solidos.

370 d. — Radulphus Glechon, de parrochia de Treveriis, coram nobis gagiavit emendam eo quod percusserat Bertinum de Quemino, clericum, de pugno per plures ictus super caput et alia membra; de quo promisit facere voluntatem nostram; quam taxavimus ad XL solidos.

370 e. — Bertinus de Quemino, clericus, coram nobis gagiavit emendam ad voluntatem nostram taxandam, eo quod percusserat Radulphum Glechon, clericum, infra mettas juridictionis nostre de pugno super caput una vice, quam taxavimus ad XX solidos. Quitius.

370 f. — Philippota uxor Gauffridi de Canteleyo coram nobis gagiavit emendam ex eo quod permisit se carnaliter cognosci a Colino Barrez, de quo promisit facere voluntatem nostram; quam taxavimus ad XX solidos. Item eadem coram nobis gagiavit emendam ex eo quod se permisit carnaliter cognosci a Roberto l'Oisel, de quo promisit facere voluntatem nostram; quam taxavimus ad XX solidos.

(1) P. 431.
(2) 2 avril 1396. — 22 avril 1397.

Item eadem nobis gagiavit emendam ex eo quod permisit se carnaliter cognosci a Guillermo l'Oisel, de quo promisit facere voluntatem nostram; quam taxavimus ad XL solidos.

370 *g*. — Gauffridus Grandin, alias Poussart, coram nobis gagiavit emendam ex eo quod carnem manducaverat die martis Rogacionum, de quo promisit facere voluntatem nostram ; quam taxavimus ad V solidos.

370 *h*. — Philippota uxor Ranulphi de Campis in manu nostra gagiavit emendam ex eo quod carnaliter se permisit cognosci a Henrico Anglici ; quam taxavimus ad . . . . . Differtur ad finem quod si reinciderit, a quo casu acrius puniatur.

370 *i*. — Cum procederetur ex officio contra Adam de Talencia, clericum, ex eo quod traxerat Gauffridum de Canteleyo et Johannem de Tourneriis, clericum, in curia seculari, super peticione rerum mobilium, quod erat in prejudicium curie ecclesiastice, et ipsum super hoc causavimus quod emendaret factum, et tamen bene recognovit factum, sed querebat inducias, et judicialiter ipsum condempnavimus, premissis consideratis, ad emendam faciendam ; quam taxavimus ad . . . .

370 *k*. — Gauffridus de Cantelleyo et Johannes de Tourneriis, clerici, coram nobis gagiaverunt emendam ex eo quod responderant in curia seculari sine licentia domini officialis cerasiensis in causa mobiliari qua Adam de Talencia ipsos traxerat, de quo promiserunt emendam, quam taxavimus X solidos. Remissum per dominum abbatem.

370 *l*. — Filius cujusdam Gohin vocatus Radulphum Gohin, clericus, de Listreyo, in manibus nostris gagiavit emendam ex eo quod carnaliter cognoverat uxorem Johannis Philippi, et super hoc ortum fuit maximum scandalum, taliter quod mulier dimisit maritum suum, etc.; de quo promisit facere voluntatem nostram ; quam taxavimus ad C solidos. Solvit LX solidos ; residuum remissum fuit per dominum abbatem.

370 *m*. — Colinus Le Francheis, clericus, de Listreyo, coram nobis gagiavit emendam ex eo quod percussit Thomam de Tainville, clericum, usque ad effusionem sanguinis levem per nasum, quam taxavimus ad XX solidos. Ricardus Ferrandi fidejussit predictum Colinum de solvendo predictam emendam.

ANNO 1397.

371. — (1) Registrum excommunicatorum in curia officialis domini abbatis cerasiensis pro anno Domini M° CCC⁾ᵐᵒ nonagesimo septimo. Primo :

371 *a*. — Presbitero cerasiensi : Johannes de Tourneriis, alias Vaux, excommunicatus pro contumacia ad instanciam magistri Baudri Clementis.

Presbitero de Ceraseyo : Guillermus l'Esne pro contumacia ad instanciam Guillermi Poullein, clerici (2).

Presbitero de Ceraseyo : Alicia uxor Johannis de Tourneriis, alias Quelot, pro contumacia ad instanciam promotoris curie officialis.

Presbitero Sancti Macuti Baiocensis : Johannes de Cotun pro contumacia contra magistrum Guillermum le Cordier, presbiterum.

Presbitero de Listreyo : Johannes Militis pro manifesta offensa ex officio seu contra officium.

Presbitero de Ceraseyo : Philippota uxor Gauffridi de Canteleyo pro deffectu solutionis emendarum curie.

Presbitero cerasiensi : Guillermus Poullein, clericus, pro judicato contra Guillermum de Tainville, clericum.

371 *b*. — Presbitero de Listreyo : Philippus de Cantepie pro contumacia contra thesaurarios de Listreyo.

Presbitero de Listreyo : Johannes de Cantepie pro contumacia contra predictos.

Presbitero de Listreyo : Johannes Robillart pro contumacia contra predictos.

Presbitero de Listreyo : Colinus Riqueut, clericus, pro contumacia contra Thomam Potier.

Presbitero de Valle Badon : Guillermus Maceu pro contumacia contra Thomam Potier.

Presbitero de Carthegneyo : Thomas Semion, clericus, pro judicato contra Gauffridum Malherbe, clericum. Per rogatum.

---

(1) P. 152.

(2) Sur le feuillet qui sert de couverture au registre, on lit : Excommunicati pro anno M° CCC⁾ᵐᵒ nonagesimo septimo in curia domini abbatis. — Presbitero de Ceraseyo : Guillermus l'Esne pro contumacia contra Guillelmum Poullein, clericum.

Presbitero de Ceraseyo : Gauffridus Grandin, alias Poussart, pro contumacia contra Guillermum Vitart, clericum.

Presbitero de Listreyo : Laurencius Rogeri pro contumacia [contra] Johannem de Scag.

Presbitero de Listreyo : Laurencius dez Aunez pro contumacia contra eundem.

Presbitero de Listreyo : Johannes du Hamel pro manifesta offensa.

372. — (1) Anno Domini M° CCC^{mo} nonagesimo septimo die IX mensis maii, in presentia domini abbatis constituti, Toretus Johannis, Colinus Varegnon, junior et filius Johannis Durant promiserunt et se fide media obligaverunt persolvere domino abbati cerasiensi, si contingebat aliquod impedimentum in matrimonio contrahendo inter Johannem Moisy et filiam predicti Colini Varegnon intervenire, summam vinginti librarum turonensium.

ANNO 1398.

373. — (2) Sequuntur emende curie ecclesiastice domini abbatis cerasiensis pro anno Domini M^{mo} CCC^{mo} nonagesimo octavo, incipiendo ad Pascha et finiendo ad aliud Pascha (3) et primo.

373 a. — Gauffridus Queinet, de Carchegneyo, coram nobis gagiavit emendam ex pro eo quod in loco publico et coram pluribus fide dignis jactavit se carnaliter cognovisse Thomassiam filiam Guillermi Bernart, pro quo coram nobis in judicio tractus quatinus puniretur si hoc recognosceret, quod fecisse negavit quoad copulationem carnalem super juramentum prestando, sed bene recognovit verba dixisse, et super hoc gagiavit emendam ad voluntatem nostram tauxandam; quam taxavimus ad X solidos. Solvit domino abbati.

373 b. — Guillermus Poullein, clericus, coram nobis gagiavit emendam ex et pro eo quod dederat unum magnum ictum de una fulca Guillermo l'Esne, quod fecisse recognovit. Gagiavit emendam quam taxavimus ad V solidos. Solvit V solidos.

373 c. — Rogerus du Mesnil coram nobis gagiavit emendam pro eo

---

(1) P. 62.
(2) P. 133.
(3) 7 avril 1398.—30 mars 1399.

quod diffamatus erat a relicta Radulphi Morice, quam coram nobis recognovit carnaliter cognovisse. Emendam super hoc gagiavit, quam taxavimus ad XX solidos. Super totum solvit XV solidos.

373 *d*. — Johanna relicta Radulphi Morice coram nobis gagiavit emendam pro eo quod se permisit carnaliter cognosci a Rogero du Mesnilleyo, quam taxavimus ad X solidos.

373 *e*. — Petrus Miton coram nobis gagiavit emendam pro eo quod diffamatus fuerat ab uxore Radulphi Morice deffuncti, quam carnaliter cognovisse non recognovit, sed pro fama publica contra ipsum laborante gagiavit emendam, quam taxavimus ad X solidos. Solvit X solidos.

373 *f*. — Johannes le Caruel, dictus Gouisant, clericus, coram nobis gagiavit emendam ex eo quod manus violenter injecerat in personam Johannis de Roqua, clerici, ipsum solo ictu percussiendo absque sanguinis effusione, de quo promisit facere voluntatem nostram quam taxavimus ad V solidos. Injunctum fuit eidem quatinus faceret se absolvi infra quindenam sub pena X solidorum et quod appareret.

373 *g*. — Cum [ex (?)] officio procederetur contra Ludovicum Durant, clericum, pro eo quod uxor Blasii Merienne nobis conquesta fuerat quod idem Ludovicus manus violentas in ipsam injecerat et quod ipsam verbis injuriaverat, super quo tractus in causam juramentum prestitit, affirmando se dictam uxorem non lesisse, sed bene recognovit eam verbis injuriasse; sed quia ultra probare volebamus et in causa tenebatur, simpliciter gagiavit emendam, quam taxavimus ad V solidos.

373 *h*. — Thomassia uxor Blasii Merienne coram nobis gagiavit emendam pro eo quod dictum Ludovicum latronem vocaverat, et ipsum de sua colona percusserat solo ictu, quam taxavimus ad II solidos. Solvit II solidos.

373 *i*. — Thomas Malherbe, clericus, coram nobis gagiavit emendam, pro eo quod enormiter percusserat Martinum Malherbe, fratrem suum, usque ad sanguinis effusionem et capitis vulnerationem; quam emendam taxavimus ad XX solidos. Solvit X solidos.

373 *k*. — Martinus Malherbe coram nobis gagiavit emendam pro eo quod animo malivolo manus violenter injecerat in Thomam Malherbe, fratrem suum, clericum, ipsum turpiter ac enormiter de uno magno

baculo percussiendo, de quo promisit facere voluntatem nostram ; quam taxavimus ad XL solidos. Solvit X solidos.

373 *l*. — Gauffridus et Petrus dicti les Guillours, clerici et consanguinei germani, in carceribus nostris corporaliter detenti ob suspectionem raptus, ut dicebatur, per ipsos clericos perpetrati in personam Katherine relicte Guillermi Goubert, coram nobis confessi fuerunt ipsam Katerinam, unus in presencia alterius carnaliter cognovisse, et hoc perpetrando unus alterum scienter adjuvit, et de nocte latenter domum ipsius relicte intraverunt, super quibus omnibus sic per eos perpetratis et recognitis coram nobis et in presencia Guillermi le Guillour, clerici, et Petri le Guillour et Johanni le Guillour, patris dicti Gauffridi, perpetratoris, ac Guillermi le Guillour, dicti Petri patris, qui IIII^{or} fidejussores se obligaverunt pro ipsis Gauffrido et Petro les Guillours perpetratoribus; cum ipsis et pro nomine illorum gagiaverunt emendam quam taxavimus pro quolibet ad quindecim libras turon.

374. — (1) Anno Domini M^{mo} CCC^{mo} nonagesimo octavo die sabbati ante Cantate (2), nos injunximus Johanne uxori Yvonis Anglici, clerici, et Philippote uxori Gauffridi de Cantely, clerici, sub pena decem librarum, ne altera ipsarum uxorum quovis modo vituperium vel aliquas injurias dicat altere seu de altera, cum intimacione quod si secus facerent seu aliqualiter attemptarent nos dictas decem libras ab ipsis levabimus. J. (?) DE SANCTO LAUDO.

ANNO 1399.

375. — (3) Sequuntur emende curie officialis domini abbatis cerasiensis pro anno Domini M^o CCC^{mo} XC^{mo} nono incipiente ad Pascha et durante usque ad aliud Pascha (4). Primo :

375 *a*. — Philippota uxor Philippi Poumier coram nobis gagiavit emendam ex et pro eo quod percusserat animo malivolo quendam clericum nepotem Johannis Poumier, quem solo ictu de colona sua percussisse recognovit, et quia promotor curie ultra probare volebat,

---

(1) P. 131.
(2) 4 mai.
(3) P. 134.
(4) 30 mars 1399. — 18 avril 1400.

dixit quod procedere non volebat, et de omnibus in quibus contra ipsum se male habuerat gagiavit emendam, quam taxavimus ad X solidos.

375 *b*. — Johannes Laurentie, de Duobus Gemellis, coram nobis gagiavit emendam eo quod carnaliter cognoverat Ricardam filiam Roberti du Vigney, que ab ipso conceperat, et in lecto puerperii jacebat, de quo promisit et gagiavit emendam, quam taxavimus ad X solidos. Item idem Johannes, pro et nomine dicte Ricarde, coram nobis pro dicto delicto gagiavit emendam, quam taxavimus ad X solidos. Injunctum fuit eisdem, anno predicto, die quinta mensis maii (1), ne de cetero insimul inhoneste cohabitarent sub pena centum solidorum.

375 *c*. — Dominus Johannes de Parco, presbiter deserviens in ecclesia parrochiali de Listreyo, coram nobis gagiavit emendam ex eo et pro eo quod coram domino abbate de Ceraseyo et coram nobis non comparuit certa die et hora, qua sibi mandaveramus quod dictam ecclesiam visitaremus, et etiam quia thesaurarios dicte ecclesie et nomina parrochianorum non retulit citasse; et de istis gagiavit emendam, quam taxavimus ad V solidos.

Petrus Durant et Guillermus Colin, thesaurarii ecclesie de Listreyo, gagiaverunt emendam ex eo quia ipsi citati in visitatione per nos in dicta ecclesia fienda non comparuerunt; quam taxavimus pro quolibet ad X solidos.

375 *d*. — Johannes le Doyn [et] Radulphus Roberti, de parrochia de Listreyo, quia in visitatione per nos in dicta ecclesia facienda et debite citati non comparuerunt, gagiaverunt emendam, quam pro quolibet taxavimus ad V solidos.

Germanus de Roqua, clericus, de parrochia de Listreio, gagiavit emendam ex eo et pro eo quia licet contraxisset per verba de futuro cum Thomassia filia Arnulphi Anglici, cum alia contraxit antequam pacta per ipsum cum dicta Thomassia essent finaliter adnullata, et quam de nubendo cum alia obtinuisset licentiam; super quo nobis gagiavit emendam; quam taxavimus ad XXX solidos.

Adam de Tallence, clericus, nomine uxoris sue, gagiavit emendam ex eo et pro eo quia dicta uxor recognovit Johannem de Baspaumes,

---

(1) 5 mai.

clericum, de quadam olla super caput percussisse; quam emendam taxavimus ad X solidos.

Item idem Adam quia jam pridem nonnullos clericos, videlicet Gauffridum de Cantely et Johannem de Tourneriis in foro seculari trahi fecit, et per nos fuit sibi injunctum sub pena X francorum ne de cetero in curia seculari trahi faceret, et coram domino abbate de Ceraseyo recognovit ipsos postmodum conveniri fecisse, quare ipsum in dictam sommam idem dominus abbas condempnavit, et gagiavit emendam quam taxavimus ad predictam summam X librarum. Solvit michi Gelee die Pasche III scuta. Dominus habuit. Misie per me a Tournerez aux Cantellis cuilibet scutum. Solvit III scuta.

375 *e*. — Thomas de Ponte, clericus, gagiavit emendam coram domino abbate quia trahi fecit in curia seculari Yvonem l'Engloiz, clericum; quam emendam taxavimus ad II solidos VI denarios.

Thomas de Costantin, alias le Canu, gagiavit emendam quia die dedicacionis ecclesie Sancti Vigoris (1) opera mecanica laborabat, quam emendam taxavimus ad V solidos.

375 *f*. — (2) Guillermus Batart, clericus, gagiavit emendam ex eo et pro eo quia confessus fuit carnaliter cognovisse Johannam neptem Thomassie Alles; quam taxavimus ad XX solidos. Injunctum fuit eidem quinta die decembris (3) ne cum ea de cetero frequentet, etc., nisi in presencia duarum vel trium personarum et sub pena C solidorum.

Johanna neptis Thomassie Alles, casu quo supra, gagiavit emendam, etc., fuit injunctum ut supra, et taxavimus ad X solidos.

Guillermus Jupin, clericus, gagiavit emendam quia dedit de pugno Thome Flambart; quam taxavimus ad II solidos.

Penot du Pont, clericus, gagiavit emendam quia animo mallivolo manus violentas injeciendo, Yvoni Clerel unam alapam dedit; quam emendam taxavimus ad V solidos.

Gauffridus de Cantellie, clericus, gagiavit emendam quia manus violentas injecit in Alissiam uxorem Johannis de Tournieres, alapam sibi dando; quam taxavimus ad V solidos.

375 *g*. — Thomas filius Guillermi Quevreul gagiavit emendam quia

---

(1) 5 novembre.
(2) P. 135.
(3) 5 décembre.

confessus fuit carnaliter cognovisse filiam Johannis le Meteer; quam emendam taxavimus ad XX solidos.

Filia Johannis le Meteer gagiavit nomine quo supra. Taxavimus ad X solidos. Injunctum fuit eisdem vigilia sancte Lucie (1) ne de cetero ad invicem frequentent in loco suspecto sub pena LX solidorum.

375 *h*. — Dominus Johannes de Parco gagiavit emendam ex eo quia illo sciente questionem indecisam inter Germanum de Roqua et Thomassiam filiam Arnulphi l'Engleiz super matrimonio pendere, sponsalia dicti Germani cum quadam alia uxore, licencia nec littera per nos obtentis, solemnizavit; quam emendam taxavimus ad X solidos.

Item gagiavit emendam quia manus injecit violentas in Robertum Jaquez, clericum, quam taxavimus ad XXV solidos.

375 *i*. — Robertus Piquet, gagiavit emendam quia confessus fuit manus violentas injecisse in Guillermum le Paiour, clericum, quam emendam taxavimus ad V solidos.

Guillermus le Paiour gagiavit emendam quia confessus fuit Robertum Siquet cepisse per auriculas violenter; quam emendam taxavimus ad III solidos IIII denarios pro vino sociorum.

375 *k*. — Jacobus le Mareschal, clericus, gagiavit emendam quia confessus fuit carnaliter cognovisse Johannam filiam Johannis le Portier, quam emendam taxavimus ad XL solidos. Injunctum fuit XXIII marcii ne de cetero, etc., cum ea frequentet sub pena X francorum.

Yon des Landes, uxoratus, gagiavit emendam quia confessus fuit carnaliter cognovisse Michaelam uxorem Johannis Galles, non obstante inhibitione alias sibi facta sub pena C solidorum, quam confessus fuit, et emendavit; quam emendam taxavimus ad C solidos. Injunctum fuit eidem Yvoni, lune post Pascha (2), ne de cetero cum ea frequentet nisi in presencia trium personarum honestarum et in loco non suspecto sub pena scale et X librarum.

375 *l*. — Michaela uxor Johannis Gille gagiavit emendam ex eo quia permisit se cognovi carnaliter a dicto Yvone non obstante inhibicione predicta, et gaigiavit emendam, quam taxavimus ad XL solidos. Injunctum eidem Michaele, XXVIII marcii (3), ne de cetero cum dicto Yvone frequentet sub pena graviori scale et X librarum.

---

(1) 12 décembre.
(2) 31 mars.
(3) 28 mars.

Robertus du Mollenday, clericus, gagiavit emendam ex eo et pro eo quia confessus fuit carnaliter cognovisse Johannam filiam Guillermi de Monferart; quam emendam taxavimus ad X solidos.

275 m. — Guillermus Vincencii, clericus, accusatus per promotorem quia percusserat de quodam cutello Thomam Malerbe, quod non confessus fuit, sed quia promotor ulterius procedere volebat, dixit quod gagiebat emendam; quam taxavimus ad X solidos.

Johanna filia Johannis le Portier, quia confessa fuit cognovi carnaliter a Jacobo le Mareschal, qui Jacobus plegavit eam et gagiavit emendam nomine illius, et mulier eciam gagiavit; quam taxavimus ad.......... Injunctum fuit, IIII^{ta} aprilis, ne de cetero cum eo frequentet in loco suspecto nisi in presencia trium personarum sub pena LX solidorum.

375 n. — (1) Johannes Fortin et Ricardus de Polley confessi fuerunt coram nobis in judicio quod die annunciationis sancte Marie iverunt ad quadrigariam, quare gagiaverunt emendam, quam taxavimus pro quolibet ad V solidos.

Philippus Pomier, quia diffamatur ab usura et quia promotor ulterius probare volebat, gagiavit emendam, quam taxavimus ad .... Injunctum fuit ..... ne de cetero, etc., sub pena X librarum.

375 o. — Philippota uxor Philippi Pommier, quia in judicio dixit injurias domino Johanni de Parco, de qua gaigiavit emendam curie et dicto domino Johanni, quam pro quolibet taxavimus ad .... Remisimus et ex causa.

Penot de Ponte gagiavit emendam ex eo et pro eo quia locutus fuit inhoneste in judicio quasi trustando de justicia, quam taxavimus ad X solidos.

375 p. — Philippus du Doit, clericus, gagiavit emendam ex eo quia manus violentas injecit in .... Valesi, clericum; quam taxavimus ad II solidos VI denarios.

Item idem Philippus quia diffamatur cognovisse carnaliter Philipotam uxorem Gauffridi de Cantelli et quia noluit emendare, se submisit inqueste vicinorum.

375 q. — Thomas Berguet gagiavit emendam ex eo quia confessus fuit sentenciam excommunicationis sustinuisse per II annos, quam taxavimus ad V solidos.

(1) P. 136.

Petrus Bernart, quia locutus fuit inhoneste in judicio et quia [prima die] noluit emendare, denunciatus excommunicatus, et quia diffamatur cognovisse Germanam uxorem Johannis Bequet; postmodum vero gagiavit emendam. Gagiavit emendam quia locutus fuit inhoneste et temere (?)...... contra curiam et justiciam quam taxavimus ad........

375 r. — Johannes le Boullenguier, uxoratus, quia diffamatur carnaliter cognovisse Johannam uxorem Johannis Episcopi, et quia noluit emendare, terminus fuit assignatus ad procedendum ad veneris sequentis.................... ad lune post Jubilate (1).

Johanna uxor Johannis Episcopi diffamatur de dicto Johanne ut supra. Injunctum fuit eis ne de cetero, etc., sub pena C solidorum.

376 s. — Petrus Juel, quia manus violentas injecit in dominum Johannem Mahias, dies fuit constitutus pro ..... ad veneris post Quasimodo (2).

Germana uxor Johannis Bequet, quia diffamatur a dicto Petro Bernart, ad procedendum 2° ad lune post Jubilate (3). Injunctum eisdem ne de cetero, etc., sub pena C solidorum.

ANNO 1402.

(4) Anno Domini millesimo CCC^{mo} nonagesimo tercio die quinta mensis aprilis (5), ego Matheus Guerout, presbiter, per reverendum patrem dominum Robertum de la Boulaye, abbatem cerasiensem, fui commissus ad offic. dicti monasterii, et post decessum ipsius reverendi patris fui de novo commissus ad dict....... per reverendum patrem dominum Johannem le Berruier, decretorum doctorem et licenciatum in legibus, [dicti] monasterii abbatem. Item post decessum ipsius domini Johannis, per reverendum patrem dominum T........leto, eciam dicti monasterii abbatem, ad dict[u]m offic. fui commissus, et quolibet anno [videlicet] a die prime accessionis (?) mee visitavi ecclesias de Listreyo, de Duobus Jumellis et de Sancto Laurencio supra mare, in quibus quidem visitationibus plura ju...... que facta fuerant

---

(1) 29 mars 1400.
(2) 30 avril 1400.
(3) 29 mars 1400.
(4) P. 165.
(5) 5 avril.

et plures deliquentes correxi, secundum quos eos reperi [culpa]biles, et semper sine contraditione, et hoc per novem annos jam elapsos. Item predictis temporibus plures inquisitiones feci et fieri commisi in villa cerasiensi et hoc loco visitationis.

377 a. — Anno Domini millesimo CCCC^{mo} II°, die Sancti Martin estivalis (1), visitata fuit ecclesia de Duobus Jumellis per nos Matheum Guerout, officialem predictum, presentibus Johanne de Percheyo ....., Roberto Godet vicario dicte ecclesie, Colino l'Er, Petro Maresc, Ricardo le Picain, Guillermo (?) Gavart, Roberto Guillemin, Radulphus Agasse, Guillermo Guillemin, Johanne Halle.

Johannes Chanterel, Henricus Maresc, Johannes de Bosco et Ricardus de Sancto Claro (?) gagiaverunt emendam quia citati non comparuerunt in dicta visitatione et eam remisimus.

Radulphus Agasse diffamatur de Roalina uxore Thome Maine; propter hoc citatus fuit ex officio, et interrogatus factum denegavit. Injunximus ei ne cum dicta Roalina conversaret in loco suspecto ad penam X librarum. Acquievit.

Invenimus deffectum in libris, in vestimentis. Ecclesia indigebat multis reparationibus.

377 b. — Eadem die (2), reperimus quod vicarius dicte ecclesie tenuerat secum quandam Florie .... usque ad Pascha, quamvis alias sibi injunxissemus ne cum ea habitar[et. Emen]davit et solvit. Injunximus ut primo ad penam X librarum. De hoc convictus fuit primo. [Idem] aliqualiter diffamatur de Galienne. De aliis nichil invenimus.

378. — Eadem die (3), visitavimus ecclesiam Sancti Laurencii supra mare, presentibus domino Rogerio Farci (?) curato dicte ecclesie.

Johannes Burnouf et Johannes Goye thezaurarii dicte ecclesie gagiarunt emendam eo quod albe non erant parate. Nichil solverunt, quia pauperes. Injunctum fuit quod parentur infra Natale ad penam XX solidorum; item quod habeant scerraturam in fontibus ad penam quinque solidorum; item quod turris reparetur de copertura infra festum Omnium Sanctorum (4).

(1) 4 juillet.
(2) 4 juillet.
(3) 4 juillet.
(4) 1er novembre.

ANNO 1403.

379. — (1) Anno Domini M⁰ᵐ⁰ CCCC⁰ᵐ⁰ tercio, secundo die mensis julii (2), injunctum fuit quatuor filiis Guillermi Onffroy ne facerent malum nec violenciam a Ysabel uxori Colini Onffroy sui fratris, et similiter injunctum fuit dicto Colino quod ipse tractaret dictam uxorem nisi debite, cuilibet ad [p]enam decem marcarum argenti.

380 a. — (3) Anno Domini M⁰ CCCC⁰ᵐ⁰ III⁰ die Sancti Michaelis in monte Tumba (4), fuit visita ecclesia de Duobus Jumellis per me Matheum Guerout, officialem cerasiensem, et repertum fuit quod dicta ecclesia indigebat magnis reparationibus nec in eadem erant libri competentes nec ornamenta sufficientia.

Dominus Robertus Godet diffamatur a pluribus de quadam muliere Galienne nuncupata, et tenebatur quod ab ipso conceperat.

Johannes le Fort et Johannes le Blont gagiaverunt emendam eo quod iverant ad divinatorem in Britania de aliquibus .... sis et addebant fidem, quam taxavimus ad V solidos.

380 b. — (5) Johannes Chanterel, de Duobus Jumellis, gagiavit emendam eo et pro eo quod confessus est se colocasse et tenuisse per duos annos in domo ipsius quendam mulierem, et tenebat eam propter filium suum videlicet dominum Guillermum Chanterel, qui eam carnaliter cognovit per illos duos annos, taliter quod de ipsa duos habuit pueros; quam emendam taxavimus ad V solidos.

ANNO 1404.

381. — (6) Registrum excommunicatorum in curia officialis domini abbatis cerasiensis in anno M⁰ᵐ⁰ CCCC⁰ᵐ⁰ quarto.

Presbitero de Listreio : Laurentius le Viellart, clericus, pro judicato contra Guillermum le Touze, seniorem, clericum.

(1) P. 155.
(2) 2 juillet.
(3) P. 165.
(4) 29 septembre.
(5) P. 166.
(6) P. 158.

Presbitero de Duobus Gemellis : Ricardus de Sancto Claro pro contumacia contra fratrem Jacobum le Boucher, prior dicti loci.

Presbitero de Longuavilla : Petrus le Flament pro judicato, per rogatum, contra fratrem Guillermum Beuselin, elemosinarium cerasiensem.

ANNO 1405.

382. — (1) [Registrum excommunicatorum] pro anno Domini M^{mo} CCCC^{mo} quinto.

382 *a*. — Presbitero de Listreio : Johannes Robillart pro judicato contra Johannem de Roqua, clericum, et Henricum Michaelis, thesaurarios de Listreio.

Presbitero de Tourneriis : Johannes Robert, dictus le Carrey, clericus, pro contumacia pro suis culpis, per rogatum, contra promotorem.

Presbitero de Duobus Gemellis : Colinus le Gaitre et ejus uxor pro contumacia cum suis culpis contra promotorem officii.

Presbitero de Listreio : Laurentius le Viellart, clericus, pro contumacia contra Guillermum le Touse, seniorem, clericum.

Presbitero de Duobus Gemellis : Johannes Boutevillein pro contumacia cum suis culpis contra promotorem officii.

Presbitero de Tourneriis : Johannes Robert, dictus le Carrey, clericus, pro contumacia pro suis culpis contra promotorem officii.

Presbitero de Listreyo : Johannes le Metteer, clericus, [et] Johannes le Caruel, clericus, pro contumacia contra Petrum de Tallencia, clericum.

Presbitero de Ceraseyo : Robertus James dictus de Millierez pro contumacia contra Petrum de Tallencia.

382 *b*. — Presbitero de Listreyo : Johannes le Meteer, clericus, pro contumacia pro suis culpis contra promotorem officii.......... quia se purgavit.

Presbitero de Listreyo : Bertinus le Clerc, Johannes le Clerc, Johannes de Cantepie, Johannes Olivier, Radulphus Richier, Ludovicus le Vietu, [et] Bertinus le Clerc pro contumacia contra Renulphum Antoyne, Thomam Paret et Germanum de Roqua.

(1) P. 153.

Presbitero de Sept Vans : Johannes Lardant pro judicato contra Johannem Duchy (?). Per rogatum.

Presbitero de Listreyo : Guillermus Thomasse pro contumacia contra dominum Johannem Patrisse, presbiterum.

Presbitero de Ceraseyo : Johannes de Bapaumez pro judicato contra Henricum Viel, clericum.

Presbitero de Listreyo : Johannes Fortin [et] Johannes Berguet pro contumacia contra Thomam..........

Presbitero de Listreyo : Johannes de Cantepie [et] Johannes Olivier pro contumacia contra Renulphum Antoyne (1) et Stephanum Prevel.

[Presbitero de Ce]raseyo : Guillermus l'Esney pro judicato contra Guillermum Poullein, alias Barate, clericum.

382 c. — Presbitero de Ceraseyo : Vigor Merienne pro judicato contra Johannem le Guillour.

Presbitero de Duobus Jumellis : Johannes Galienne pro contumacia contra priorem de Duobus Jumellis.

Presbitero de Listreyo : Johannes le Meteer pro defectu solutionis emendarum curie domini officialis cerasiensis.

Presbitero de Ceraseyo : Yvo dez Landez, Colinus Guiart [et] Johanna filia Petri Odiene pro defectu solutionis emendarum curie domini officialis cerasiensis.

Presbitero de Listreyo : Laurentius le Viellart, Johannes le Caruel, Johanna de Roqua, Henricus Michaelis, Johannes Pommier ; pro defectu solutionis emendarum curie domini officialis cerasiensis.

Presbitero de Listreyo : Johannes Pevrel, Radulphus Richier, Johannes le Vietu [et] Michael Robillart, pro contumacia contra dominum Johannem Patrice, presbiterum.

Presbitero de Ceraseyo : Matheus Corbin, clericus, pro contumacia contra Johannem de Tourneriis, clericum.

Presbitero de Listreyo : Thomas Catilly et Robertus Catilly pro contumacia contra Colinum de Tourneriis, clericum.

[Presbitero de Listreyo] : Thomas le Pelley et Ricardus le Pelley pro contumacia contra Guillermum Fortin.

382 d. — Presbiteris de Listreyo et de Ceraseyo : Fratri Petri le Telier, ordinis Beate Marie du Carme, suspens. Pro contumacia contra

---

(1) Au-dessus de ce mot en interligne est écrit ; *Cenglier.*

pro[motorem], die veneris post festum conceptionis beate Marie virginis.

Presbitero de Ceraseyo : Guillermus Siret pro contumacia contra fratrem Jacobum le Boucher, priorem de Duobus Jumellis.

Presbitero de Listreyo (1) : Guillermus Siret pro contumacia contra Johannem de Fourmegneyo.

Presbitero de Listreyo : Johannes Clerici (?) pro contumacia contra Thomam Quevreul, clericum.

Presbitero de Listreyo : Egidius le .... [et] ....
Joh..... pro contumacia contra Johannem ....

383. — (2) Secuntur emende curie domini officialis cerasiensis pro anno Domini M^{mo} CCCC^{mo} quinto incipiente a Pasca usque ad aliud Pasca (3).

383 *a*. — Primo dominus Johannes de la Masure, curatus de Bretevilla supra Odun, gajavit nobis emendam ex et pro eo quod ipse citaverat sine mandato nostro in nostra juridicione apud Aurelianis, virtute unius rogati annexi a domino officiali Baiocensi, Thomam Potier, et dictus Thomas fidejussit predictum dominum Johannem de dicta emenda, et promisit solvere dictam emendam pro dicto domino Johanne, ad voluntatem nostram taxandam; quam taxavimus ad X solidos. Solvit. Injunctum fuit eidem domino Johanni de la Masure ne de cetero in nostra juridicione talibus uteretur sine mandato nostro vel sine privilegio sub pena decem librarum turonensium, cui injunctioni spontaneus acquievit.

383 *b*. — Johannes de Scaiolis et ejus uxor nobis gagiaverunt emendam ex eo et pro eo quod ejus uxor dederat Johanni de Tournerez, clerico, unum itum cujusdam cisi ac unum itum de pugno per vultum, ad voluntatem nostram taxandam; quam nos taxavimus ad V solidos. Item injunctum fuit dicte uxori quod faceret se absolvi ad penam XX^{ti} solidorum infra octo dies.

383 *c*. — Guillermus Vitart, clericus, nobis gagiavit emendam ex eo et pro eo quod ipse ruperat de lateribus fenestre relicte Ricardi de Fourmegni per noctem, et volebat intrare in domo dicte relicte; ad voluntatem nostram taxandam, quam taxivimus ad X solidos.

---

(1) Peut-être *Ceraseyo*.
(2) P. 155.
(3) 19 avril 1405. — 11 avril 1406.

383 *d*. — Dominus Johannes Bellenguier, presbiter deserviens ecclesie Sancti Germani de Listreio, nobis gagiavit emendam ex eo et pro eo quod ipse non nunciaverat dicte ecclesie Guillermum Sanson, clericum, excommunicatum contra promotorem officii curie nostre, quia ipse receperat ipsum excommunicatum in scriptis; [ad] voluntatem nostram taxandam; quam taxavimus ad V [solidos].

383 *e*. — Bertinus le Clerc nobis gagiavit emendam quia ipse noluit respondere Guillermo Thomassie super petitione septem gelmiarum (?) o[rdei (?)] de decima, et fuit per magnum spacium temporis excommunicatus; ad nostram voluntatem taxandam; quam ta[xa]vimus ad V solidos.

383 *f*. — Petrus Onffroy nobis gagiavit emendam ex eo et pro eo quod ipse dixit in judicio uxori Michaelis Savari quod ipsa non dicebat veritatem de hiis in quibus inquirebatur per ejus juramentum; ad nostram voluntatem taxandam; quam taxavimus ad V solidos.

383 *h*. — Colinus Goie nobis gagiavit emendam ex eo et pro eo quod ipse eliderat Radulphum Durant, clericum, in gena de sua manu; ad nostram voluntatem taxandam; quam taxavimus ad V solidos.

383 *i*. — Thomas Quevreul, clericus, nobis gagiavit emendam ex eo et pro eo quod ipse cognoverat carnaliter Margaretam filiam Johannis le Meteer; ad nostram voluntatem taxandam; quam taxavimus ad X solidos.

Margareta filia Johannis le Meteer nobis gagiavit emendam ex eo et pro eo quod ipsa cognoverat carnaliter Thomam Quevreul; ad voluntatem nostram taxandam; quam taxavimus ad X solidos.

383 *k*. — (1) .... Patrice, presbiter, nobis gagiavit emendam ad nostram voluntatem taxandam, ex eo et pro eo quod ipse .... ecclesie (?) Sancti Germani de Listreio sine licencia domini officialis cerasiensis; quam taxavimus ad ....

383 *l*. — [Johannes le] Pommier, junior, clericus, nobis gagiavit emendam ad nostram voluntatem taxandam, ex eo et pro eo quod non [deferebat] coronam rasam in judicio; quam taxavimus ad ....

[Item] idem Johannes gagiavit nobis emendam ad nostram voluntatem taxandam ex eo et pro eo quod ipse .... abat in judicio in dicendo veritatem per ejus juramentum, super hoc quod dicebatur quod idem Pommier abscon[derat] in uno dumo jumentum Philippi Pommier pro

(1) P. 156.

faciendo displicitum dicto Philippo et per maliciam; quam [taxavimus] ad V solidos.

383 m. — .... Behart, orocopus Sancti Germani de Listreio, nobis gagiavit emendam ad nostram voluntatem taxandam [ex] eo et pro eo quod ipse non tradiderat in die Pasche presbitero de Listreio unam excommunicationem super Johanne l'Ermite [que data] fuerat dicto orocopo pro tradendo presbitero dicti loci; quam taxavimus ad II solidos.

383 n. — [Laur]entius le Viellart, clericus, nobis gagiavit emendam ad nostram [voluntatem] taxandam ex eo et pro eo quod [fugie]rat quando dictus officialis cerasiensis volebat ponere ipsum in prisione pro certa causa et descendit de super suum equm [pro] fugiendo et desivit suum; quam taxavimus ad X solidos.

Item dictus Laurentius nobis gagiavit emendam ad nostram voluntatem taxandam ex eo et pro eo quod ipse sustulerat per vim Johanni de Tournierez unum equm, et habebat dictus de Tournierez jus capiendi dictum equm ratione emendarum; quam taxavimus ad V solidos.

383 o. — Johannes de Bapaumez, clericus, nobis gagiavit emendam ad nostram voluntatem taxandam, ex eo et pro eo quod ipse dederat Johanni le Roux, juniori, unum itum de pugno per dentes et ruperat dicto Johanni unum dentem; quam taxavimus ad XX solidos.

Item Johannes de Bapaumes nobis gagiavit emendam ad nostram voluntatem taxandam, ex eo et pro eo quod ipse [iv]erat in villam sine nostra licencia quandiu ipse erat in prisione pro suis culpis; quam taxavimus ad v solidos.

383 p. — [Johannes] du Bisson, clericus, nobis gagiavit emendam ad nostram voluntatem taxandam, ex eo et pro eo quod ipse [non defere]bat coronam rasam [in] judicio; quam taxavimus ad II solidos. [Et injunc]tum fuit eidem Johanni ut ipse facere[t] radere ad penam decem solidorum.

383 q. — [Johannes] de Bapaumez nobis gagiavit emendam ad nostram voluntatem taxandam, ex eo et pro eo quod ipse [fecerat] tumultum in judicio; quam taxavimus ad II solidos.

383 r. — [Guil]lermus Sanson, clericus, de parrochia du Bruil, nobis gagiavit emendam ad nostram voluntatem taxandam, ex eo et pro eo quod [ips]e per mandatum officialis baiocensis citaverat

Baiocas in cimiterio et in ecclesia Sancti Germani de Listreio plures gentes juriditionis episcopi baiocensis, presente Ludovico Sanson qui fidejussit dictum Guillermum de dicta emenda; quam taxavimus ad . . . . Item injunctum fuit dicto Guillermo ne de cetero citaret aliquem in juridicione nostra ad penam decem librarum.

383 s. — Johannes du Bisson, clericus, nobis gagiavit emendam ad nostram voluntatem taxandam ex eo et pro eo quod ipse dederat de pugno Ludovico Durant, clerico; quam taxavimus ad V solidos.

Johannes le Caruel, nobis gagiavit emendam ad nostram voluntatem taxandam ex eo et pro eo quod ipse dederat suo fratri Radulpho le Caruel, clerico, unum itum cujusdam parvi baculi super brachium; quam taxavimus ad V solidos. Item injunctum fuit eidem ut ipse faceret se absolvi ad penam viginti solidorum infra octo dies.

383 t. — Uxor Johannis Josset, nobis gagiavit emendam ad nostram voluntatem taxandam ex eo et pro eo quod . . . .
. . . .

384. — (1) Secuntur emende curie domini officialis cerasiensis pro anno Domini M° CCCC^{mo} quinto incipiente a festo sancti Michaelis in Monte Gargano usque ad illud consimile festum (2).

384 a. — Petrus le Guillour, clericus, nobis gagiavit emendam ad nostram voluntatem taxandam, ex eo et pro eo quod ipse dederat unum ictum de pugno Radulpho Durant, clerico, super caput, et de hoc promisit facere voluntatem nostram quandocunque voluerimus; quam taxavimus ad V solidos. Solvit. Injunctum fuit eidem ut se faceret absolvi infra quindenam et quod appareret ad penam XX^{ti} solidorum.

Johannes Pommier, clericus, junior, nobis gagiavit emendam ad nostram voluntatem taxandam ex eo et pro eo quod ipse in nostra juridicione citaverat sine mandato nostro ante monasterium Sancti Germani de Listreyo Haconem (?) Ameline virtute unius citationis officialis baiocensis, de qua emenda promisit nobis facere voluntatem nostram quandocunque voluerimus; quam taxavimus ad XL solidos.

384 b. — Symon Hebert gagiavit emendam eo quod de buto digitorum manus sue Ludovicum Durant, clericum, in vultu percuterat;

---
(1) P. 153.
(2) 29 septembre 1405—29 septembre 1406.

quam taxavimus ad V solidos. Solvit. Et dicto Symoni injunctum fuit sub pena decem solidorum quod faceret se absolvi infra quindenam.

Robertus le Caretier, clericus, gagiavit emendam eo quod injuriose ad capucium Guillermi Beuzelin, clerici, manus suas posuerat; quam taxavimus ad V solidos.

Dominus Rogerus le Fort, curatus Sancti Laurencii supra mare, gagiavit emendam propter famam uxoris Petri Goye; quam taxavimus ad.......

Radulphus Agasse, de Duobus Jumellis, gagiavit emendam pro eo quia alias sibi injunctum fuerat ne de cetero conversaret nec cohabitaret in loco suspecto cum Raolina uxore Thome Ma..... sub pena..... librarum, et tamen non obstante inhibicione cum ipsa cohabitavit; quam taxavimus ad.......

384 c. — Anno quinto die mercurii post Purificationem (1), injunctum fuit Yvoni de Landis ne de cetero conversaret cum quadam muliere uxore Johannis Gille sub pena X librarum et perjurii.

384 d. — Johannes Roberti alias le Carre gagiavit emendam pro eo quia multum apparenter verberaverat tam in capite quam alias Thomassiam relictam Ricardi Castel, et fuit fidejussor de emenda Colinus de Heris; quam taxavimus ad V solidos. Solvit.

384 e. — Yvo Gemmez, alias de Milleriis, gagiavit emendam pro eo quia animo malivolo percuterat Hacoit Jolivet, alias Ameline, clericum; quam taxavimus ad X solidos. Solvit. Et injunctum fuit dicto Jolivet sub pena X solidorum quod infra quindenam faceret se absolvi.

Johannes Frontin, clericus, gagiavit emendam eo quod animo malivolo de pugno suo percuterat Hacoit Jolivet, clericum; quam taxavimus ad X solidos. Solvit. Et dicto Frontin injunctum fuit sub pena XX" solidorum quod infra quindenam faceret se absolvi.

Hacoyt Jolivet, clericus, gagiavit emendam eo quod momorderat digitum Yvonis Jemmez et erat dictus Jolivet sub dicto Yvone; quam taxavimus ad V solidos.

384 f. — (2) Thomas Castel, clericus, gagiavit emendam pro eo quia confessus est se percussisse per ven[trem (?)] de quadam lapide uxorem Guillermi Bertot et dicebat quod credebat projecere lapidem in hospicium (?) Guillermi Bertot; quam taxavimus ad X solidos.

---

(1) 4 février 1406.
(2) P. 154.

Quentinus Danton et ejus uxor gagiaverunt emendam eo quod de manu percuterat Bertinum du Chemin, clericum, quam taxavimus ad V solidos. Solvit.

384 g. — Ricardus Marquier, clericus, gagiavit emendam eo quod juramentum fecerat in curia seculari; quam taxavimus ad II solidos.

Floria uxor Symonis Laurence, de Duobus Jumellis, gagiavit emendam pro [pter hoc quod sibi] injunctum fuit ne de cetero conversaret nec aliqualiter cohabitaret cum domino [Roberto Godet, presbitero,] et tamen absque inhibitione confessus est secum habitari et conversari et [domum ipsius presbiteri] intrasse. Quare emendam taxavimus ad...... In buto emendarum.

Robertus de Caretier, clericus, gagiavit emendam eo quod per unam citationem non sigillatam [quam] fecerat, et tamen non est notarius, citaverat Johannem Radulphi, alias Naquez (?), [contr]a Petrum de Talencia; quam taxavimu ad V solidos.

Ricardus de Landis, clericus, gagiavit emendam eo quod de nocte exivit domus patris sui, in vico reperit Henricum du Buisson, clericum, et ipsum animo malivolo de pugno percuterat; item eciam quia cum juramento et in judicio negavit hoc fecisse, postea confessus fuit; quam taxavimus ad LX solidos. Solvit V solidos. Et sibi injunctum fuit ad penam X solidorum quod infra quindenam faceret se absolvi.

Martinus Bertot, clericus, gagiavit emendam eo quod temere violenter Johannem Paignot percuterat de manu per capud ipsius quam taxavimus ad V solidos. Solvit.

384 i. — Guillermus Agolant gagiavit emendam, pro eo quia confessus est carnaliter cognovisse Philippotam relictam Gauffridi de Cantilly antequam contraxisset cum ea, dicendo quod hoc fuit sub intencione matrimonii contrahendi; quam taxavimus ab X solidos.

Philippota relicta Gauffridi de Cantilly gagiavit emendam propter consimilem causam; quam taxavimus ad X solidos.

384 k. — Sanson de Talence gagiavit emendam propter hoc quod dictus Sanson percuterat de uno baculo per brachium Guillermum Agolant, dicendo et se conquerendo quod dictus Agolant verberaverat Philippotam filiam suam, qui quidem Agolant se vindicando et rebellando de uno baculo dedit ad dictum Sansonem per vultum usque ad effusionem sanguinis et dictus Sanson iterum ipsum percussit; quam taxavimus pro dicto Sansone ad XX solidos. Et pro dicto Angoulante

ad XX solidos........ Et dicto Agolant injunctum fuit sub pena XX^{ti} solidorum quod infra quindenam faceret se absolvi.

Item dictus Agolant gagiavit emendam propter hoc quod de nocte exivit cum Ricardo predicto (1) et animo malivolo Johannem du Buisson, clericum, pugno supra capud percuterat; quam taxavimus ad X solidos. Et sibi injunctum fuit sub pena X solidorum quod infra quindenam faceret se absolvi.

384 *l*. — Yvo Giart gagiavit emendam eo quod animo malivolo dederat per vultum Gauffrido Quev[rel de uno] cipho servesie; quam taxavimus a V solidos. Solvit. Item fecit emendam eo quod dicit in judicio quod factum fuit sibi injus. Remissa.

Gauffridus Malherbe, clericus, gagiavit emendam eo quod dederat treugas Johanni........ in curia seculari; quam taxavimus ad......... solvit.

384 *m*. — (2) Guillermus de Tournierez [et] Colinus Givart nobis gagiaverunt emendam ad nostram voluntatem taxandam ex eo et pro eo quod ipsi eliderant quendam alterum quem ipsi cecidere [fecerunt ad] terram, et ex hoc exiit sanguis de tibia dicti Colini; quam taxavimus ad V solidos.

Johanna filia Petri Ediene nobis gagiavit emendam ad nostram voluntatem taxandam, ex eo et pro eo quod ipsa cognoverat carnaliter Philippum Blondel et peperit filiam; quam taxavimus ad X solidos.

384 *n*. — Gaufridus de Cantilly, clericus, nobis gagiavit emendam ad nostram voluntatem [ex] eo et pro eo quod ipsi dederat Johanni de Ponte unum itum cujusdam baculi per caput; quam taxavimus ad V solidos. Solvit.

Colinus Guiart nobis gagiavit emendam ad nostram voluntatem taxandam ex eo et pro eo quod ipse percusserat Bertinum de Quemino, clericum, de pede per ventrem, taliter quod dictus Bertinus cecidit ad terram; quam taxavimus ad XX solidos. Solvit.

384 *o*. — Johannes le Metteer, clericus, nobis gagiavit emendam ad voluntatem nostram taxandam ex eo et pro eo quod dederat Johanni Bequet, alias le Bousset, itum cujusdam potelli stanni per caput; quam taxavimus ad V solidos. Solvit.

Hugo de la Roque, clericus, nobis gagiavit emendam ad nostram

(1) *Ricardo de Landis.*
(2) P. 157.

voluntatem taxandam ex eo et pro eo quod ipse dederat Johanni de Ponte unum itum [cujusdam potelli stanni supra humeros et manus apposuit violenter eidem Johanni; quam taxavimus ad V solidos. Solvit.

384 p. — Johannes Boutevilein, clericus, nobis gagiavit emendam ad nostram voluntatem taxandam ex eo et pro eo quod ipse noluit venire ad visitationem ecclesie de Duobus Gemellis, licet pluries et personaliter fuisset sufficienter monitus; quam taxavimus ad X solidos. Solvit.

384 q. — Injunctum fuit, anno Domini M^{mo} CCCC^{mo} quinto die veneris ante festum Omnium Sanctorum (1), Philipote uxori Gaufridi de Cantelly ne ipsa frequentaret cum Thoma Beñart nec cohabitaret ei in loco suspecto ad penam decem librarum turonensium et fidei mentite atque scale.

384 r. — Petrus le Guislour, clericus, nobis gagiavit emendam ad nostram voluntatem taxandam ex eo et pro eo quod ipse dederat Petro Durant, clerico, unum ictum de pugno supra caput pe[nes (?) Co]llinum le Meaulphez, de qua emenda promisit facere voluntatem nostram; quam t[axavimus] ad ......

ANNO 1406.

385 a. — (2) Guillermus de Costentin gagiavit emendam pro eo quia de nocte transseundo per vicum animo malivolo fenestram domus Yvonis de Landis projecerat ad terram; quam taxavimus ad II solidos. Solvit.

Floria Uxor Petri Goye et dictus Goye gagiaverunt emendam pro eo quia fama parrochie Sancti Laurencii accusaverat ipsam conversare cum domino Rogero le Fort, curato Sancti Laurencii, quam taxavimus ad..... Et sibi injunctum fuit sub pena X solidorum ne de cetero in loco suspecto secum cohabitaret.

385 b. — Yvo de Landis, gagiavit emendam ex eo quod recognovit de nocte exisse domum suam et manum injecisse in Johannem du Buisson, clericum, qui transibat per viam, videlicet ipsum percussiendo

(1) 30 octobre.
(2) P. 159.

animo malivolo supra capud cum pugno; quam taxavimus ad XX solidos. Solvit. Et sibi injunctum fuit sub pena XX^u solidorum quod infra quindenam faceret se absolvi.

Item ipsemet gagiavit emendam ex eo quod eadem hora, temere violenter Johannem Canoville, clericum, ceperat per vim et dirupit sibi duas sagitas quam taxavimus ad X solidos. Permissa est. Et sibi injunctum fuit sub pena XX solidorum quod infra quindenam faceret se absolvi.

385 c. — Johannes du Buisson, gagiavit emendam ex eo quod vim reppellando recognovit manum injecisse in Ricardum de Landis, clericum, et Yvonem de Landis, videlicet ipsos percussiendo de pugno supra capud cuilibet unum itum; quam taxavimus ad V solidos. Solvit.

385 d. — Johannes Ruffi alias Guiot, clericus, gagiavit emendam eo quod recognoverat manum injecisse in Colinum Agolant, clericum, videlicet ipsum percussiendo de manu per nasum usque ad effusionem sanguinis; quam taxavimus ad X solidos. Re[misimus] V solidos. Et sibi injunctum fuit sub pena X solidorum quod infra mensem faceret se absolvi.

385 e. — Anno Domini millesimo quadringentesimo sexto die XVI^a mensis februarii (1), dominus Robertus Godet gagiavit emendam pro eo quod conversaverat et cohabitaverat in loco suspecto cum quadam muliere vocata Flourie uxore Symonis Laurencii, et posuit illam emendam ad taxacionem et disposicionem magistri Johannis du Homme. Et illa die sibi injunctum fuit ne de cetero habitaret vel communicaret in loco suspecto cum dicta muliere sub pena XX^u librarum turonensium.

385 f. — Cum procederetur ex officio contra dominum Robertum Godet, vicarium de Duobus Jumellis, eo quod imponebatur sibi quod alias fuerat sibi injunctum et inhibitum ad penam X librarum ne habitaret aut conversaret cum Florida uxore Symonis Laurencii de qua diffamabatur, et quod post hujusmodi inhibicionem de nocte fuissent ad invicem apprehensi in domo ipsius vicarii, hoc pro posse et totis viribus negantes, super hoc se submisit dicto, sentencie et ordinacioni omnimode venerabilis et discreti viri magistri Johannis du Homme, qui quidem sufficienter et debite informatus ipsum vica-

(1) 16 février 1407.

rium, tunc presentem nec contradicentem, sed spontanea voluntate consencientem, condempnavit ad emendam tanquam convictum, et ipsum declaravit dictam penam incurisse, et ob hoc tam pro principali quam pro expensis ipsum condempnavit ad X libras. Solvit C solidos. Et illa die sibi injunctum fuit ne de cetero habitaret vel communicaret in loco suspecto cum dicta muliere sub pena XX^{ti} librarum; presentibus ad hec magistro Johanne du Homme et magistro Michaele Gautier advocato.

385 g. — Florida super casu premisso confessa fuit de die intrasse domum ipsius presbiteri, pluribus tamen testibus non suspectis presentibus, ut asserebat. Hoc emendavit; et quia per cognicionem facti repperimus ipsam non cognovisse veritatem sed ultra confessionem suam delinquisse, ipsam taxavimus a XL solidos. Solvit. Et sibi injunctum fuit ne de cetero cum dicto vicario communicaret sub pena X librarum.

385 h. — Super istis emendis de isto anno tradidi a Boutillier per preceptum domini X libras et pro tunc ibat Parisius.

Item LX solidos ad unum vocatum Tibout per preceptum domini.

Item XLV solidos X denarios pro aliquibus misiis quas pro ipso feci Parisius videlicet pro libro suo et aliis, etc.

ANNO 1407.

386 — (1) Registrum excommunicatorum in curia officialis domini abbatis cerasiensis pro anno CCCC^{mo} septimo.

Presbitero Sancti Laurencii supra mare : Robertus Hervey pro contumacia ad instanciam promotoris officii curie nostre. Relaxata.

Presbitero de Ceraseyo : Guillermus l'Esney pro judicato continente centum et novem solidos cum sex denariis ad instanciam Guillermi Poullein.

Presbitero de Ceraseyo : Petrus de Ponte, clericus, pro judicato continente XL^{ta} solidos ad instanciam Yvonis Vitart, clerici.

Presbitero de Ceraseyo : Guillermus Siret, clericus, pro contumacia ad instanciam Guillermi le Paieur, clerici.

(1) P. 157.

Presbitero de Listreyo : Guillermus le Touse pro judicato continente centum XII^{cim} solidos cum dimidio ad instanciam religiosorum de Ceraseyo.

Presbibero de Listreyo : Stephanus du Hamel pro contumacia ad instanciam Colini le Vietu, Philippi Ameline et Philippi de Cantepie.

Presbitero de Listreyo : Johannes Robillart pro contumacia ad instanciam Johannis Prevel, clerici, thesaurarii ecclesie de Listreyo.

Presbitero de Ceraseyo : Ludovicus Durant, clericus, pro contumacia ad instanciam Johannis Clerici.

887. — (1) Secuntur emende curie domini officialis cerasiensis pro anno M° CCCC^{mo} VII° anno incipiente ad Pasca (2).

887 a. — Petrus Pegnot gagiavit emendam eo quod animo malivolo unum godetum plenum ydromellis Yvoni de Milleriis projecerat in vultu, taliter quod sibi fecit [effusionem sanguinis in gena; quam taxavinus ad V solidos. Solvit. Et sibi injunctum fuit quod infra octo dies faceret se absolvi.

Johannes Marguet famulus Jouveti le Touse gagiavit emendam eo quod in festo sancti Salvatoris (3) operaverat levando quandam peciam supra quandam domum; quam taxavimus ad . . . .

887 b. — Gauffridus Grandin gagiavit emendam eo quod in decollacione sancti Johannis (4) operaverat, videlicet verberando bladum; quam emendam taxavimus ad XII denarios. Solvit.

Robertus de Milleriis gagiavit emendam pro eadem causa; quam taxavimus ad XII denarios. Solvit.

887 c. — Petrus de Ponte, alias Pegnot, gagiavit emendam eo quod confessus fuit carnaliter cognovisse Thomassiam la Castelle; quam emendam taxavimus ad X solidos. Et sibi injunctum fuit ne de cetero inter se in loco suspecto conversarent sub pena quadraginta solidorum.

Thomassia la Castelle gagiavit emendam eo quod permisit se cognovi carnaliter a Petro Pegnot; quam emendam taxavimus ad X

(1) P. 160.
(2) 27 mars.
(3) 6 août.
(4) 29 août.

solidos. Solvit. Et ei injunctum fuit ne conversarent ad invicem de cetero in loco suspecto sub pena XL solidorum.

387 d. — Colinus Collibert gagiavit emendam eo quod in festo sancti Germani (1) in ecclesia de Listreyo auctoritate ipsius precepit Philippo de Cantepie quod reciperet offertorium missa dicendo quod eis pertinebat medietas, et hoc faciendo multum perturbavit divinum servicium ; quam emendam taxavimus ad V solidos. Solvit.

Stephanus du Hamel gagiavit emendam eo quod in festo sancti Germani (2) in ecclesia de Listreyo circa offertorium misse dictus du Hamel dicit quod si cogerentur ad eundum offertorium quod ponerent offertorium ipsorum in trunco, et ultra precepit omnibus quod facerent sicut ipse faciebat, videlicet quod non irent ad offertorium et hoc fecit perturbando divinum servicium ceterosque dominos ibidem existentes ; quam emendam taxavimus ad X solidos. Solvit.

387 e. — Gauffridus le Coquet, clericus, gagiavit emendam eo quod animo malivolo et injuriose manum suam injecit in persona Symonis du Bourc, clerici, videlicet removendo sibi bis capucium suum propter aliquas penas (?), ludendo ad pal[mam] et revocavit dictus du Bourc ad animum ; quam emendam taxavimus ad V solidos. Solvit.

Guillermus le Roy, clericus, gagiavit emendam eo quod recognovit se scienter tetigisse quodam globum, videlicet tronquet gallice, supra quod erat Thomas de Costentin, junior, clericus, et cecidit de super in periculum suorum membrorum, quam emendam taxavimus ad II solidos VI denarios. Dominus permisit.

387 f. — Bertinus du Quemin, clericus, gagiavit emendam eo quod manus violentas injecit in Colinum le Roy, videlicet ipsum capiendo in guture usque sanguinis effusionem, de qua emenda promisit facere voluntatem nostram ; quam taxavimus ad X solidos. Solvit.

Laurencius Brians, famulus prioris de Duobus Jumellis, gagiavit emendam eo quod confessus fuit carnaliter cognovisse Colectam uxorem Thome Trope, uxoratam ; quam taxavimus ad XX solidos. Decessit de partibus. Coleta uxor Thome Trope gagiavit emendam eo quod permisit se cognovi carnaliter a Laurencio Brians, de qua emenda promisit facere voluntatem nostram ; quam taxavimus ad XX solidos.

(1) 31 juillet.
(2) 31 juillet.

Solvit. Et injunctum fuit eis ne de cetero conversarent ad invicem in loco suspecto sub pena centum solidorum.

387 g. — (1) Johannes Armigeri, clericus, gagiavit emendam ex eo quod manus apposuit temere violenter in Johannem Clerici, ipsum percussiendo de manu in gena una vice, et iterum volebat ipsum percutere, et minavit ipsum si ista promotori pronunciaret iterum ipsum verberaret; de qua emenda promisit facere voluntatem nostram; quam taxavimus ad X solidos. Dominus permisit.

Item ipsemet gagiavit emendam ex eo quod animo malivolo percussit Thomam le Peley de manu semel; de qua emenda promisit facere voluntatem nostram; quam taxavimus ad V solidos. Item eciam [dominus permisit].

287 h. — Philippus le Monnier, clericus, coram nobis gagiavit emendam ex eo quod recognovit manum injexisse [in] Johannem Buisson, clericum, videlicet ipsum percussiendo animo malivolo supra humeros de quodam baculo una vice, de qua promisit facere voluntatem nostram; quam emendam taxavimus ad X solidos. Solvit.

Bertinus du Quemin, clericus, gagiavit emendam ex eo quod animo malivolo et crudeliter manum apposuit in Jordanum (?) Hervey, de parrochia de Convains, videlicet ipsum capiendo per capucium, taliter quod dirrupit sibi capucium in multis peciis; de qua emenda promisit facere voluntatem nostram; quam taxavimus ad V solidos. Solvit.

387 i. — Petronilla uxor Colini Giart gagiavit emendam eo quod temere violenter manum suam apposuit in Bertinum du Chemin, clericum, videlicet ipsum percussiendo semel de pugno per frontem, eo quod ipsum vocaverat putain gallice; quam emendam taxavimus ad III solidos. Solvit.

Guillermus l'Escogan, de parrochia Sancti Germani de Bosco Alle, gagiavit emendam eo quod temere violenter manum suam injexerat in Johannem Onffray, clericum, videlicet tradendo sibi alapam in gena semel; de qua emenda promisit facere voluntatem nostram; quam emendam taxavimus ad X solidos. Solvit.

387 k. — Coleta filia Thome de Costentin gagiavit emendam eo quod recognovit et permisit se cognovi carnaliter a Colino Salles, et quia nichil potuit probare contra dictum Colinum et negavit ista fore vera;

---

(1) P. 161.

de qua emenda dicta Coleta promisit facere voluntatem nostram ; quam taxavimus ad....... Dominus permisit.

Adam de Talencia, clericus, gagiavit emendam eo quod temere violenter manum suam apposuit in Philippotam uxorem G. Agolant, videlicet ipsam percussiendo de quodam baculo supra humeros et supra brachia pluribus ictibus, et ipsam posuit ad terram in medio vici, et ipsam verbis injuriosis multum diffamavit; quam emendam taxavimus ad X solidos. Solvit.

387 *l*. — Radulphus Durant, clericus, gagiavit emendam eo quod cum ira et mala voluntate accessit in domo relicte Johannis de Tourneriis, et dictam relictam verbis injuriaverat, et taliter ipsam tonsit quod ipsam posuit ad terram, et ad hoc supervenit uxor Petri Martini filia dicte relicte, que quidem relicta dictum Radulphum de quadam virga supra humeros uno ictu percussit; hoc facto dictus Radulphus cepit badelarium suum in vagina et ipsam filiam voluit percutere, sed ipsam non attingit, ymo hostium domus, in quo quidem hostio fecit unam magnam plagam ; quam emendam taxavimus ad X solidos. Solvit.

Colinus le Portier, clericus, gagiavit emendam eo quod confessus est se de nocte ivisse per villam et vertisse lapides, ligna et cadrigas; de qua emenda promisit facere voluntatem nostram ; quam taxavimus ad II solidos VI denarios. [Dominus] permisit p........

387 *m*. — Colinus Giart, senior, gagiavit emendam eo quod animo malivolo manum suam apposuit in Colinum Giart, juniorem, videlicet ipsum verberando de pugno supra capud et supra humeros pluribus ictibus, et in eodem instante dictus Giart, junior, se rebellando et vindicando verberavit dictum avunculum suum ; quam emendam taxavimus ad X solidos. Solvit.

Colinus Giart, junior, pro eadem causa gagiavit emendam; quam taxavimus ad VII solidos VI denarios.

ANNO 1408.

388. — (1) Laurentius le Fournier, clericus, dedit Johanni le Caruel, juniori, clerico, treugas in judicio; quibus sic actis nos injunximus predicto le Fournier observare quiete et pacifice predictas

(1) . 157.

treugas sub pena decem librarum turonensium et carceris perpetui, cui injunctioni spontaneus acquievit, anno Domini millesimo CCCC^{mo} octavo die mercurii post festum beati Martini yemalis (1). J. MATILDIS.

389. — (2) Secuntur emende curie domini officialis Cerasiensis pro anno CCCC^{mo} octavo, nono et decimo, anno incipiente ad Pasca (3).

389 a. — Dominus Ludovicus de Montibus gagiavit emendam eo quod animo malivolo et crudeliter manum apposuit in personam Guillermi Jenvreche, videlicet ipsum capiendo per spatulas, et tondendo ipsum extra tabernam ipsius domini Ludovici, de qua emenda dictus dominus Ludovicus promisit facere voluntatem nostram; quam taxavimus ad ....

Philippus Quinot, clericus, gagiavit emendam eo quod confessus est carnaliter cognovisse Margaritam filiam Johannis le Meteir, taliter quod de ipsa habuit puerum; de qua emenda promisit facere voluntatem nostram; quam taxavimus ad X solidos. Solvit.

389 b. — Sanson de Burgo nobis gagiavit emendam ex eo et pro eo quod ipse percusserat super caput de nocte Egidium Thomassie, clericum, de quodam baculo, taliter quod ipse cecidit ad terram; et ex hoc jacuit per longum tempus in lecto; de qua emenda ipse promisit facere nostram voluntatem; quam taxavimus ad XL solidos.

Gaufridus de Burgo nobis gagiavit emendam ex eo et pro eo quod ipse dederat unam alapam filio Petri Thomassie, clerico, de qua ipse promissit facere nostram voluntatem; quam taxavimus ad X solidos.

Item idem Gaufridus, clericus, nobis gagiavit emendam ex eo et pro eo quod ipse dederat unam alapam Johanni l'Ermite, clerico, de qua emenda ipse promisit facere nostram voluntatem; quam taxavimus ad XX solidos.

Item injunctum fuit predictis Gaufrido et Sansoni dis du Burgo clericis et cuilibet eorum ut ipsi se absolvi facerent infra Pascha proximo venturum (4), ad penam........

389 c. — Petrus de Ponte, clericus, nobis gagiavit emendan ex eo et pro eo quod Oliverus de Ponte, clericus, ejus filius, dederat Yvoni Jamez, clerico, unum ittum in vultu de quodam cipho terre, taliter

---

(1) 14 novembre.
(2) P. 162.
(3) 15 avril — 7 avril — 23 mars.
(4) 7 avril 1409.

quod ipse eidem Yvoni fecit unam magnam plagam, de qua emenda ipse promisit facere nostram voluntatem; quam taxavimus ad X solidos. Solvit.

Yvo Clerel nobis gagiavit emendam ex eo et pro eo quod ipse dederat Johanni de Bapaumez, clerico, de sua manu in gena; de qua emenda ipse promisit facere nostram voluntatem; quam taxavimus ad X solidos. Permissa est a domino.

389 *d*. — Bertinus de Quemino, clericus, nobis gagiavit emendam ex eo et pro eo quod ipse percusserat de suo ense cum vagina Guillermun le Perour, clericum, sed ille ittus cecidit sur le bast de son cheval gallice, quia cecidit en esclipant gallice, de qua emenda ipse promisit facere nostram voluntatem; quam taxavimus ad XX solidos. Solvit.

Guillemeta uxor Philipi Noel nobis gagiavit emendam ex eo et pro eo quod ipsa jecerat unum candelabrum contra Henricum Viel, clericum, et ipsum attigerat per frontem taliter quod sanguis exivit, de qua emenda idem Philipus promisit facere nostram voluntatem; quam taxavimus ad X solidos. Solvit.

389 *e*. — Michael Varignon nobis gagiavit emendam ex eo et pro eo quod ipse fecerat magnam atercationem in ecclesia cum uxore Petri l'Engloiz, volendo nomen pueri Guillermi Binquet qui debebat baptizari; ad II solidos VI denarios. Solvit.

Uxor Petri l'Engloiz nobis gagiavit emendam pro predicto casu; quam taxavimus ad II solidos [VI denarios]. Permissa est.

389 *f*. — Johannes le Cousturier, alias Maignet, nobis gagiavit emendam eo quod collocaverat in domo ipsius quendam vocatum Petrum (?) [le] Ballif excommunicatum ex officio, eo quod dictus le Ballif secum habebat quandam mulierem sibi non ux[oratam], et dicto le Cousturier inhibitum fuit ne esset ausus dictum le Ballif secum collocare [nec cum ipso] conversare, et non obstante inhibitione secum collocavit dictum le Ballif et dictam mulierem sibi non ux[oratam]; quam emendam taxavimus ad X solidos. Solvit.

ANNO 1410.

390 *a*. — (1) Johannes le Touze nobis gagiavit emendam eo quod

(1) P. 187. Je ne suis pas certain de la date de ce numéro.

in festo dedicacionis ecclesie de Ceraseyo fecerat operari in domo ipsius per filium ipsius et per Ludovicum Bisson, videlicet verberando blada in domo ipsius, et pro predictis nobis gagiavit emendam; quam emendam taxavimus ad V solidos.

Jordanus du Mesnil nobis gagiavit emendam eo quod animo malivolo dederat de cutello ipsius de plano Johanni du Quemin per spatulam, quam emendam taxavimus ad X solidos. Et sibi inhibitum fuit quod infra quindenam faceret se absolvi sub pena XX^u solidorum. Solvit.

390 *b*. — Oliverius Malherbe, clericus, nobis gagiavit emendam eo quod tonderat et posuerat in fonte de la Vaquerie quandam juvencelam nepotem Johannis Gilles etatis de sex annis, quam emendam taxavimus ad V solidos. Solvit.

Colinus le Meaupheis, clericus, nobis gagiavit emendam.

Egidius Massieu nobis gagiavit emendam eo quod confessus est se carnaliter cognovisse Philippotam uxorem Guillermi Agolant et ipsam Philippotam secum duxerat in villa Sancti Laudi; quam emendam taxavimus ad ....

Philippota uxor Guillermi Agolant gagiavit emendam pro predicta causa quam taxavimus ad ....

390 *c*. — Johanna filia Petri Ediene, alias Fare, nobis gagiavit emendam eo quod quis fama est se omnes euntes et redeuntes recepisse in domo ipsius; quam emendam taxavimus ad XX solidos.

Joretus le Touze, clericus, nobis gagiavit emendam eo quod animo malivolo percusserat de pugno supra spatulam Colinum Challot; quam emendam taxavimus ad X solidos.

390 *d*. — Robertus le Monnier, clericus, nobis gagiavit emendam eo quod dicit animo malivolo Yvoni Vitart, cantando missam in die dominica, quod ipse dictus le Monnier adjuvaret ad cantandam missam male gradibus ipsius Vitart, et hoc fuit perturbando et tribulando servicium; quam emendam taxavimus ad V solidos.

Sanson de Burgo, clericus, nobis gagiavit emendam eo quod animo malivolo dederat Roberto dez Caugeux de quadam scutella plena cervesie per vultum; quam emendam taxavimus ad V solidos.

390 *e*. — Robertus dez Cageux nobis gagiavit emendam eo quod noluit refferri et confiteri in judic[i]o querimoniam quam

fecerat erga officialem de Sansone de Burgo qui sibi dederat de cervesia in vultu, ut predicitur; quam emendam taxavimus ad V solidos.

Thomas le Pele nobis gagiavit emendam eo quod animo malivolo removerat capucium desuper caput Guillermi le Cordier, clerici, preter et contra voluntatem ipsius; quam emendam taxavimus ad V solidos.

Item dictus le Pele nobis gagiavit emendam eo quod animo malivolo truderat usque ad terram Petrum Ha......., clericum; quam emendam taxavimus ad V solidos.

390 *f.* — Petrus de Ponte nobis gagiavit emendam eo quod sibi imponebatur quia animo malivolo percusserat de pede Thomam le Carue qui se jacebat in sallis supra unum fardellum de jonc gallice; quam emendam taxavimus ad V solidos.

Thomas Fabri gagiavit emendam eo quod debite sicut consuetum est confiteri ante Pasca non confitebatur nec debita pasca sua fecerat; quam emendam non taxavimus, quia pauper.

390 *g.* — Johannes le Meteer, clericus, nobis gagiavit emendam pro eadem causa; quam taxavimus ad II solidos.

Johannes Gohin, clericus, nobis gagiavit emendam eo quod fuerat in Britania au devin gallice, ad sciendum quis sibi removerat capucium suum, et eciam propter thezaurum Sauvegrain; quam taxavimus ad V solidos.

390 *h.* — (1) Philippota uxor Guillermi Agolant nobis gagiavit emendam eo quod animo malivolo dederat unam alapam Johanni du Bisson, clerico, qui ipsam vocaverat putain gallice; quam emendam taxavimus ad X solidos.

Guillermus Fortin, clericus, nobis gagiavit emendam eo quod confessus est se carnaliter cognovisse Coletam uxorem Johannis du Hamel et ipsam secum duxerat in villa de Leigle et per magnum spacium temporis tenuit dictum mulierem uxoratam, non obstante quod dictus Fortin esset uxoratus; quam emendam taxavimus ad XL* solidos.

Coleta uxor Johannis du Hamel nobis gagiavit emendam eo quod dimiserat dictum Johannem du Hamel maritum suum, et fuerat cum

---

(1) P. 133.

Guillermo Fortin in villa de Leigle gallice, et fuit secum per magnum spacium temporis; quam emendam taxavimus ad..................

Injunctum fuit dicte Colete ne cum dicto Guillermo Fortin aliqualiter in loco suspecto conversaret sub pena C. solidorum.

390. *i.* — Bertinus du Quemin nobis gagiavit emendam eo quod animo malivolo dederat de pugno in vultu Colino Adam propter hoc quod sibi dixerat aliqua verba; quam emendam taxavimus ad V solidos.

Colinus Adam nobis gagiavit emendam quia provocatus ad iram eo quod Bertinus du Quemin ipsum percusserat de pugno in vultu se reppellendo sibi dedit unum ictum; quam emendam taxavimus ad II solidos.

390. *k.* — Johannes du Hamel nobis gagiavit emendam eo quod fuerat au devin ad Britania ad sciendum et prenosticandum ubi erat mulier dicti Johannis du Hamel; quam emendam taxavimus ad II solidos.

Philippus Blondel, clericus, nobis gagiavit emendam eo quod animo malivolo dederat de manu sua per vultum Yvoni Langlois, clerico, usque ad effusionem sanguinis, et cum hoc traxit sibi capillos de capite; quam emendam taxavimus ad XX solidos, et insequebatur eum cum ense usque ad abbaciam et in presencia domini.

390. *l.* — Yvo Anglici, clericus, nobis gagiavit emendam eo quod animo malivolo se reppellendo a dicto Philippo percussit dictum Philippum de quadam quarta stanni in capite usque ad effusionem sanguinis, et cum hoc traxit sibi capillos de capite; quam emendam taxavimus ad X solidos.

Dominus Guillermus Bourdon, presbiter, nobis gagiavit emendam eo quod luserat coram Domino et coram populo de quibusdam farsis in habitu non decenti et inhonesto; quam emendam taxavimus ad II solidos.

Dominus Johannes Bequet et....... nobis gagiaverunt emendam eo quod luserant ad palmam supra ecclesiam de Listreyo; quam emendam taxavimus ad.......

390. *m.* — Bertinus du Quemin, clericus, gagiavit nobis emendam eo quod animo malivolo Johannem Bisson, clericum, ad capucium suum ceperat et cum ira motus erga ipsum tetigit eum levando sibi mentonem, et hoc fuit propter aliqua verba que erant inter se; quam emendam taxavimus ad V solidos.

Philippus Blondel, clericus, nobis gagiavit emendam eo quod in quadam controversia mota penes Jouet in qua controversia erat filius de Bello Monte et les Vitars, qui quidem Philippus recognovit in judicio quod bene sciebat quod aliquos animo malivolo de pugno suo percuterat, sed nesciebat quos quia candela pro tunc erat extincta et non ardebat; quam emendam taxavimus X solidos.

390. *n.* — Die martis ante festum beatorum Fabiani et Sebastiani (1), Guillermus le Canoigne quittavit et pro quitta clamavit Johannam le Flament.

390 *o.* — (2) Thomas de Perchi, clericus, nobis gagiavit emendam eo quod animo malivolo et provocatus ad iram percuterat bis in capite Guillermum le Paeour, clericum, de quadam pinta stannea usque et citra sanguinis effusionem, et hoc fuit propter aliqua verba que erant inter se; quam emendam taxavimus ad... Et sibi injunctum fuit sub certa pena quod faceret se absolvi.

Thomas Benart, clericus, nobis gagiavit emendam eo quod imponebatur sibi quod alias fuerat sibi injunctum et inhibitum ad penam X librarum turonensium ne cohabitaret aut conversaret cum Philippota uxore Guillermi Agolant de qua diffamabatur, et quod post hujusmodi inhibicionem fuit apprehensus ex officio; et ad evitandum processum et alia juramenta per ipsum facienda, in manu domini officialis gagiavit emendam, sed factum non recognovit nec negavit; quam taxavimus ad XX solidos. Et sibi injunctum fuit ne de cetero habitaret vel communicaret in loco suspecto cum dicta muliere sub pena XX" librarum et perjurii.

390 *p.* — Johanna filia Petri Ediene, alias Fare, nobis gagiavit emendam eo quod animo malivolo propter aliqua verba que erant inter se et Johannem de Bapaumez, ceperat quendam potum plenum ydromelle, et projecit ad capud dicti de Bapaumez, et hoc faciendo non attingit capud ipsius sed tetigit capucium ejusdem, sed si ipsum attingisset ipsa ipsum in perpetuum vituperasset quod non licebat sibi; quam emendam taxavimus ad X solidos.

Johannes de Bapaumez, alias l'Escuier, clericus, nobis gagiavit emendam eo quod citaverat ex officio Yvonem Anglici sine aliqua

---

(1) 15 janvier 1411 ?
(2) P. 139.

commissione nec aliquo mandato officialis nec alterius habentis potestatem; quam emendam taxavimus ad V solidos. Dominus permisit.

390 *q*. — Guillermus le Touze, clericus, nobis gagiavit [emendam] eo quod animo malivolo ceperat Yvonem de Milleriis, clericum, in guture, taliter quod sibi fecit effusionem sanguinis, et cum hoc percussit eum supra caput semel de pugno, et ista sibi fecit eo quod dictus de Milieres dicebat dicto Guillermo quod non dicebat verum; quam emendam taxavimus ad V solidos. Et sibi injunctum fuit quod infra mensem faceret se absolvi.

391. — (1) Officialis Baiocensis, venerabili et discreto viro officiali Cerasiensi, salutem in Domino. Cum pridem Robertus le Monnier, clericus, tunc noster subditus et corrigibilis, instante promotore causarum officii curie nostre, ex mero officio nostro prosequente, delatus fuisset ex eo quod sibi imponebatur quod violendo thorum Bertini du Chemin rem carnalem cum ejus uxore habuerat et cum eadem suspecte pluries cohabitaverat, fama publica hoc referente, tandemque fuisset inhibitum eidem Monnier sub certis et magnis penis ne ulterius suspecte habitaret cum dicta uxore aut domum dicti du Quemin et presertim latebre subintraret, demumque mutato consilio in juridicione vestra moram trahens ex post spretis nostris injunctionibus, ut vulgo fertur pluries latebre subintravit domum dicti du Quemin et de nocte et eciam sole lucente in juridicione nostra et contra injunctionem sibi factam graviter attemptando; et a premissis non contentus, dictam uxorem in domo dicti mariti una cum pluribus bonis mobilibus dicti du Quemin et secum adduxit, et per patriam adulterando palam et sine deletu de loco ad locum remeundo circongiravit, furtum et adulterium dampnabiliter committendo, prout hec in patria fama referente publica habentur, regressoque dicto le Monnier spreta dicta uxore aut alibi dimissa ac in territorio de Ceraseyo discurrente, idem du Quemin clamorem de haro super dictum le Monnier emiserit ab causas, ut prefertur, pretensas, captusque fuerit per curiam secularem dicti loci et carceribus mancipatus, quibus, ut didiscimus, adhuc detinetur. Ea propter in juris subsidium vos requirimus quatinus senescallum de Ceraseyo seu ejus locum tenentem moneatis de vobis reddendo dictum detentum clericum et sub penis canonicis, et ut eo vobis restituto,

(1) P. 125.

nobis eundem, tam ratione delicti ut prefertur in nostra juridicione per eundem perpetrato, quam ratione injunctionis predicte continuative juridictionis et contra quam dicitur attemptasse, et eciam tempore de quo primo queritur moram trahebat in nostra juridictione, reddere valeat, puniendum juxta delictorum exigenciam ac reatuum qualitatem, et quem instancius requirimus nobis a vobis et per vos restitui puniendum. Valete. Datum anno Domini M° CCCC^{mo} decimo, die mercurii ante festum sancti Michaelis in Monte Tomba (1).

ANNO 1411.

392. — (2) Secuntur emende curie officialis Cerasiensis pro anno Domini millesimo quadringentesimo XI°.

392 *a*. — Thomas de Cantilly, clericus, nobis gagiavit emendam eo quod animo malivolo dederat de quodam sepe in vultu Guillermo l'Esne; quam emendam taxavimus ad II solidos VI denarios. Solvit.

Colinus Agolant, clericus, nobis gagiavit emendam eo quod animo malivolo et crudeliter removit Colino Bourdon quodam vadium, quod vadium sibi amoverat dictus Colinus Bourdon propter hoc quod cum equis suis oneratis transsibat per frumenta dicti Bourdon, et removendo dictum vadium dicto Bourdon fecit eum cadere ad terram, et de vadio videlicet de quadam brida removendo sibi lesit eum in manibus usque ad effusionem sanguinis; quam emendam taxavimus ad X solidos. Solvit. Et injunctum fuit dicto Agolant quod infra mensem faceret se absolvi.

392 *b*. — Dominus Johannes Bequet gagiavit nobis emendam eo quod per preceptum ipsius dominus Johannes Quenot ad Pascha ultimate preteritum (3) in cura de Listreyo ministraverat corpus Domini Philippo Blondelli absque licencia domini nec domini officialis; quam emendam taxavimus ad XX solidos. Solvit.

Thomas de Cantilly, clericus, nobis gagiavit emendam eo quod animo malivolo volebat removere quandam securim Colino Onffroy, clerico, et ut confitebatur in judicio credebat dictus de Cantilly quod esset sui, et removendo sibi fecit eum cadere ad terram, et gratinavit

---

(1) 26 septembre.
(2) P. 140.
(3) 12 avril.

eum in guture usque ad effusionem sanguinis; quam emendam taxavimus ad V solidos. Et injunctum fuit dicto de Cantilly quod infra mensem faceret se absolvi. Solvit.

392 c. — Gauffridus Malherbe, clericus, nobis gagiavit emendam eo quod depposuerat per juramentum ipsius in curia seculari de quadam causa mota et pendente inter Bertinum du Quemin et Robertum le Monnier absque licencia domini officialis nec alicujus alterius; quam emendam taxavimus ad X solidos. Solvit.

Katherina filia Petri de Ponte, alias Penot, nobis gagiavit emendam eo quod quadam die mercurii IIII^{or} temporum ex inavertencia comederat carnes; quam emendam taxavimus ad V solidos. Solvit.

392 d. — Henricus Viel, clericus, nobis gagiavit emendam eo quod animo malivolo dederat unam alapam Johanni Noel, clerico, qui ultra volontatem ipsius volebat eum ducere ad coreas; quam taxavimus ad V solidos. Solvit. Et injunctum fuit dicto Henrico quod infra quindenam faceret se absolvi.

Johannes Noel, clericus, nobis gagiavit emendam eo quod apposuerat manum in personam predicti Henrici, ut predicitur, preter et contra voluntatem ipsius; quam emendam taxavimus ad II solidos. Solvit.

392 e. — Guillermus de Costentin, alias le Carue, clericus, nobis gagiavit emendam eo quod animo malivolo dederat unam alapam Henrico Viel, clerico, propter aliqua verba que erant inter se; quam emendam taxavimus ad V solidos. Solvit. Et injunctum fuit dicto de Costentin quod infra mensem faceret se absolvi.

Johannes Champiaux, clericus, nobis gagiavit emendam eo quod animo malivolo dederat semel de pugno supra capud Hugoni Ameline propter aliqua verba que erant inter dictum Ameline et Johannem Gille; quam emendam taxavimus ad X solidos. Solvit.

Guillermus Fortin, clericus, nobis gagiavit emendam eo quod animo malivolo dederat semel de pugno supra capud Colino Goye, clerico, de qua emenda promisit facere voluntatem nostram; quam taxavimus ad X solidos. Solvit. Et injunctum fuit dicto Fortin quod infra quindenam faceret se absolvi.

392 f. — (1) Thomas le Carue, junior, clericus, nobis gagiavit emendam eo quod recognovit in judicio se ivisse de nocte ad domum

---

(1) P. 141.

Henrici Viel et ibidem credebat ut dicitur intrasse propter filiam dicti Henrici; quam emendam taxavimus ad X solidos. Solvit.

392 *g.* — Jouetus le Touze, clericus, nobis gagiavit emendam eo quod recognovit in judicio se manum injecisse in personam Bertini du Quemin, clerici, eo quod dictus Bertinus erat reffutans solvere unam quartam vini quam exposuerat in domo dicti Joueti, quod non licebat dicto Joueto, et propter illam causam gagiavit emendam, et quia dominus officialis super ista se informavit ut dictus Jouetus se consenciit et submisit, repperit ulterius quod dictus Jouetus cepit dictum Bertinum à la quenefoille gallice animo malivolo et injuriose, taliter quod dictus Bertinus cecidit ad terram; quam emendam taxavimus ad V solidos. Et injunctum fuit dicto Joueto quod infra mensem faceret se absolvi.

Item dictus Jouetus gagiavit nobis emendam eo quod locutus fuit in judicio Johanni de Perchy aliqua verba injuriosa, videlicet huhan; quam emendam taxavimus ad V solidos.

Item dictus Jouetus nobis gagiavit emendam eo quod animo malivolo et injuriose manum apposuerat in personam Johannis de Ceraseyo, compatri sui, ut confessus est, in judicio; sed non confessus est ita ample sicut conquerens confessus est in judicio; et quia dictus Jouetus se submisit quod dominus officialis se informaret et secundum quod repperiretur in informacione emendabat, qui quidem dominus officialis se informavit et fuit reppertum eodem modo sicut conquerens conquerebatur, videlicet quod dictus Jouetus ipsum reppererat veniendo de villa Baiocensi; et prima facie percussit eum in pectore de pugno sequest; postea venit ad ipsum pedest et percussit eum pluries de pugno supra capud, et fecit eum cadere de supra suum equum; dictus de Ceraseyo requisivit dicto Joueto : « Amore Dei, compater mi, tradatis michi unam bonam alapam et dimittatis me ire »; qui quidem Jouetus tradidit sibi alapam et omnia ista emendavit ad voluntatem; quam taxavimus ad XL solidos.

392 *h.* — Bertinus du Quemin, clericus, nobis gagiavit emendam eo quod animo malivolo et injuriose manum apposuerat in Guillermum Morice, clericum, videlicet sibi tradendo alapam in gena, eo quod dictus Morice sibi dicerat quod non cantabat eque bene sicut unus alter; quam emendam taxavimus ad V solidos. Et sibi injunctum fuit quod infra mensem faceret se absolvi.

Thomas le Meauphez nobis gagiavit emendam eo quod animo malivolo percuterat quendam hominem clericum transeuntem per forum de ista villa, videlicet sibi tradendo quendam ictum in capite de quadam virga quam tenebat in manu sua; quam emendam taxavimus ad X solidos. Solvit. Et injunctum fuit dicto le Meaupheis quod infra mensem faceret se absolvi.

392 *i.* — Laurencius Rogeri nobis gagiavit emendam eo quod animo malivolo et injuriose manum apposuit in Guillermum Rogeri, clericum, videlicet capiendo ipsum per brachium et vertendo sibi brachium taliter quod cecidit dictus Guillermus Rogeri desuper quendam equum et ista fecit propter aliqua verba que erant inter se; quam emendam taxavimus ad X solidos. Solvit. Injunctum fuit dicto Laurencio quod infra quindenam faceret se absolvi.

Jouetus le Touze, clericus, nobis gagiavit emendam eo quod animo malivolo dedit unam alapam Hugoni Sauvegrain, taliter quod de naso exivit sanguis, propter hoc quod dictus Sauvegrain sibi dicerat quod de aliquibus menciebatur; quam emendam taxavimus ad X solidos. Et injunctum fuit dicto Joueto quod faceret se absolvi.

392 *k.* — (1) Berlinus du Quemin, clericus, nobis gagiavit emendam eo quod animo malivolo manum injexit in Katerinam filiam Petri Penot, pedicecam Joueti le Touze, dando sibi unam alapam, eo quod dicta Katerina eum compellebat ad solvendum quandam quartam vini quam dictus Bertinus habuerat penes dictum Jouetum le Touze, de qua emenda dictus Bertinus promisit facere voluntatem nostram; quam taxavimus ad V solidos. Solvit.

Johannes de Bapaumez, alias l'Escuier, clericus, nobis gagiavit emendam eo quod animo malivolo et propter aliqua verba injuriosa manum apposuerat in quendam vocatum Vallot, videlicet tradendo sibi unum ictum in capite de quodam baculo, custodiendo nisos in nemore, et hoc fuit se reppellendo quia alter volebat ipsum percutere et verberare; quam emendam taxavimus ad X solidos. Dominus sibi dedit. Item dictus de Bapaumez nobis gagiavit emendam eo quod recognovit in judicio se tradidisse unam alapam cuidam vocato Vacquerie. Et injunctum fuit dicto de Bapaumez quod faceret se absolvi.

392 *l.* — Thomas de Montibus, clericus, nobis gagiavit emendam eo quod animo malivolo et injuriose manum apposuerat in Robertum

---

(1) P. 442.

dez Cageux, clericum, sibi tradendo unam alapam in gena, dicendo quod dictus dez Cageux male fecerat superfaciendo ab ipso rivias ; de qua emenda promisit facere voluntatem nostram ; quam taxavimus ad X solidos. Solvit. Et injunctum fuit ei quod faceret se absolvi.

Robertus dez Cageux, clericus, nobis gagiavit emendam propter predictam causam quod animo malivolo percuterat de quadam virga per capud dictum Thomam de Montibus, reppellendo se ab ipso qui primo ipsum percuterat ; quam emendam taxavimus ad V solidos.

392 *k*. — Sanso le Mareschal, clericus, nobis gagiavit emendam eo quod animo malivolo dederat quandam alapam Guillermo le Cordier, clerico, qui sibi serviebat in domo ipsius ; quam emendam taxavimus ad V solidos. Solvit. Et injunctum fuit dicto Sansoni quod faceret se absolvi.

Philippus Flambart, clericus, nobis, gagiavit eo quod recognovit in judicio se dedisse unam alapam fratri suo Yvoni Flambart, taliter quod exivit sanguis in dentibus ; quam emendam taxavimus ad V solidos. Solvit. Et sibi injunctum fuit quod faceret se absolvi.

392 *l*. — Guillermus le Cordier nobis gagiavit emendam eo quod animo malivolo manum apposuit in Johannem Noel, sibi tradens unam alapam, et de hoc promisit facere voluntatem nostram ; quam taxavimus ad II solidos VI denarios. Solvit. Et sibi injunctum fuit quod faceret se absolvi.

Yvo de Milleriis nobis gagiavit emendam eo quod motus ad iram per plura verba injuriosa contra ipsum per Bertinum du Quemin prolata projecerat quendam lapidem dicto Bertino du Quemin, de quo percusserat dictum Bertinum in gena usque ad effusionem modicam ; quam emendam taxavimus ad V solidos. Et sibi injunctum fuit quod faceret se absolvi.

Guillermus Morice, clericus, nobis gagiavit emendam eo quod confessus est in judicio se dedisse unam alapam Yvoni Clerel eo quod eum vocaverat filium meretricis ; quam emendam taxavimus ad X solidos, solvit.

392 *m*. — (1) Johannes de Tourneriis, alias Bourdon, clericus, nobis gagiavit emendam eo quod semel dum transsiret de nocte ante tabernam Johannis dez Cageux, repperit quendam bastardum cuidam dictus de

---

(1) P. 143.

Tourneriis tradidit de quodam baculo supra spatulam; semel postea ad hoc supervenerunt successive Radulphus et Robertus des Cageux, fratres dicti bastardi, quibus dictus de Tourneriis tradidit cuilibet unum ictum supra capud de suo baculo, taliter quod dictus Radulphus cecidit ad terram ; quam emendam taxavimus ad XX solidos. Solvit. Et injunctum fuit dicto Bourdon quod faceret se absolvi.

Johannes dez Cageux et Robertus filius suus gagiaverunt emendam quia ceperunt predictum Johannem Bourdon et Ludovicum Jouenne, qui de nocte transsibant ante tabernam ipsorum, ut predicitur, et posuerunt ipsos infra tabernam, et dictus Johannes des Cageux percussit dictum Johannem Bourdon de manu sua per capud semel se conquerendo quod dictus Bourdon male fecerat verberandi taliter filios suos, et dictus Robertus des Cageux qui tenebat dictum Ludovicum percussit eum de manu per capud semel; et ista habuimus per informacionem ; quam emendam taxavimus ad X solidos. Et injunctum fuit eis quod infra mensem facerent se absolvi.

392 o. — Thomas le Pelley, clericus, nobis gagiavit emendam ex eo et pro eo quod cognoverat carnaliter Ludovicam filiam Johannis le Vietu, eidemque injunximus ad penam X^{cem} librarum ut ipsam desponsaret infra ascensionem Domini proximo venturam (1); cui injunctioni sponte acquievit; quam emendam taxavimus ad X solidos. Dominus sibi dedit.

392 p. — Robertus des Cageux, clericus, nobis gagiavit emendam eo quod animo malivolo et crudeliter percussit Johannem l'Escuier de quodam poto stanni semel per capud in gena vel torca usque ad effusionem sanguinis, eo quod dictus l'Escuier ipsum vocaverat latronem et filium meretricis; quam emendam taxavimus ad XL solidos. Et IX^a marcii (2) sibi injunctum fuit quod brevius quam poterit faceret se absolvi pro atroxi et satisfaceret parti.

Item dictus Robertus dez Cageux gagiavit emendam eo quod animo malivolo tetigerat eciam in pectore Guillermum Floury de quodam poto stanni preter et contra voluntatem dicti Floury; quam emendam taxavimus ad V solidos.

Item dictus Robertus gagiavit emendam eo quod recognovit in judicio se carnaliter cognovisse filiam Johannis le Chevalier non uxo-

(1) 21 mai 1412.
(2) 9 mars 1412.

ratam; quam emendam taxavimus ad X solidos. Et sibi injunctum fuit ne sub pena XX^{ti} solidorum ne de cetero cum ipsa conversaret.

ANNO 1412.

393. — (1) Sequuntur emende curie officialis Cerasiensis pro anno M^{mo} CCCC^{mo} XII^{mo}.

393 *a*. — Coleta filia Thome de Costentin nobis gagiavit emendam eo quod animo malivolo dederat unam alapam Colino Agolant, clerico, qui eam vocaverat putain gallice; quam taxavimus ad II solidos. Et injunctum fuit dicte Collecte quod infra mensem faceret se absolvi.

Colinus Agolant, clericus, nobis gagiavit emendam eo quod se reppellendo et burgando a dicta Collecta dederat unam alapam predicte Collecte; quam emendam taxavimus ad V solidos. Solvit.

393 *b*. — Petrus le Touze nobis gagiavit emendam eo quod animo malivolo et crudeliter percussit Ricardum de Landa, clericum, de quodam potello stanni per vultum in labiis usque ad effusionem sanguinis, taliter quod scindit labium usque ad dentes, qui quidem Petrus dicerat dicto Ricardo ista verba : « qu'il estoit la merde d'omme » et dictus Ricardus respondit ista verba : « vous m'en devez mieux amer », et incontinenti dictus Petrus percussit eumdem; quam emendam taxavimus ad XL solidos. Debet lucrari dictam emendam in domino. Injunctum fuit dicto Petro quod brevius quam poterit faceret se absolvi pro atroxi.

Robertus Jacquez, clericus, nobis gagiavit emendam eo quod animo injurioso percussit Guillermum le Parfait, videlicet ipsum percussiendo in capite de quodam lapide quem dictus Robertus tenebat in manu sua et usque ad effusionem sanguinis, et hoc fuit propter aliquam controversiam cujusdam quantitatis terre, de qua emenda promisit facere voluntatem nostram, et quia eciam sibi imponebatur quod eciam percuterat uxorem dicti le Parfait in illo conflictu, videlicet de quodam lapide per capud usque ad magnam effusionem sanguinis. Voluit tamen confiteri sed submisit se ad informacionem, et ita reppertum est per informacionem quod dictus Robertus verberaverat dictam mulierem, videlicet de quodam lapide quam tenebat in manu sua, per capud, usque ad magnam effusionem sanguinis; quam emendam taxavimus ad XLV solidos. Solvit.

(1) P. 144.

393 c. — Yvo Guiart, clericus, nobis gagiavit emendam eo quod animo malivolo et irato percussit Sansonem Guiart, clericum, de duobus pugnis in pectore, deditque eidem de pugno super capud propter hoc quod dictus Sanso Guiart dicerat dicto Yvoni quod bene meruerat pugniri eo quod verberaverat Guillermum Siret; de qua emenda promisit facere voluntatem nostram; quam emendam taxavimus ad V solidos. Solvit.

Item dictus Yvo Guiart gagiavit emendam eo quod illo tunc tempore percussit Guillermum Syret, clericum, de II^{bus} pugnis in vultu usque ad effusionem sanguinis in dentibus, eidemque dedit de pugno supra capud trahendo ipsum per capillos, dicendo dicto Syret quod mala grate sua restitueret argentum quod lucratus fuerat au portier gallice [cuidam vocato piquot], et dictus Syret respondit quod non restitueret et quod lucratus fuerat et propter illam causam percussit eum; quam emendam taxavimus ad X solidos. Solvit.

Item dictus Yvo Guiart gagiavit emendam eo quod in illo instanti animo malivolo dedit Johanni Canoville, clerico, de pugno in gena absque sanguinis effusione, qui quidem Canoville respexerat dictum Yvonem verberando alios predictos, nec sibi aliquid dicerat; quam emendam taxavimus ad V solidos. Solvit. Et injunctum fuit dicto Yvoni quod infra quindenam faceret se absolvi.

393. d. — Katherina filia Petri de Ponte, alias Penot, nobis gagiavit emendam eo quod (1) a pluribus se permisit cognosci carnaliter quod non licet sibi; quam emendam taxavimus ad XX solidos. Solvit X solidos. Et injunctum fuit dicte Katherine ne de cetero eodem modo se regeret sub pena XL^{ta} solidorum.

Thomas le Tort nobis gagiavit emendam eo quod bidentes ipsius fuerunt repperte in cimiterio ecclesie, non obstantibus deffensionibus alias sibi factis; quam emendam taxavimus ad XII denarios. Dicta emenda fuit imposita ad removendum immondicias de cymiterio. Et injunctum fuit ei ne de cetero reppererentur sub pena X solidorum.

393. e. — (2) Guillelmus Bacon, nobis gagiavit emendam eo quod animo malivolo et injurioso percussit Johannem Sauchee, clericum, sibi tradendo unam alapam in gena; quam emendam taxavimus ad V

---

(1) On avait d'abord écrit : *eo quod est mulier non conjugata et peperit filium et consuevit a pluribus cognosci.*

(2) P. 145.

solidos. Solvit. Injunctum fuit ei quod infra quindenam faceret se absolvi.

Guillermus le Prevost, alias Saquedague, nobis gagiavit emendam eo quod animo malivolo et animo injurioso percussit Guillermum Syret, clericum, videlicet sibi tradendo de uno baculo supra capud et supra humeros bis; ad X solidos. Solvit medietatem; Dominus permisit alteram. Et injunctum fuit dicto Guillermo le Prevost quod infra quindenam faceret se absolvi.

393. *f.* — Sanson de Burgo, clericus, nobis gagiavit emendam ex pro eo quod ipse animo malivolo et irato percusserat Potinum de Moultfreart, clericum, supra capud duobus ictibus de quodam libro usque ad effusionem sanguinis pluribusque ictibus de pugno super humeros; ad nostram voluntatem taxandam; ad XX solidos. Eidemque injunximus quod infra quindenam faceret se absolvi, et etiam ne ipse tractaret dictum Potinum nec alium propter discordiam predictam extra nostram juridictionem ad penam XL^{ta} librarum turonensium.

Item dictus Sanson de Burgo nobis gagiavit emendam eo quod animo irato percussit Johannem l'Escuier, videlicet de pugno supra capud unum ictum, taliter quod exivit sanguis in dentibus et in naso, eo quod dictus l'Escuier sibi dicerat quod male fecerat super verberando taliter dictum Potinum; quam emendam taxavimus ad V solidos. Et sibi injunximus quod infra quindenam faceret se absolvi.

Dyonisius Auber, Robertus Jacquez, Guillermus le Vietu, Colinus le Franchois [et] Egidius Ferrant gagiaverunt emendam eo quod omnes de uno consensu de facto et auctoritate ipsorum petiverant clavem ecclesie de Listreyo custodi dicte ecclesie de Listreyo, dicendo quod volebant ponere unum alium et comittere in dicto officio absque hoc quod haberent aliquam potestatem alicujus ymo ex voluntate ipsorum, et propter hoc quod custos non tradidit eis clavem, predicti nominati ceperunt securim moti animo irato, et removerunt serram de ostio, et intraverunt in ecclesiam dicendo quod ponerent unum alium custodem et unam aliam serram, et de hoc quilibet predictorum se submisit ad voluntatem nostram, et sic quemlibet taxavimus ad V solidos pro quolibet ipsorum. Solverunt.

393 *g.* — Robertus Jacobi, clericus, nobis gagiavit emendam ex et pro eo quod ipse animo malivolo et irato traxerat quandam cordam quam tenebat Guillermus Durandi, clericus, taliter quod ipse Durant

cecidit per desuper unam archam super vultum quam ipse Jacquez et plures alii volebant levare in turri ecclesie de Listreyo; quam emendam taxavimus ad II solidos. Solvit.

Guillermus Fortin, clericus, nobis gagiavit emendam eo quod deposuerat per juramentum ipsius in curia seculari de quadam causa mota et pendente inter procuratorem et ipsum absque tamen aliqua licencia sui ordinaris; quam emendam taxavimus ad V solidos. Solvit.

393 *h*. — Bertinus du Quemin [et] Guillermus Borel gagiaverunt emendam quia ipsi de uno consensu invenerunt penes Bertinum Quevet et ceperunt in ejus stabula duas anceres et portaverunt in taberna et ibidem comederunt; quam emendam taxavimus pro quolibet ad III solidos. Dominus Borel lucratus est...

Johannes de Bapaumez, alias l'Escuier, clericus, nobis gagiavit emendam eo quod animo malivolo dederat de pugno in pectore Guillermo de Costentin, clerico, in quo pugno tenebat quendam lapidem. Ad V solidos. Dominus permisit.

393 *i*. — (1) Jouetus le Touzey nobis gagiavit emendam ex et pro eo quod ipse animo malivolo et irato percusserat uxorem Guillermi de Costentin de quodam baculo super humeros solo ictu absque sanguinis effusione; ad voluntatem nostram taxandam; quam taxavimus ad X solidos.

Sanson de Burgo, clericus, nobis gagiavit emendam ex et pro eo quod ipse cognoverat carnaliter Johannam filiam Philipi Jamez, ipsamque detinuerat in suo hospicio per certum tempus; ad nostram voluntatem taxandam; quam taxavimus ad XX solidos. Item eidem Sansoni injunximus ne cum dicta Johanna eodem modo in loco suspecto conversaret solus nisi essent secum tres persone non suspecte ad penam centum solidorum.

393 *k*. — Guillermus Guilleumi nobis gagiavit emendam ex et pro eo quod ipse animo malivolo et irato verberat Ricardum Tourmente, clericum; ad nostram voluntatem taxandam; quam taxavimus ad X solidos. Solvit.

Johannes le Cordier, clericus, junior, nobis gagiavit emendam ex eo quod ipse tulerat pannos Colini le Cordier sui fratris nuper deffuncti; ad nostram voluntatem taxandam; quam taxavimus ad II solidos. Solvit.

---

(1) P. 146.

393 *l*. — Yvo Jamez nobis gagiavit emendam ex et pro eo quod ipse dederat Yvoni dez Landez unam alapam; ad nostram voluntatem taxandam; quam taxavimus ad X solidos. Solvit.

Dictus Yvo dez Landez nobis gagiavit emendam ex et pro eo quod ipse percusserat predictum Yvonem Jamez de quodam potello stanni super caput cum effusione sanguinis, propter hoc quod ipse Jamez dederat eidem des Landez unam alapam, et hoc fecit illico et incontinenti quod dictus Jamez percussit eum; ad nostram voluntatem taxandam; quam taxavimus ad X solidos. Solvit V solidos.

Jouetus le Tousey, clericus, nobis gagiavit emendam ex et pro eo quod ipse duxerat in curia seculari quemdam processum contra Guillermum Syret, clericum, de post quod ipse habuit cognitionem quod dictus Syret erat clericus; ad nostram voluntatem taxandam; quam taxavimus ad II solidos.

393 *m*. — Jacobus Morin de Monfiquet nobis gagiavit emendam eo quod animo malivolo dederat unum ictum de pugno supra capud Guillermo Morice, clerico, qui ducebat dictum Morin ad carceres de Ceraseyo; quam emendam taxavimus ad II solidos VI denarios..... Et injunctum fuit dicto Morin quod infra octo dies faceret se absolvi sub pena XL solidorum.

Robertus le Burgaut, clericus, de Blengneyo, nobis gagiavit emendam eo quod animo malivolo dederat de manu sua (arreremain gallice) per vultum Radulpho le Prodomme qui sibi dicerat quod de aliquo menciebatur; quam taxavimus ad V solidos. Solvit. Et injunctum fuit dicto Burgaut quod faceret se absolvi.

393 *n*. — (1) Symon Hebert gagiavit emendam eo quod dederat unum ictum de pugno animo malivolo Roberto d'Arouville, clerico, qui quidem d'Arouville removerat quandam candelam in manu dicti Hebert; quam emendam taxavimus ad X solidos. Solvit. Et injunctum fuit dicto Hebert quod infra quindenam faceret se absolvi sub pena XX^u solidorum.

Robertus d'Arouville, clericus, nobis gagiavit emendam eo quod animo malivolo dederat de manu sua (arreremain gallice) cuidam vocato Thome Giart; quam emendam taxavimus ad V solidos. Solvit.

(1) P. 147.

393 *o*. — Robertus des Cageux nobis gagiavit emendam eo quod recognovit in judicio se carnaliter cognovisse Johannam filiam Johannis le Chevalier, non obstante quod alias sibi fuisset injunctum ad penam XL solidorum ne cum dicta filia Johannis le Chevalier conversaret in loco suspecto, etc., et ideo fuit declaratus incurrisse dictam summam XL* solidorum.

Dominus Johannes le Hullot, presbiter, nobis gagiavit emendam eo quod clandestine celebravit sponsalia inter Petrum le Touse et Cardinam filiam Guillermi Onffroy, et dicta sponsalia celebravit in cappella Beate Marie de Spina, per mandatum synodale quoad hoc interdicta, tertioque banno minime facto, nec Guillermo le Touze in secundo banno se opponente in aliquo audito, et eciam fecit ista absque licencia curati nec cappellani; quare dictus presbiter fuit declaratus sentenciam et penas canonis et dicti mandati synodalis incurrisse, et coram nobis gagiavit emendam ad nostram voluntatem taxandam; quam taxavimus ad C solidos.

393 *p*. — Petrus le Touze et Cardina ejus uxor nobis gagiaverunt emendam eo quod permiserunt sic clandestine copulari ad invicem et de eisdem taliter sponsalia fieri, ut predicitur; quam emendam taxavimus ad XL solidos. Debet lucrari in domino dictam emendam.

Guillermus Onffroy, Gauffridus Champiaux et Johannes Champiaux nobis gagiaverunt emendam eo quod interfuerunt in dictis sponsalibus et procuraverunt dicta sponsalia sic clandestine fieri, quapropter fuerunt declarati sentenciam excommunicationis incurrisse, et quemlibet taxavimus ad X solidos. Solverunt. Et injunctum fuit omnibus predictis quod infra quindenam facerent se absolvi sub pena XL librarum turonensiam.

389 *q*. — Adam de Talence, clericus, nobis gagiavit emendam eo quod in judicio juravit passionem Domini nostri Jesu-Christi et sine causa, quam pro tunc fuit taxata ad II solidos I denarium. Solvit.

Johannes Bugourt, clericus, de Blengneyo, nobis gagiavit emendam eo quod animo malivolo dederat de pugno supra capud semel Bertino du Quemin, et eum burgavit pluries de manibus suis in pectore; quam emendam taxavimus ad VII solidos VI denarios. Et injunctum fuit dicto Burgourt quod infra quindenam faceret se absolvi sub pena XL solidorum.

393 *r*. — Radulphus le Prodomme [et] Johannes de Ros ad invicem

conjuncti nobis gagiaverunt emendam, eo quod dictus le Prodomme et de Ros concordes insimul pugnaverunt contra Sansonem Pate, et ipsum prostrarunt ad terram in quodam halemot in quo non videbatur quia candela erat extincta, et fuit effusio sanguinis in naso in dicto Pate, et sic ambo predicti gagiaverunt emendam; quam taxavimus ad V solidos pro quolibet ipsorum le Prodomme et de Ros solverunt; et dictus Pate ad II solidos VI denarios.

393 s. — (1) Thomas de Cantilly et Adam de Talence gagiaverunt emendam eo quod ambo in eadem vi in personam Yvonis Anglici, clerici, apposuerunt manus violentas, ipsum accipientes per spatulas et projiciendo eum ad terram; quam taxavimus ad II solidos pro quolibet.

Item idem Yvo Anglici gagiavit emendam eo quod in personas predictorum apposuit manum in quantum potuit; quam emendam taxavimus ad II solidos.

Item dictus Thomas de Cantilly gagiavit emendam eo quod in domo Symonis Viel, clerici, verberantis suam uxorem, intravit ad deffendendum ipsam uxorem, et ipsum Viel traxit ad terram et percussit eum de pugno supra capud; quam emendam taxavimus ad II solidos. Solvit.

ANNO 1413.

394. — (2) Secuntur emende curie officialis Cerasiensis pro anno Domini millesimo quadringentesimo XIII°.

394 a. — Michael le Tort, clericus, gagiavit emendam eo quod onus acceperat a promotore portandi registrum excommunicatorum in parrochia de Listreyo et tamen non portavit usque ad diem Pasche; juravit tamen dictus Michael quod dederat oblivioni et quod hoc non fecerat ad favorem alicujus; quam emendam taxavimus ad II solidos VI denarios. Solvit.

Egidius Gohin, clericus, gagiavit emendam eo quod animo malivolo et injuriose dederat de duobus pugnis in pectore Guillermo Prevel, clerico, et hoc fuit propter aliqua verba injuriosa inter se mota; quam emendam taxavimus ad X solidos. Solvit.

(1) P. 148.
(2) P. 149.

394 b. — Sanso Pate, clericus, gagiavit emendam eo quod transsiverat per desuper murum de falis pro eundo quesitum suum stophum in gardino Colini le Touze preter et contra voluntatem dicti Colini et sue uxoris, et, ut dicebat et affirmabat dicta uxor, dictus Pate tonsit eam multum violenter supra lapides; sed ista probare non potuimus, et sic ipsum taxavimus ad II solidos VI denarios. Solvit. Et dicto Pate injunctum fuit ne de cetero transsiret per supra dictum murum sub pena XL solidorum turonensium.

Item dictus Pate gagiavit emendam eo quod depponendo in predicta causa per juramentum ipsius dominus Henricus le Touze dicit in judicio ista verba : « O regardes quelle coulour il a » et dictus Pate respondit : « Par la passion Dieu ! je l'ay millour que vous n'avez, messire Henry » ; quapropter dictus Pate gagiavit emendam sic jurasse in judicio ; quam taxavimus ad II solidos VI denarios.

394 c. — Johanna filia Johannis le Chevalier non uxorata gagiavit emendam eo quod permisit se cognosci carnaliter a Roberto des Cagneux, et de ipso concepit puerum; quam emendam taxavimus ad X solidos. Et injunctum fuit predicte Johanne ne de cetero conversaret cum predicto Roberto in loco suspecto sub pena XX solidorum turonensium.

Petrus le Provost, clericus, nobis gagiavit emendam eo quod violenter intraverat domum Guillermi le Guillour insequendo Agnetam sororem dicti Guillermi le Guillour, et traxit dagam suam, et de ipsa daga plures ictus percussit supra quodam lintheamen, eo quod predicta Agnes voluntati sue consentire nolebat; quam emendam taxavimus ad V solidos. Solvit.

394 d. — Johannes Rogeri, alias Copin, clericus, et Johannes Bequet, alias le Rousset, gagiaverunt emendam eo quod luderant ad palmam supra monasterium de Listreyo; quam emendam taxavimus pro quolibet ad XII denarios. Solverunt.

Guillermus Morice, clericus, nobis gagiavit emendam eo quod carnaliter cognoverat Perrotam uxorem Oliverii de Ponte, alias Penot; quam emendam taxavimus ad X solidos. Et injunctum fuit dicto Guillermo ne de cetero cum dicta Perrota in loco suspecto conversaret sub pena XL solidorum turonensium.

394 e. — Colinus Challot gagiavit emendam eo quod animo malivolo dederat unam alapam Bertino du Quemin, clerico, et fuit commotio quia dictus Bertinus vocavit dictum Challot avoitre gallice; quapropter dictus Challot fuit motus ad percussiendum quam emendam taxavimus ad V solidos.

Sanso Giart gagiavit emendam eo quod animo irato dederat unum ictum de pugno supra capud Philippo le Meteir, et hoc fuit quia predicti habuerant inter se verba injuriosa eo quod predictus Meteer habere volebat de residuo confratrie Sancti Mauri et dictus Sanso consentire nolebat; quam emendam taxavimus ad V solidos. Solvit.

394 *f*. — Colinus le Paumier clericus nobis gagiavit emendam eo quod animo injurioso percussit Bertinum du Quemin, clericum, videlicet ipsum percussiendo in capite de quodam baculo quod sibi projexit, et eum attingit per capud retro, et fuit commotio quia dictus Bertinus ceperat de residuis predicte confratrie Sancti Mauri preter et contra voluntatem dicti Paumier; quam emendam taxavimus ad V solidos. Solvit.

Joretus Durant, clericus, nobis gagiavit emendam eo quod animo irato manum apposuerat de nocte ad Laurencium Marquier, clericum, videlicet ipsum trudendo extra molendinum de Roqua, dicendo quod non maneret de nocte et quod amiserat frumentum; quam emendam taxavimus ad II solidos VI denarios. Solvit.

394 *g*. — (1) Guillermus le Guillour gagiavit emendam eo quod aliquo modo tetigerat Petrum le Prevost de quodam lapide in tibea, serviendo sibi et projiciendo lapides es allours gallice, in quibus erat dictus prepositus, et de hoc se submisit ad voluntatem justicie, et ita fuit reppertum per testes; quam emendam taxavimus ad II solidos VI denarios. Solvit.

Philippota filia Petri l'Englois non uxorata nobis gagiavit emendam eo quod permisit se cognosci carnaliter a quodam extraneo et ab ipso concepit puerum, ut confessus est in judicio; quam emendam taxavimus ad X solidos. Item injunctum fuit dicte Philippote ne de cetero cum predicto in loco suspecto conversaret sub pena XL solidorum turonensium.

394 *h*. — Oliverius le Guillour, clericus, nobis gagiavit emendam eo quod cognovit carnaliter Perretam uxorem Oliverii de Ponte uxoratam et de ipso concepit puerum, ut confessus est dicta Perreta in judicio,

---

(1) P. 150.

quam emendam taxavimus ad X solidos. Solvit. Perreta uxor dicti Oliverii de Ponte gagiavit emendam eo quod permisit se cognosci carnaliter a Oliverio le Guillour et de ipso concepit puerum, ut predicitur, quam emendam taxavimus ad V solidos. Et injunctum fuit dicto Oliverio et dicte Perrete ne de cetero conversarent in loco suspecto sub pena cuilibet XL solidorum turonensium.

Guillermus Rogeri, alias Jennete, clericus, nobis gagiavit emendam eo quod domino Roberto Divel, presbitero, tunc mercatori de parvo bosco abbatis, maliciose imposuerat quod uxorem suam vi voluerat carnaliter cognoscere et ipsum presbiterum super hujusmodi crimine accusavit in judicio coram nobis, et cum juramento prestito tam per ipsum accusatorem quam per ejus uxorem, et postmodum fuit reppertum per testes quod hoc maliciose fecerant, et de hoc nobis gagiavit emendam; quam taxavimus ad XX solidos. Solvit.

394 *i*. — Guillermus Syeet nobis gagiavit emendam eo quod animo malivolo et irato dederat Colino Challot duos ictus de pugno supra capud, et hoc fecit ad favorem Johannis de Ponte qui habebat verba rigorosa cum dicto Challot; quam emendam taxavimus ad X solidos. Solvit.

Item dictus Guillermus Syeet nobis gagiavit emendam eo quod sibi a domino officiali injunctum fuerat et preceptum fuerat ne exiret domum de Ceraseyo retinendo eum prisonarium, et non obstante injunctione et precepto dictus Syeet exivit et recessit de domo sine aliqua licencia; quam emendam taxavimus ad X solidos. Solvit.

Guillermus Rogeri, clericus, nobis gagiavit emendam eo quod animo malivolo dederat de pugno bis Colino Chalot per capud, secundum quod reppertum fuit per dominum officialem qui super hoc se informavit; quam emendam taxavimus ad II solidos VI denarios. Solvit.

494 *k*. — Radulphus des Cageux, clericus, nobis gagiavit emendam eo quod animo irato ceperat in guture Johannem de Bapaumez, clericum, credendo, ut dicebat, adjuvare fratri suo qui habebat dissensionem cum altero. Non fuit taxata quia injusta.

Robertus des Cageux, clericus, nobis gagiavit emendam eo quod sibi imponebatur ipsum de nocte venisse in domo Ranulfi du Bourc ubi Johannes de Bapaumez, clericus, potabat cum pluribus aliis, et dicto des Cageux ingresso, supra mensam ipsorum insimul potencium, de quodam baculo quem tenebat impetuose percussit dicendo multum rigorose ista verba : « S'il y a qui bouge il est mort » gallice, et ultra pluries petivit si ibidem esset aliquis qui cum ipso brigam vellet facere, cui dictus de Bapaumez dicit quod male faciebat sic faciendo et loquendo, et statim dictus des Cageux dictum de Bapaumez, clericum, percussit de pugno supra nasum usque ad effusionem sanguinis, et quia Ranulphus du Bourc, hospes et dominus ipsius domus, hec videns et dolens, eidem des Cageux dicit quod male faciebat sic faciendo, et dictus des Cageux ipsum projexit in medio ignis, et ita reppertum fuit per relaxationem Ludovici Jouenne cui ipse des Cageux se submisit pro omnibus testibus, et de ista emenda fuit fidejussor Johannes des Cageux, pater ejus ; quam emendam taxavimus ad XL solidos.

394 *l*. — (1) Yvo Anglici, clericus, nobis gagiavit emendam eo quod animo malivolo projecerat medietatem unius panis per quandam fenestram et de ipso pane credebat percutere et attingere Petrum Siart, et postea immediate propter aliqua verba que fuerunt inter dictum Yvonem et dictum Siart dictus Yvo recessit, et ivit quesitum suam ensem in domo sua, et illo regresso in domo Roberti l'Oesel voluit trahere suam ensem pro percuciendo dictum Siart, sed a Roberto l'Oesel fuit expulsus dictus Yvo; quam taxavimus ad V solidos. Solvit.

Item in illo instanti in eadem nocte dicto Yvoni l'Englois imponebatur quod multum impetuose et turpiter verberaverat dictum Petrum Siart et sibi custodiverat passagium recedendo a domo Roberti l'Oesel et coram domo domini Johannis Maheud sibi dederat de quodam lapide per capud, taliter quod dictus Siart cecidit ad terram et cum magna effusione sanguinis, et quia dictus Yvo nolebat confiteri ymo per juramentum suum denegavit in judicio sibi fuit aperta via jurare (?) se purgendo de facto vel manere culpabilis. Fuerunt sibi traditi septem clerici sui ordinis de quibus septem clericis fuit unus qui reportavit assertionem contra dictum Yvonem et in forma sicut pretangitur. Postmodum dictus Yvo se submisit omnino ad voluntatem domini officialis; ipsam taxavimus ad LX solidos. Solvit.

394. *m*. — Johannes Roullard gagiavit emendam eo quod animo malivolo percuterat Bertinum du Quemin pluribus ictibus de pugno

(1) P. 151.

supra capud, et hoc fuit ut dicebat ad favorem Ricardi du Coisel qui habebat discenciam cum dicto Bertino du Quemin; quam emendam taxavimus ad X solidos. Solvit.

Ricardus du Coesel, alias le Forestier, Robinus d'Arouville, Jacobus Morin et Bertinus du Quenim.

394 *n*. — Petrus Siart, clericus, nobis gagiavit emendam eo quod reppertum fuerat per informacionem quod verberaverat Yvonem Anglici, clericum, et de hoc promisit facere voluntatem nostram; quam emendam taxavimus ad X solidos. Solvit.

Yvo James, alias Millieres, nobis gagiavit emendam eo quod animo malivolo dederat unam alapam Dionisio Pirote, dicendo dicto Dionisio quod de ipso injurias dixerat et dedecus; quam emendam taxavimus ad II solidos VI denarios.

Item dictus Yvo James nobis gagiavit emendam eo quod tenuerat per quatuor dies in domo sua unam mulierem et cognoverat eam carnaliter, et permisit a pluribus cognosci in domo sua; quam emendam taxavimus ad X solidos. Solvit.

394 *o*. — Guillermus du Prey gagiavit emendam eo quod filia Dionisii du Prey depponebat per suum juramentum de causa matrimoniali inter ipsam et Ricardum des Landez qui eam habere volebat in uxorem ipsam voluit inducere ad depponendum ad suam intentionem, licet fuisset sibi inhibitum, etc.; quam emendam taxavimus ad II solidos.

Robertus des Cageux, clericus, nobis gagiavit emendam eo quod confessus est in judicio se a quadam citacione removisse impressionem sigilli curie officialis et de dicta impressione sigilli sigillaverat quandam absolucionem scriptam de ma[nu] domini Petri Durant, in qua absolucione dictus Robertus erat nominatus absolutus pro deffectu emendarum curie, salvis tamen predictis emendis et sub umbra dicte absolutionis taliter composite predictus Robertus fecit sua pascha sine faciendo conscienciam, propter quod dictus Robertus fuit incarceratus per tres septimanas, et quando exivit pater ipsius fuit fidejussor de corpore restituendo vel de emenda; quam taxavimus ad C solidos.

394 *p*. — (1) Guillermus le Touze, clericus, nobis gagiavit emendam eo quod animo malivolo dederat Guillermo Morice duas alapas in gena, et fuit causa et commocio quia dictus Morice dicerat dicto

---

(1) P. 152.

Guillermo quod Yvo Vitart erat honorabilis homo cujus Vitart dictus Guillermus le Touze multa verba dicerat injuriosa coram dicto Morice, quam emendam taxavimus ad XII solidos VI denarios. Solvit. Et fuit sibi injunctum quod faceret se absolvi.

Radulphus le Vavassour, clericus, nobis gagiavit emendam eo quod animo irato dederat Guillermo Poullain, clerico, de pugno per nasum usque ad effusionem sanguinis in naso, et hoc fuit quia dictus Radulphus potabat in taberna cum aliquibus sociis suis et dictus Poullain in eadem taberna et in mensa met voluit potare, quod non placebat dicto Radulpho propter quod fuit motus ad iram et propter hoc gagiavit emendam; quam emendam taxavimus ad V solidos.

394 q. — Radulphus Richier nobis gagiavit emendam eo quod animo injurioso dederat unum ictum de pugno Petro Benart, custodi de Listreyo, eo quod dictus Benart, a filio dicti Richier removerat aquam benedictam quam portabat per domos in parochia de Listreyo, dicendo quod erat custos de Listreyo et quod ad ipso dictus filius non habebat licenciam portandi dictam aquam; quam emendam taxavimus ad II solidos VI denarios. Solvit.

Margareta filia Johannis le Meteir gagiavit emendam eo quod permisit se cognosci carnaliter a Johanne Roussel et de ipso concepit filium; quam emendam taxavimus ad V solidos.

Item dicta Margareta gagiavit emendam eo quod fecit conveniri dictum Roussel extra jurisdictionem nostram de pactis matrimonialibus factis et perpetratis in juridictione nostra; quam emendam distulimus ad tempus et ex causa.

394 r. — Johannes de Cageux nobis gagiavit emendam eo quod animo injurioso intraverat domum curati de Listreyo et dixerat ista verba : « Où sont ceulx que l'Escuier avoit amenez pour me batre ? » et ibidem fuerunt aliqui presentes inter quos erat l'Escuier qui dixerunt que « eux ne lui voulloient nul mal », et statim fuerunt verba inter dictum Cageux et l'Escuier, et dicit dictus l'Escuier dicto dez Cageux « qu'il estoit filz de prestre », et postea dictus des Cageux, sibi dedit unum ictum de pugno, et propter commocionem dictus l'Escuier a presentibus fuit transportatus in camera curati de Listreyo, a qua camera dictus l'Escuier immediate exivit et percussit dictum des Cageux de pugno in vultu, et eciam dictus des Cageux repercussit eum en hallemont (?) gallice; postea recesserunt, et ivit dictus

l'Escuier cum Guillermo Ive et Johanne Guiot, et insequendo eos accesserunt Robertus des Cageux et Radulphus des Cageux, filii dicti Johannis des Cageux, et prima facie dictus Robertus dedit de quodam lapide Guillermo Ive per brachium sibi proiciendo lapidem cum pluribus ictibus de pugno, et propter istas causas dictus Johannes des Cageux et l'Escuier gagiaverunt nobis emendam quilibet de se; quam taxavimus quantum ad dictum des Cageux ad XX solidos, et dictum l'Escuier ad X solidos.

ANNO 1414.

395. — (1) Cum Johannes le Mareschal et Sanso le Mareschal fecissent citari coram domino officiali Petrum Siart qui tempore preterito habuerat in uxorem predictorum Mareschaux sororem, et dixerunt in libello ipsorum quod dum soror ipsorum ab hoc seculo decessit eis debebat de mutuo proprio XX^u scuta, petendo dicto Siart dictam sommam, et dictus Siart respondit quod non tenebatur eis reddere, et quod tempore quo dicta mulier decessit ab hoc seculo et propria infirmitate qua decessit dicit, quod habebat viginti scuta de quibus maritus suus nichil sciebat, et dicit eis qui eam custodiebant quod si contingeret eam decedere ab illa infirmitate quia de illis viginti traderent duo scuta fratribus suis predictis cuilibet unum, et residuum de illis viginti scutis traderent marito suo, scilicet Petro Siart, et ita fuerunt et super ista materia dicti les Mareschaux et Siart abbreviando processum se submiserunt in dominum officialem, et conclusit dictus dominus officialis et sentenciam dedit in materia (?), omnibus attentis, quod dicta viginti scuta remanere debent dicto marito, et attento quod tempore sui decessus adhuc habebat custodiam de illis XX^u scutis, et eciam attento quod in fine ipsorum non possunt facere divisionem (?) de mobilibus suis, et istam sentenciam dedit in judicio anno Domini M° CCCC^{mo} XIIII° die mercurii in vigilia Cosme et Damiani (2).

ANNO 1451.

396 *a*. — (3) Johannes Bosquier, senior, Johannes Bosquier, junior,

---

(1) P. 156.
(2) 26 septembre.
(3) P. 166. — La date de ce num. n'est pas certaine.

et Johannes Foucher excommunicati ad instanciam domini pro summa X librarum turonensium. Per rogatum (?)

Allanus Margueris ad instanciam predicti pro summa XL^{ta} septem librarum X solidorum turonensium.

Robertus Regnart et Johannes Mesnil, ad instanciam predicti pro summa XII librarum X solidorum.

Johannes de Heris et Johannes Vincent pro somma L^{ta} librarum ad instanciam domini.

Thomas Marquier pro judicato et somma X librarum turonensium ad instanciam domini.

Johannes Rogier et Johannes l'Evesque pro judicato et somma XXXII librarum IIII solidorum VI denariorum turonensium, ad instanciam domini.

Hugo Gassion, pro judicato et somma undecim librarum XVI solidorum turonensium; item agravatus pro predicta somma, ad preces Gyrat.

Johannes le Roux, pro judicato ad instanciam Guillermi le Roux.

396 b. — Johannes le Rouier, pro judicato continente XXV solidos ad instanciam domini.

Johannes de Tainville.

Petrus Bosquier, pro contumacia ad instanciam promotoris.

Johannes Rogeri et Johannes l'Evesque, pro judicato VII librarum et XIX solidorum turonensium ad instanciam domini.

Sanson Patey condempnatus fuit ad emendam decem solidorum turonensium

Radulphus le Viellart pro contumacia ad instanciam . . . . . le Peloux.

Johannes Juppin.

Inhibitum fuit Jacobo de Tainville iterum sub pena ducentum librarum et carceris.

Johannes Guesnon et Jacobus de Porta, pro judicato et somma XXX^{ta} quinque librarum turonensium.

Guillermus Rogeri (1).

[Jo]hannes le Court.

Johannes de Tainville.

---

(1) Peut-être : *Regis*.

Johannes Martin.
Petrus de Bosco.
Johannes Sauvegrain.
. . . . . des Cageux.

397. — (1) Sequitur registrum emendarum curie officialis domini abbatis Cerasiensis pro anno Domini millesimo CCCC^{mo} quinquagesimo primo incipiente a Pascha usque ad aliud Pascha inde sequens (2).

397 a. — Anno predicto die veneris post Quasimodo (3), Laurencius de Alnetis, clericus, gagiavit emendam ex eo [quod] recognovit manum injecisse in personam Ludovici Frondemiche, alias Michoesne, clerici, ipsum trudendo animo malivolo cum duobus pugnis per ventrem ; quam emendam taxavimus ad X solidos.

Die illa (4), idem Ludovicus Frondemiche gagiavit emendam ex eo quod accusaverat dictum Laurencium de Alnetis erga clericum officii curie officialis Baiocensis et tamen ambo sunt subditi nostri ; de hoc promisit facere voluntatem nostram ; quam emendam taxavimus ad . . . . . .

397 b. — Die jovis post festum beati Yvonis (5), Guillermus le Tousey gagiavit emendam ex eo quia alias sibi injunctum fuerat ne conversaret nec aliqualiter cohabitaret cum Johanna filia Dyonisii le Piquenot, et tamen absque inhibitione confessus est secum habitari et conversari, et illa inhibicio erat sub pena quadraginta librarum turonensium et de hoc promisit facere ad voluntatem domini abbatis ; et quia per confessionem ipsius ipsa Johanna est sua affidata et depost quod fuerunt affidati per manum sacerdotis confessus est ipsam cognovisse carnaliter, quare injunctum fuit sibi ut capiat dictam Johannam in uxorem infra sex septimanas proxime sequentes, et quod faciat fieri banna seu preconizationes per 3^{es} dominicos continuos de matrimonio contrahendo inter ipsos, prout in talibus consuetum est fieri, sub pena centum librarum turonensium applicandarum reverendo in Christo patri abbati et conventui de Ceraseyo, presentibus ibidem reverendo patre domino abbate, domino priore de Duobus

(1) P. 163.
(2) 25 avril 1451.— 9 avril 1452.
(3) 7 mai.
(4) 7 mai.
(5) 20 mai.

Gemellis, domino priore de Benevast, magistro Poncio Bonnelli, magistro Nicolao Sabine, magistro Henrico Consilii, domino Johanne Sabbati, cum pluribus aliis. XX solidos. —Et illa die (1) dicta Johanna gagiavit emendam pro simili causa, et eodem modo sibi injunctum fuit sub pena L^{ta} librarum turonensium, presentibus quibus supra. X solidos.

397 c. — Die jovis post festum beati Bartholomei appostoli (2), Vigor de Tourneriis, clericus, gagiavit emendam ex eo quod percussit Yvonem Golet, laicum, de quodam paqueto litterarum per vultum. II solidos VI denarios. Solvit.

397 d. — Guillermus le Dillaiz condempnatus fuit ad emendam ex eo quod perturbaverat curiam; quam taxavimus ad II solidos.

Johannes Gyrat condempnatus fuit ad emendam ex eo quod perturbaverat curiam; quam emendam taxavimus ad II solidos.

Johannes de Tainville pro simili causa II solidos.

397 e. — Anno predicto, Petrus Juppin gagiavit nobis emendam pro uxore sua ex eo et pro eo [quod] dicta sua uxor animo irato et malivolo manus violentas apposuerat prout apposuit in Guillemetam relictam Nicolai Benard, ipsam capiendo per tunicam suam, et trahendo ipsam a escorche cul gallice de superiori parte unius gradus usque ad inferiorem, ipsam multum ledendo (?) [usque ad magnam] effusionem sanguinis, et tamen ipsa Guillemeta .... dict........... [promi]sit facere voluntatem nostram ....

397 f. — (3) Anno predicto, die mercurii ante festum Epiphanie Domini (4), Thomas le Fournier filius Johannis le Fournier de Listreyo nobis gagiavit emendam ex eo quod animo irato et malivolo percussit Johannem l'Engloys, clericum, de uno arcu per caput usque ad plagam et sanguinis effusionem, et id sine coactione recognovit, et promisit facere ad voluntatem nostram; quam taxavimus ad XX solidos.

Anno et die predictis (5), Guillermus le Dillaiz de Listreyo gagiavit nobis emendam ex eo quod animo irato litigando cum aliquibus parrochianis dicti loci de Listreyo in cymiterio dicti loci juravit per le saing Dieu gallice; quam taxavimus ad V solidos.

(1) 20 mai.
(2) 26 août.
(3) P. 164.
(4) 5 janvier 1452.
(5) 5 janvier 1852.

397 g. — Anno predicto, die mercurii [ante festum beati Mauri (1), Johannes le Peloux, senior, de Listreyo gagiavit nobis emendam ex et pro eo quod fuit et stetit in quadam missa in capella beate Marie de Spina, fuitque in dicta capella quando consecrabatur corpus et sanguis Domini, et tamen ipse Peloux erat excommunicatus quod bene sciebat, et de hoc promisit facere emendam ad voluntatem nostram, presentibus ibidem domino Johanne Noel, Johanne Sabine, Guillermo le Dillaiz, Johanne Regis, Thoma Malerbe, et Thomas de Tournieriis; quam emendam taxavimus ad VII solidos.

Gaufridus le Caruel pro simili causa X solidos.

397 h. — Anno predicto die mercurii ante festum beatorum martirum Fabiani et Sebastiani (2), Johannes l'Engloys, junior, de Listrey, clericus, gagiavit nobis emendam ex eo quod percussit Thomam le Fournier, laicum, animo irato, etc., de uno arcu, sive arc gallice, per brachium, sine tamen effusione sanguinis; et de hoc promisit facere voluntatem nostram; quam taxamimus ad V solidos. Solvit.

397 i. — Radulphus de Cageux ex eo quod perturbavit curiam condempnatus fuit ad I solidum [?]. Solvit.

Guillermus le Dillaiz comdempnatus fuit ad emendam ex eo quod bis juravit le sancg Dieu et la mort Dieu gallice in judicio; X solidos.

Symon de Valle gagiavit emendam ex eo quod juravit la chair Dieu gallice; quam taxavimus ad V solidos.

398 a. (3) Johannes Quidort condempnatus fuit ad emendam ex eo et pro causa quod juravit per carnem Dei et per sanguinem Dei. Actum die festo beati Augustini (4), presentibus Johanne Regis et Johanne.....; quam taxavimus ad VI solidos (5).

398 b. — Henricus de Tournieres gagiavit emendam ex eo quod luserat ad quartas. Ludovicus Patey gagiavit emendam pro simili causa. Johannes Varignon gagiavit emendam pro simili causa. Radulphus Maubert gagiavit emendam pro simili causa. Taxavimus quemlibet ad X....

399. — (6) Anno Domini M° CCC° L° primo, die jovis ante festum

---

(1) 12 janvier 1452.
(2) 19 janvier 1452.
(3) P. 167.
(4) Août. — La date de l'année n'est pas certaine.
(5) Dans un coin de la p. 166, se lit cette note : *Johannes Quidort condempnatus fuit ex eo quod juravit la chair et le sang Dieu.*
(6) P. 159.

Sancti Dionisii (1), Petrus Varignon dedit treugas juratorias Nicolao Vargnon et inhibitum fuit observare dictas treugas sub pena XL¹ᵃ librarum turonemsium.

400. — (2) Anno Domini Mᵒ CCCCᵒ Lᵐᵒ primo die martis post festum sanctorum martirum Cosme et Damiani (3), in judicio Petrus du Boscq gagiavit Johanni Sabine sommam et numerum quindecim solidorum turonensium tam pro venditione straminis quam pro expensis de duobus diebus contra ipsum ex parte dicti Sabine factis.

401. — Anno Domini Mᵒ CCCCᵒ Lᵒ primo die XXVᵃ mensis octobris (4), Ricardus le Fournier, junior, confessus est accepisse et habuisse a Johanne Sabine, juniore, au creys Dieu gallice XXIIIIᵒʳ animalia lanigera, que etc., testibus Thoma le Fournier et Davide.

402. — (5) Anno Domini Mᵒ CCCCᵒ Lᵒ primo, die ultima mensis marcii (6), dominus Nicolaus Ertault, presbiter de Marsaio, recognovit se debere solvere reddereque teneri fratri Clementi le Seneschal sommam XXXᵗᵃ duorum solidorum cum sex denariis turonensibus, causa et racione puri mutui, quam quidem sommam promisit solvere infra festum Sancti Michaelis proxime venturum (7); obligavit bona, etc.; renunciavit; presentibus Petro Potier, etc.

ANNO 1452.

403. — (8) Registrum excommunicatorum pro anno Lᵒ secundo.
Potinus l'Engloys pro contumacia contra Johannem Plesseis, Philippes Busquet [et] Vigor le Moigne pro judicato [cont]inente sommam centum librarum cum dimidia contra d[ominum].

Guillermus le Landes pro contumacia contra Johannem Prevel.

Johannes Sauvegrain et Johannes le Cousturier pro contumacia ex [officio].

---

(1) 7 octobre.
(2) P. 400.
(3) 21 septembre.
(4) 25 octobre.
(5) P. 152.
(6) 31 mars 1452.
(7) 29 septembre 1452.
(8) P. 166.

Rogerus le Roy, Jehan le Paintour pro simili causa.
Johannes Guillebert, de Listreya, contra Petrum Potier ....
Rogera uxor Laurencii le Cousturier pro contumacia.
Dictus des Cageux denunciatus (?) in causa contra Guillermum le Dellaiz pro contumacia (?).
Thomas Courtoys de Sancto Georgio de Bosco Alle.
Michael Gervais de (?) le H..... [ad] instanciam (?) Nicolai de la Basonniere.
Johannes Benart et mater ejus.
Martinus Pouli (?).
Symon de Valle pro contumacia contra promotorem.
Johannes du Pray pro contumacia contra ....
Thomas de Valleya pro contumacia contra ....

404 *a*. — (1) Anno quinquagesimo 2° die mercurii post Quasimodo (2), Johannes Viel gagiavit emendam ex eo [quod juravit] passionem Dei quam taxavimus ad III solidos.

Guillermus Siret gagiavit emendam ex eo quod juravit nomen Dei, videlicet par le sangc Dei ; quam taxavimus ad III solidos.

Johannes de Alnetis gagiavit emendam ex eo quod percussit Nicolaum Guillebert per brachium absque effusione sanguinis, presentibus domino Johanne Onfredi, Johanne regis, et..... Potier, et hoc de uno baculo ipsum multipliciter ledendo; quam taxavimus ad septem solidos turonenses.

404 *b*. — Anno predicto die jovis ante festum assumptionis (3), Johannes le Pec gagiavit emendam ex eo et pro causa quod de [nocte] fuit in quadam domo de la Capelerie gallice, sub intencione faciendi fornicationem cum quadam ju.....

Dicta die (4), dictus talis [le Pec] gagiavit emendam ex eo quod dedit unam alapam Guillermo ......, laico ; quam taxavimus ad III solidos.

404 *c*. — Robertus Main gagiavit emendam ex eo quod animo irato et malivolo percussit Nicolaum Bassoniere, laicum, dando sibi duos ictus de pugno absque sanguinis effusione. Actum presentibus T. Gouye et J.......onnour; quam taxavimus ad V solidos.

---

(1) P. 167.
(2) 19 avril.
(3) 10 août.
(4) 10 août.

404 *d*. — Anno predicto die jovis post festum beati Michaelis (1), Johannes l'Engloys, junior, de Listreyo, gagiavit emendam in judicio ex eo quod percussit Robertum Crabin, laicum, dando sibi unum ictum de pugno per vultum; quam taxavimus ad quatuor solidos.

Thomas Barbe gagiavit emendam ex eo quod percussit Johannem de Caen per caput [et] per vultum usque ad effusionem sanguinis.

404 *e*. — Anno predicto die lune post festum Michaelis (2), Nicolaus le Reboux gagiavit emendam ex eo quod die dominica precedente perturbavit servicium divinum, videlicet quia gagiaverat cum Petro Juppin [quod] veniret et staret in ecclesia induttus ex quibusdam brigandinibus, et de facto [fecit]; quam taxavimus ad II solidos VI denarios.

Radulphus Tronquoy gagiavit emendam ex eo quod confessus est fecisse fornicationem cum Johanna filia Johannis Poullain; quam taxavimus ad.....

404 *f*. — Guillermus le Dillaiz gagiavit emendam ex eo quod juravit la mort Dieu; [quam t]axavimus ad quinque solidos.

[Johanna] filia Johannis Poullain gagiavit emendam ex eo quod confessa est [fecisse] fornicationem cum affidato suo antequam nupcie celebrarentur, pendente [lite inter] eam, parte ex una, et Radulphum Tronquoy opponentem et d................ cum dicta Johanna; quam taxavimus ad XX solidos.

. . . .

405. — (3) Pro anno quinquagesimo 2°. — Die mercurii ante festum beati Mathei apostoli anno Domini M° CCCC° L° II° (4), Michael Frondemiche dedit treugas juratorias Martino Jouenne de se et suis secundum usum fori nostri. Actum in judicio.

406. — Niguesius Marquier gagiavit nobis emendam in manibus nostris ex eo et pro causa quod adulterium commisit cum Bineta uxore Petri d'Anebec, et quod cognovit eam carnaliter pluries et per longum tempus, videlicet per annum cum [dimidio] vel circa, et de hoc promisit facere ad voluntatem officialis; presentibus N. Potier (?) [et Nicolao] Sabine, seniore; quam taxavimus ad quinquaginta solidos.

---

(1) 5 octobre.
(2) 2 octobre.
(3) P. 164.
(4) 20 septembre.

Niguesius Gyart gagiavit emendam ex [eo] quod juravit in judicio [sanguinem] Dei; quam taxavimus ad septem solidos cum dimidio.

ANNO 1453.

407. — (1) Officialis Cerasiensis omnibus presbiteris et clericis nobis subditis, salutem. Citetis perentorie coram nobis officiali et ad diem jovis nisi, etc., magistrum Ancelinum Sabine, presbiterum, racione delicti per ipsum perpetrati in juridictione nostra, ob et ad causam emende per ipsum faciende, et super facto juramentum veritatis referendum, prout juris ordo dictaverit et racionis. Quo facto litteras reddite sigillatas. Datum anno Domini M° CCCC° quinquagesimo III°, die vero tricesima mensis jullii (2). De mandato.   N. SABINE.

ANNO 1454.

408. — (3) Pro anno quinquagesimo quarto.

408 *a*. — Johannes Crabin, gagiavit emendam ex eo quod percussit Symonem Anthoesne, clericum, dando sibi de quodam lapide per caput juxta aurem usque ad effusionem sanguinis; quam taxavimus ad XX solidos.

Johannes le Roux, alias Gyot, condempnatus fuit ad emendam ex eo [quod] animo irato in quadam die dominica litigando cum fratre suo ante cymiterium ecclesie de Ceraseyo juravit par le sangc Dieu gallice; quam taxavimus.......

408 *b*. — Martinus Thomasse gagiavit emendam ex eo scilicet quod proponebatur contra ipsum ex mero officio quod ipse verberaverat et multum leserat, tam de pugno, baculo, ense, dagua quam alias, Johannem l'Engloiz, alias Peluquet, clericum, de Listreyo, et se submisit fame informacioni seu deposicioni septem hominum [vicin]orum, videlicet Johannis Rogier, Philippi le Massotel, Gaufridi le Tousey, Thome des Mons, Gaufridi le .....uel, Yvonis l'Englois et........, qui quidem

---

(1) P. 132.
(2) 30 juillet.
(3) P. 168.

homines dixerunt coram nobis in jure, anno predicto die mercurii ante festum Eucaristie (1), quod bene credebant quod dictus Thomasse verberaverat dictum l'Englois, et auxilium dederat aliis ad verberandum dictum l'Englois, sed nichil deposuerunt de effusione sanguinis pro ista die, et de hoc facto sic coram nobis relato gagiavit emendam quam taxavimus ad.......

408 c. — Anno predicto die mercurii predicto (2), Guillermus de Perchy gagiavit emendam in manibus domini officialis quod confessus est dedisse unum ictum dague per brachium usque ad plagam et effusionem sanguinis juxta cubitum et cum hoc unam alapam in gena; presentibus domino abbate, patre rei, Johanne Sabine, Guillermo Jullien; quam taxavimus ad.......

408 d. — Nicolaus de Valle Symonis gagiavit emendam ex eo quod confessus est cognovisse carnaliter quandam meretricem; quam taxavimus ad.......

408 f. — Anno predicto die mercurii post festum beatorum martirum Arnulfi et Clari (3), Hugo le Tousey condempnatus fuit ad emendam ex eo quod perturbavit curiam; quam taxavimus ad X solidos.

Gaufridus le Caruel pro simili causa X solidos.

408 g. — Guillermus le Tousey, de Listreyo, et Johannes Regis, junior, ejusdem parrochie, gagiaverunt nobis emendam ex eo quod in die festo beati Germani (4) non fuerunt in servicio ecclesie tam in missa matutinis quam vesperis; quam taxavimus.....

409 a. — (5) Die mercurii ante festum beati Mauri, Johannes Regis gagiavit et promisit solvere Thome Regnouet sex libras cere. Actum in judicio. Pro restantibus confratrie sancti Mauri.

409 b. — Johannes de Aulnetis, junior, dedit cautionem XX librarum turonensium casu quo Ysabel filia Johannis de Aulnetis senioris esset impedita.

409 c. — Johannes du Molin similiter dedit cautionem pro Gaufrido le Tousey. Actum presentibus magistro N. Sabine, ... du Quemin, et Johanne Neel.

---

(1) 19 juin.
(2) 19 juin.
(3) 24 juillet.
(4) 31 juillet
(5) A l'intérieur de la couverture. — La date du n° 409 n'est pas certaine.

ANNO 1455.

410. — (1) Sequitur registrum curie ecclesiastice Cerasiensis pro anno Domini M° CCCC^mo LV°.

410 *a*. Johannes le Peloux, junior, clericus, filius Johannis le Peloux, plicuit emendam ex eo quod percussit Adam Thomasse dando sibi unum ictum pugni supra caput absque tamen sanguinis effusione, et est dictus Thomasse, clericus.

Adam Thomasse, clericus, plicuit emendam in manibus nostris ex eo. . . . .

Johannes le Pitene, clericus, plicuit emendam ex eo quod juravit per sanguinem Dei in jurisdictione nostra, quia non est subditus.

410 *b*. — Guillermus de l'Ille, junior, de Duobus Jumellis, plicuit emendam ex eo quod percussit Robertum Manne, clericum, dando sibi unum ictum baculi per caput juxta aurim usque ad sanguinis effusionem.

Thomas Poulain, parrochie Sancti Quintini de Bosco Ale, plicuit emendam ex eo quod percussit Cardinam filiam Jacobi Peley dando sibi unam alapam in juridicione nostra.

410 *c*. — Johannes Prevel, senior, de Listreyo, uxoratus, gagiavit emendam ex eo quod commisit adulterium cum Guillerma relicta deffuncti . . . ., ipsam impregnando, que quidem Guillerma peperit filium quem genuit dictus Prevel, ut confessus est coram domino officiali, in presencia venerabilium et discretorum virorum magistri Nicolai Sabine et domini Damiani le Carpentier, presbiterorum.

Guillermus le Roux, alias Gyot, junior, Natalis le Guillour, Colinus le Guillour et Johannes Sauvegrain, gagiaverunt emendam ex eo quod de nocte venerunt ad ostium Petri du Bosc volentes vi et violentia intrare percussiendo contra dictum ostium de quasdam hasta cum acucie et capite et alias, delaniando dictum ostium et lapides proiciendo supra domum dicti du Bosc, tecturam dicte domus rumpendo et delaniando ut contra prefatos le Roux lez Guillours et Sauvegrain per Johannem le Roy, Johannam uxorem Thome Eschevaulx et

(1) P. 169.

Lucetam uxorem Colini Eschevaux, qui eos viderunt, audiverunt et cognoverunt dum premissa facta fuerunt dicto du Bosc, et per quam plurimos alios, tam clericos quam laicos, credentes injuriam factam fuisse dicto du Bosc a dictis le Roux lez Guillours, ut deponunt prefati le Roy et ceteri qui presentes erant.

410 *d*. — Guillermus Vigot, laicus, gagiavit emendam ex eo quod de nocte percussit Jacobum de Tainville usque ad sanguinis effusionem, ut fama reffert, dando sibi de una clava supra caput, ut . . . .

Guillerma filia Johannis Belot gagiavit emendam ex eo quod ex illicito cohitu concepit et peperit filium quem genuit Oliverius de Triac, ut dicit dicta Guillerma, presentibus dominis Johanne Sabbati et Johanne Lupi, presbiteris.

410 *e*. — (1) Johannes Sauvegrain, laicus, gagiavit emendam ex eo quod posteaquam accusaretur et contra ipsum probaretur quod fuisset cum Guillermo le Roux, juniore, cum Natali et Colino lez Guillours ad ostium Petri du Bosc de nocte, volendo dirumpere dictum ostium et frangere cum hasta, cum lapidibus et alias, proiciendo lapides supra domum dicti du Bosc, alias Guellin, et alias, ipse Sauvegrain variavit a primo proposito, quia dicerat quod venerat solus de villa et quod habebat hastam suam sub acella, postea dixit quod nescit qualiter venerit, sed quod quicquid dixerit pro bono et pro bene dicto tenet, licet nesciat quicquid dixerit nec qualiter venerit, et quia sic variavit et noluit gagiare emendam, ex hoc dominus officialis precepit quod poneretur in carceribus, et retinuit ipsum prisonnarium quousque gagiasset dictam emendam premissorum, qui quidem ausu temerario contra voluntatem promotoris volentis ipsum incarcerari exivit carceres et curiam abbatis absque licencia; de quibus omnibus postea gagiavit emendam videlicet, tam de fractione carceris quam de variatione a primo proposito, ut prefertur; presentibus domino Johanne Sabbati, domino N Poulain.

410 *f*. — Injunctum fuit et inhibitum Yvoni de Saleri, Johanni Avisse, Johanni Pyart et Henrico de Tournieres ne a modo ludant ad istos ludos prohibitos ut pote ad talos, ad quartas, ad vaccas aut alios hujusmodi ad penam centum solidorum, et pro preterito quia confessi fuerant lusisse ad predictos ludos, dominus officialis fecit eis gratiam dando eis emen-

(1) P. 170.

dam, mediante quod facerent beate Marie in capella de Spina sive in parrochiali ecclesia de Ceraseyo in candellis ad valorem quinque denariorum infra quindenam. Actum die lune ante festum Sanctorum Fabiani et Sebastiani anno lv^{to} (1).

410 *g.* Pater Michaelis de l'Omosne, alias Champ d'aveine, de Listreyo, gagiavit emendam pro dicto filio suo ex eo quod a casu fortuito trahendo ab una buta ad aliam butam, facto et culpa Radulphi le Dillais, percussit ipsum le Dillais, clericum, supra pedem usque ad sanguinis effusionem : presentibus domino Johanne Lupi.

Thomas Martin gagiavit emendam ex eo quod trusit Guillermum le Secourable, clericum, ad terram capiendo eum per guttur, de qua emenda fecit cum domino quod debet esse quitus de dicta emenda pro summa et numero XXX^{ta} solidorum, de qua summa obligatus est prefato domino cum clausula de nisi.

410 *h.* — Adam Pelin [et] Sanson Quinet gagiaverunt emendam in manibus domini officialis, ex eo quod commiserunt simplicem fornicationem cum quadam meretrice, ut confessi sunt in judicio. Actum in presentia magistri N. Sabine, domini Johannis Lupi, Johannis Sabine junioris.

Radulphus le Noer, parrochie de Esrel, gagiavit emendam in manibus domini ex eo quod juraverat per sanguinem Dei per corpus et alias.

Bertinus Syret gagiavit emendam in manibus domini officialis ex eo quod juravit per sanguinem Dei.

410 *i.* — Colinus Fiquet gagiavit emendam ex eo quod quinquies juravit per sanguinem Dei ut confessus est in judicio.

Yvo de Salen gagiavit emendam ex eo quod percussit Guillermum de Tournieres, clericum, capite circa pontem usque ad mangnam plagam et sanguinis effusionem, et de hoc fuit declaratus excommunicatus.

ANNO 1456.

(2) Registrum curie officialis Cerasiensis pro anno Domini M^o CCCC^{mo} LVI°.

411 *a.* — Philippotus Hornasse, alias le Massotel, de Listreyo, clericus, uxoratus, gagiavit emendam in judicio in manibus domini

---

(1) 19 janvier 1456.
(2) P. 171.

officialis eo quod propositum fuerat ei quod juraverat per virtutem Dei, per sanguinem, per corpus, et alias multipliciter, blaphemando in Deum et Sanctos; quibus sic propositis dictus Thomasse dixit quod bene verum erat quod juraverat, sed allegavit quod de illis juramentis et blaphemiis fecerat confessionem et satisfactionem, et quod de hoc injuncta sibi fuerat pena quam fecerat, et quod non debebat ferre duas penas de uno peccato, sustinendo quod non debebat gagiare aliquam emendam ex predictis juramentis et blaphemiis et quod non tenebatur; visis per eum allegatis nec quod gagiavit, quamobrem dominus officialis retinuit ipsum prisonnarium quoadusque gagiasset; dixit dictus Thomasse dicto domino officiali quod appellabat ab ipso officiali, et quod non arrestaret se pro tali et quod iret et recederet, et quod videret quis apponeret manum in ipsum, et sic recessit contra arrestacionem et deffensionem dicti domini officialis, rumpendo carceres; iterum citatus fuerat ratione delicti per ipsum perpetrati tam ratione juramentorum quam fractionis carceris contra arrestationem et deffensionem domini officialis, ad quam diem comparuit, et gagiavit emendam de omnibus et singulis premissis; quam emendam taxavimus ad sommam centum solidorum.

411 b. — Colinus de la Roque de Listreyo, clericus uxoratus, gagiavit emendam eo quod stetit in missa magistri Anselini Sabine in quadam sentencia excommunicationis innodatus; sed dixit idem de la Roque quod credebat quod bene et licite poterat esse in missa, eo quod habebat suam absolutionem factam et pignatam a notario, et quod expectabat quod dominus officialis cantasset ut eam sigillasset. Actum anno Domini M° CCCC° LVI° die dominica post festum beati Andree (1), in scriptorio dicti magistri Anselini; presentibus Johanne Claerel, Johanne Sabine juniore, le Dars de Sancto Laudo.

411 c. — Thomas Varignon, laicus, gagiavit emendam in manibus domini officialis eo quod variavit in judicio; postquam propositum fuit contra eundem Thomam a parte promotoris quod cognoverat carnaliter Basiram relictam deffuncti Colini Tronquoy, negavit unquam ipsam cognovisse, de quo juramento mirati fuerunt plures eo quod fama famabat et dicta Basira jurabat ipsum eam pluries carnaliter cognovisse pacto et lege matrimoniali, de quibus pactis prosequebatur

---

(1) 5 décembre.

dicta Basira, dictum Varignon, et sic quando dictus Varignon vidit quod multi increpant ipsum sic jurasse, dixit quod ipsam cognoverat sed non lege matrimoniali et de dicta emenda aplegiaverunt Guillermus le Roux, alias Gyot, et Colinus Varignon, filius dicti Thome, de somma XX^{li} francorum, videlicet quilibet de decem francis, et similiter dictus Thomas Varignon gagiavit emendam ex eo quod confessus fuit ipsum Basiram cognovisse carnaliter.

411 d. — Basira, relicta deffuncti Colini Tronquoy gagiavit in judicio emendam in manibus domini officialis eo quod Thomas Varignon ipsam carnaliter cognoverat.

Guillermus le Petit de Sancto Laurencio supra mare, gagiavit emendam in manibus domini officialis eo quod confessus fuit impregnasse Cordinam filiam Thome Gouye, dicti loci de Sancto Laurencio; presentibus Johanne du Mesnil et Johanne Angoullant.

411 e. — (1) Johannes Hennault gagiavit emendam in manibus domini officialis ex eo quod manus injecerat in personam Colini le Blont, dando sibi unum ictum pugni supra caput. Interrogatus an dictus le Blont sit clericus vel non, dicit quod nescit.

Ricardus Poincheval gagiavit emendam in manibus domini de Ceraseyo et ad voluntatem ipsius domini eo quod juraverat per sanguinem Dei.

411 f. — Postquam propositum fuerat a parte promotoris contra Vigorem de Tourniere et Johannem le Cordier, clericos, quod inter se pugnaverant et se invicem hinc inde multipliciter leserant usque ad sanguinis effusionem et mangnam carnis mutillationem, que omnia negavit ipsorum quilibet fore et esse vera, sed se submiserunt informationi que super hec fieret, quia casus erat quasi nocturnus, videlicet post occasum solis; quare fecit dictus promotor citari ad informandum dominum officialem Thomam Bourdon et ejus uxorem, Philippum le Canelier, Colinum Belot, Michaelem, Regnobertum et Stephanum dictos Fronde miche, alias Anthoyne, Johannem Bisson, Johannem Pray, Robertum Flambart et Thomam Malherbe, juniorem, qui tanquam conformes et unanimi consensu retulerunt informantes predictos de Tournieres et le Cordier credere se multipliciter lesisse videlicet usque ad sanguinis effusionem et carnis mutillacionem, de quibus gagiaverunt prefati de Tournieres et le Cordier emendam.

411 g. — Johannes Jehenne, alias Jaquet, gagiavit emendam ex eo

(1) P. 173.

quod juravit per sanguinem Dei, per corpus et alias. Actum in judicio die mercurii ante festum in Ramis Palmarum (1).

Petrus Nouel, senior, gagiavit emendam ex eo quod juravit per sanguinem Dei, per corpus et ex eo quod apposuit manum in Petrum Potier, clericum.

412. — (2) Visitata fuit ecclesia parrochialis beati Germani de Listreyo anno Domini M° CCCC° LVI° die festiva beati Johannis apostoli (3), per circumspectum virum magistrum Reginaldum le Tanc (?), officialem Cerasiensem, presentibus ad hoc Ricardo de Monfreart, Arturo et Johanne Rogier cum pluribus aliis de principalibus parrochie dicti loci de Listreyo.

413. — (4) Sequitur registrum causarum reverendo in Christo patri domino Ricardo, abbati monasterii Sancti Vigoris de Ceraseyo, a sancta sede apostolica commissarum.

413 a. — Dies lune post festum nativitatis Johannis Baptiste anno Domini M° CCCC° LVI° (5). In causa nobilis viri Johannis Fauc, armigeri, appellantis et Laurencie uxoris Roberti Planchon, appellate, comparentibus ipso appellante pro se et magistro Poncio Bonnelli procuratore dicte appellate in presentia mariti ad hoc auctorisantis, etc., interrogato procuratore appellate an vellet aliunde habere copiam commissionis quam per copiam citationis in qua inserebatur, dicto quod non et quod sibi sufficiebat, relato per dominum commissionem habere penes (?) se, petita exhibitione processus, juxta in jus vocationem et quia non docuit nec debite super hoc se excusavit condempnata appellata in septem solidis cum sex denariis pro retardatione processus, etc., habita condempnatione rata per appellatam et satisfacto de pecunia, ipsa appellata se submittendo ad aliam assignationem docere etc. quindenam in statu videlicet iterum exhibendo cum partibus quibus supra.

413 b. — Dies lune ante festum Sanctorum Exuperii, Lupi atque Vigoris (6), in causa nobilis viri Johannis Fauc, armigeri, appellantis, et Laurencie uxoris Roberti Planchon, comparente appellante pro

---

(1) 20 avril 1457.
(2) P. 169.
(3) 27 décembre.
(4) P. 175.
(5) 28 juin.
(6) 12 juillet.

se et marito onus accipiente pro uxore etc., petito per appellantem, quod juxta assignationem et submissionem doceret de processu, ex tunc petito per appellatam termino ad dicendo contra commissionem, replicato per appellantem eandem appellatam debere parere assignationi et submissioni, alioquin secludi etc., dicto contrarium et super altercatis interloquendum ad quindenam.

ANNO 1457.

414. — (1) Sequitur registrum curie officialis domini Cerasiensis pro anno M° CCCC° LVII°. Et primo.

414. *a*. — Johannes Jouenne, senior, gagiavit emendam in manibus domini ex eo quod blaphemavit in Deum dicendo : « Je regnie Dieu » etc.

Reginalda uxor Roberti Oinfroy, gagiavit emendam ex eo quod propositum fuerat a parte promotoris quod ipsa apposuerat manum in personam Thome Syart, que quidem Reginalda attento quod dictus Syart est de parentela et sanguine mariti dicti mariti sui, et quod dictus maritus est ipsius Syart tutor et curator, et quod dictus Syart faciebat ipsi Reginalde injurias, dicendo quod ipsa non dicebat verum de aliquibus rebus quas dicebat ipse Syart, confessa est dedisse unum ictum de manu circa nasum usque ad sanguinis effusionem; de quibus gagiavit emendam.

414 *b*. — Johannes le Peloux, alias Maillot, gagiavit emendam ex eo quod dixit Johanni Roquier in presencia plurimarum notabilium personarum, ut domini officialis, magistri Nicolai Sabine, promotoris, domini Johannis Sabbati, cum pluribus aliis, loquendo de officiariis curie : « Il vous metront en paste, Jouen Rogier. »

414 *c*. — (2) Oliverius Syret, clericus, gagiavit emendam ex eo quod dedit de uno gloe per caput Johanni Colley, clerico.

Johannes Benart, clericus, gagiavit emendam ex eo quod dedit de uno candelabro per caput usque ad mangnam plagam et mangnam sanguinis effusionem Thome Malherbe, seniori, laico.

414 *d*. — Anno Domini M° CCCC° LVII° die lune ante festum beati

(1) P. 175.
(2) P. 176.

Andree (1), dominus officialis elargitus fuit Guillermum Behuchet juniorem, qui fuit aplegiatus per patrem suum super stando et parendo juri et justicie, obligando corpus pro corpore filii sui, et eciam aplegiatus fuit dictus Behuchet a Guillermo Gouye super somma centum solidorum casu quo dictus Behuchet repperiretur reus de casu de quo accusabatur et pro quo tenebatur in carceribus domini Cerasiensis. Dominica die adveniente, dicto Guillermo Behuchet deliberata et restituta fuerunt certa bona que arrestata fuerunt que apreciata fuerunt ad sommam L^{ta} solidorum que quidem bona promisit reddere et restituere justicie aut dictum valorem L^{ta} solidorum si [con]vincatur de casu premisso.

414 e. — Anno Domini M° CCCC° LVII° die jovis post festum beati Clementis (2), Petrus Berguet dedit treugas juxta forum ecclesiasticum Marcho Eschevaulx, et injunctum fuit dicto Berguet ne dicto Marcho aliquam injuriam faceret nec fieri procuraret per se aut per alium ad penam decem librarum, et eciam dicto Marcho ne aliquid diceret dicto Berguet quod ipsum provocaret ad iram, ad penam predictam.

414 f. — Guillermus Gille, parrochie de Mon, juridictioni nostre submissus, non uxoratus, gagiavit emendam ex eo quod pluries (nescit numerum) carnaliter cognoverat Perrinam, filiam Petri Marquier, eciam non uxoratam. Actum anno Domini M° CCCC° LVII° die mercurii post festum Epiphanie Domini (3), continuatum a die martis post festum beate Lucie virginis.

415 a. — (4) Propositum fuit a parte promotoris contra Martinum Thomasse, clericum uxoratum, parrochie de Listreyo, quod percusserat de nocte quasi media nocte per pectus de uno poto stangneo Guillermum Rogier, dicti loci, eciam clericum, que sic proposita et allegata negavit fore vera idem Thomasse, sed se retulit informationi que fieret per homines sequentes, videlicet per Johannem Rogier, seniorem et juniorem, Colinum et Johannem dictos Quinet, Gauffridum et Guillermum dictos le Tonnerre, Guillermum Gouye, qui quidem dixerunt quod non credebant quod dictus Guillermus Rogier

---
(1) 18 novembre.
(2) 24 novembre.
(3) 12 janvier 1458.
(4) La date du numéro 415 est douteuse.

diceret premissa non vera esse, sed credebant quod dictus Thomasse percussisset dictum Rogier eo modo quo proponitur de quibus gagiavit emendam idem Thomasse.

415 b. — Cum propositum fuisset a parte promotoris contra Guillermum le Roux, alias Gyot, filium Guillermi Panificis, quod percussisset Thomam Cheron, clericum, animo malivolo, trahendo unam sagittam contra vultum ipsius Cheron circa nasum usque ad mangnam plagam et mangnam sanguinis effusionem, qui quidem le Roux confessus fuit percussisse dictum le Roux sed non animo malivolo, sed a casu fortuito; que quidem partes se submiserunt illis qui erant presentes, videlicet in Dionisium Davy, Ricardum Brehier, Robertum Améline et Thomam Aveton, qui quidem retulerunt videlicet Dyonisius Davy quod audivit quod dictus le Roux dicebat dicto Cheron qued non dictus Cheron dimitteret sagittam dicti le Roux, et quod si ipsam traheret quod dictus le Roux infigeret sagittam suam in corpore ipsius Cheron, sed non vidit dictum le Roux trahere sagittam contra dictum Cheron, sed bene vidit sagittam infictam in vultu ipsius Cheron. Dicunt alii tres uniformiter quod audiverunt quod dictus le Roux minabatur dictum Cheron dicendo quod si dictus Cheron traheret sagittam dicti le Roux quod dictus le Roux infigeret unam sagittam in corpore ipsius Cheron, et sic referunt quod quando dictus Cheron traxisset sagittam ipsius le Roux ipse le Roux traxit unam sagittam contra ipsum Cheron, percussiendo ipsum Cheron per vultum usque ad mangnam plagam et mangnam sanguinis effusionem.

415 c. — Bertinus Syret gagiavit emendam ex eo quod animo malivolo manum apposuit in Reginaldum Broquart, clericum, trahendo sibi nasum.

415 d. — Johannes le Roux alias Gyot gagiavit emendam ex eo quod in exitu predicationis publice ante portam abbatie juravit per corpus Dei.

416 a. — (1) Johannes Collet laicus se submisit voluntati domini postquam fuit propositum eidem quod jurasset per virtutem Dei, per sanguinem, per corpus aut alias omnimodo blaphemando in Deum et Sanctos quod eciam dederat filiam suam dyabolo dicendo illa verba aut in effectu similia : « Je donne ma fille au dyable, tout ce que

(1) P. 172.

j'en ay engendré, non pas à ung, mez à tous les dyables », non tamen confitendo proposita. Actum die sabbati post festum sancti Johannis ante portam latinam anno M° CCCC LVII (1), presentibus domino Ricardo Colini, domino Johanne Sabbati cum pluribus aliis.

416. b. — Petrus Berguet gagiavit emendam in manibus Domini officialis ex eo quod trusit Johannem Eschevaulx ipsum faciendo cadere vultum contra terram. Actum in judicio die mercurii post festum beatorum Philippi et Jacobi anno LVII^{mo} (2) et nota quod.

416 c. — Anno Domini M° CCCC° LVII° die veneris post festum beati Yvonis (3), Thomas Malherbe fuit declaratus excommunicatus pro atroci, ex eo quod apposuerat manus violentas in Guillermum le Secourable, dando sibi plures ictus dague per tibias, per caput, per corpus et alias usque ad mangnas plagas et mangnam sanguinis effusionem.

Johannes Vincent, de Ceraseyo, fuit condempnatus ad emendam per dominum officialem ex eo quod juraverat per virtutem Dei, per corpus, per sanguinem et alias, ut clare patet per testes.

416 d. — (4) Anno Domini M° CCCC° LVII^{mo} Thomas Malherbe, senior, gagiavit emendam in judicio eo quod in presencia duorum vicariorum ecclesie de Ceraseyo juravit per virtutem Dei, per sanguinem, etc.

Jacobus le Maistre, parrochie de Couvains jurisdicioni submissus, gagiavit emendam ex eo quod animo furandi acceperat unam peciam carnis, videlicet unam hancam vituli, in domo Johannis de Heris, et aplegiavit Robertus le Maistre pater dicti Jacobi dictum Jacobum de dicta emenda necnon standi in judicio parendique juri et justicie quociens placuerit domino officiali ipsum mandare, ad penam XX^{ti} scutorum si defficiat dictus Jacobus in aliquo premissorum. Actum in ecclesia parrochiali dicti loci de Ceraseyo anno Domini M° CCCC° LVII° die veneris post festum translationis Sancti Martini (5), presentibus dominis Rocardi Cohue et Johanne de Luparia, cum pluribus aliis.

416. e. — Johannes Viel nobis gagiavit emendam ex eo quod trusit

(1) 7 mai.
(2) 4 juin.
(3) 20 mai.
(4) P. 173.
(5) 8 juillet.

Johannem ad terram animo malivolo, necnon et ex eo quod juravit per sanguinem Dei, per corpus et alias.

Postquam citatus fuit Martinus Gobot, alias Paelly, ut afferret litteras quas habebat facientes mentionem de jure quod pretendebat idem Paelly habere in via per quam fit processio per circuitum capelle, ex die adveniente, ostendit dictas litteras et inhibitum fuit eidem Paelly ut juxta litterarum suarum seriem et tenorem faceret et compleret ut in ipsis continetur infra quindenam proximo venturam, ad penam decem francorum; cui inhibitioni respondit quod se faceret ut continebatur in dictis suis litteris. — Iterum intimatum fuit et inhibitum prefato Gobot ut infra quindenam compleat tenorem litterarum predictarum ad penam predictam; cui inhibitioni acquievit gratanter.

416 *f*. — Die mercurii post festum translationis Sancti Benedicti (1), dominus Ricardus Cohue, presbiter, gagiavit emendam de hiis que sequuntur, confitendo ea, videlicet quod dixerat die dominica festiva Trinitatis in prono misse quod prevaleret quod una citans (?) coronetur quam quod una sentencia majoris excommunicationis publicaretur; item dixit quod si sciret aliquem qui aliquid sciret de aliquo malefacto quod eidem majorem penitenciam injungeret quod ei qui fecisset malefactum; item alias dixit in prono misse: « quia ego publicavi unam majorem excommunicationem in scriptis et per mandatum domini officialis Cerasiensis supra illos qui furati fuerant, etc., et quia tales venerunt ad restitutionem, ego absolvo eos et denuncio illos absolutos, » et illam absolutionem et denunciationem faciendo sine mandato; item « si confessus fuero de aliquo peccati quod fecero, confessione facta, ego possum jurare juste et debite quod ego nunquam illud fecerim, » ut dicebat idem Cohue. Et fuit inhibitum dicto Cohue ne a modo presumat audire confessiones nec intrare pronum donec dominus officialis provideret super premissis. Actum in aula superiori domini Cerasiensis, anno Domini M° CCCC° LVII°, die vero predicta (2), presentibus reverendo patre domino abbate, domino officiali, magistro Johanne Jobart, Ancelino Sabine et Henrico Consilii, presbiteris.

416 *g*. — (3) Johannes Rogier et Yvo l'Engleis prestiterunt treugas

---

(1) 13 juillet.

(2) 13 juillet.

(3) P. 174. Je ne suis pas sûr que les articles 416 *g* — 416 *h* soient le complément des articles 416 *a* — 416 *f*.

juratorias Cassino du Molin, clerico parrochie de Listreyo, ne infringeret dictas treugas sub pena XL^s librarum turonensium, partem dicte solvendam justicie et aliam dicte parti.

Yvo l'Engleis, parrochie de Listreyo, clericus, gagiavit emendam in judicio ex eo quod dedit unum ictum pugni Cassino du Molin etc., clerico.

416 *h*. — Cassinus du Mollin gagiavit emendam ex eo quod ludendo se cum Guillerma uxore Yvonis l'Engleis cecidit dicta Guillerma contra parietem facto et culpa ipsius Molin, de quibus dicta uxor et ejus maritus fuerunt male contenti.

Johannes Buquet, senior, de Ceraseyo, gagiavit emendam ex eo quod postquam a parte promotoris propositum fuerat quod ipse Buquet blaphemaverat in Deum et Sanctos infra limites ipsius juridictionis, et dictus Buquet dixit quod non erat corrigibilis istius juridictionis, et quia nolebat jurare, super casu dominus officialis voluit declarare ipsum excommunicatum et arrestare ipsum prisonnarium, respondit idem Buquet ista verba aut in effectu similia : « avant il fault, soit tort soit droit, que je jure. » Actum in judicio.

416 *i*. — Michael le Feyvre gagiavit emendam ex eo quod dedit unum ictum pugni filio Radulphi Richier.

Johannes Quinet, senior, Johannes Syret [et] Thomas Syret gagiaverunt emendam ex eo quod non fuerunt in ecclesia sua parrochiali in die beate Marie Magdalene in honore cujus fundatur prefata ecclesia, scilicet iverunt apud Sanctum Laudum ad nundinas.

Johannes le Barilier gagiavit emendam pro simili causa sicut prenominati Quinet et Siret in manibus domini.

416 *k*. — Guillermus Fossart gagiavit emendam ex eo quod die festiva beate Anne (1) habebat carpentatorem ad fidendum ligna faciendo dez douelles gallice.

Thomas Malherbe, Radulfus Vitart, Johannes Honneur alias le Clerc, Ricardus Davy, Johannes Quinet, junior, Henricus de Salen, [et] Perretta relicta deffuncti Ricardi Sebert gagiaverunt emendam ex eo quod non fuerunt in ecclesia sua parrochiali in die beate Marie Magdalene (2) in cujus honore fundatur prefata ecclesia, sed iverunt apud Sanctum Laudum ad fora et nundinas.

---

(1) 26 juillet.
(2) 22 juillet.

417. — (1) Anno Domini M° CCCC° LVII° die mercurii post festum beate Agathe (2), Guillermus le Roux, panifex, se statuens pro Guillermo le Roux filio suo, et Johannes. . . . . . ., similiter se statuens pro Thoma filio suo, se condescenderunt in reverendum abbatem de Ceraseyo ad dicendum infra Pascha (3) testimonium (?) de orto et. . . . . (?) Gaufrido de la Roque. Actum ante ecclesiam parrochialem.

ANNO 1458.

418 a. — (4) Petrus Pravalis (?), senior, se submisit voluntati reverendi patris domini abbatis de Ceraseyo, quia fuerat presens quando magister Henricus Consilii fuit lesus et verberatus de nocte, ad rogatum. . . . . . ., a quodam armato nuncupato. . . . . Acta fuerunt hec in curia abbatie, anno Domini M° CCCC° LVIII° die. . . . .

418 b. — (5) Anno Domini M° CCCC° LVIII° die dominica post festum beati Johannis Baptiste (6), Johannes le Roux, alias Gyot, gagiavit emendam ex eo quod juraverat per corpus Dei publice in cimiterio in exitu predicationis que facta fuerat hora vesperarum.

FORME LITERARUM.

419. — (7) Officialis Cerasiensis presbitero ejusdem loci, salutem. Hac instanti die. . . . . parrochiam Cerasiensem intendimus visitare et facere quod nostro incumbit officio causa visitandi, etiam inquisitionis. Unde vobis mandamus quatinus citetis coram nobis de ipsius ville parrochianis bonis hominibus et fidelibus per quos de inquirendis et corrigendis veritas possit sciri prout fieri debitum est et consuetum, et hoc facto, in signum presentis mandati a vobis recepti, presentes litteras reddite sigillatas. Datum, etc.

(1) P. 138.
(2) 9 février 1458.
(3) 2 avril 1458.
(4) P. 138.
(5) P. 139.
(6) 1 juillet.
(7) P. 4.

420. — Citatoria ex officio.

420 a. — Citetis... voluntatem nostram audituros dicturosque nobis veritatem per eorum juramenta super hiis que ab ipsis duxerimus inquirenda, nobis ex officio nostro ad obiciendum, ad denunciationem promotoris nostri officii, et eidem responsuros. Quo facto, etc.

420 b. — Citetis peribituros testimonium veritati per eorum juramenta in causa in qua ex nostro procedimus officio et contra promotorem ex parte una et... ex altera. Quo facto, reddite etc.

420 c. — (1) Citetis.. E.. perhibiturum testimonium.

420 d. — (2) Visurum jurare et taxare quasdam expensas coram nobis contra ipsum factas ex parte dictorum religiosorum, de quibus liquebit per acta.

420 e. — Voluntatem nostram audituros dicturosque nobis veritatem per eorum juramenta ab hiis que ab ipsis et eorum quolibet duxerimus inquirere et nobis ex officio nostro ad obiciendum ad denunciacionem promotoris officii nostri. Quo facto, etc.

420 f. — Et eidem quod justum fuerit responsuros.

421. — (3) In causa que coram nobis in jure vertitur inter.. clericum, actorem, contra.., reum, iterum assignata est peremptorie coram nobis dies mercurii ante festum.. dictis partibus, ad id agendum quod agi debet die mercurii ante festum.. et ad procedendum ulterius ut jus erit. Actum partibus presentibus, anno Domini M° CCC^{mo} LXXI° die mercurii ultimo dicta.

422. — In causa in qua ex nostro procedimus officio inter promotorem nostri officii, actorem, et.., reum, assignata est peremptorie coram nobis dies mercurii ante festum.. dictis partibus apud Ceraseyum, ad publicandum et publicari videndum testes et attestationes testium in dicta causa productorum per promotorem nostrum et ad faciendum ulterius, ut jus erit. Actum partibus presentibus, anno Domini M° CCC^{mo} LXXI° post festum.

423. — (4) In negocio rei judicate quam movet seu movere intendit coram nobis.., clericus, contra.., reos, assignatus est coram nobis

---

(1) P. 28.
(2) P. 8.
(3) P. 11.
(4) P. 19.

peremptorie dies mercurii ante festum beati Luce euvangeliste. (1) (2) quod agi debuit die mercurii precedente (3), et partibus ad faciendum ulterius quod jus erit. Actum, partibus presentibus, anno Domini M° CCC^mo LXXI° die mercurii ultimo dicta (4).

424. — (5) Super revocatione cujusdam excommunicationis coram nobis impetrate ex parte talis contra talem, assignata seu continuata est per apparitorem nostre curie hora vesperorum hujus diei jovis post festum talis Sancti dictis partibus ad id agendum quod agi debuit die jovis predicta in mane et ad faciendum ulterius quod jus erit. Actum partibus sufficienter comparentibus dicta die in mane. Anno Domini M°.. — Reffero. — Not. IIII denarios. — Debet scribi per apparitorem.

425. — (6) Intendit vos venerabilem virum dominum officialem super talibus dicere, modum cause informare et coram vobis probare cum protestatione de probando sibi sufficienter, ad omnia probanda minime se astringens.

426. — (7) Cum .., reus, citatus esset peremptorie coram nobis .. post festum .. contra .., clericum, actorem, responsurus, ea die partibus in judicio comparentibus, unde cum dictus reus peteret ut procederemus ulterius ut jus esset in sua causa continente duos denarios, de quibus dictus reus se supposuerat juramento dicti actoris, et dicit et proposuit dictus reus quod ipse actor citari fecit erat (?) pro ..; dictus actor hoc negavit, et incontinenti dictus se supposuit juramento dicti actoris, quod juramentum dictus actor in se sucepit, petens tempus se avisandi, et hiis actis nos assignavimus peremptorie coram nobis diem .. post festum .. dicto actori ad refferendum dictum juramentum ad procedendum ulterius ut jus erit. Actum, partibus presentibus, anno Domini M° CCC^mo LXX° V° die .. precedenti. — VI denarios.

427. — (8) .. alias .. et Dieta filia Henrici le Goupil et ancilla dicti

(1) 15 octobre 1371.
(2) Suppl. *ad agendum*.
(3) 8 octobre.
(4) 8 octobre.
(5) P. 22.
(6) P. 27.
(7) P. 23.
(8) P. 46.

Thome conquerentes de Petro l'Engleis, clerico, filio Thome l'Englois. Dictus (?) J. alias... tam pro se quam pro predicta Editta, actores, ex una parte et Thomas l'Engleys et Petrus, ex altera, reus, ex altera, que quidem partes de causa hujusmodi pendente et mota inter dictas partes coram nobis et de dependentiis ejusdem.

428. — (1) In nomine Domini amen. Cum nobis, per confessionem Johannis Moulin et Thomassie relicte Germani Guesdon quam alias, matrimonium per carnalem copulam inter ipsos nullatenus fuisse consummatum, dictum que Johannem in legem matrimonii predicti peccasse contra..; talem carnaliter cognoscendo, dictam que Thomassiam simile delictum non commisisse, dictumque matrimonium inter ipsos non fuisse reconsiliatum; ea propter ad instanciam, petitionem et requestam dicte Thomassie, divorcium, quoad thorum et bona, mutuam servitutem et alimentorum exhibitionem, inter ipsos tenore presentium celebramus; injungentes eisdem et eorum cuilibet, sub pena excommunicationis et ad penam decem librarum turonensium nobis si secus fecerint feceritve alter ipsorum solvendarum, ac eciam decernentes quatenus segregatim, continenter et caste de cetero vivant quousque matrimonium supradictum copula carnali vel alias fuerit reconsiliatum, salvis expensis legitimis dicte Thomassie, quas eidem contra dictum Johannem in hiis scriptis adjudicamus, coram nobis nostro judicio reservantes divortium.

429.— (2) Officialis Cerasiensis apparitori nostro salutem. Grave querimonium Talis (*sic*), clerici, nostri subditi, recepimus continentem (3) quod Johannes de Heriz se gerens pro serviente justicie secularis de Ceraseyo et Thomas Ferrant, clericus, et Johannes Hequet, collectores redemptionis Anglicorum de Tuiereyo, minus juste et sine causa rationabili bona dicti clerici ceperunt, occupaverunt, detinuerunt et arrestaverunt, videlicet unam patellam eris valentem seu estimatam X solidos turonenses, contra voluntatem dicti clerici, et adhuc detinent in prejudicium nostre jurisdictionis ac tocius ecclesiastice libertatis, sentenciam excommunicationis a canone non est dubium incurrendo; quo circa tibi mandamus quatinus ad dictos servientem et collectores personaliter accedas, et eos ex parte nostra moneas de reddendo

---

(1) P. 51.
(2) P. 7.
(3) Le ms. porte *continent* avec un signe d'abréviation.

dicta bona mobilia dicto clerico, subdito nostro si existent et si non existent valorem superius estimatum (1) indilate ea sibi deliberando. Alioquin etc. ipsos servientem et collectores cites peremptorie coram nobis ad diem sabbati post ascensionem Domini nisi etc. dicturos et allegaturos racionem quare ad hoc minime teneantur nec non cites ad dictos diem et locum peremptorie et personaliter coram nobis dictum Thomam Ferrant et Johannem Hequet, tamquam collectores redemptionis Anglicorum, voluntatem audituros dicturosque nobis veritatem per eorum juramenta super hiis que ab ipsis duxerimus inquirenda et nobis ex officio nostro ad obiciendum, ad denunciationem promotoris nostri officii et eidem responsuros et citetis ad dictum diem . . contra Johannem le Marescal, clericum, et Johannem Hequet responsurum. Quo facto, etc.

430. — (2) Nota. Apostolos.

Cum appellationibus frivolis justicia non defferat neque sit a judice deferendum, ea propter appellationi tue tanquam frivole non duximus deferendum, reverentia sedis ad quem asseris appellasse in omnibus semper salva.

431 a. — (3) Anno Domini M° CCC LXX° die sabbati ante festum Epiphanie ejusdem (4), in nostra presentia personaliter constitutus Robertus le Quoc, clericus, qui voluit et concessit nisi satisfecerit tali de contentis in isto judicato cui presentes littere sunt anexe infra diem. . proximo venturam, quod a nobis excommunicetur pro judicato de nisi ad instanciam dicti tali, prius a nobis sufficienter monitus viva voce una monitione pro omnibus, et quod a nobis vinculo ex communicationis innodetur (?), modo et monitione premissis. Actum ut supra.

431 b. — Officialis Cerasiensis, tali, salutem. Quia talis non satisfecit tali super hiis in quibus eidem tenetur per litteras recognitorias de nisi curie nostre, termino jam elapso, ipsum quem ob hoc in hiis scriptis excommunicamus pro judicato de nisi ad instanciam talis inde et quod vobis mandamus quatinus dictum talem excommunicatum palam et publice nuncietis pro judicato de nisi ad instanciam dicti talis in ecclesia vestra. Quo facto, reddite . . die tali.

---

(1) *Sic.*
(2) P. 23.
(3) P. 18.
(4) 5 janvier 1371.

431 d. — Quia . . non satisfecit . . super quodam judicato de nisi curie nostre termino jam elapso, ipsum quem ob hoc in hiis scriptis excommunicamus, pro judicato de nisi ad instanciam dicti . . Inde est quod.

432. — (1) Universis presentes inspecturis officialis Cerasiensis salutem in Domino. Notum facimus quod in presentia nostra personaliter constitutus . . . ex parte una et . . . ex parte altera super omnibus et singulis causis, querelis, questionibus, actionibus, injuriis, processibus, dampnis, deperditis, misiis, expensis et aliis rebus universis et singulis motis et movendis ratione quacunque et causa, pro toto tempore retroacto usque ad hodiernam diem, de bonorum virorum consilio, et unanimi consensu cujuslibet ipsorum ad hoc interveniente, se compromiserunt et se compromississe recognoverunt ac eciam compromittunt alte et basse et de alto et de basso in honestum virum . . (vel in viros fide dignos . .) unicum (si sit solus) arbitrium arbitratorem seu amicabilem compositorem ab ipsis et eorum quolibet, nominatum concorditer et electum, et promiserunt dicte partes et earum quelibet sibi ad invicem per fidem et juramenta sua super hoc ab ipsis invicem et ad penam XX^{ti} librarum turonensium quod quilibet tenebunt et adimplebunt et inviolabiliter observabunt totum et quidquid dictus arbiter, arbitrator vel amicabilis compositor inter ipsas partes dicet, statuet, precipiet, injunget, laudabit, ordinabit aut acduxerit amicabiliter componendum, pace, judicio et concordia mediante, volentes et consencientes quod dictus arbiter, arbitrator seu amicabilis compositor de premissis cognoscat, se informet dictum et ordinationem suam seu suam sentenciam arbitralem dicat et proferat dicere que valeat et proferre diebus feriatis vel non feriatis, locis sacris vel non sacris, in judicio vel extra, stando vel sedendo, uno dicto vel pluribus, semel vel pluries, in scriptis vel sine scriptis, partibus presentibus et vocatis seu absentibus et non vocatis, seu una parte presente et altera per contumaciam absente, juris ordine servato vel omisso, quocienscunque, quomodocunque, quandocunque et qualitercunque et ubicunque dictus arbiter arbitrator seu amicabilis compositor, prout sibi visum fuerit melius expedire; promiserunt etiam sibi ad invicem bona fide dicte partes ad penam antedictam

(1) P. 43.

quod unus eorum contra alium non attemptabit ratione earum de quibus inter ipsos extitit hoc die compromissum durante termino presentis compromissi, qui quidem terminus durabit usque ad festum .. tantummodo, nisi de consensu partium expresso terminus prorogetur; promiserunt eciam dicte partes sibi invicem per fidem et juramenta sua et ad penam predictam quod dictum et ordinacionem dicti arbitri arbitratoris seu amicabilis compositoris non possit augeri vel minui [ad (?)] arbitrium seu ad arbitrium alterius boni viri et quod ille compromittens (1) qui in aliquo resiliet a dicto et ordinatione dicti arbitri arbitratoris seu amicabilis compositoris aut per quem stabit quominus in dicto arbitrio procedatur alterius parti tenenti obedientiam et non resilienti solvet et reddet dictas viginti libras turonenses nomine pene commisse, et nichilominus de perjurio et fide mentita punietur non obstantibus quibuscunque juribus, statutis et consuetudinibus et canonibus que possent in contrarium obici vel opponi, quibus omnibus et singulis et maxime juri dicenti generalem renunciationem non valere dicti compromittentes et eorum quilibet spontanee renunciaverunt et voluerunt dicte partes quod dictum et ordinationem dictorum arbitrorum arbitratorum seu amicabilium compositorum in rem transeat judicatam et quod per eos excommunicentur tanquam de re judicata et hiis ante dictis (2) nos ad tenenda adimplenda et perficienda et ad observanda sibi invicem omnia et singula premissa dictos compromittentes in hiis scriptis condempnamus. In cujus rei testimonium, sigillum nostre curie presentibus litteris est appensum. Actum et datum anno etc. — Aud. — V solidos.

433 *a*. — Omnibus hec visuris officialis Cerasiensis salutem in Domino. Notum facimus quod in presentia nostra personaliter constitutus... cum auctoritate sui tutoris vel curatoris si indiget, ex una parte, etc..., ex altera, que quidem partes de processu et de causa pendente et mota coram nobis et de omnibus aliis causis principalibus et expensis hujusmodi de bonorum virorum consilio se compromiserunt in viros fide dignos videlicet in..... etc....., duos principales arbitros, arbitratores seu amicabiles compositores, nominatos a dictis partibus et electos, et in casu et discordio erit tercius arbiter arbitrator sue amicabilis compositor nominatus a dictis partibus et electus, et compromiserunt

(1) P. 47.
(2) Peut-être : *auditis*.

dicte partes per eorum juramenta et ad penam duorum denariorum turonensium parti obedienti a parte resilienti solvendorum; et promiserunt dicte partes dictum, ordinationem seu sentenciam dictorum arbitrorum arbitratorum seu amicabilium compositorum tenere, adimplere et fideliter observare; et voluerunt dicte partes quod illa pars que resiliet dicto, ordinationi seu sentencie dictorum arbitrorum arbitratorum seu amicabilium compositorum tanquam perjura (1) et fidem mentita habeatur (2) et quod de perjurio et fide mentita puniantur et penam ante dictam solvere teneantur; et voluerunt dicte partes quod quicquid dicti arbitri abitratores seu amicabiles compositores ordinabunt, injungent, condempnabunt aut absolvent, tenere bona fide et observare; et voluerunt dicte partes et earum quelibet quod dicti arbitri arbitratores seu amicabiles compositores dicant et proferant dictum suum seu suam sentenciam arbitralem diebus feriatis vel non feriatis, locis sacris vel non sacris, informati vel non informati in judicio vel extra, partibus presentibus vel absentibus, aut una parte presente et altera per contumaciam absente, quocienscunque, quomodocunque, quandocunque et qualitercunque et ubicunque dicti arbitri arbitratores seu amicabiles compositores viderint melius expedire. Voluerunt eciam dicte partes quod dictum et ordinatio dictorum arbitrorum non possit reduci, augeri vel minui ad arbitrium seu ad arbitrium alterius boni viri, et voluerunt dicte partes quod dictum et ordinatio dictorum arbitrorum arbitratorum seu amicabilium compositorum in rem transeat judicatam, et quod per eos excommunicentur tanquam de re judicata. In cujus rei testimonium, sigillum curie nostre presentibus est appensum. Datum anno domini, etc. — Aud. — .... Solidos.

433 b. — (3) Ita et taliter quod in casu discordie dominus officialis nominabit tercium arbitrum arbitratorem seu amicabilem compositorem qui tantam habebit potestatem tanquam si a dictis partibus esset nominatus et electus.

434. — (1) Officialis Cerasiensis, presbitero etc. et omnibus aliis presbiteris, curatis et non curatis, ad quos presentes littere pervenerint, salutem. Vobis mandamus quatinus... et... a nobis excommunicatos

---

(1) Le ms. porte *perjuri*.
(2) Le ms. porte *habeantur*.
(3) P. 46.
(4) P. 38.

pro judicato ad instanciam... et in sua malicia perseverare non formidantes ad emendam venire contempnentes, ipsos quos ob hoc in hiis scriptis aggravamus excommunicatos et aggravatos ipsos pro judicato ad instanciam predicti... diebus festivis camdelis accensis campanis pulsatis in ecclesiis vestris palam et publice nuncietis excommunicatos et aggravatos dum major ibidem aderit populi multitudo, uxorem et familias ipsorum, si quas habeant, quas ex nunc interdicimus interdicto ecclesiastico et suspendimus precipientes etc. Quo facto, reddite litteras sigillatas. Datum anno Domini M° CCC^{mo} LXXI° die...

435. — (1) Officialis Cerasiensis presbitero de .. et omnibus aliis presbiteris curatis et non curatis suditis nostris ad quos presentes littere pervenerint salutem. Vobis Mandamus quatinus .. et .. à nobis diu est excommunicatos pro judicato ad instanciam .. et in sua malicia perseverare non formidantes ad emendam venire contempnentes ipsos, quos in hiis scriptis aggravamus, ipsos excommunicatos et aggravatos pro judicato ad instanciam predicti .. diebus dominicis et festivis candelis accensis campanis pulsatis in ecclesiis vestris (*vel suis sic sit rogatoria* ratione contractus in nostra juridictione etc.) palam et publice nuncietis taliter excommunicatos et aggravatos denuncietis, dum major ibidem aderit populi multitudo, uxores et familias eorum si quas habeant quas ex nunc interdicimus interdicto ecclesiastico suspen. precip. Quo facto, litteras reddite sigillatas. Datum anno Domini M° CCC^{mo}.

436. — (2) Officialis Cerasiensis, apparitori nostro et omnibus aliis clericis subditis nostris et cuilibet eorum in solidum, salutem. Vobis discrete precipimus [qu]at[inus ..] clericum a nobis excommunicatum pro judicato ad instanciam .. capiatis et arrestetis dum corpus ipsius apprehendere [poteritis] eundo, stando, sedendo seu transeundo, ipsum que ad prisionem nostram adducatis .... quousque a nobis meruerit absolvi. Datum, etc.

437. — (3) Quatenus registra curie nostre excommunicationi demandari faciatis, tantum pro nobis si placet faciatis, etc.

438. — Officialis Cerasiensis, ... salutem. Denuncietis absolutum .. quem in hiis scriptis absolvimus ab sentencia excommunicationis

---

(1) P. 89.
(2) P. 9.
(3) P. 48.

a nobis in ipsum lata pro judicato continente .. ad instanciam Petri .., clerici, ipso coram .. clerico curie nostre notario presente et ad hoc se consenciente, salvo tamen manente judicato licet, et cetera. Quo facto, etc.

439. — (1) Vicarius in spiritualibus et temporalibus generalis reverendi in Christo patris ac domini domini J., abbatis monasterii Sancti Vigoris de Ceraseyo, ordinis Sancti Benedicti, Baiocensis diocesis, tali, salutem. Vobis mandamus quatinus denuncietis talem, relaxatum et absolutum a sentencia excommunicationis a nobis in ipsum lata pro contumacia ad instanciam talis, culpis suis exigentibus, ipsum relaxatum et absolutum palam et publice nuncietis. Datum sub sigillo quo utimur in talibus.

440. — (2) Officialis Cerasiensis, presbitero de .., salutem. Vobis mandamus quatinus .. in lecto puerperii decubantem purificetis et ad purificationem, ut moris est, in ecclesia vestra admittatis. Datum sub sigillo nostro die .. anno ..

441. — (3) Reverendo in Christo patri ac domino domino .. archiepiscopo Rothomagensi aut ejus vicariis in spiritualibus ipso a suis civitate et diocesi Rothomagensi notorie absente, suus humilis et devotus frater J. humilis abbas monasterii Sancti Vigoris de Ceraseyo ordinis Sancti Benedicti, vestre provincie Rothomagensis, obedientiam, reverentiam et honorem debita tanto patri. Dilectum nobis in Christo fratrem .., monachum nostrum, et professum in prioratu nostro Sancti Pauli in Leonibus, vestre Rothomagensis diocesis, una cum priore nostro ibidem commorantem paternitati vestre presentamus, supplicantes humiliter et devote quatenus dum favente Domino tam minores quam majores ordines celebrare contigerit, per vos reverendum dominum archiepiscopum vel per alium vobis subditum episcopum catholicum, eundem .. ad minores sacros et majores ordines promovere aut promoveri facere intuitu caritatis dignemini et velitis. Valeat et vigeat eadem vestra paternitas reverenda in rerum omnium conditore. Datum in monasterio nostro sub sigillo nostro die martis post translationem Sancti Benedicti abbatis, anno Domini M°, etc.

(1) P. 7.
(2) P. 5.
(3) P. 81.

INDEX.

A.

Abbas Cerasiensis. 2. 85 c. 138 c. 237. 295. 376 s. 413.
Abbatis (*Aula superior*). 416 f.
— (*Cultura*). 347.
— (*Vicarius*). 365 d. i.
— (*Molendina*). 365 e.
Abbey (Joh. l'). 185 g. 248 b.
— (Guill. l'). 280. 298 a. c.
Abjuratio. 138 b.
Aboubedent (Hamo). 25 e.
— (Ricardus). 52 c.
— (Uxor). 25 f. 75 b.
Absentis cautio. 56 b.
Absolutionis beneficium. 22. 145. 286. 439.
Achart (Guillotus). 43 a.
— (Johannes). 123 k. 185 a. c. g. i. 226 b. 229.
— (Ranulfus, alias Abbas). 50 b.
Ade, Adan (Robertus). 84 b. 95 a. 153 c.
— (Colinus). 390 i.
— (Thomas). 143 b. 158 b. 178 b. 184 b. 199 c. 213 b.
Adulterium. 9 e. 13 b. 25 d. f. 26 f. 43 b. 63. 64 b. 76. 163. 261 d. 262 d. 363 m. n. o. p. 366 i. m. 370 f. h. l. 375 k. r. s. 384 b. c. g. i. 385 e. 387 f. 390 b. h. 391. 394 d. h. 406. 410 c.

Advocatorum (*Juramentum*). 1 a.
Aenor. Aener. 10 a. 80.
Agasse (Radulfus). 377 a. 384 b.
Agnellis (Johannes de). 123 l.
Agnierville. Angguierville (Preshiter de). 257 b. g. 289 c. 290 f.
Agoulant. Agoulan (Herbertus). 25 a. 75 b. 81 a. 85 c. d. 116 d.
— (Amelot). 25 b.
— (Colinus). 25 a. 85 a. f. g. h. 118. 100 a. 385 d. 392 a. 393 a.
— (Johannes). 75 b. 123 f. 152 c. 185 f.
— (Rogerus). 25 a. 30 c.
— (Relicta Rog.). 85 b.
— (Filia). 152 c.
— (Radulfus). 261 d. 309 i.
— (Guill.). 384 i. k.
— (Philipota uxor Guill.). 387 k. 390 b. h. o.
Aignel. (L') 73 c.
Aillet (Mathæus). 25 d.
Alain (Joh.). 245 a.
Alaune (Johannes). 298 a.
Alba (*Aube*). 84 a. 95 a. 129 c. 167 a. 378.
Alba spina (*Sanitas de*). 138 b.
Albini (Thomas). 354 b.
Aleaume (Relicta Joh.). 95 c.
Alles (Thomassia). 375 f.
— (Johanna neptis Thomassiæ). 375 f.

Alexandri (Guillelmus). 112.
Alna (Petrus de). 26 *a*.
Alnetis. Alneto (Robertus de). 9 *d*. 316 *a*.
— (Joh. de). 404 *a*. 409 *b*.
— (Thomassia de). 9 *f*. 318.
— (Thomas de). 9 *c*. 40 *c*. 60 *b*. 177 *a*. 350.
— (Petronilla de). 60 *b*.
— (Gaufridus de). 73 *b*. 143 *a*.
— (Guillel. de). 133 *a*. 226 *a*.
— (Aliena de). 177 *b*.
— (Ysabel filia Joh. de). 409 *b*.
— (Laurencius de). 242. 347. 352 *a*. *b*. 397 *a*.
— (Radulfus de). 209 *a*.
Aloier (Germanus l'). 9 *f*.
— (Thomassia filia Germ. l'). 153 *b*. 155. 167 *d*. 209 *b*. 210. 228 *a*.
— (Filius Guill. l'). 183 *b*.
— (Joh. l'). 185 *e*.
Altare S^{ti} Thome. 41 *a*.
Altovillari (Joh. de). 9 *b*. *h*.
Ameline (Guillel.). 84 *b*.
— (Joh.). 232. 324.
— (Johanna filia). 244.
— (Germanus). 344 *b*. 352 *a*.
— (Hugo). 392 *a*.
— (Robertus). 415 *b*.
Amourettes, Amorettes (Thom.). 85 *i*, *k*.
— (Johannes). 348.
Ancilla (vid. *Pediseca*).
Anebec (Bineta uxor Petri). 406.
Anfrie (Egidius). 298 *a*.
— (Joueta uxor Giroti). 347.
Anglici (Nicolas). 47.
— (Colinus). 53. 155. 158. 164 *a*.
— (Villequot). 75 *a*.
— (Nicolas). 109 *b*.
— (Abbas). 168 *c*.
— (Ranulfus). 298 *a*.
— (Henricus). 363 *e*. 366 *f*. 367 *b*. 370 *h*.
— (Petrus). 361. 366 *p*.
— (Yvo). 339 *b*. 341 *b*. *c*. 366 *f*. *q*. 375 *a*. 393 *s*. 394 *l*.
— (Chardina filia filii). 339 *c*.

Anglicorum redemptio 429.
Anquetil (Ricardus). 185 *a*. *e*.
— (Joh. filius Petri). 366 *c*.
Anthoesne (Symo). 408 *a*.
Antiphonarium. 84 *a*. 95 *a*.
Apparitor curie. 266. 267. 276 *b*. *c*. 308. 309. 365 *a*. *b*.
Appellatio. 413 *a*.
— *frivolis*. 430.
Aqua benedicta. 394 *q*.
Arbiter seu Amicabilis compositor. 248 *b*. 352 *a*. 432. 433 *a*. *b*.
Arbores (Cindere). 149.
Archa. 167 *a*.
Archidiaconus officialis. 8 *b*. 10 *a*.
Arello (Presbiter de). 258.
Arenche (Colinus de). 87 *e*.
Armariola. 9 *c*. 26 *b*. 42 *a*. 73 *a*. 144 *a*.
Armiger de Verneto. 118. 126 *c*. 130 *b*.
Armigeri (Coleta filia). 110 *d*. 133 *b*.
— (Joh.). 387 *g*.
Arouville (Guill. d'). 258.
— (Robertus d'). 393 *m*.
— (Robinus d'). 394 *m*.
Arunvilla (Guill. de). 283.
Arquier (Joh. l'). 2. 20.
— (Renaudus). 20.
Artainville (Colinus d'). 367 *c*.
Ascelot (Henricus). 41 *b*.
Asini (Johannes). 362 *a*.
Aubelet (Philipotus). 265.
Auber (Dionisius). 393 *f*.
Aubri (Germanus). 367 *a*.
— (Thomas). 334.
— (Thomassia filia Arnulfi). 375 *d*. *h*.
Audreyo (Presbiter de). 369 *a*.
Augustinus. 75 *b*. 98 *b*.
— ex prior. 25 *d*.
— (Martinus). 133 *b*.
Aula superior dom. abb. 60 *b*. 416 *f*.
Aunez (Lanrencius des). 364 *b*.
Aurelianis (Juridictio apud). 383 *a*.
Auverey (Henricus). 26 *b*. 64 *a*. 146.
— (Filius Thome). 188 *e*.

Auvredi (Thom.). 85 *b.*
Aveton (Thomas). 415 *b.*
Avice. Avisse (Gaufridus). 138 *a.* 185 *c.*
— (Joh.) 410 *f.*
Avunculi (Copulatio cum uxore). 124 *b.*

B.

Bachelier (Theophania relicta Joh.). 137 *b. c.* 144. 153 *c.* 177 *b.*
— (Germanus). 183 *a.* 190. 195.
Bacon (Guill.). 366 *a.* 393 *e.*
Badet (Relicta Joh.). 129 *c.*
Badon (Guill.). 136 *c.*
— (Robertus). 136 *a.*
Bagart (Guillel.). 269.
Bahouel. 213 *c.*
Baignart (Uxor Guill.). 235 *a.*
Baillet, Ballet (Colinus). 123 *b. d. f. g. h.*
— (Filia). 138 *e.*
Baineut (Colinus). 27.
Baiocensis officialis. 8 *c.* 9 *h.* 37. 55. 111. 204 *b.* 230. 383 *a. r.* 384 *a.* 391.
— (*Burgensis*). 85 *b.*
— (*Episcopus*). 15.
— (*Notarius*). 60 *a.*
— (*Villa*). 55. 298 *b.*
— (*Curia offic.*). 391.
— (*Clericus offic.*). 397 *a.*
— (*Promotor curie*). 397 *a.*
Balocis. Baiex. (Mathæus de). 130 *c.*
— (Joh. de), sacristus. 98 *c.* 120.
— (Guillemota de). 143 *b.* 152 *b.* 199 *b.* 206 *a.*
Baiocis (Sanctus Johannes de). 273 *d.*
— (S**t** Nicolaüs de). 84 *b.* 97 *a.*
Ballet (Colinus). 185 *g.*
Ballereyi (Rector). 37.
Ballif (Petrus le). 389 *f.*
Ballivus. 102. 108. 109 *a.*
Banni. 103. 294. 365 *d.* 393 *o.* 397 *h.*
Barate (Guill.). 281.
Barbe (Thomas). 404 *d.*
Barbier (Ricardus le). 80.
— (Simon le). 363 *q.*

Barillier (Joh. le). 416 *h.*
Baron (Guill.). 185 *k.*
— (Robertus). 308. 309 *n.*
Barrey (Colinus). 370 *f.*
Basile (Thomassia). 25 *g.*
Basoca (Rector beati Martini de). 169.
Basset (Stephanus). 85 *d. e.*
Bassonière (Nicolas de la). 403. 404 *c.*
Batard (Guill.). 375 *f.*
Baton (Guill.). 185 *k.*
Batpaumes. Balpaumes. Baspaumes (Mathæa de). 126 *d.*
— (Renaudus de). 66.
— (Petrus de). 235 *a.* 267. 284. 285 *b.*
— (Laurencius de). 251 *c.* 294. 316 *a.*
— (Johannes de). 375 *d.* 383 *o.* 389 *b.* 390 *p.* 392 *k.* 393 *h.* 394 *k.*
Bauchen (Guill.). 85 *b.*
Baud (Thomas). 104 *a.*
Baudoin (Colina). 108.
— (Parisetus). 123 *g.* 145.
Baudry (Colinus). 85 *d. e. h. i.* 111. 123 *e.* 165 *b.* 185 *a. b. i.*
— (Magister Johannes). 123 *l.* 185 *g.* 213 *c.*
— (Jordanus). 80.
— (Nicolas). 65 *c.* 123 *b. g.*
— (Petrus). 53. 74 *a.* 85 *f.* 92. 110 *a. b.* 110 *a.* 176. 185 *a.*
— (Renaldus). 85 *b.* 123 *b.*
— (Rogerus). 116 *c.*
— (Thomas). 40 *c.* 108. 110 *d.* 123 *a. c. f. g. h. k.* 133 *b.* 185 *a.*
— (Thomassia filia Jordani). 133 *b.*
— (Guill.). 173 *b.*
— (Hasno). 261 *a.*
— (Barno). 341 *a.*
Baupt. Baup. (Colinus le). 85 *a. h. i.* 123 *h.*
— (Jacobus le). 85 *e. i.* 123 *c. e. i.*
— (Johannes le), clericus. 34 *a.* 96 *a.* 123 *h.*
— (Johannes et Robertus le). 37.
— (Nicolaa uxor.). 86 *a.*
— (Ricardus le). 85 *k.*

— (Philippota filia Thome le). 118 *bis.*
— (relicta Colini le). 152 *d.* 185 *f.* 199 *c.* 213 *b.*
Beaucousin (Sanson). 98 *c.* 123 *h.*
Begaude (Johannes le). 30 *b.*
Begaude (Guillemota la). 25 *e.* 33 *a.* 33 *b.*
Behuchet (Guill.). 414 *d.*
Beines. Beynes (Rector de). 235 *b. c.* 266. 273 *c.* 288 *a.* 279. 302 *b.*
Beinnes (Guill. de). 262 *a.* 295.
Beir. Beer (Thomas le). 149 *a.*
— (Joh.). 261 *a.*
Belefame (La) (*Vid.* Pulchra femina).
Beleste. Beloste (Guill.). 80. 82 *b.* 85 *e. i.* 100 *c.* 110 *a.* 116 *c.*
— (Relicta Joh.). 98 *d.*
— (Ricardus). 80. 85 *k.*
Bellami (Ricardus). 25 *d.* 43 *b.*
Bellenguier (Guill.). 364 *b.*
— (Dom. Joh.), curatus de Listreio. 383 *d.*
Bellomonte (Thomas de). 8 *b.* 43 *c.*
— (Filius de). 390 *m.*
Belot (Guillerma filia Joh.). 410 *d.*
Bello visu (Petrus de). 211 *a.*
Bellisent (Robertus). 146. 161 *c.*
Benardi. Bénart (Johannes). 91. 414 *c.*
— (Petrus). 365 *g.* 394 *q.*
— (Thomas), tabellio. 363 *q.* 384 *q.* 390 *o.*
— (Guillelma relict. Nicolai). 397 *e.*
Bence (Jacobus). 85 *b.*
Benedicti (Petronilla relicta). 25 *d.* 85 *i.* 96 *c.* 110 *b.* 121 *b.*
— (Philippus). 72 *c.*
— (Relicta Gregori). 123 *i.* 185 *g.*
Benevast (Prior de). 397 *b.*
Beodo (Thomas de). 8 *b.*
Bequet (Guill.). 73 *b.*
— (Thomas). 64 *b.*
— (Johannes). 316 *a.* 366 *c.*
— (Stephanus). 280. 298 *a.* 316 *a.*
— (Germana uxor Joh.). 375 *s.*
— (Joh.), alias Le Rousset. 384 *c.*

— (Dom. Joh.). 390 *l.* 392 *b.* 394 *d.*
Berengier (Joh.). 43 *a.*
Berguet (Thomas). 127 *b.* 226 *a.* 334. 335.
— (Guill.). 249. 334. 335.
— (Petrus). 414 *e.* 416 *b.*
Bernart. Bernardi (Guillel.). 121 *a.* 271. 309 *l. n.* 323. 330 *a.* 334. 354 *b.* 358 *b.*
— (Johannes). 12. 25 *b.* 53. 85 *h.* 87 *d.* 100 *b.* 110 *b.* 145. 153 *d.* 155. 159. 160. 164 *a.* 166. 198.
— (Martinus). 37. 128 *c. g.* 185 *d.*
— (Martinus), tabellio. 125.
— (Ricardus). 31.
— (Guillemota uxor Martini). 123 *b.*
— (Petrus). 290. 375 *a.*
— (Lucasia). 123 *k.*
— (Stephanus), notarius. 235 *a.* 267. 292. 293.
— (Thomas). 365 *a.*
— (Thomassia filia Guill.). 373 *a.*
Bernesc. 85 *f.* 123 *l.*
Bernesco (Nicolas de). 85 *f.*
— (Robertus de). 95 *c.* 100 *b.* 104 *b.* 110 *c.* 116 *a.* 123 *b.* 185 *f.*
— (Simo de). 100 *b.* 116 *d.*
Berruier (Joh. le), abbas. 376 *s.*
Bertin (Henricus). 233.
Bertot (Guill.). 384 *f.*
— (Martinus). 384 *g.*
Bertout (Henricus). 183 *a.* 226 *a.*
— (Thomas). 347.
Bertran. 206.
— (Uxor Joh.). 96 *c.* 97 *b.*
Beuf (Laurencius le), monachus. 26 *e.*
Beuselin (Guill.). 80. 80 *c.* 85 *d. e. h. k.* 100 *c.* 116 *c.* 123 *e.* 133 *b.* 287. 384 *b.*
— (Petrus). 85 *c.* 100 *c.* 116 *a.* 123 *a.*
— (Thomas). 110 *d.* 126 *d.* 130 *c.* 133 *b.* 138 *e.* 143 *b.* 152 *c.* 168 *c.* 175. 185 *f.*
— (Filia Thome). 118 *bis.* 121 *c.* 123 *e.* 126 *d.* 133 *b.*
— (Loreta). 152 *c.*
Bieise (Coleta la). 76.
Bidet (Henricus). 25 *f.*

Bigal (Touroudus). 70.
Bignart (Uxor Guill.). 261 b.
Billon (Aelicia uxor Roberti). 95 c.
— (Rogerus). 145.
Billeheut (Uxor Guill.). 96 b. 213 b.
— (Thomassia filia Guill.). 175. 213 c.
Billeheut (Guill.). 185 a. c. 206 a.
— (Joh.). 185 h.
Billy (Cecilia de). 64 b.
Bingaut (Joh. le). 136 a.
Binget (Uxor Rogeri). 110 b.
Bisson (Joh. du). 383 p. s. 385 b. c. 387 h. 390 f. m.
Bitot. Bitoth (Colinus de). 121 c. 123 e.
— (Guillel. de), officialis. 89.
Blado (Presbiter de). 275 b. 305 b.
Bladum in terra. 9 g.
— *venditum ad terminum.* 167 c.
Blagneio (Rector de). 8 b. 257 d. 263 c. 364 a.
Blanchard. 346.
Blandin (Johannes). 124 a.
— (Jordanus). 9 e. 42 c. 58.
— (Guillel.). 50 c.
— (Colinus). 226 a.
Blanguernon (Aelicia). 43 b. 110 b.
— (Henricus). 110 b. 123 d. 176.
— (Guillel.). 365 c.
— (Filia Henrici). 138 e. 168 c.
— (Johanna). 213 c.
Blanguesnon (Guillelmus). 308. 309 n.
Blanvilain (Thomassia). 54 a. 153 b. 183 b.
— (Guill.). 74 a. 119 a. 129 a.
Blasphema. 393 q. 397 f. i. 398. 404 a. f. 406. 408 a. 410 a. h. i. 411 a. e. g. 414 a. 415 o. 416 a. c. d. h. 418 b.
Blonde (La). 138 b.
Blondel (Lucassia). 10 a.
— (Uxor Henrici). 84 c.
— (Philippus). 384 m. 390 k. m. 392 b.
Blont (Petrus le). 85 h.
— (Colinus le). 411 e.
Blouet (Joh. le). 380 a.
Boisbaton (Guill.), armiger. 325.
Bois d'Ele (Joh. du). 235 b. 238 a. 266. 267.

Boisdet (Uxor). 209 b.
Bonnelli (Poncius). 397 b. 413 a.
Bon Raoul (Guill. de). 370 a.
Borel (Guill.). 393 h.
Borg (Laurentius). 137 d.
Borgeis (Laurencius le). 164 a. 167 d.
Borgeel (Guill. le). 85 e. 123 a.
— (Filia Guill. le). 121 c. 126 b. 152 b.
Bosco (Ada uxor de). 9 f. 84 d. 129 c.
— (Joh. de). 377 a.
— (Robertus de). 73 b.
— (Thomas de). 73 b.
— (Relicta Adam de). 153 c.
— (Mater Joh. de). 153 c.
— (Ricardus de). 173 c.
— (Johanna de). 277 b.
Boscus ale. 35.
Bosq (Petrus du). 400. 410 c.
Bosquier (Joh.). 396 a.
Bouchart (Ranulfus). 185 d. h.
Bouet (Henricus le). 146.
Boulart (Thomas). 151. 165 a. 173 b.
Boulengiers (Joh. et Joh. les). 185 e. 375 r.
— (Petrus le). 209 a.
Bouleor (Guill.). 123 b. c. f. h. k. 185 f.
— (Filia au). 138 a.
Bouleya. Boulaye (Onfredus de la). 9 c. 173 a.
— (Johannes de la), abbas. 376 s.
Bouquet (Michaël le). 15. 122.
— (Filius Mich. le). 130 c.
— (Colinus). 188 a.
Bourc (Uxor Henrici le). 26 f.
— (Henricus le). 26 g. 76. 136 b. 140. 161 a.
— (Ranulfus du). 394 k.
— (Simo le). 387 e.
Bourdellum, vid. *Lupanar.*
Bourdon (Colinus). 392 a.
— (Dom. Guill.), presbiter. 390 l.
— (Joh.), de Tourneriis. 392 m.
Bourgey (Laurencius). 185 a.
Bourgeise. Borgeis (Johanna la). 8 b.
— (Laurencius le). 80. 145. 151. 160. 177 b.

Bourgueel (Filia au). 168 b. 206 b. 213 c.
— (Colinus le). 261 a.
Boursart (Filia au). 177 b.
Boursier (Ælicia uxor). 25 f.
— (Guillel. le). 118.
— (Philip. le). 185 d.
Boutellier. 385 h.
Boutéquien (Petrus). 130 a. 184 a. 199 a.
— (Thomas). 75 b. 110 a. 118. 130 a. 138 a.
— (Ricardus). 152 c.
— (Filia au). 206 c.
Bouteville (Ricardus de). 146.
Boutevilein (Joh.). 384 p.
Bouvier (Gaufredus le). 26 d. f. 646. 136 c.
Bois-l'Abbé (Le). 366 e.
Brasart (Willelm.). 25 a.
— (Thomas). 185 d.
— (Stephanus). 209 a.
Brasium (Drèche). 250 c.
Brazun (Stephanus). 84 d. 195.
— (Uxor Steph.) 84 c. 144 l.
Brehier (Ricardus). 415 b.
Bresce (Robertus de). 95 c.
Brete (Jocota la). 43 c.
— (Luceta la). 25 b. 75 b. 98 d.
Bret (Guillel. le). 73 b. 84 b. 153 b.
— (Johannes le). 45 a.
Breon (Colinus). 168 a.
Breton (Bertoudus). 110 a.
— (Radulfa filia Petri). 126 b.
— (Robertus), presbyter. 123 k. 206 a.
— (Yvo le). 168 a.
Breuville (Guill. de). 267.
Brevetier (Joh. le). 304.
Breviaria. 84 a. 95 a.
Brettevilla super Odun. 383 a.
Briant (Laurencius). 387 f.
Briquet (Colinus). 238 b.
Britannia (Divinator in). 380 a. 390 f. k.
Broquart (Bertinus). 415 c.
Brolio (Presbiter de). 263 d. 296 f. 305 c.
Broon (Joretus). 168 a.
Brueria (Constantia de). 9 e.

Bruetel (Petrus le). 43 a.
Bruillio (Presbiter de). 364 a.
Brun (Ricardus le). 185 c. g. i.
Brusart (Thomas). 185 i.
Bucher (Robinus du). 93 b.
Bugourt (Joh.). 393 q.
Buisson (Henricus du). 384 g.
Buot, Buotho (Colinus). 85 b. h. 111. 141. 145. 155.
— (Hugo). 25 a. 80. 99 a. 118. 126 a.
— (Nicolas du). 143 c.
— (Colinus de). 185 f.
Buquet (Joh.). 416 h.
Bur (Magister seu le Mestre de). 168 b. 178 a. 184 b. 185 f.
Burgaut (Joh.). 161 c.
Burgo (Gaufridus de). 226 a. 277 a. 278. 279. 366 n. 389 b.
— (Robertus le). 393 m.
— (Samso de). 389 b. 390 d. 393 f. i.
Burgo (Presbiter de). 289 c.
Buri Regis (Magister). 325.
Burnouf (Joh.). 378.
Buro (Magister seu le Mestre de). 138 b. 143 b. 152 d. 199 c.
Burone (Andree de), officialis cerasiensis. 93 d. 117. 124. 127. 129. 130. 132. 133. 135. 144. 147. 153. 161. 164 a.
Bursarum (Cissor). 59 c.
Busquet (Guillelm.). 126 b.
Butot (Colinus de). 123 i.

C.

Cadomi (Juridictio). 74 b.
Caen (Joh.) 404 d.
Cageux, Caugeux (Robertus des), 390 e. 392 l. p. 393 o. 394 c. o. r.
— (Joh. des), tabernarius. 392 m. 394 r.
— (Radulfus de). 392 m. 394 k. r. 397 i.
Caillie (Gaufridus le). 26 b.
Cairool (Guill. de). 123 g.
Caisneto (Petrus de). 9 e.
Calois (Dolia). 254.

Calenche (Sanso de). 261 *a*. 367 *d. e*. 368.
Calix. 167 *a*. 298 *b*.
Calumpnia (Juramentum de) 26 *d*. 60 *a*.
Camerarius. Chambellenc (Laurencius), officialis vices gerens. 15. 22. 85 *c. d*. 135. 141. 145. 150. 151. 155. 159. 164 *a*. 185 *g*.
— (Joh.) 168 *a*. 199 *a*.
Casneto (Joh. de). 110 *c*.
Camino (Guill. de). 75 *b*.
Camonissie (Joh.). 145. 185 *e*.
— (Frater Petrus), Augustinus: 185 *b*.
Campana. Cloqua. 64 *a*. 129 *c*. 174.
Campanas (Corde ad) 127 *a*.
Campigneio (Decanus de). 257 *f*. 263 *d*. 275 *b*.
— (Presbiter de). 264 *f*. 289 *c*.
Campis (Margareta de). 146.
— (Philippota uxor Radulfi de). 370 *h*.
Cancellum. 316 *b*.
Canchie (Philippus le) 411 *f*.
Candel (Goretus) 118. 121 *a*. 138 *a*. 152 *a*. 168 *a*. 199 *a*. 213 *a*.
— (Johannes). 138 *a*.
Candis (Rogerus de). 116 *a*.
Canne (La) 213 *c*.
Cannot (Le). 168 *c*.
Canoigne (Guill. le). 390 *n*.
Canopis (Virga). Sureau. 250 *e*.
Canoville (Guill.). 365 *e*.
— (Joh.). 385 *b*. 393 *a*.
Cantelleyo (Guill. de), monachus. 20.
— (Henricus de). 185 *f*.
— (Joh.) 185 *b. d*. 261 *a*.
— (Nicolas). 267.
— (Colinus de). 341 *a*.
— (Gaufridus de). 370 *i*. 375 *d. f*.
— (Philippota uxor Gauf. de) 366 *m*. 370 *f*. 375 *p*.
Cantepie (Thomas de) 84 *a*. 235 *a*. 258. 261 *b*. 340.
— (Adam de). 316 *a*.
— (Philippus de). 387 *d*.
Canteresse. Chanteresse (Matillidis la). 205. 206 *o*.

Cantillis. Cantillie (Henricus de). 121 *a*. 123 *i*. 206 *a*. 213 *a*.
— (Colinus de). 308.
Cantillis (Presbiter de). 310 *b*.
Cantu Lupi (Sello). 186.
Capa chori. 84 *a*. 95 *a*. 316 *b*.
Capell. Capella. Capellis (Robertus de). 27.
— (Rogerus de). 90. 85 *k*.
— (Willelmus de). 27.
Capellaria Cerasiensis. 8 *c*. 15.
Capellaria (Joh.) 49 *b*. 52 *a*. 92. 93 *d*.
— (Rogerus), monachus. 37. 53. 60 *a*.
Capellerie (Domus de la). 404 *b*.
Carcer (vid. Ceraselo (Carcer curie de) seu Curie carcer.)
Cardinale (La). 84 *d*.
Cardonvilla (Robertus de), monachus. 19. 26 *a*.
— (Nicolas de), prior. 26 *a*.
Carmey (Thomas le). 332 *c*. 333 *b*.
Carmina illicita. 13 *a*. 73 *b*. 138 *b*. 213 *b*.
Carnes comedere. 105 *a*. 370 *g*. 392 *c*.
Caron (Georgius le) 306.
Carone (Frater de). 123 *c*.
Carpentier (Drouetus le). 26 *f*. 76.
— (Ranulfus le). 136 *a*.
Carre (Joh. Roberti *alias* le). 384 *d*.
Cartegneyo (Presbiter de). 371 *b*.
Cartigneium. 185 *h*.
Carue (Thomas le) 390 *f*. 392 *f*.
Caruel (Joh.). 226 *b*. 228 *c*. 344 *b. d*. 363 *d*.
— (Gaufridus le). 408 *f*.
— dit Gouisant. 373 *f*.
Caruete (Bertondus), tesaurarius. 84 *a*. 95 *a*. 112.
Casteaubray (Guill. de). 132 *a*.
Castel. Castello (Colinus de). 110 *d*.
— (Jordanus de). 52 *d*.
Castelle (Thomassia la). 387 *c*.
Castelez (Henricus du). 147.
— (Gaufridus du). 147.
Castereyo (Uxor Luce de). 130 *c*.
Castro (Colinus de). 138 *b*. 206 *b*.
— (Guill. de) 126 *d*. 213 *b*.
— (Yvo de). 206 *c*. 243 *c*.

Castrum Baiocarum. 55.
Casule. 84 a. 167 a.
Caucheia. Caucheio (Will. de). 64 a. 76.
— (Colinus de). 355 a.
Cauf. Caus (Petrus le). 25 a. 43 a. 75 a. 96 a. 110 a. 126 a. 133 a. 138 a. 152 a. 168 a. 171 a. 178 a. 184 a.
Causa matrimonialis. 4 a. 8 b. 10 a. 10 b. 25 g. 30 a. b. 40 b. 46. 50 b. 54 a. 56 c. 58. 66. 67 a. b. c. 68. 69. 78. 81. 84 c. 90. 103. 108. 126 c. 127 b. 128. 136 b. 152 b. 153 b. 175. 243. 265. 268. 345. 372. 394 o. 397 b. 428.
Causa pecuniaria. 29. 32. 50 c. 94. 236. 352 a. 354 a. b. et seq. 370 i. 393. 413 a. 414 d.
— mortis. 52 a.
— divortii. 54 a. 81 b.
— injuriarum (vid. *Injuriæ.*)
— ictuum et vulner. (vid. *Ictus.*)
Cautio. Plegium. 409 b. c. 411 c. 414 d.
Cauvet (Guill. le). 138 c. 143 b. 152 b. 178 a. 184 a.
Cauvin (Sello). 9 d. 42 a. 84 b. 95 a. 132 a.
— (Radulfus). 26 g. 64 b. 76. 128. 136 b.
— (Filia au). 73 b.
— (Mathæus). 128. 136 a. 161 a.
— (Johannes), cantor monast. 363 q.
Cavelier (Guill. le). 207 b.
Ceraseio (Abbas de) (vid. *Abbas*).
— (Ballivus de). 102. 109 a.
— (Cantor monast. de) 363 q.
— (Curia de). 89. 93 d. 119 c. c.
— (Justitia secularis de). 429.
— (Carcer curiæ de). 3. 49 a. 52 a. 59 c. 61. 62. 62 a. b. 135. 176. 212 b. 394 t. 414 d.
— (Cimiterium de). 145. 226 b. 227.
— (Capella de). 145.
— (Curati domus de). 394 r.
— (Officialis de). vid. *Officialis*.
— (Senescalus de). 102.
— (Magna aula de). 60 b. 410 f.
— (Magister scolarum de). 212 a.

— (Mercatum de). 62 a. 229 bis.
— (Monasterium de). 55. 85 c. 140 b. 152.
— (Parochia de) 118.
— (Sacristus de). 120.
— (Visitatio eccles. de). 43. 75. 98. 110 a. 121 a. 126. 130. 133. 168. 178. 198. 206 a. 213. 316.
Ceraseyo (Presbiter de). 213 b. 256 a. 257 a. 265 a. 273 b. 280 d. 296 a. c. d. 305. 310 a. c. d. 312 a. b. 353 b. 359 c. 364. 369 a. 371 a. et seq. 382 a. et seq. 386.
Ceraseio (Ælicia de). 81 b.
— (Ænota de). 110 b.
— (Colinus de). 126 d. 129 b. 133 b. 185 b.
— (Johannes de). 83 a. 110 a. 121 a. 130. 136 a. 138 a. 392 g.
— (Gregoria de). 25 d. 75 b.
— (Henricus de). 8 d. 80. 85 c. 116 b. 126 d.
— (Guillelmus de) 110 a. 123 i. 138 a. 185 c. d.
— (Nicolas de). 87 d.
— (Philippa de). 32 b. 96 c. 98 a. 110 b. 123 c.
— (Ricardus de). 85 g.
— (Thomas de). 4 a. 80. 121 c. 130 a. 152 a. 168 a. 178 a. b.
— (Thomassia de). 75 b. 98 b. 110 b. 121 b. 133 b.
— (Filia Roberti de). 152 b.
— (Filia Robini de). 133 b.
— (Filia Thomæ de). 134.
— (Uxor Johan. de). 138 b. c.
— (Martinus de). 185 h. 208.
Cereus pascalis. 26 c.
Chalenche (Samso de). 315.
Challot (Joh.). 366 p.
— (Colinus). 390 c. 394 e. i.
Chambellengne (Martina à la). 139.
Chambelengue (Uxor au). 43 c.
— (Laurens le). Vid. *Camerarius.*
Champ d'Aveine (Michael). 410 g.

Chanterel (Guill.). 380 *b.*
— (Joh.). 377 *a.* 380 *b.*
Chepin (Thomas). 80.
Cheron (Thomas). 415 *b.*
Chevalier (Johanna filia Joh. le). 392 *p.* 393 *o.* 394 *c.*
Chibot (Guillemeta filia Michaëlis). 365 *g. h.*
Chicouele. 168 *c.*
Chouquet (Robertus). 25 *g.*
Chouqueta (La) 138 *b. c.*
Cibot. Chibot (Michael). 298 *a. c.*
Cimiterium. 26 *b.* 42 *a.* 64 *a.* 137 *c.* 140 *a.* 164 *a.* 226 *b.* 227. 393 *d.* 397 *f.*
— (*Herbagium*). 167 *d.*
— *de Savigneyo.* 363 *i. k.*
Citra Vada (Archid. de). 8 *b.* 9 *h.*
Clarel (Colinus). 86 *a.*
Clementis (Magister Baudri). 371 *a.*
Clerel (Yvo). 375 *f.* 389 *c.* 392 *l.*
Clericus officialis. 55.
— *pristarum.* 165 *a. b.*
Clerq. Clerc. Clerici (Germanus le). 42 *a.* 119 *a.* 153 *a.*
— (Johannes le). 9 *b.* 52 *b.* 387 *g.*
— (Matillida le). 25 *b.*
— (Bertinus le). 383 *e.*
Closyo (Presbiter de). 296 *b.*
Cobée (Moreta la) 96 *b.*
Cob (Goreta). 25 *e.*
Cobee (La) 152 *d.*
Coc (Gregorius le). 25 *a.*
— (Guill. le). 75 *c.* 80.
— (Joh. le). 43 *a.* 152 *a.*
— (Thomas le). 120.
Cocfy. Coeffic (Joh. le). 366 *h.* 367 *d.*
— (Philippota le). 366 *i. k. r.*
Cohue. Cohuey (Filia Haberti). 73 *c.*
— (Filia Roberti). 95 *b.*
— (Ricardus), presbiter. 416 *f.*
Coid (Guill. le). 24 *c.*
Cointe (Germanus le). 95 *c.*
— (Agnès la). 152 *d.*
Coispel (Jacobus). 85 *f.* 86 *a.*
— (Jaquetus). 96 *d.*
— (Ranulfus). 123 *k.*

— (Renaldus). 126 *a. b.*
— (Rogerus). 123 *f.*
— (Filia Reginaldi). 130 *b.*
— (Hamo). 168 *a.*
— (Ricardus). 168 *b.*
Colevilla supra Oulnam. 2.
Colini (Joh.). 298 *a.*
— (Guillel.), tesaurarius. 375 *c.*
Collet (Job.). 416 *a.*
Collectores Anglicorum redemptionis. 429.
Collibert (Colinus). 387 *d.*
Commater. 46. 64 *b.* 268.
Compater. 95 *c.*
Compotus. 327 *b.*
Compromissi forma. 432. 433 *a.*
Concubinatus. 12. 16 *b.* 25 *b. d. f.* 26 *b.* 72 *b.* 75 *a. b.* 88. 146. 161 *b. c.* 168 *c.* 181. 199 *b. c.* 206 *b. c.* 209 *b.* 213 *b.* 228 *a. b.* 261 *b.* 377 *b.* 380 *b.*
Confessio ante Pasca. 390 *f.*
Confratria S^{ti}-Mauri. 394 *e. f.*
Cœsel (Ricardus du), *alias* le Forestier. 394 *m.*
Conjugale officium. 124 *b.* 127 *b.* 182.
Citatoria Baiocaria. 207 *b.*
Citatio ad diem. 421. 422. 423. 424.
— *testium.* 420 *a. b. c.*
Citationis forma. 419.
Consilii (Magister Henricus). 397 *b.* 418 *a.*
Constansiensis officialis. 92.
Conte (Guill. le). 26 *f.* 26 *g.*
— (Radulfus le). 20.
— (Thomas le). 9 *d. f.* 112. 132 *a.* 137 *a.* 153 *a.* 173 *a.*
— (Geliota filia Thom. le). 84 *c.* 87 *e.* 90.
— (Uxor Thom. le). 183 *b.*
Contesse (Thomassia la). 25 *b.*
Contumacia (Judio. pro). 85 *a. k.* 100 *a. b.* 123 *a. et passim.*
— *ex officio.* 85 *c.* 100 *a. et passim.*
— *contra abbatem et conventum.* 123 *f.*
Copil (Samso le). 86 *b.*
Copulatio carnulis. 35. 58. 63. 68. 70. 72 *b.* 86 *a.* 95 *b.* 124 *b.* 144 *b.* 154. 166. 189. 228 *c.* 244. 277 *b.* 292. 363 *c. et seq.* 365 *g.* 366 *e. h.* 373 *a. c. d.*

375 b. et seq. 383 l. 384 m. 387 c. k.
389 a. 390 o. 392 o, p. 393 d. l. o.
394 c. g. 408 d. 411 c. 414 f.

Coquart (Felix). 126 c.
Coquerel (Joh. le). 25 g.
Coquet (Guill.). 82 b. 83 c. 85 f. i.
— (Gaufridus le). 349. 387 c.
Coquete (La). 144 a.
Coqui (Filius). 138 d. e.
Coquierre (Reginald. le). 185 e.
Cordiere. Cordeir... (Hamo le). 43 b.
— (Colinus le). 393 k.
— (Coleta filia Ham.). 200.
— (Guill.). 10 c. 53. 56 b. 85 d. f. k. 100 a. 392 h.
— (Joh. le). 126 c. 152 b. 261 a. 393 k. 411 f.
— (Relicta Guill. le). 123 f.
— (Guilleta filia Colini le). 345.
Cores. 392 d.
Cormeron (*Decimæ de*). 334.
Cormolain (Joh. de). 159.
Cormolain (Presbiter de). 312 a.
Corneiz (Bertaudus). 123 b. c. d.
Corporalium. 9 c. 84 a. 95 a. 167 a. 298 b. 316 b.
Corpus Christi. 26 e. 84 a. 167 a. 392 b.
Coshue (Adiena). 127 b.
Costentin (Guill. de). 385 a. 392 e. 393 h. i.
— (Thomas de). 387 e.
— (Coleta filia Thomæ de). 387 k. 393 a.
Costantineise (Matillidis la). 126 c. 130 b. 152 d. 167 d. 213 d.
Costantino (Roussa de). 189.
— (Ruffina de). 199 a.
— (Thomas de). 231.
— (Thomas), *alias le Carney*. 333 b.
— (Thomas), *alias le Canu*. 375 e.
Cottun (Presbiter de) 296 f. 310 c.
Cottun (Johannes de). 371 a.
Couete (Nicolaa la). 111 d.
— (Ranulfus le). 82 a. 100 a.
Couillmine. 152 c.
Courant (Uxor au). 199 c.

Court (Petrus le). 171 c. 185 h.
Courtelais (Thomas de). 124 b.
Courtoys (Thomas le) 403.
Cousin (Stephanus). 100 b.
— (Ricardus). 129 a.
— (Thomas). 118 bis.
Coustureria. 73 c.
Cousturière (Thomassia la). 88. 112.
Couturier (Laurencius le). 342. 343.
— (Joh.), *alias Maguet*, 355 b. 358 b. 389 f.
Couveinz. Convains. 185 k.
— (Presbiter de). 256 a. 257 f. 263 c. d. 264 f. 273 et seq. 289 a. b. e. 296 a. 305 a. 310 a. c. 312 c. 369 a.
— (Decanus de). 260 a.
Couvreour (Dyonisius le). 170.
Crabin (Joh.). 137 d. 138 a. 408 a.
— (Michaël). 121 a. 130 a.
— (Petrus). 185 e. 212 b.
— (Robertus). 404 d.
Creys Dieu. 401.
Creauville (Joh. de). 161 c.
Criqueubeuf (Thomassia). 128.
Crisetot (Jacobus de). 123 h. 130 c. 137 b. 167 d.
— (Jaquetus de). 138 d.
— (Mathæus de). 62 b. 85 g. h. k. 100 b. 186 l.
— (Yvo de). 13 b.
Crismatorium. 9 c. 84 a.
Croc. Cloc (Presbiter de). 256 a. 263 a. 264 a. 273 b. et seq. 274.
Croeyo (Presbiter de). 288 a. 289 d.
Cron (Petrus le), presbyter. 85 b.
Cronier (Guillemota le) 202 b.
Crueria. Crouère (Hamo de). 8 a. 80. 123 k. 126 a.
— (Petrus de). 25 b. 68. 123 c. d. e. k.
— (Johanna filia la). 261 d.
— (Johannes de). 309 c. f.
Cucufa. 141.
Culleyo (Magister Philip. de). 93 d.
Cultura (Henricus de). 110 d. 130 b. c.
Cultura abbatis. 347.

Cuquarrey (Rogerius). 3.
Curia secularis. 55. 207 *a.* 281. 375 *d. e.* 384 *g. l.* 392 *c.* 393 *g. l.*
Curie secularis (*Prepositus*). 151.
— (*Tabellio*). 363 *q.*
Curie (*Officium*). 2.
— (*Apparitor*) 365 *a*
— (*Carcer*) 3. 49 *a.* 52 *a.* 59 *c.* 61. 62. 62 *a. b.* 135. 176. 363 *m.* 414 *d.*
— (*Perturbatio*). 397 *d. i.* 408 *f.*
— (*Advocati*). 1. *a.*
— (*Notarii*). 1 *b.*
— (*Capellanus*). 313.
— (*Promotor*). 366 *c.* 375 *a. m.*
Custodia Corporis Christi. 144 *a.*
— S^{ti} Crismatis. 144 *a.*
Custos ecclesiæ. 9 *f.* 120. 393 *f.* 394 *q.*

D.

Dagre. (Filia au). 199 *b.*
Daim (Germanus Le). 84 *c.* 85 *h.*
— (Petrus). 85 *f.*
Dame-Dieu (Filia). 168 *c.*
Dancheour (Calinus le). 173 *c.* 212 *a.*
Daneis (Joh. le). 20. 53. 59 *a.* 80.
— (Germana relicta le). 85 *c.*
Daniel (Petrus). 85. *e. k.*
— (Alicia filia Ricardi). 261 *c.*
Danielis (Ricardus). 184 *a.* 206 *a.*
Danton (Quentinus). 384 *f.*
Davi (Gregorius). 69.
— (Relicta Greg.). 117.
— (Dionisius). 415 *b.*
— (Guill.). 20. 24 *b.* 56 *c.* 126 *c.* 130 *b.*
— (Johannes). 143 *c.* 145. 185 *c.*
— (Johanna). 68. 85 *g.* 123 *a.*
— (Laurentius). 48 *a.* 55. 80.
— (Philippus). 25 *a.*
— (Radulfus). 185 *c.*
— (Radulfus), curatus de Listreyo. 365 *d.*
— (Ricardus). 416 k.
Debitum mariti. (Vid. *Conjugale officium.*)
Decanus. 9 *h.*

Decimator. 272.
Decimæ. 272. 283 *e.*
— (*Mercatores*). 334. 336.
Den-Daen (Guill. le), presbiter. 234. 235 *d.* 245 *a.* 260. 278. 283. 298 *c.* 319. 325. 330 *b.* 332 *c.* 333 *a. b. c.*
— (Philippus le). 298 *a.*
— (Johannes le). 291. 298 *a.* 347.
Defence (Hugo), clericus. 150.
Dela (Robertus). 123 *a.*
Demaignie. 146.
Denez (Guill. le). 364 *a.*
Dies sabbati. Feriæ. 147. 172 *b.* 259 *a. b.* 366 *g. h.* 375 *e. n.* 387 *a. b.* 390 *a* 416 *i. k.*
Diete (Ricardus). 100 *b.*
Dieta (pena). 182.
Diffamatio de communi. Passim.
Diallaiz (Guill. le). 397 *d. g. i.* 404.
— (Radulfus le). 410 *g.*
Diorel (Thomas). 144 *b.*
Direis (Ricardus). 87 *c.*
Direise (*Tomba* à la). 145.
Divel (Robertus), presbiter. 394 *h.*
Divinator in Britannia. 380 *a.* 390 *f. k.*
Divortii (*Sententia*). 32 *b.* 54 *a.*
— (*Causa*). 54 *a.* 56 *c.* 84 *b.*
— (*Forma*). 428.
Dobra (Gaufridus de). 227.
Dodaere (locus). 235 *a.*
Dogie (Joh. le). 52 *c.*
Doien (Germanus). 95 *c.*
Doito (Robertus de). 362 *b.* 366 *l.* 375 *p.*
Dordehie (Colinus). 90.
Dorenlot (Simon). 237.
Doreta (Laurencius). 339 *c.*
Douillet, Doillet, Doullet (Germanus). 25 *b.* 57. 85 *e. l.*
Doutei (Coleta). 85 *c.*
— (Willelmota filia Henrici le). 157.
Douin (Ingerranus). 148 *c.*
Douz (Joh. le). 9 *f.*
Doyn (Joh.). 375 *d.*
Drieu (Joh.). 128.
Drouel (Alicia uxor Ricardi). 262 *a.*

Drouelin (Germanus). 119 *a.*
Drouete (la), villa. 55.
Dumo (Uxor Guill. de). 150.
— (Guill. de). 185 *g.*
— (Uxor Calini de). 199 *c.*
Duobus Gemellis (Altare S^{ti} Bartholemi de). 26 *e.*
— (Altare S^{ti} Thome de). 64 *a.*
— (Curatus seu rector de). 26 *a.* 59 *a.* 60 *a.* 263 *b.* 381. 382 *a.*
— (Vicarius de). 377 *b.*
— (Prioratus de). 26 *a.* 397 *b.*
— (Villa de). 136 *b.* 185 *e.*
— (Monasterium de). 363 *a.*
— (Visitatio eccles. de). 26 *a.* 41 *a.* 64. 76. 128. 136. 146. 161. 362 *a et seq.* 376 *s.* 377 *a.* 380 *a.*
Duobus Gemellis (Robertus de), monachus. 20.
Durant (Coleta). 156.
— (Guill.). 393 *g.*
— (Joretus). 394 *f.*
— (Henricus). 118. 126 *a.* 130 *a.* 152 *b.* 168 *a. b.* 178 *a.* 206 *a.* 213 *a.*
— (Ludovicus). 383 *s.*
— (Thomas alias Le Mestre de Bur.). 129 *a.* 178 *b.* 185 *c.*
— (Uxor Petri). 213 *c.*
— (Magister Johan.), curatus de Savigneyo. 363 *k.*
— (Petrus), tesaurarius. 375 *c.* 384 *r.*
— (Filius Joh.). 372.
— (Radulfus). 383 *h.* 384 *a.* 387 *l.*
Duredent (Robergia). 25 *g.*
Duxeyo (Joh. de). 26 *b.*
Dyago (Uxor). 363 *m.*
Dyacre (Guill. le). 185 *d. h.*
Dyonisia, pedisecca. 25 *d.*
Dyonisii (Joh.). 25 *a.*

E.

Ecclesiæ frequentatio. 119 *b.* 137 *b. d.* 184 *b.*
Ediene (Petrus), alias Fare. 235 *b. d.* 309 *c.* 316.

— (Johanna, filia Petri). 384 *m.* 390 *c. p.*
Edouart (Colinus). 123 *d.*
Egidii (Joh.) 85 *a.*
Eir, Err (Michael l'). 148 *a.*
— (Uxor Mich.). 110 *c.*
Emit. 129 *c.* 167 *a.*
Emmeline (Guill.). 95 *a.* 112. 119 *a.* 124 *a.* 129 *a.* 190.
— (Guillotus). 95 *a.* 112. 119 *a.* 124 *a.* 129 *a.*
— (Uxor Guillel.). 73 *a. c.*
Engleis, Englez (Colinus l'). 59 *a.*
— (Henricus l'). 41 *b.* 64 *a.* 76. 117. 128. 146. 161 *a.*
— (Johannes l'). 42 *a.* 119 *a.* 303. 397 *f. h.* 404 *d.*
— (Nicolaüs l'). 39. 85 *k.*
— (Rogerus l'). 112. 119 *b.* 132 *a.*
— (Guill. l'). 183 *a.* 187.
— (Radulfus l'). 316 *a.*
— (Uxor Petri l'). 389 *e.*
— (Philipota, filia Petri l'). 394 *g.*
— (Yvo). 416 *g. h.*
Enguenovilla (Presbiter de). 273 *d.* 275 *a.*
Enguerville (Presbiter de). 289 *d.*
Episcopa (Johanna) 123 *c.*
Episcopus (Guillel.) 118. 126 *b.*
— (Johanna). 126 *a. b.*
— (Johannes). 375 *r.*
Equet (Madota relicta). 168 *c.*
Equos (Rogerus ad). 138 *a.*
Equus pro usu presbiteri. 42 *b.* 167 *d.*
Er (Colinus l'). 377 *a.*
Erembourgis. 144 *b.*
Ermite (Joh. l'). 366 *a.*
Ertault (Dom. Nicolas), presbiter de Marsaio. 402.
Escageul (Philippus) 130 *c.* 133 *b.*
— (Henricus l'). 309 *c.*
Escaolis (Joh. de). 362 *c.*
Eschevaux (Joh.) 416 *b.*
— (Johanna uxor Thome) 410 *b.*
— (Laurencia uxor Colini). 410 *b.*
— (Marchus). 414 *e.*

Escleuquier (Joh. l'). 9 g. 40 a. 52 b.
Escolate (Joh.). 35.
Escot (Frater Oliverius l'). 366 l.
Escuier (Joh. l'). 392 p. 393 f.
Esmie (L'). 26 g.
Esne (Guill. l'). 371 a. 373 b. 392 a.
Esmié. Esnuey (Laurentius l'). 64 b. 76.
— (Gaufridus). 136 a.
Espée (L'). 26 e.
Espinete Tesson (Presbiter de). 364 b.
Espiney (Joh. de l'). 25 a. 110 c.
Esragie (Joh. l'). 123 e. 185 k.
— (Thomassia). 152 d.
Eucaristia. 25 b.
Eudine (Thomas). 143 a.
— (Guillel.). 143 a.
Evrart (Robertus). 85 c. e. 123 l.
— (Colinus). 25 a.
— (Guillelmus). 25 b. 67 c. 75 c. 116 c.
— (Guillotus). 65 b.
— (Hebertus). 123 b. 185 d.
— (Johannes). 95 a. 112. 119 a. 137 a. 167 b. 188 a.
— (Nicolaa). 13 b.
— (Nicolas). 43 a.
— (Petrus). 73 a. 110 c. 129 a. 144 o. 153 a. 183 a.
— (Uxor Ricardi). 137 d. 167 c.
Ewart (Guillemotus). 25 g.
Excommunicatio. Excommunicati. 8 c. 15. 23. 25 b. 26 c. d. e. 33 c. 37. 43 b. 52 e. 74 d. 84 b. c. 85 i. k. 92. 105 a. c. d. 111. 131. 149 b. 262 d. 277 a. 397 g. 411 b. 431 a. b. d. 434. 438.
Excommunicati (*Absolutio*). 25 b. 59 a. 101. 104 b. 130 c. 180. 237. 363 h. 375 q. 389 f 434 et seq.
— (*Captio*). 92. 93 d.
— *per abbatem.* 123 f.
— (*Nunciatio*). 383 d. 416 f.
Excommunicationis exceptio. 10 c. 16 a. 24 b. c. 28. 30 d.
Excommunicatorum (*Registrum*) 116. 185.

191. 192 a. 201. 203. 211. 256. 257. 263. 264. 273. 288. 298. 305. 310. 312. 321. 353 b. 362. 364. 369. 371. 381. 382. 386. 396 a. 403 a.

F.

Fabri. Fèvre (Guillel.). 9 d. 107. 126 b. 140 b. 261 a.
— (Drouetus). 226 a.
— (Filia Henrici). 124 a.
— (Filia Guill.). 261 b. 262 c.
— (Germanus). 190.
— (Reginaldus). 16 a.
— (Renaudus). 28. 53.
— (Uxor Rogerius). 85 c. d. 116 b. d. 128 a.
— (Thomas). 73 b. 119 c. 121 c. 190. 209 a. 390 f.
— (Joh.). 183 a. 185 a. 190. 226 a. 227. 363 b.
Fae (Jacobus de). 9 e.
Faianco (Gaufredus de). 51.
Faiel (Joh. Le). 185 k.
Fain (Claricia relicta Heberti). 116 b.
Fainville (Laurentius de). 121 b.
Faleysia (Joh. de). 185 k.
Falsum. 131.
Falsa accusatio. 394 h.
Falsa clavis. 42 d.
Falsæ litteræ. 59 a.
Falsa moneta. 61.
Falsi testes. 159.
Famulus elemosyne. 168 c.
Fanous. 167 a.
Farci (Rogerus), curatus. 378.
Farey, alias Ediène (Petrus). 309 c.
Fauo (Joh.), nob. vir. 413 a.
Fax (Relicta Gaufridi le). 152 b.
Fayaco. Fay (Gaufridus de). 30 d. 32 a. 85 a. b. c.
— (Joh. de). 25 a. 33 a. 85 b. d. f. i. k. 86 c. 123 f. k. l. 137 c. 185 a. b. d.
— (Henricus de). 123 e.
— (Radulfus de). 100 c.

Fayaco. Fay (Guillel.). 85 *h*. 185 *c, d. g.*
Feivre (Thomas le). 119 *a.*
— (Michael le). 416 *i.*
Feriæ (vid. *Dies sabbati*).
Ferrant (Germana relicta Guill.). 103. 123 *d.*
— (Egidius). 393 *f.*
— (Johannes). 40 *b.*
— (Joiretus). 25 *a.*
— (Petrus). 43 *a.*
— (Thomas). 249. 281 *a.* 308.
— (Ricardus). 365 *m.* 366 *d.*
Fessart (Guillel.). 117.
Fessot (Guill.). 161 *a.*
Feuguer (Gaufridus de). 123 *a.*
Feuguerollis (Petronilla de). 95 *b.*
Fidejussores. 44. 87 *d.* 366 *b.*
Filiatra. 226 *b.* 229.
Filleul (Joh.). 110 *a.* 206 *b.*
— (Ricardus). 43 *b.*
Fiques (Joh. et Robertus). 37.
Fiquet (Agnès). 96 *b.* 123 *e.*
— (Colinus). 410 *c.*
— (Emmelota). 25 *e.*
— (Joh.). 43 *a.* 75 *c.* 185 *a. b. h.*
— (Filia Joh.). 116 *c.*
— (Radulfus). 96 *a.* 118. 121 *a.* 126 *a. b.* 133 *a.* 138 *a.* 168 *a.* 178 *a.* 199 *a.* 206 *a.*
— (Relicta Silvestri). 138 *c.* 168 *b.* 178 *b.* 185 *b.* 213 *c.*
— (Silvester). 152 *c.*
— (Willelmus). 50 *a.* 123 *h. k.*
— (Robertus). 168 *a.* 206 *a.*
— La Torte. 184 *b.*
Fiquete (Robergia la). 121 *c.* 126 *c.* 133 *b.* 152 *b.* 168 *c.*
Flambart (Robertus). 164 *a.*
— (Philippus). 392 *k.*
— (Robertus). 411 *f.*
— (Thomas). 375 *f.*
— (Yvo). 392 *k.*
Flamenc. Flamengue (Coleta la). 65 *b.* 67 *a.*
— (Johanna la). 390 *n.*
— (Thomas). 25 *e.*

Florinus. 331.
Flouriot (Radulfus). 55. 61. 62.
Floury (Guillel.). 95 *b.* 392 *p.*
Foin. 199 *b.*
Foin. Foyn. (Gregorius). 116 *c.*
— (Laurencius). 206 *a.* 213 *a.*
— (Radulfus). 43 *a.* 118. 126 *a.*
— (Goretus). 108. 109 *a.* 110 *a.*
— (Filia). 130 *c.* 138 *d.*
— (Ricardus). 29. 30 *d.* 32 *a.* 43 *a.* 85 *b.* 100 *c.* 109 *a.* 116 *c.* 123 *f.* 138 *c.* 143 *b.* 145. 151. 152 *c.* 168 *c.* 184 *b.* 206 *b.*
— (Uxor Guill.). 261 *b.*
Folia. Folia. (Presbiter de la). 286. 262 *a. et seq.*
Fontes sacri. 9 *c.* 26 *b.* 42 *a.* 78 *a.* 84 *a.* 95 *a.* 209 *a.*
Forestarius (Renouvetus). 153 *b.*
— (Exuperus). 177 *a.* 183 *a.*
Formignie. Fourmigneye (Ricardus de). 152 *a.* 199 *a.*
— (Relicta Ricardi de). 383 *c.*
Fourmigneyo (Presbiter de). 257 *f. g.* 263 *d.* 264 *f.* 273 *d.* 288 *b.* 289 *a.* 305 *c.*
Fornicatrices mulieres. 161 *b.*
Fornicatio. 4 *b.* 11 *c.* 17 *b.* 25 *a.* 70. 75 *a. b.* 112 (passim). 276 *a.* 296 *c.* 311. 316. 404 *b. e. f.* 410 *h.*
Fort (Joh. le). 380 *a.*
— (Rogerus), curat. Sti Laurencii. 384 *h.* 385.
Fortin (Guillel.). 26 *a.* 392 *e.*
— (Johanna). 26 *g.*
— (Filia). 144 *a.*
— (Ricardus). 9 *d.* 42 *a.* 84 *b.* 95 *a.* 112. 119 *a.* 127 *a.* 129 *a. b.*
— (Johannes). 375 *n.*
Fossa (Joh. de). 116 *a.*
— (Radulfus de), notarius. 25 *g.* 53. 60 *b.* 85 *k.* 93 *d.* 120. 123 *d. i.* 125. 136. 155. 175.
Foulon (Petrus le), presbyter. 65 *h.* 116 *b.*
Fouache (Johannes). 110 *a.*
— (Filia). 138 *a.*
Foucarde (Filia à la). 126 *d.* 133 *b.*

Fouquart (Robertus le). 100 a. 109 b. 116 a. 148 a.
Fouque (Filia Joh.). 110 d. 133 b.
Farsæ. 390 l.
Fournier (Laurencius le). 389.
— (Ricardus le). 401.
— (Thomas le). 397 f. h.
Fourrel (Jacobus). 136 a.
Fovea (Radulfus de). 98 c. 99 a.
Fractio ostii. 3. 7 a. 120. 188 b. 227. 410 c.
Framier (Ricardus le). 123 f.
Franceis, Francheiz (Joh. le). 42 d.
— (Colinus le). 370 m.
Francheise (Coleta la). 146. 161 b.
Franchois (Colinus le). 393 f.
Francus, (moneta). 334. 335.
Fraxino (Yvo de). 142. 143 c.
Fremin (Nicolas). 85 e.
Freschet (Thomas). 157.
Fresenguier (Le). 73 c.
Fretey (Robertus le). 237.
Frondemiche (Ludovicus). 397 a.
— (Michael). 405. 411 f.
— (Regnobertus). 411 f.
— (Stephanus). 411 f.
Frontin (Colinus). 85 a.
— (Joh.). 384 e.
— (Rogerus). 362 c.
Fullonis (Opus). 259 a.
Furnarii (Guill.). 363 f.
Furno (Relict. Germ. de). 185 f. 244.
— (Germanus de). 339 c. 341 a.
— (Philippota uxor Guill. de). 363 o.
Furtum. Fraus. 5 a. 44. 59 c. 61. 62 a. b. 131. 134. 137 c. 366 o. 383 n. 393 h. 416 d.
Fusterii (Guill.), sacrista. 325.

G.

Gaaz (Thomas). 73 b.
Gabriel (Renauda). 126 d.
Gachière (Johanna la). 281 d.
Gatien (Petrus). 298 a.

Gacion (Joh.). 362 c.
Gadriere (Johanna la). 262 d.
Gaistre (Colinus le). 370 b.
Gaite (Filia à la). 110 c.
Galiena (Dionisius). 362 a.
— (mulier). 380 a.
Galles (Michæla uxor Joh.). 375 k. l.
Gambe (Henricus la). 43 a. 110 a.
— (Frater Guill. la). 185 b.
— (Johan.). 8 b.
Garba S^{ti} Bartholomei. 26 c.
Garbas verberare. 147.
Gardino (Petrus de). 185 a. g.
— (Julianus de). 363 n.
Gascoing (Th. le). 132 a.
— (Joh. le). 344 a.
Gaufredi (Robertus). 129 a.
— (Robinus). 132 a.
— (Germanus). 354 c.
Gaut (Joh.). 85 e.
Gauteri (Rogerus). 76.
Gavart (Guillel.). 377 a.
Gavaire (Silvester). 41 b.
Gay (Colinus le). 123 h. 143 c.
Gazel (Filia Gervasii). 153 c.
Gelouz (Filia au). 213 b.
Gemmez (Yvo). 384 e.
Georgii (Johanna uxor). 75 b.
Genas (Joh.). 126 c. 133 d. 168 b.
— (Petrus). 65. 85 b. c. f. t. 100 a. 116 a. c. 123 d. e. k. 138 c. 152 c. 185 a. g.
— (Filius Petri). 139.
— (Rogerus). 172 a. 185 b. 238 a. 282. 285. 286.
Genet (Henricus). 87 c.
Gerardi. Guerat (Enguerrandus), rector de la Folie. 286. 302 a. c.
Gernon (Joh.), clericus. 150.
— (Ricardus). 64 a.
Gervais (Michael). 403.
Gerve (Perrote la). 334.
Giart (Guill.). 96 a.
— (Niguesius). 406.
— (Yvo). 384 l.

Giffart. (Magister Petrus), officialis. 55.
Gilles (Joh.). 392 e.
— (Guill.). 414 f.
Givart (Colinus). 384 m. n. 387 m.
— (Petronilla uxor Colin.). 387 t.
Glechon (Radulfus). 370 d.
Gobee (Coleta la). 110 c.
Gobot (Henricus). 105 c.
— (Martinus), alias Paelly. 416 e.
Goboude (Maria la). 124 a.
Gobout (Maria). 137 c.
— (Uxor Joh.). 138 e.
— (Petrus). 185 g.
Godet (Robertus), vic. de Duobus Gemellis 377 a. 380 a. 384 g. 385 e. f.
Goez. Goiez (Joh. le). 242.
Gogueree (Joh. la). 6. 7 a. 84 c.
— (Thomassia la). 9 f. 119 c.
— (Duæ filiæ à la). 95 c.
Goherus (Thoma). 284.
Gohin (Joh.). 137 c. 286. 318. 390 g.
— (Egidius). 394 a.
— (Thomas). 282. 285 b. 286.
— (Joh.), alias le Bon. 366 e.
— (Ranulfus). 370 l.
Goie (Henricus). 6. 7 c.
— (Colinus). 383 h. 392 e.
— (Mathæus). 123 b. d. f. t. 152 c.
— (Filia Math.). 133 b. 213 c.
— (Floria uxor Petri). 384 b. 385 a.
— (Johan). 167 c. 183 b. 209 b. 378.
— (Guill.). 341 a. 346. 354 c.
Goires (Uxor Joh.). 110 c.
Goisneri (Herbertus). 123 h.
Golet (Yvo). 397 c.
Gondein. Gondouin (Stephanus). 98 c. 123 k.
— (Guillermus). 370 a.
Gonin (Magister Joh.). 106.
Gorges (Joh.), tonnelier. 185 m.
Gorrey (Germanus le). 73 c.
— (Alicia uxor Guill.) 311.
Goschin (Thomas). 127 a.
Gosceaume (Colinus). 137 b. 144 b. 153 c. 167 d. 177 b. 226 a.

Gosceaume (Thomas). 129 a.
— (Filia). 137 c.
Goubant. Goubaut (Henricus). 152 d.
— (Filia à). 138 e, 168 o. 213 c.
Goubert (Thomas). 316 a.
— (Gaufridus). 316 b.
Gouchiet (Joueta uxor du). 347.
Gouez (Dominus Rogerus le). 210.
Gouin. Govin (Johannes), officialis. 169. 183. 209. 213. 226.
Goulez (Filia au). 126 d.
Goulle (Will. le). 25 a.
Gouhier (Guill.). 127 b.
— (Jordanus). 27.
Goupil (Joh. le). 85 h.
— (Robertus le). 265.
Gouvilla. 126 d.
Gouville (Uxor Unfredi). 119 c.
— (Guill. de). 309 l.
— (Petrus le). 309 k.
— (Ricardus de). 298 a.
Gouye (Cardina filia Thome). 411 d.
— (Guill.). 415 a.
Goy. Goye (Guill. le). 116 b.
— (Filia Math.) 168 c.
— (Joh.) 176. 177 b.
Gracien (Radulfus.) 362 a.
Graciouz (Baur le). 175.
Gradalia. 84 a. 95 a. 167 a.
Grainville. Grainvilla (Philippus de). 121 b. 126 c.
Granarium. 93 d.
Grandin (Joh.). 202 t.
— (Gaufridus). 387 b.
— (Robertus le). 230. 302 a. c.
Graneletus. 167 d.
Grano (Ricardus de). 85 b. c. t. 100 a. 104 c. 123 a. h. l.
— (Uxor Ricardi de) 110 d. 126 d. 130 c.
Grave (Thomas). 370 b.
Gravelot (Uxor Helye le). 177 b. 183 b.
— (Helye le). 209 a.
Gréard (Ricardus). 83 a.
Grein (Joreta de) 25 d.

Griart (Joh. le). 364 a.
Grisetot (Jaquetus de). 64 b.
— (Yvo de). 25 b 75 c.
Grison (Robertus). 277 b.
Grive (Mich. la). 185 b. 202 d.
Grollard (Relicta). 64 b.
Grosparmi (Joh.). 85 a. 123 c.
Grosso (Joh.) 96 d.
Grouard (Robertus). 116 a.
Groulard (Joh.) 136 c. 161 b.
Grouse. Gronse (Johanna filia) 167 c.
— (Jaqueta filia). 177. 183 b. 209 b.
Guellin (Joh.) 363 k.
Guenée (Johanna la). 26 f.
Guerart (Henricus). 41 b. 117. 146.
— (Jaqueta) 26 b.
— (Philippus). 26 b. 41 b. 76. 128.
Guerat (Gaufridus). 64 b. 136 c.
Guernon (Agnès). 60 a. 76.
Guerout (Colinus). 130 c. 185 b. e.
— (Matheus), officialis. 376 s. 377 a. 380 a.
Guesdie (Joh. le). 123 l.
Guesdoin (Joh.). 72 a.
Guesdon (Joh.). 18 a. 23. 24 a. 25 b. 39. 45 a. 54 b. 57. 59 a. 72 a.
— (Relicta Radulfi). 238.
Guignet (Guillertus). 96 a. 106. 110 a.
Guignet (Henricus). 206 b. 208.
Guiart (Colinus). 363 h. 365 b.
— (Samso). 393 c. 394 e.
— (Thomas). 393 n.
— (Yvo). 393 c.
Guilbertus (Laurencius), clericus. 48.
— (Nicolas). 404 a.
Guileour (Colinus le). 410 c. e.
— (Emaldus le). 43 a.
— (Girardus le). 123 h. 152 a.
— (Joh. le). 25 a. 259 b. 261 a. 301. 309 k.
— (Guill. le). 241 a. 342. 343. 394 g.
— (Mathæus le). 85 l. 100 a. b. 121 c. 123 b. c. e. f. h. l. 126 c. 130 c. 133 b. 138 e. 152 b.
— (Martina filia Joh. 123 d.

Guileour (Natalis le). 410 c. e.
— (Radulfus). 123 a. c.
— (Thiardus le). 123 c.
— (Oliverius le). 394 h.
— (Petrus le). 261 a. 373 l. 384 a. r.
— (Villemeta filia Ranulfi le). 261 d.
— (Agneta le). 394 c.
— (Guillemetus le). 309 l.
— (Gaufridus le). 373 l.
Guille (Joh.). 366 l. r.
Guillebert (Nicolas). 404 a.
Guillemache (Lisselina la). 123 f.
Guillemin (Gaufridus). 136 a. c.
— (Guill.). 377 a.
— (Radulfus). 146. 161 a. b. 185 e.
— (Robertus). 377 a.
Guillet (Ricardus). 64 a.
Guilleumi (Guillelmus). 393 k.
Guiot. Guillot (Dyonisius). 133 a.
— (Joh.). 394 r.
— (Thomas). 25 b.
— (Uxor Ricardi). 96 b. 167 c.
— (Johanna relicta Joh.). 363 f. g.
Gyre (Joh.). 85 e.
Gyrat (Joh.). 397 d.

H.

Habitus clericalis. 10 c.
Haiz (Colinus). 121 a.
— (Alexander). 143 a. 185 a.
— (Goretus). 138 a.
— (Guill.). 168 c. 179.
Halle (Joh.). 377 a.
Halley (Joretus). 128.
Hamelin (Uxor Guill.). 152 b.
— (Uxor Ricardi). 168 b.
Hamello (Guill. de). 119 c.
— (Joh. de). 254. 390 k.
— (Coleta uxor Joh.). 390 h.
— (Nicolas de). 254.
— (Stephanus de). 387 d.
Hamo (Frater Thomas), offic. vic. ger. 167.
Hardy (Radulfus). 146.
Haro (Clamor de). 3. 141. 212 b.

Hauguenon (Henricus). 43 c.
Haus (Frater Thom.). 168.
Havée (Pétronille la). 85 f.
Havey (Colinus le). 123 c.
— (Uxor Colini le). 206 c.
— (Ranulfus la). 43 a.
— (Rogerus la). 185 g.
Haya (Presbiter de). 257 d. 364 b.
Haya (Joh. de). 123 c. k.
— (Johanna de). 100 b.
— (Laurentius de). 123 a.
— (Petronilla de). 56 b.
Heberti. Herberti (Guill.). 9 f. 185 b.
— (Ricardus). 85 f. 110 c. 116 d. 123 k. l. 138 d. 168 c. 184 b.
— (Thomas). 73 a.
— (Joh.). 167 b. 185 a. d. 316 a.
— (Robertus). 177 a. 183 a. 226 a.
— (Simo). 384 d. 393 n.
Henaut (Nicolaüs de). 123 e.
— (Joh.). 411 e.
— (Filia Sansonis). 168 c.
Henrici (Guillel.). 127 a. 137 a. 325.
— (Thomas). 149 b.
— (Thomacetus). 153 c.
— (Relicta Math.). 123 l.
— (Uxor Ricardi). 25 g.
— (Germanus). 177 a.
Héquet (Ricardus). 81 a. 85 b. 87 c.
— (Robertus). 96 a. 110 a. 206 a.
— (Joh.). 261 a. 276 b. 281. 325.
— (Petrus). 261 a.
— (Ælicia relicta Joh.). 363 k. l. 366 b.
Herbagium cimiterii 42 b.
Herbot (Thomas). 160.
Heresis. 9 e. 25 a. 26 g. 298 c. 316.
Hereveu (Nicolas). 104.
Heriz (Colinus le). 80. 111. 138 d. 143 b. 152 b. 199 b.
— (Guillel.). 43 a. 80. 96 a. 110 a. 133 a. 168 a. 199 a.
— (Hometus). 80.
— (Henricus). 238 b. 309 e. 342.
— (Johannes). 123 l. 266. 284. 290. 301. 416 d. 429.

Heriz (Relicta Joh.). 206 a.
— (Jametus). 123 a.
— (Jacobus). 116 a. 118.
— (Laurentius). 85 c. 116 a. 125.
— (Ranulfus). 85 k.
— (Renaldus). 25 f. 85 b. 123 b. h. k.
— (Reginaldus). 85 a. g. 86 c. 87 b. c. 98 c. 101. 116 a. 123 k. l.
— (Rogerus). 85 g. k. 100 a.
— (Thomas). 85 k. 110 a. 123 k.
— (Yvo). 85 g. i. 111. 171 a.
Herman (Johanna). 64 b.
Hervey (Stephanus). 285 a.
Heuseie (Filia à la). 141.
Hocheite (Filia à la). 152 c.
Homicidium. 52 a. 80. 308. 416 c.
Homme (Joh. du). 152 c.
— (Magister Joh. du). 385 f.
Honneur (Joh.), alias le Clerc. 416 k.
Horæ cantatæ. 26 c.
Hosart (Colinus). 138 d.
Houlette (Petrus). 199 a.
— (Relicta Petri). 261 d.
Houpequin. 177 b.
Hullot (Dom. Joh. le). 393 o.
Humeto (Johan. de), monachus. 26 e.
Hunei (Petrus). 186 a.
Huppain (Presbiter de). 266.
Huvey (Ricardus). 152 c. 168 c.

I.

Ictus, Vulnera. Manuum injectio. 52 a. 67 b. 77. 79. 81 a. 84 d. 86 a. c. 87 a. b. c. 93 b. 98 c. 101. 107. 125. 127 b. 128. 132 b. 140 b. 141. 142. 148 a. 149 a. 158. 160. 164 a. 166. 171 a. 172 a. 187. 188 a. 193. 201. 222 a. b. 229 bis. 232. 233. 234. 235 a. b. 238 a. 241 b. 262 d. 266. 267. 270. 271. 295. 304. 306. 315. 330 b. 332 a. b. 333 a. 337. 338 a. b. 340. 341 a. b. 'c. 343. 344 et seq. 346. 349. 350. 352 b. 361. 363 b. q. 365 a et

seq. 367 a. et seq. 370 d. 373 b. f. g.
375 a. et seq. 383 et seq, 384 et seq.
385 a. 387 g. et seq. 389 b. c. 390 a.
c. m. 392 a. et seq. 393 a et seq. 394
a. et seq. 397 a. et seq. 404. b. c.
410 aet seq. 416 g. r. 418 a.
Ille (Guill. de l'). 410 b.
Impotentia viri. 54 a. 56 c.
Incontinentia. 11 a. 11 b. 60 a. 64 b. 75 b. 110
b. 261 d. 298 c. 316 et passim.
Infidelitas seu discordia mariti et uxoris.
127 b. 136 c. 137 b. c. 138 b. 143 c.
144 a. 177 b. 182. 206 b. 261 b. c.
363 f.
Infirmorum visitatio. 84 a.
— *sanitas.* 138 b.
Infula. 95 a.
Ingerranni (Jonas). 85 c.
Inhumatio. 9 g.
Injectio manuum. (Vid. *Ictus*).
Injuriæ (Causa). 26 f. 33 c. 34 a. b. 38 a. 52 d.
56 b. 65 a. 81 a. 84 d. 91. 146. 164 b.
173 b. 198. 231. 281. 318. 333 b. c.
365 a. b. 366 l. 373 g. h. 374. 375 o.
383 f. 387 t. 390 h. 394 n. 414 e.
Inquisitio eccles. (Vid. *Visitatio*).
Inquisitio generalis. 25 a.
— *parochiæ.* 118.
Insula (Guill. de). 44.
— (Rogerius de). 27.
Insurtus. Insultus. 81 a.
Ive (Guill.). 394 r.

J.

Jacobi (Altare beati). 26 c.
Jacobi (Guill.). 84 b. 95 a.
— (Philippus). 298 a.
— (Robertus). 393 g.
Jamba (Joh. le). 238 a.
Jambe (Henricus le). 25 a.
Jamelot (Thomas). 213 a.
James (Philippus). 316 d.
— (Filia Philippi). 393 f.
James (Yvo). 389 c. 393 l. 394 n.
Janitor. 99 a.
Jaquete (Jaquetus). 313. 314.
Jaquez (Robertus). 365 k. 366 o. 375 h. 393 g.
Jehenne (Joh.), alias Jaquet. 411 g.
Jemmez (Thomas). 365 f.
Jenvreche (Guill.). 389 a.
Johannes XXII, papa. 60 a.
Johannis (Ricardus). 146.
— (Joh.). 162.
— (Toretus). 372.
Jolis (Guill. le). 250 b.
Jolivet (Joh.). 158.
— (Hacoit), alias Ameline. 384 e.
Jores (Uxor Joh.). 43 c.
Joretel (Guill. le). 126 d.
Josel (Gaufridus). 90.
Jouele (Laurentius). 184 a. 199.
Jouenne (Joh.). 414 a.
— (Martinus). 405.
Joues (Joh.). 85 e.
Jouvenc (Joh.). 364 a.
Judicatum solvi (Cautio). 20. 31.
Judicium plenum. 147. 148 a.
Juel (Petrus). 375 s.
Jueto, Juez (Robertus de). 58. 226 a.
— (Binetus de). 164 a. 226 a.
Jugan (Frater Joh.), supprior. 19 c. 26 a. 37.
123 h.
— (Petrus), clericus prislarum. 152 c.
167 b. 168 b. 187 b.
Juguet. 59 a. 100 c.
Juignet (Joh.). 58. 85 e.
— (Filia). 133 b.
Junci in festis. 42 b.
Junior (Henricus). 162.
Jupin (Henricus). 49 a.
— (Guill.). 375 f.
— (Joh.). 396 a.
— (Nicolaa). 11 b. 16 b. 17 a. 18 a.
— (Philippus). 309 t.
— (Relicta). 25 b.
— (Petrus). 397 e.
— (Thomas), fullo. 239 a. 261 a. 309 h. 342

Jupin (Stephanus). 309 a.
Juramentum. 51. 181. 262 b. 384 g. 392 c.
— de calumnia. 60 a.
— (Purgatio per). 152 b. 153 c. 173 a. 425.
Jurator regis. 308.
Juratores. — Probi homines. — Testes jurati. 9 a. 26 b. 42 a. 43 a. 73 a. 75 a. c. 76. 80. 84. b. 95 a. 117. 119 a. 124 a. 127 a. 128. 129. 130. 132. 133. 136 a. 138 a. 143 a. 146. 152 a. 153. 159. 167 b. 168 a. 183 a. 190. 199 a. 206 a. 209 a. 213 a. 226. 261 a. 298 a. 308. 316. 412.
Jurisperiti 52 a. 54 a. 65. 67 a. 74 c. 81 b. 83 b. 90. 243. 265.
Juridictio Cerasiensis. 37. 74 d.
Juridictio monasterii. 14. 82 b. 130 c. 131. 149 b. 158. 200.
Justicia secularis. Brachium seculare. 3. 34 a. 59 c. 80. 82 b. 104 a. 106.

K.

Kamel (Guillel. de). 298 a.
Karuette (Bertoudus). vid. Caruette.

L.

Labstadire (Joh.). 12.
Lael (Colinus le). 213 a.
Laïous contra Laïcum. 119 c.
Lairoux (Guill.). 123 l.
Lambert (Petronilla). 52 d.
Lampæ. 41 a. 64 a. 129 c.
— (Oleum). 129 c.
Landa (Caterina de). 9 e. 42 c. 48.
Landez (Ricardus des). 394 o.
— (Yvo des). 393 l.
Landis (Guill. de). 9 d. 42 a. 84 b. 95 a.
— (Relicta Rogeri de). 85 g. 100 c. 116 c. 123 b.
— (Johanna uxor Vic. de). 268.
— (Coleta filia Thome de). 261 d.

Landis (Thomas de). 308. 309 c.
— (Yvo de). 375 k. l. 384 c. 385 a. b. c.
— (Ricardus de). 384 g. 385 c. 393 b.
Langlois (Yvo). 390 k.
Laques (Relicta Joh.). 167 d.
Latrocinium (vid. Furtum).
Laurence (Florida uxor Symonis). 384 g. 385 e. f.
Laurentie (Joh.). 375 b.
Laveie (Joh.), alias le Quoquerel. 141.
Lavandier (Radulfus le). 73 c. 132 a. b. 209 a. 298 a. c.
— (Johannes le). 316 a.
Leaute. Leautey (Joh.). 123 k.
— (Robertus), juratus. 25 a. 43 a. 75 a.
Lebergues (Guill.). 316 a.
— (Thomas). 316 a.
Legere (Perrota la.) 73 c.
Legier (Colinus). 123 f.
Leisete (Dieta). 136 c.
Leisir (Colinus du). 185 i.
Lendonnes (Joh.). 116 d.
Lenocinium. 9 f. 25 f. 110 b.
Leonardi (Rogerus) 84 b.
Leporis (Filia). 168 c. 184 b.
Lepra. 9 f. 25 a. g. 26 g. 43 b. 64 b. 84 b. 96 c. d. 97 a. 119 c. 126 d. 130 c. 136 b. 143 b. 168 b. 177 b. 178 b. 183 b. 195. 199 b. 206 c. 261 c. 298 c. 316.
Leprosaria (Villa. Domus). 9. c. 316 b.
Leprosus. 42 c.
Lesnue (Guill.). 26 b.
Levrote (Coleta la) 138 d.
Libri ecclesiæ. 26 b. 64 a. 73 a. 84 a. 95 a. 129 c. 136 b. 144 a. 146. 161 c. 209 a. 298 b. 377 a. 380 a.
Liebart (Petrus). 367 c.
Liece (Luceta la). 12.
Lièvre. Leporis (Thomas le). 137 b. 144 b.
— (Thomassia filia). 121 b.
Ligier (Dionysia filia Joh.). 265.
Lileman (Joh.). 185 i.
Limoglis (Luca de). 118.
— (Petrus de). 43 b. 75 a. 96 d. 100 c.

Lison (Thomas). 244 b. 277 a.
Listea, Listeya (Litteau). 85 i. 100 b. 149 a. 362 b.
Listreyo (Visitatio de). 9. 9 e. 42. 73. 84. 95. 112. 119. 124. 127. 129. 132. 137. 144. 153. 167. 177. 183. 184. 184 b. 190. 194. 209. 226. 298. 376 s. 412.
— (Cimiterium de). 9 g. 137 c. 140 a. 226 b. 227.
— (Custos de). 9 g.
— (Parochia de). 13 a. 292 b.
— (Rector de). 9 h. 37. 119 c. 155. 159. 209 b. 226 b. 250 b. 256 b. 257 b. 263 a. 273 et seq. 288 a. 289 a. 296 a. b. c. d. e. 305 a. 310 a. b. c. 312 a. 362 a. b. 364 a. 369 a. 381. 382 a. b. c. d. 386.
— (Thesaurarius eccl. de). 95 a. 140 a. 249.
— (Turris eccles. de). 393 g.
— (Monasterium S^{ti}-Germani de) 384 a.
Litteræ falsæ. 131.
— sigillatæ. 136 b.
Litterarum formæ. 419.
Locatio servicii. 335.
Loques (Joh.). 119 a.
Lomiot (Petrus). 364 a.
Lommin (Thomassia). 73. b.
Longuelanche (Guill.) 64 a.
— (Ranulfus). 64 a. b. 128. 136 a. 146.
— (Uxor Ranulfi). 26 g. 41 b. 76.
Lont (Relicta Laurentii). 116 a.
Loreto. 125.
Lou (Filia Laurenc. le). 130 c.
— (Thomas le). 110 a. 128 a. 138 a.
Loucellis, Locellis (Henricus de). 119 c.
— (Thomas de). 26 g. 76.
Louvete (La). 261 d.
Louvet (Jacobus), officialis. 2.
— (Joh.). clericus. 48.
Lucas (Robertus). 80. 152 a.
Luce (Johannes). 123 f.
— (Robertus). 168 a.
Lucerna (Th. Perret de) 202 f.
Ludi. 394 d. 398 b. 410. f.

Luey, Lue (Ricardus le). 178 b. 184 b. 243 b.
Luminaria 26 c. 64 a. 136 b. 146. 161 c.
Luoth (Colinus de). 123 l.
Lupanar. 25 e. 64 b. 75 b. 76. 84 c. 95 c. 96 b. 167 d. 206 c.
Luperia (Filia Thome de). 133 b.
Lupi (Thomas). 124 a. 133 a. 143 a.

M.

Machon (Joh. le). 8 c. 33 c. 34 b. 38 a. 123 f. k. 298 c.
— (Thomas le). 366 e.
Maceu (Guill.). 371 b.
Made (Ricardus). 26 e.
Madey (Ricardus). 76.
Magistri et Scolares. 15.
Magnavilla (Presbiter de). 275 a.
Magnete (Rogera la). 245 a. 298 c.
Mahee (Filia à la). 178 b.
Maheud (Joh.). 394 l.
Mahias (Dominus Joh.). 375 s.
Mahieu (Michael). 342.
Maignie de Freulla 59 c.
Maignen (Joh.). 172 b.
Maillefer (Thom. et Joh.). 8 c.
Main (Robertus). 404 c.
Maine (Raolina uxor Thom.). 377 a. 384 c.
Mainnie (Joh.). 243 a.
Mainimuie (Symo). 110 a.
Maisnier (Colinus le). 26 f.
Maistre (Radulfus le). 146.
— (Jacobus le). 416 d.
Maizel (Silvester). 50 b.
— (Filia Silvest.). 96 d.
Majores monasterii. 19.
Malclerq (Ælicia dicta). 35.
Malchio, latro. 131.
Malet (Joh.). 367 a.
Malherbe (Coleta). 103.
— (Leta). 218 c.
— (Mathæus). 85 d. 99 a.
— (Oliverius). 390 b.
— (Petrus). 84 b.

Malherbe (Philippus), scolaris. 18 *b*. 85 *a*. *t*. 164. 168.
— (Philippus), tabellio. 120. 122. 123 *c*. *g. k*. 145. 150. 155. 160. 175. 210. 227.
— (Thomas). 85 *k*. 373 *t*. 375 *m*. 397 *g*. 414 *c*. 416 *c. k*.
— (Thomassia). 72 *b*. 75 *a*. 88. 95 *c*.
— (Soror Colini). 261 *b*.
— (Gaufridus). 329. 392 *c*.
— (Colinus). 363 *c*.
— (Martinus). 373 *c*.
Maloisel (Germanus). 100 *a*. 116 *d*. 143 *c*.
— (Inguerrandus). 24 *b*.
Malus Johannes. 213 *d*.
Malveisin. Malvoisin (Jaqueta). 76.
Manchon (magister Joh.), vic. abb. 355 *d. l*.
Manne (Robertus). 410 *b*.
Manuale. 167 *a*.
Manutergia. 129 *c*.
Manuum (*Infectio*), Vid. *Ictus*. *Vulnera*.
Mara (Germanus de), 100 *a*. 116 *d*. 148 *c*. 211 *b*.
— (Joh. de) 11 *b*. 16 *b*. 17 *a*. 47. 85 *c*.
— (Petrus de). 30 *c*. 85 *d. k*.
Maresc (Henricus). 363 *a*.
Mareschal (Philip. le). 118.
— (Relicta Guill. le). 123 *c*.
— (Joh. le). 395.
— (Jacobus le). 363 *o*. 366 *f*. 375 *k. m*.
— (Samso le). 392 *k*. 395.
Marescot decimæ 336.
Margeret (Joh.). 387 *a*.
Marguerie (Alanus). 396 *a*.
Mari (Thomas le). 226 *a*.
Marisco. Marescaux (Petrus de), presbyter 26 *a*. 124 *a*.
— (Michaël de). 41 *b*.
— (Ricardus de), 161 *a*.
Marchant (Clemens le). 271,
Marculfi (Rector S^{ti}). 205.
Marion (La) 298 *c*.
— (Johannes). 280.
Maroul (Guill. le). 237.
Marquier (Laurencius). 394 *f*.
— (Nigueslus). 408.
Marquier (Perina filia Petri). 414 *f*.
— (Ricardus). 384 *o*.
— (Thomas) 396 *a*.
Marris (Guill. de). 77.
Martin (Thomas). 410 *g*.
Martini (Ivoneta). 40 *b*.
Massieu (Egidius). 390 *b*.
Massotel (Philippus le). 411 *a*.
Masure (Joh. de la), curatus Bretteville-sur-Odon. 383 *a*.
Matrimonialis causa (Vid. *Causa*).
Matrimonium impeditum. 4 *a. b*. 18 *a*. 35. 136 *b*. 404 *f*.
— *consensum seu contrahendum*. 25 *b. c*. 58. 148 *b*.
— *cum corrupta*. 10 *c*.
— *resolutum frigiditate mariti*. 54 *a*.
Matronarum (*Relatio*). 54 *a*.
Maufreys (Thomas le). 306 *a*.
Maugeri (Laurencius). 26 *a. f*. 136 *c*.
Mauricii (Frater Radulfus), vice-officialis. 276 *a*. 279. 309.
— (Guill.), alias le Parfet. 357.
— (Johanna uxor Reginaldi). 304.
— (Johanna relicta Radulfi. 373 *c. d*.
Mausquet (Joh. le). alias de Ceriseyo. 184.
Meauplez (Colinus le). 384 *r*.
— (Thomas le). 392 *h*.
Medici. 80.
Medunta (Magister Robertus de), socius episc. Bajoc. 15.
Melerey (Ricardus le). 368.
Meleto (Yvo de). 27.
Melpha (Presbiter de) 273 *d*.
Melliers (Petra). 143 *c*.
Mellierz (Soror). 110 *b*.
Melloc (Joh. le). 85 *g*.
Merceer (Thom. le). 209 *a*.
Meretrices mulieres. *Ribaldæ*. 136 *c*. 181. 408 *d*. 410 *g*.
Meretricium publicum 9 *f*. 96 *b*. 137 *c*. 14 *b*.
Meriane. Merienne (Blasius). 236. 260. 272.
— (Uxor Blasii). 373 *g*.
Merseyo. Marseyo (Guill. de). 20. 59 *a*. 123 *l*.
— (Petrus de). 60 *a*.

Merseyo. Marseyo (Samso de). 138 *a*.
Mesnager (Germanus le). 132 *b*.
Mesnil (Jordanus du). 390 *a*.
Mesnillo (Engerrandus de), rector. 8 *b*.
— (Petrus de) 26 *a*.
— (Rogerus de). 373 *v*.
Mesire (Joh. le), juratus regis. 308.
Mestreyo (*Armiger* de). 44.
Mete (Radulfus). 26 *b*.
Meteer (Ricardus le) 67 *b*. 111. 133 *b*. 208.
— (Joh. le). 324. 384 *a*. 390 *g*.
— (Margareta filia Joh. le). 375 *g*. 383 *i*. 389 *a*. 394 *q*.
— (Philippus le). 394 *c*.
Michaelis (Johannes). 298 *a*. 316 *a*.
Mierre (Guill. le). 336.
Miette (Joua). 85 *h*.
— (Johannes). 261 *c*.
— (Laurentia-Lorete). 121 *c*. 126 *c*. 130 *c*. 133 *f*. 138 *d*. 152 *b*.
Mileriis (Robertus de). 362 *b*. 387 *b*.
— (Yvo de). 387 *a*. 390 *q*. 392 *l*.
Militis (Joh.). 362 *a*.
Missalia. 84 *a*.
Mite (Magueta la). 64 *b*.
Miton (Petrus). 364 *a*. 373 *e*.
Moiant (Joh.). 98 *b*.
Moigne (Colinus le). 85 *b*.
— (Hamo le) 110 *a*. 116 *c*. 123 *g*.
— (Thomas le). 184 *a*. 199 *a*. 206 *a*.
Moisson (Henri). 81 *a*.
— (Rogerus). 185 *e*.
— (Fratrer Joh.) 210.
Moisy (Joh.). 372.
Molendina abbatiæ. 365 *e*.
— de Roqua. 394 *f*.
Molendino (Joh. de). 25 *a*. 52 *c*. 54 *b*. 72 *a*. 74 *a*. 84 *b*. 91. 95 *b*. 112. 119 *c*. 127 *b*. 160. 209 *b*.
— (Radulfus de). 42 *a*.
— (Stephanus de). 131 *b*. 226 *a*. 236. 245 *a*. 251 *a*. 291. 299. 316 *a*. 344 *d*. 355 *a*.
— (Guillel. de). 236 *a*.
Moleto (Engerrandus de). 3 *a*. *b*. 18 *a*. 32 *b*. 131.
Moleto (Petrus de). 8 *d*. 51. 85 *c*. *d*. 96 *c*. 116 *d*.
Moleyo (Presbiter de). 364 *a*.
Molin (Joh. du). 409 *c*.
Molis (Presbiter de). 287 *c*.
Mollenday (Robertus de). 375 *b*.
Monachus (Henricus). 96 *a*.
Moneta falsa. 61.
Mongueir, alias l'Esragei (Joh.). 85 *a*.
Monitoria. 21.
Monnier (Henricus le). 143 *b*.
— (Joh. le). 138 *a*. 152 *a*. 168 *a*. 178 *a*.
— (Bertinus le). 367 *f*.
— (Philippus le). 387 *h*.
— (Robertus le). 390 *d*. 391. 292 *c*.
Mons S^{ti}-Michaëlis. 138 *d*.
Monte (Joh. de). 96 *a*.
— (Jordanus de). 116 *b*. 185 *a*. *f*.
— (Joretus de). 199 *a*.
— (Filia Ricardi). 96 *b*.
— (Ricardus de). 123 *c*.
— (Colinus de). 172 *b*.
— (Thomas de). 172 *b*.
Montfiquet (Presbiter de). 264 *a*. 275 *a*.
— (*Villa de*). 185 *h*.
Montefiquet (Magister Joh. de). 138 *c*. 164 *a*. 185 *b*. *f*. *k*.
— (Joh. de). 123 *k*. 151.
— (Juliana relicta Joh. de). 123 *k*.
— (Ricardus de) 53. 85 *a*. *f*. 87 *d*. 111. 116 *c*. 123 *a*. *b*. *d*. *e*. 125.
— (Guillermus de), notarius. 266. 267. 278 *b*. 279. 286. 290. 301. 302 *a*. 304.
— (Gaufridus de). 334.
Montefreart (Germanus de). 95 *c*. 112. 158. 185 *c*. 297 *a*. 298 *a*. 299.
— (Ricardus de). 412.
— (Robertus de). 95 *b*. 124 *b*. 127 *b*.
— (Robinus le). 73 *c*.
— (Thomas de). 164 *a*.
— (Ludovicus de), officialis. 261. 298.
— (Hugo de), thesaurarius. 298 *a*.
— (Hugo de), armiger. 352 *a*. 366 *b*.
— (Johanna filia Guill. de). 375.

Montegneyo (Guill. de). 9 *f.*
— (Robertus de). 100 *c.* 128 *k.* 148 *a.*
— (Joh. de). 64 *a.*
Montibus (Dom. Ludovicus de). 389 *a.*
— (Thomas de). 302 *l.*
Moon (Presbiter de) 296 *e.*
Moquet (Relicta). 126 *c.* 130 *b.* 138 *c.* 148 *b.* 152 *c.* 184 *b.* 199 *b.* 206 *b.*
— (Will.). 25 *b.*
Moquette (Maciota la). 133 *b.*
Mora. 138 *b.*
Morant (Joh. le). 25 *e.* 48 *c.* 110 *c.* 152 *d.*
— (Colinus). 172 *b.*
More (Petronilla la). 25 *b.*
Morice (Radulfus). 123 *b.*
— (Reginaldus). 185 *d.*
— (Ricardus). 85 *g.* 99 *a.* 123 *f.* 185 *f. g.*
— (Guill.). 392 *h. l. m.* 394 *p.*
— (Robertus). 121 *a.* 126 *a.* 130 *a.* 133 *a.*
— (Filia Roberti). 126 *d.* 138 *d.* 184 *b.* 206 *c.* 213 *b.*
— (Rogerus). 185 *b.*
— (Guillerma). 261 *d.*
— (Uxor Renaldi). 261 *c.*
— (Colinus). 332 *a.*
Morin (Jacobus). 393 *m.* 394 *m.*
Morsey (Guill.). 104.
Mortier (Ranulfus le). 116 *c.*
Mota (Symo de). 145. 152 *c.*
— (Filia Symone de). 168 *c.*
Moultfreart (Potinus de). 393 *f.*
Moulin (Cassinus du). 416 *g. h.*
Moys (Joh.). 137 *c.*
Moyson (Colinus). 348.
Muey (Germanus le). 183 *a.*
Mulier pregnans (Vid. *Pregnans*).
Mulieres stultæ. 136 *b.*
— *fornicatrices.* 161 *b.*
Mulot (Guill. le). 48 *a.* 185 *e. g.*
— (Joh. le). 199 *a.* 206 *a.*
Muriel (Thomas). 85 *l.*
Mutuum. 402.

N.

Naquey (Joh. Radulf. *alias*) 384. *g.*

Neel (Jordanus). 10 *b.*
— (Petrus). 96 *a.* 110 *a.* 118. 130 *a.* 133 *a.* 152 *a.* 173 *a.* 178 *a.* 213 *a.*
— (Ricardus). 168 *a.*
— (Colinus). 48 *a.*
Neir (Joh. le). 213 *a.*
Nicolai (Guill.). 128.
— (Ricardus). 64 *a.* 117.
Nicolas (*Sanctus*) *de Baiocis.* 84 *b.* 97 *a.*
Niete (Perrota). 68.
Noël (Ricardus). 168 *a.*
— (Guillema uxor Phillippi). 389 *d.*
— (Joh.). 392 *d.*
— (Petrus). 168 *a.*
— (Radulfus le). 410 *h.*
Noer (Radulfus le). 410 *h.*
Norivaut (Joh.). 168 *a.*
Normant (Ælicia). 50 *b.*
— (Joh.). 48 *a.* 75 *b.* 110 *a.* 121 *a.* 206 *a.*
— (Relicta Yvonis). 100 *b.* 123 *e.*
— (Guill.). 306 *b.*
Notarii curiæ. 16.
— *Baiocensis.* 60 *a.*
— (*Juramentum*). 1 *b.*
Novel (Relicta Joh. le). 123 *f.*
Nulleyo (Colinus de). 6. 85 *d.*
— (Guill. de). 84 *d.* 107. 123 *d.*
— (Nicolas). 85 *c.*
*Nundinæ S*ᵗⁱ*-Laudi.* 416 *i. k.*
Nuptiæ. 294.

O.

Oculorum infirmitas. 13 *a.*
Odouard (Colinus). 80. 123 *k.*
Offensa manifesta. 13 *a.* 25 *b. e.* 26 *d.* 45 *a.* 59 *a.* 116 *a. b. c.* 123 *l.*
Offertorium missæ. 387 *d.*
Officialis Cerasiensis. 26 *a.* 60 *a.* 89. 93 *d.* 117. 169. 209. 213. 226. 261. 276. 308. 376 *s.* 377 *a.* 380 *a.* 407. 412. 414 *d.* 419.
— *Vices gerens.* 145. 168. 177. 178. 183 *b.* 276 *a.* 286.
— *Bajocensis* (vid. *Bajocensis*).

Officiarii curiæ. 414 *b.*
Officium curiæ. 2. 26 *a.*
Oisel (Robertus l'). 370 *f.*
Oliveri (Ælicia filia Symonis). 30 *b.* 75 *b.*
— (Frater Robertus). 116 *b.* 185 *d. e. g. f.* 227.
— (Ricardus). 123 *l.*
— (Stephanus). 96 *d.* 111.
— (Henrica uxor Colini). 242.
Omnes sancti. 138 *d.*
Omosne (Michael l'). 410 *g.*
Onfarvilla (Philippus de). 137 *c.* 199 *b.*
Oniouf (Guillelmus). 316 *a.*
Onfredi. Onfrey (Joh.). 7 *b.*
— (Colinus). 392 *b.*
— (Guill.). 393 *p.*
— (Cardina filia Guill.). 379. 393 *o.*
— (Thomas). 298 *a.* 316.
— (Petrus). 383 *f.*
— (Joretus). 365 *i.*
— Ysabel uxor Colini). 379.
— Reginalda uxor Roberti). 414 *a.*
Onfrie (Joetus). 362 *c.*
Opera mecanica, labor manualis (vid. *Dies sabbati*).
Orel (Georgius). 26 *b.*
Orfeiln (Guill. l'). 84 *b.*
— (Filia à l'). 137 *d.*
Ornamenta altaris. 209 *a.* 298 *b.* 316 *b.* 380 *a.*
Orocopus (id est *Custos*). 383 *m.*
Osane (Robertus). 123 *b. c. f.* 163. 185 *d. e. g.*
— (Uxor Roberti). 152 *b.*
— (Hamellus). 178 *b.*
Osber (Radulfus). 137 *d.* 144 *b.* 153 *b.* 154. 167 *c.*
— (Robertus). 195. 209.
— (Robinus). 190.
Osculantibus (vid. *S*^{ti} *Johan. de*).
Osmeul (Thomas). 54 *a.*
Osmondi (Osanna). 67 *a.*
— (Uxor Colini). 292.
Ostia ecclesiæ. 73 *a.*
— *monasterii.* 120.
— *fractæ* (vid. *Fractio ostii*).

Ostralantibus (Presbiter de). 289 *d.*
Ostrelano (Presbiter S^{ti} Joh. *de*). 310 *c.*
Ozouf (Ricardus). 27.

P.

Pacii (Colinus). 212 *b.*
Paelly (Martinus Gobot, *alias*). 416 *e.*
Pagani. Paien (Colinus). 96 *b.*
— (Rohasia uxor Mathæi). 26 *g.*
Paignot (Joh.). 384 *g.*
— (Petrus). 387 *a.*
Paiour (Guill. le). 375 *i.*
Palefreour (Joh.). 130 *b.*
Palma (Ludus). 387 *e.* 390 *l.* 394 *d.*
Panetier (le). 6. 7 *c.*
— (Joh. le). 9 *f.*
Panificis (Filius Guill.). 415 *b.*
Panis benedictus. 25 *b.* 26 *e.* 41 *a.*
Panis et aqua (Pena). 62 *a.* 62 *b.*
Pantouf (Guill.). 238 *b.*
Paour (Guill. le). 590 *o.*
Parco (Dom. Joh. de), curatus de Lystreyo. 375 *c. h. o.*
Paret (Joh.). 298 *a.*
Parfait (Guill. le). 393 *b.*
Paris (Thom. de). 85 *g.*
— (Colinus). 261 *a.*
Parisii. 15.
Parisius. 131. 385 *h.*
Partenay (Henricus de). 369 *b.*
Pas (Guill. le). 213 *a.*
Pascha. 392 *b.*
Pasquier (Steph.), presbyter. 129 *c.*
Paste. Pastre (Uxor Thome le). 96 *c. d.*
Pastour (Joh. le). 85 *g.*
Pasturel (Stephanus), rector S^{ti} Quentini. 14. 37.
— (Petrus le). 87 *a.*
Pateyna. 84 *a.* 95 *a.*
Pate (Sanso). 393 *r.* 394 *b.*
Patey (Ludovicus). 398 *b.*
Paule (La). 213 *c.*
Paumier (Egidius le). 20.

Paumier (Colinus le). 394 *f.*
— (Joh. le). 85 *h.*
— (Petrus le). 123 *b. c. d. e.* 201.
Pec (Joh. le). 404 *b.*
Pedisecɑ. Famula. Ancilla. 43 *b.* 138 *c. d.* 143 *b.* 152 *b.* 168 *c.* 298 *c.*
Pegnie (Philippus). 364 *a.*
Peignarde (La). 138 *d.* 143 *b.* 152 *b. c.*
Peilevey, *alias* Trublart (Guill.). 81 *a.* 83 *b.*
Pelerin (Joh. le). 180.
Peletier (Radulfus le). 61. 62.
— (Renaudus le). 81.
Peleus — Pelei. Pele. Peley (Joh. le). 43 *a.* 353 *a.*
— (Cardina filia Jacobi le). 410 *b.*
— (Ricardus le). 9 *d.*
— (Philippotus le). 238 *d.*
— (Thomas le). 387 *g.* 390. 392 *a.*
Pelin (Guill.). 172 *b.*
— (Adam). 410 *h.*
— (Thomas). 367 *b.*
Pelliparius (Robertus), rector eccles. de Ballereyo. 87.
Pelous (Thomas le). 158 *c.* 226 *a.*
— (Joh. le). 397 *g.* 410 *a.*
— (Germanus le). 226 *a.*
— (Philippus le). 252 *a.* 298 *a. c.* 317. 318. 351.
— (Nocetus le). 362 *b.*
Peluquet (Joh. l'Engloys *alias*). 408 *b.*
Penitenciarius. 314.
Penitentia. 7 *c.* 9 *f.* 25 *b.* 26 *g.*
Pepin (Renaudus). 26 *b.* 41 *b.* 64 *a.* 76. 118.
— (Thomas). 123 *f.*
Percheyo. Perchy (Radulfus de). 135.
— (Guill. de). 408 *c.*
— (Famulus Rad. de). 133 *b.*
— (Joh. de), apparitor. 365 *b.* 377 *a.* 392 *g.*
— (Thomas de). 390 *o.*
Perjurium. 188 *b.*
Perour (Guill. le). 389 *d.*
Perret (Caterina). 213 *d.*
Perrota mater de Furno. 339 *c.*
Pesant (Thomas le). 96 *c.*

Petel (Joh.). 133 *a.*
Petey (Henricus). 363 *c.*
Petit (Samso le). 95 *b.*
— (Relicta Sams. le). 127 *b.*
— (Relicta Thomæ le). 84 *b.* 153 *b.*
— (Guill. le). 411 *d.*
Petit (Joh. le). 248 *b.*
Petjornée (Filia). 73 *b.*
Petou (Petrus le). 25 *b.*
Petraponte (Rogerus de), monachus. 37.
Petri (Guill.). 270.
Peussart (Gaufridus). 346.
Pevrel (Joh.). 298 *a.* 316 *a.*
Philippi (Joh.). 144 *a.* 153 *a.* 167 *b.*
— (Uxor Joh.) 370 *l.*
— (Jacobus). 168 *a.*
Picain (Ricardus le). 377 *a.*
Picot (Magister Guill.). 20. 213 *a.*
Picou (Ricardus). 213 *a.*
Pictoris (Luca), Officialis vic. ger. 64. 73. 75. 76.
Pie (Henricus la). 9 *d.*
— (Joh. la). 9 *e.* 42 *a.* 73 *a.* 124 *a.* 127 *a.* 177 *b.*
— (Robertus la). 129 *a.* 132 *a.*
— (Robinus la). 95 *a.*
— (Thomas la). 124 *a.* 127 *b.* 137 *b.* 144 *a.* 153 *c.* 177 *a.*
— (Uxor Thom.). 124 *a.*
— (Yvoneta filia Henr. le). 137 *b.* 167 *d.*
— Gehin (Thomassia la). 167 *b.*
Piederohe (Nicolaa). 123 *h.*
— (Nicolas). 85 *g.* 123 *c. k.* 152 *d.*
— (Thomas). 261 *c.*
Pietel (Sello le). 9 *f.* 30 *a.*
— (Rubertus le). 84 *b.*
Pieg. (Ricardus). 42 *a.*
Pignon (Emmelota). 8 *b.*
— (Colinus). 85 *d. e.* 185 *b.* 206 *a.*
— (Petrus). 25 *a.* 85 *f.* 126 *a.*
Piguout (Petrus). 96 *a.*
— (Colinus). 185 *b.*
Pilleys (Guill. le). 237.
Pinard (Ricardus). 365 *c.*

Pinel (Guillemeta uxor Radulfi). 363 p.
Pitene (Joh. le). 410 a.
Piquenot (Johanna filia Dionisii). 397 b.
Piquet (Agneta). 116 b.
— (Robertus). 375 i.
Piqueut (Guillota). 128.
Pitaude (La). 84 c.
Picarde (La). 95 c.
Pirote (Dionisius). 394 n.
Planchon (Laurencia uxor Roberti). 413 a.
Plegit. 120. 212 b.
Plesseyo (Oliverius de). 363 p.
Poincheval (Ricardus). 411. e.
Pola ecclesiæ. 208.
Poller (Filius Ricardi le). 365 d.
Polley (Ricardus le). 375 n.
Pomier. Pommer. Poumier (Henrica uxor Joh.). 242. 261 b.
— (Joh. le) et uxor. 261 b. 364 a. 375 a. 383 l. 384 a.
— (Philippota uxor Philip. 375 a. o.
Pons Mileti. 55.
— *Tenneres.* 235 a.
Ponseut (Robertus). 95 b.
Ponte (Colinus de). 85 e. 123 a. b. e. 145. 155.
— (Filia Hamo de). 30 c.
— (Henricus). 185 a. b. c. d.
— (Joh. de). 25 a. 43 a. 62 a. 121 a. 123 d. 126 a. 133. 243. 261. 268. 284 n. o.
— (Magister Guill. de). 123 b. 126 a. 133 d. 141. 145. 172 b. 185 a. 187.
— (Oliverius de). 389 b.
— (Ricardus de). 85 c. 93 b. 99 a. 101. 116 a. b. d. 123 b. c. 145. 155. 164 a. 185 a. f. 193.
— (Catherina filia Petri de). 392 c. 393 d.
— (Perrota uxor Oliverii de). 394 d. h.
— (Lucassia relicta de). 164 b.
— (Martial de). 356.
— (Jonnor de). 365 c.
— (Petrus Penot de). 375 f. o. 387 c. 389 b. 390 f.
— (Thomas de). 365 i. 375 a.

Popin (Renaldus). 117.
Porquier (Durandus le). 85 f.
— (Gaufridus). 132 b.
Porquiere (Ælicia la). 25 g.
Porticu (Thom. le Fevre de). 137 a.
Portier (Agnete le). 110 c.
— (Guillelma le). 67 c.
— (Henricus le). 25 b. 43 b. 46. 71. 85 d. 87 a. 110 d. 111. 118 bis. 123 b. 148 a. 185 h.
— (Johannes le). 44. 49 a. 85 d. h. 110 c. 116 a. d. 123 a. c. d. g. k. 125. 126 d. 143 e. 172 a. 185 c. 193. 200. 229 bis. 365 e.
— (Johanna le). 65. 100 a. 116 a.
— (Laurencius le). 208.
— (Ranulfus le). 20. 44. 77. 79. 85 a. g. 94. 123 e. f. i.
— (Johanna filia Joh. le). 375 m.
— (Ricardus le). 80.
— (Colinus le). 387 l.
— (Robertus le). 123 l. 152 b. 155. 163. 165 b. 266. 287.
— (Thomas le). 2. 20. 44. 86 b.
— (Thomas le), junior. 152 b.
— (Filii Ranulfi le). 44. 101. 118 bis.
Portu (Jocobus de). 396 a.
Postel (Petronilla). 76.
Poterteire (H. la). 110 d.
Potier (Thomas le). 345. 366 d.
Potiere. Potiera. Poriere (La). 138 b. 152 d. 168 b. 178 b. 199 b.
— (Maria la). 118. 126 b. 143 b. 184 b.
— (Perrota la). 133 b.
Pouchin. Poucin (Radulfus le). 203 c.
— (Joh.), dictus Maguet vel Maignet. 339 a. c. 363 d. 366 h.
Poulain (Thom.). 178 b. 410 b.
— (Filia Thome). 404 c.
— (Guillel.), *alias* Barate. 359 a. 365 a. 373 b. 394 p.
— (Joh.). 303 h.
Poupain (Germanus). 84 c.
Pouquet (Joh. le). 168 a.

Prato Corbin (Presbiter de). 310 *b.*
Praier (Philippus le). 132 *b.*
Precaire. Pretaire (Germanus). 78. 119 *b.*
— (Rogerus). 43 *a.*
Precart (Joh.). 211 *a.*
Predel (Thoma). 262 *d.*
Pregnans femina. 25 *b.* 43 *b.* 64 *b.* 73 *b.* 75 *a.*
110 *b. d.* 112. 121 *c.* 124 *a.* 130 *c.* 132 *b.*
137 *d.* 138 *e.* 145 *b.* 183 *b.* 411 *d.*
Prejein. 137 *c.*
Prepositi (Curia). 151.
Prevel (Joh.). 369 *b.* 410 *c.*
— (Guill.). 394 *a.*
Prevost. Prepositus (Joh. le). 24 *a.*
— (Guill.). 180. 366 *b.*
— (Laurencius le). 10 *c.* 16 *a.* 22. 24 *c.* 28. 67 *b.* 85 *a. b.* 185 *b.*
— (Guill.), *alias* Saquedague. 393 *e.*
— Reginaldus le). 48.
— (Petrus le). 394 *c. g.*
— (Robertus). 84 *b.* 95 *b.* 101. 137 *d.*
— (Robinus le). 95 *a.*
— (Thomas le). 80. 85 *k.* 87 *c.* 110 *a.* 123 *k.* 316 *a.*
— (Yvo le). 67 *b.* 185 *h.*
Prevostel (Robertus le). 73 *c.*
Prey (Guill. du). 394 *o.*
— (Filia Dionisii du). 394 *o.*
Prior Cerasiensis. 25 *d.* 37.
— *S*^{ti} *Nicolai de Batocis.* 84 *b.* 97 *a.*
— *de Duobus Jumelis.* 397 *b.*
— *de Benevast.* 397 *b.*
Prioratu (Clericus de). 117.
Prioratus S^{ti} *Pauli.* 441.
Priour. Prieur (Guill. le). 26 *b.* 64 *a.* 76. 117. 128.
Prisiarum (Clericus). 165 *a. b.*
Prisio (Vid. *Curie carcer*).
Probi homines (Vid. *Juratores*).
Processio publica (pena). 130 *b.* 139.
— *S*^{ti} *Quentini.* 208.
Processionis via. 416 *e.*
Prodomme (Radulfus le). 390 *m. r.*
Promotor officii. 204 *b.* 234. 276 *a.* 332 *b.*
366 *c.* 375 *a. m.* 410 *e.* 411 *f.* 414 *b.* 415 *a.*
Psalterium. 84 *a.* 95 *a.*
Pueri illegitimi. 25 *g.* 64 *b.* 73 *b.* 75 *b.* 95 *c.* 96 *e.*
110 *d.* 117. 121 *b. c.* 124 *a. b.* 126 *b. c.* 128. 132 *b.* 137 *b. c.* 138 *d. e.*
143 *c.* 144 *a.* 153 *b. c.* 167 *d.* 178 *b.*
183 *b.* 190. 206 *b.* 213 *b. c.* 226 *b.*
261 *b.* 298 *c.* 375 *b.* 380 *b.* 384 *m.*
389 *a.* 394 *c. g. q.* 410 *d.*
Pulcra femina—Belefame. 126 *d.* 130 *c.* 133 *b.*
138 *d.* 143 *b.* 152 *c.* 168 *c.*
Purgatio per sex viros. 84 *d.*
— *cum septima manu.* 27.
— *cum octava manu.* 25 *f.*
— *cum duodecima manu.* 52 *a.*
Purificatio feminæ. 157. 440.
Putot (Radulfus de), presbyter. 25 *d.* 96 *c.* 110 *b.* 121 *b.*

Q.

Quaisne (Joh. de). 74 *c.*
Quarentem. Carentan (Presbiter de). 275 *b.*
Quarrel (Joh.). 73 *b.* 74 *d.*
Quartæ (Gall. *Cartes à jouer*) 398 *b.* 410 *f.*
Quaruaux (Soror ez). 366 *e.*
Quelot (Ælicia uxor Joh.). 371 *a.*
Quemino (Ælicia de). 25 *f.*
— (Bertinus de). 370 *c.* 384 *n.* 387 *f. h. i.* 389 *d.* 390 *l. m.* 392 *c. g. h. k. l.* 393 *h. q.* 394 *e. f. m.*
— (Coleta de). 4 *a.*
— (Guill. de). 100 *b.* 142. 185 *b.*
— (Thomas de). 74 *c.* 85 *a. d.* 98 *c.* 116 *a.* 123 *b. f.* 185 *f.*
— (Colinus de). 276 *b. c.*
— (Johannes de). 300.
Quenet. Quevet (Joreta uxor Laurencii). 258. 261 *b.*
— (Bertinus). 393 *l.*
— (Loreta relicta Laurenc.). 359 *b.*
— (Bertinus). 363 *k.*
— (Joh.). 340.

Quenet. Quevet (Gaufridus). 373 a.
Quenivet (Robertus). 100 c.
Quenot (Joh.) 392 b.
Quentin (Galterus). 34 a. 85 a. 100 a.
— (Colinus). 149 a.
Querou (Guill. de), presbyter. 82 a. 85 i. 117. 123 l.
Quesnel (Ricardus), rector Sti-Marculfi. 43 c. 87 d. 123 a. 193. 205.
— (Guill.). 118.
— (Martinus). 185 c.
— (Stephanus). 185 h.
Quesnesia. 242.
Quesneto (Ælicia de). 10 b.
— (Colinus de). 21.
— (Guill. *alias* l'Escrivein). 152 c. 185 l.
— (Johanna de). 43 c. 75 b. 85 b. 96 d. 138 e.
— (Johannes de). 43 a.
— (Jordana de). 56 c.
— (Odo de). 110 a. 118. 126 a. 148 a.
— (Petrus de). 85 k. 100 c. 116 a. 213 a.
— (Robertus de). 123 d.
— (Thomas de). 123 k.
Quevreul (Thomas). 375 g. 383 i.
— (Gaufridus). 384 l.
Quidet (Joh. le). 85 i. 185 a. e.
Qui-Dort (Terra vel Campus). 272.
Quidort (Joh.). 43 a. 80. 121 a. 398 a.
— (Petronilla). 66.
— (Vigor). 297 b.
Quillet (Petrus). 365 f.
Quinet (Henricus). 144.
— (Colinus). 415 a.
— (Joh.). 415 a. 416 i. k.
— (Willel.). 42 a.
— (Samso). 410 h.
— (Lucia uxor Philippoli). 233.
Quinot (Guill.). 116 a.
— (Jacobus). 232.
— (Philippus). 389 a.
— (Thomas). 232. 245 b. 298 a. c.
— (Joh.). 337.
— (Jacquetus). 344 c. 349. 352 c.

Quivo (Ingerranus). 344 d.
Quot. Quoc (Le). 85 c. d. 110 a.
— (Ricarda le). 110 b. 184 a.
— (Guill. le). 116 b.
— (Thomas le). 185 b.
— (Colinus le). 182. 185 e. f. 206 b.
— (Uxor Laur. le). 178 b.
Quoquaine (Coleta filia Joh.). 110 c.
Quoquerel (Petronilla le). 10 b.
— (Johanna le), *alias* Laveie. 141.
Quoquet (Will. le). 25 a.
— (Le). 233.
— (Robertus le). 279. 297 a. 344 b. c. 353 a.

R.

Rabace (Germanus). 36 a. 124 a. 144 a. 183 a.
— (Guillel.). 29.
— (Petrus). 130 c.
— (Joh.). 175.
Rabiosa (La). 168 b.
Rabiosi (Filia). 178 l. 206 b. 243 b.
— (Joh.). 178 b.
Radulfi (Robertus). 153 c. 167 a.
— (Rogerus). 119 c.
Radulfus (Frater), offic. vic. ger. 266.
— (Joh.), *alias* Naquey. 384 g.
Rainfrey (Colinus). 123 l.
Raptio. Raptus. 6. 292. 373 l.
Raptores 25 a. 298 c. 316.
Rasle (Guill. le). 146.
— (Henricus le). 64 a. 117.
Rate (Johanna la). 243.
Ravenel (Morata filia Simonis). 345.
Ravenger (Radulfus), rector. 26 a. 60 a. 76. 128.
Rebours (Radulfus le). 73 a. 84 b. 116 b.
— (Coleta le). 348.
Reboux (Nicolas le). 404 e.
Rector scolarum 212 a.
Reginaldi (Uxor Roberti). 96 d.
Regis (Joh.). 137 a. 397 g. 409 a.
Registrum excomm. (Vide *Excommunicatorum registrum*).
Registrum curiæ. 410. 411.
— *causarum.* 413. 414.

Registrum emendarum. 366. 367. 375. 383. 384. 392. 393. 394.
— (*Translatio*). 394 a.
Regnart (Robertus). 396 a.
Regnouet (Thomas). 409 a.
Rei judicata executio. 38 b. 39. 40 c. 47. 52 c. 72 a.
Renaut (Ælicia). 69.
— (Robertus). 25 a. 36 b. 43 c. 80. 152 a.
— (Uxor Roberti). 110 c.
— (Ricardus). 270.
Rendie. Rendre (La) vidua. 235 b. d.
Renge. Ranohy (Presbiter de). 257 b.
Ria (Joh. Genas de). 152 c.
Ricardus (Henricus). 64 a. 117.
— (Guill.). 80.
— (Relicta Joh.). 108 b.
— (Dominus), abbas. 413.
Rich. Ricus (Henricus). 123 f.
— (Joh.). 123 f.
— (Thomas). 123 f.
— junior. 116 a.
Richier (Jacobus). 85 h.
— (Jametus). 80.
— (Joh.) *alias* Gatin. 229 bis.
— (Relicta Joh.). 143 b. 152 d. 199 c. 213 b.
— (Uxor Joh.). 178 b. 184 b.
— (Radulfus). 394 q. 416 i.
Richomme. Riquehomme (Joh. le). 116 a. 209 a. 226 a.
— (Uxor au). 152 c.
Ridour (Le). 366 m.
Rigal (Coqueta). 127 b.
— (Thouroudus). 127 b. 132 b. 137 c. 144 a. 153 a. 167 c. 177 a. b. 183 b. 195.
Rimier (Colinus le), *alias* Guelin. 367 f.
Rioure (Michaela la). 161 c.
Ripparia (Juliana uxor Henrici de). 26 g.
— (Robertus de). 161 a.
Riquetens. Riquetemps. Ruchetemps (Magister Thomas). 53. 150. 151. 155. 160. 164 a. 185 h.
Riqueut. Riquent (Guill.). 127 a.
— (Agneta). 153 b. 167 c.

Riqueut. Riquent (Hilaria). 153 b. 226 b. 228 c.
— (Joh.). 73 a. 84 b. 95 a. 112. 119 a. 124 a. 127 a. 137 a. 144 a. 167 b. 177 a. 186. 209 a. 226 a. 227. 256. 298 a. 308. 325. 341 a. 347. 352 a. b.
— (Relicta Michaelis). 73 c. 78. 95 b. 112. 119 b. 137 d.
— (Filia Michaelis). 144 b.
— (Germanus). 180. 185 d. 316 a.
— (Colinus). 366 c.
— (Philippus). 226 a. 235 a.
— (Ludovicus). 253. 347.
— (Ranulfus). 300.
— (Jehennetus). 347.
— (Ludovicus). 347.
Roberti (Joh.). 153 a. 226 a. 298 a.
— *alias* le Carre. 384 d.
— (Ranulfus). 242.
— (Thomas). 129 a.
— (Robertus). 347.
— (Radulfus). 339 a. c. 341 b.
Robillarde (Æmencia filia à la). 190.
Robillart (Relicta Joh.). 84 c.
— (Joh.). 384 b.
— (Thomas). 160.
Robin (Germanus). 132 a.
— (Joh.). 96 a. 121 a. 130 a. 138 a. 143 a.
— (Filia Nicolai). 130 b. 138 b.
Roca (Germanus de). 220 a. 375 d. 375 h.
— (Joh. de). 235 b. 251 b. 283. 298 a. c. 333 a. 373 f.
Rogera ancilla. 298 c.
Rogeri (Henricus). 153 b. 167 c.
— (Joh.). 87 b. 101. 124 a. 127 a. 132 a. 177 a. 209 a. 226 a. 227.
— (Thomas). 190.
— (filia Thomæ). 137 a. 144 b.
— (Uxor Thomæ). 42 c.
— (Relicta). 109 b.
— (Philippus). 185 b. 226 a. 235 a.
— (Radulfus). 248 b.
— (Philippotus). 330 a. 338 a. b.
Rogier (Henricus). 144 b.
— (Artur). 412.

Rogier. (Guill.). 415.
— (Joh.). 412. 415 a.
Roisnie (Thomas le). 38 a. 96 a. 133 a.
— (Thomassia le). 33 c. 34 b.
Ronce (Petrus de), presbyter. 85 k.
Rondel (Joh.). 389 b.
Roqua (*Molendinum de*). 394 f.
Roqua (Relicta Ricardi de). 144 b.
— (Johannes). 283. 298 a. c.
Roque (Hugo de la). 384 o.
— (Colinus de la). 411 b.
Ros. Roz (Colinus de). 128 g. t. 130 a. 152 a.
— (Filius Colini). 110 d.
— (Famula Colini). 96 c. 116 d.
— (Uxor Colini). 110 c.
— (Laurentius de), monachus. 26 a. e.
— (Johan.). 185 c. e.
Rosee (Germana la). 13 a.
Rossel (Frater Robertus), off. vic. ger. 184.
Rotarium (*Opus*). Gall. *Charron*. 253.
Rothomagensis archiep. 441.
Rouissole (Petronilla le). 70.
Routssolier (Michaël). 167 d.
— (Relicta Radulfi le). 232.
Rous. Roux. Rouz (Colinus le). 110 b. 128 a.
— (Germanus le). 42 a. 73 a. 74 a. 116 a. 119 a. 153 a. 177 b.
— (Bourgueta. Erenborc. filia Germani le). 119 e. 132 b. 137 d. 144 b. 153 b. 183 b. 226 b.
— (Guill.). 137 d. 213 d. 410 c. 415 b. 417.
— (Coleta filia Guill). 127 b.
— (Soror Guilleti le). 132 b.
— (Ricardus le). 25 a. 130 a.
— (Laurencius le). 309 c. d.
— (Reginaldus). 130 a.
— (Johannes le). 309 a. 383 o. 408 a. 415 d. 418 b.
— (Petrus le). 80.
— (Johanna filia Ricardi). 86 b.
— (Thomassia relicta). 25 b.
Roussel (Gaufridus). 25 b.

Roussel (Joh.). 394 q.
— (Thomassia filia Gauf.). 153 c.
Rousselier (Joh. le). 316 a.
Rousseville (Colinus). 110 a. 116 c. 123 h.
Roussey (Joh. le). 168 a.
Roy (Colinus le). 387 f.
— (Guill. le). 387 e.
Rouele (Petrus), monachus. 26 c.
Rouisnie (Thom. le). 168 a.
Rouillart. Roullard. (Joh.). 185 a. 394 m.
Ruau (Laurentius le). 42 a.
Ruaut (Bartholomeus). 276 b.
Rublart (Joh.). 121 a.
Ruceyo (Presbiter de). 312 a.
Ruelon (Guill.). 202 h.
Ruffi (Colinus). 145.
— (Joh.), *alias* Guiot. 385 d.
Russis. Russeio (Presbiter de). 273 a. 275 a.

S.

Sabbati (Dom. Joh.). 397 b. 414 b.
Sabine (Mag. dom. Nicolaus), promotor curiæ. 397 b. 414 b. 407.
— (Ancelinus). 407.
— (Joh.). 397 g. 400. 401.
— (Oliverius). 414 c.
Sacrista monast. 120. 325.
Sage (Joh. le). 127 a. 137 a.
— (Guill. le). 185 f. 309 c. f.
— (Colinus le). 235 a.
Saleri (Yvo de). 410 f.
Salen (Henricus de). 416 k.
Salle (Uxor Guill.). 133 b.
— (Colinus). 387 k.
Sallen (Ricardus le). 363 m. 366 d.
Sallo (Joh.). 183 b.
Samedi (Cloisera uxor Joh.). 81 b.
— (Guillel.). 133 a. 138 a. 175.
— (Ricardus). 43 a.
— (Reginaldus). 213 a.
Sammesleure. 13 a.
Samson (Robertus). 43 a.
— (Filia). 138 e.

Sancti Germani de Listreio (*Curatus*). 383 *d.*
— (*Festa*). 387 *d.*
— (*Monasterium*). 384 *a.*
— (*Orocopus*). 383 *m.*
— (*Thesaurus*). 167 *a. d.*
Sancti Johannis de Osculantibus (Presbiter). 312 *b.* 336.
Sancti Laurencii supra mare (*Visit. eccl.*). 376 *s.* 378 *a.* 386.
— (*Curatus*). 378.
Sancti Laudi (Presbiter S^ti-Thomæ). 289 *c.*
— (Presb. beatæ Mariæ). 369 *b.*
Sancto Laudo (Joh. de). 374.
Sancti Machuti Baiocensis (Presbiter). 312 *c.* 371 *a.*
Sancti Marculfi (Rector ecclesiæ). 205.
Sancti Mauri confratria. 394 *e.* 409 *a.*
Sancti Nicolai (*Dies feria*). 173 *c. d. e.*
Sancti Pauli in Leonibus prioratus. 441.
Sancti Quentini (*Rector*). 14.
Sancto Claro (Joh. de). 238 *b.*
— (Auberius de). 362 *c.*
— (Relicta Joh. de). 261 *d.*
— (Jacobus de). 297 *b.*
— (Ricardus de). 377 *a.*
Sancto Claro (Presbiter de). 296 *b.* 305 *d.* 310 *c.* 312 *c.*
Sanctus Lupus prope Baiocas. 362 *b.*
Sancto Petro (Ricardus de). monachus. 101.
Sanguinis effusio etc. 8. 77. 87 *a.* 148 *a.* 187. 232. 242. 278. 279. 287. 290. 304. 314. 325. 384 *m.* 385 *d.* 387 *a.* 390 *k. q.* 392 *a. b. p.* 393 *b. f.* 394 *l.* 408 *a. c.* 410 *d. i.* 411 *f.* 414 *a.*
Sanson. Sansoneti (Robinus). 85 *c. d.*
— (Guill.). 383 *d. r.*
— (Filia). 152 *c.*
— (Laurencius). 261 *a.*
Saone (Presbiter de). 263 *e.*
Saquedague (Guill.). 393 *a.*
Sauchee (Joh. de la). 363 *c.* 393 *e.*
Sauvage (La). 110 *b.*
— (Le). 130 *b.*
Sauvegrain (Drouetus). 203 *b.*

Sauvegrain (Joh.). 410 *c. e.*
— (Hugo). 392 *i.*
Savari (Uxor Michael). 383 *f.*
Saveignie (Joh.). 25 *a.* 175.
— (Binetus). 143 *b.*
Savignsio (*Cimiterium de*). 363 *i.*
— (Curatus de). 363 *k.*
Scag (Joh. de). 371 *b.*
Scaiolis (Joh. de). 383 *b.*
Scala (pena). 26 *f.* 76. 127 *b.* 137 *c.* 138 *b.* 143 *c.* 180. 261 *b.*
Scellé. Seeley (Joh. le). 95 *c.* 124 *b.* 127 *b.*
— (Uxor Joh. le). 95 *c.*
— (Relicta au). 183 *b.*
Scolares. 15. 18 *a.* 26 *c.*
Scolarum rector. 18 *b.* 212 *a.*
Seart (Petrus). 85 *f. g. k.* 100 *a.* 116 *a.* 120. 123 *a. c. d. f.* 128 *i.*
— (Radulfus). 185 *d.*
— (Stephanus), apparitor. 266. 267. 276 *b.* 278. 279. 281. 286. 301. 308. 309. 313. 315. 325. 341 *a.*
Sebire (Julianus). 123 *a.*
— (Ricardus). 85 *c. d.*
Secourable (Guill. le). 410 *g.* 416 *c.*
Seillart (Willel.). 36 *b.*
Selière (Uxor Thom. la). 96 *d.*
Semion (Guill.). 331.
— (Thomas). 371 *b.*
Senescallus. 102.
Senescalle (Guilleta la). 243. 268.
Senseya (Symo de). 298 *a.*
Septima manu (Vid. *Purgatio*).
Sepultura eccles. 52 *b.* 62. 363 *i.*
Serratura. 42 *a.* 84 *a.* 167 *a.* 378.
Servain (Joh.). 124 *a.* 167 *b.*
Serviens justic. secul. 200. 429.
Servitii divini (*Impedimentum*). 204 *b.* 363 *a.* 387 *d.* 404 *e.*
— (*Absentia*). 408 *g.*
Sesle (Joh. le). 42 *c.* 105 *d.* 119 *b.*
— (Thomas le). 43 *c.*
— (Guill.). 168 *a.*
Sevestre (Bertoudus). 43 *a.*

Sigilla nova. 19.
Sigillatus. 137 d.
Sigillifer curiæ. 276 b. 305 a.
Sigillum Curiæ. 394 o.
Sires (Guill. Joh. et Robertus les). 132 b.
Siret. Syret (Guill. le). 137 a. 167 b. 177 a. 393 c. e. l. 394 l. 404 a.
— (Bertinus). 410 h. 415 c.
— (Joh.). 416 i.
— (Thomas). 416 l.
Sorel (Georgius). 41 b.
Sortilegium. Sorceria. 13 a. 96 b. c. 235. 261 b. d. 259. 298 c. 316.
Soullart (Ricardus le). 133 b.
Souplest (Colinus). 80. 85 h. 151.
— (Neptis Colin.). 138 d.
Soute (La). 130 c.
Souvalle (Magister Guill.). 366 m.
Sponsalia. 25 b. e. 30 a. 33 a. b. 35. 58. 60 b. 68. 69. 86 b. 87 e. 138 c. 152 b. 375 d. h. 393 o. p.
Stephani (Johanna filia Henrici). 26 c.
Stola 95 a. 167 a.
Surrehain (Joh.), monachus. 19.
Supercilium. 84 a. 95 a. 208. 316 b.
Supprior Ceras. 8 c. 19. 20. 37.
Syart. Siart (Guill.). 227.
— (Petrus). 394 l. n. 395.
— (Thomas). 414 a.
Symeonis (Henricus), presbyter. 52 a.
— (Laurencius). 63. 96 b.
— (Thomas). 43 a.
Symonnet (Ricardus). 138 d. 143 b. 152 c.

T.

Tabare (Thomas). 8 b.
Tabelliones. 48.
— publici. 145.
— curie. 363 q.
Tabernæ. 9 h.
— (Nummati). 251 c. 252 c. 255. 355 a. 356. 358 b.
Taillebois (Willel.). 9 d.
Taillepied (Petrus). 168 a.

Tainville. Taiville (Guill. de), magister. 67 a. 75 b. 185 b. 210.
— (Jacobus de). 410 d.
— (Joh. de). 397 d.
— (Laurentus de). 185 f. g.
— (Bartholomeus de). 261 a.
— (Bertaudus de). 262 b. 308. 309 l.
Talanche. Talancia. Talence (Ricardus le). 25 a. 118. 126 a. 130 a. 152 a. 168 a. 178 a. 199 a.
— (Adam de). 387 k. 303 q. s.
— (Filia Ric.). 95 b.
— (Adam de). 370 l. 375 d.
— (Thomas). 80. 143 a.
— (Gaufridus). 308.
— (Samso). 308. 384 k.
Tali. 410 f.
Taleimlet. Talemilet (Joh.). 118.
— (Lichichia filia). 130 c. 133 b. 138 d.
Tallepie (Petrus). 118. 121 a.
— (Joh.). 185 c. h.
Tanc (?) (Reginaldus le), officialis. 442.
Tanquerey (Relicta Thom.). 185 b.
Taone. Thaone (Clemens de). 123 l.
— (Joh. de). 138 d. 184 b. 185 d. 206 c. 213 b.
— (Uxor Joh. de). 26 f. 76.
— (Radulfus de). 126 d.
— (Robertus de). 110 b.
Tapin (Michael). 212 a.
Tariel (Joh.). 123 l.
Taville (Laurencius de). 75 c.
— (Gaufridus de). 123 d.
Taxatio expensarum. 54 b.
Telier (Perrota le). 17 b.
— (Philippota le). 35.
— (Ricardus le). 213 a.
Tessal (Frater Rob.). 123 l. 185 d.
Tesson (Philippus). 138 d. 168 c. 199 c. 213 c.
Testes. 232. 233. 238 b. 241 b. 245 a. b.
— (Recollectio). 238 a. c. 309 o. 317.
Teuville (Bertaudus de). 231.
Thesaurarii. 9 c. 42 b. 84 a. b. 144 a. 209 a. 298 b. 375 c. 378.
Th[omas,] (Frater), abbas monast. 2.
— Thomas, capellanus curie. 313.

Thomassie (Egidius). 389 d.
— (Adam). 410 e.
— (Martinus). 408 b. 415.
Thorel (Georgius). 136 a.
— (Guillelma). 30 a.
— (Laurentius). 9 g.
Thorum et bona (Divorc. quoad). 428.
Tibout. 385 h.
Tiot. 9 f.
Tiqueut (Ludovicus). 350.
Tomeriis (Guill.), rector scolarum. 18 b.
Tonneres (Pons). 285 a.
— (Gaufridus le). 415 a.
— (Guill.). 415 a.
— (Joh. le). 362 a.
Tonnierre (Thomassia uxor Ric. le). 95 c. 112.
Tonsura clericalis. 3. 10 c.
Toraille (Johanna la). 64 b.
Toregneyo. Torigneio (Abbas de). 55.
— (Presbiter de). 256 a. 257 f. 264 b. c. 273 a.
— (Presbiter S^{ti} Amandi de). 288 b. 289 d. 296 a. 310 c. 322.
Torneboulent (Germana). 185 c.
Torneour. Tourneour (Bertinus le). 80.
— (Egidia uxor Joh. le). 276 a.
Torneres. Tournieres. Torneriis. 60 b.
— (Guill. de). 384 m.
— (Joh. de). 370 l. 375 d. 383 b. 387 l. 392 m.
— (Ælicia uxor de). 375 f.
— (Henricus). 398 b. 410 f.
— (Presbiter de). 263 c. 274 d. 364 b. 382.
— (Symo de). 60 l.
— (Thomas de), *alias* de Vax. 261 a. 397 g.
— (Uxor Ricardi de). 153 c.
— (Vigor de). 397 c. 411 f.
Torneyo (Steph. de). 185 g.
Tornier (Johanna Uxor Colini). 26 b.
Tornoierre (Ricardus le). 137 c.
Tort (Thomas le). 261 a. 262 a. 393 d.
— (Michael le). 394 a.

Torte (La). 73 b. 75 b.
Touaillæ ad altare. 26 b. 84 a. 95 a. 167 a. 298 b. 316 b.
Toulemer (Radulfus). 6. 43 a.
Toularre (Ricardus le). 52 c.
Tourmente (Ricardus). 393 k.
Touroudus. 44 a.
Tourte (Alicia la). 206 c.
Tousey. Tose (Guill. le). 112. 119 a. 125 a. 129 a. 132 a. 133 a. 236. 298 a. c. 303. 306. 332 b. 334. 338 a. 344 a. 390 q. 394 p. 397 b.
— (Joh. le). 85 b. 93 a. 185 e. 251 a. 261 a. 290. 298 a. 301. 309 c. d. 390 a.
— (Germana, nepte Guill. le). 148 b.
— (Robertus). 195.
— (Colinus le). 234. 238 a. 301. 394 b.
— (Jouet le). 298. 313. 314. 390 c. 392 g. i. 393 l. l.
— (Petrus le). 393 b. o.
— (Hugo le). 408 f.
Toustein (Thomas). 251 c.
Toutain (Guill.). 43 c. 50 a. 151.
— (Joh.). 138 a.
— (Ancilla Thomæ). 366 h.
Touville (Guill.). 43 c.
Tracheyo (Nicolas de). 120 c.
Tramier (Ricardus le). 123 d.
Trayneour (Ricardus le). 27.
Tresel (Joh. le). 25 a. 43 a.
— (Filia Joh. le). 110 c.
— (Guill.). 173 f. 184 a. 199 a. 213 a. 358 c.
— (Guillemeta uxor Petri). 368 m.
Tresgoz (Jametus de). 138 c.
— (Renaldus de). 138 a.
— (Jacobus de). 185 b.
Treslot (Ricardus). 298 a.
Treugæ juratoriæ. 18 a. 368. 384 l. 388. 399. 405. 416 g.
Trever. 128.
Treveriis. Trivières (Presbiter de). 257 c. 260 b. 362 c.
Tria (Guillel. de), episcopus Bajoc. 15.
Triac (Oliverius de). 410 d.

Tronqueto (Johanna de). 110 a.
Tronquoy (Radulfus). 404 e. f.
— (Basira relicta Colini). 411 c.
Trope (Robertus). 41 b.
— (Coleta uxor Thomas). 387 f.
Trouvey (Germanus le) 137 c. 140 a.
Truan (Filia au). 9 f.
Trublart, *alias* Peilevey (Gregorius). 116 c.
— (Goretus). 123 e. f. 156. 171 a. 185 g. h. 188 a.
— (Guill.). 83 b. 96 b. 110 a. 116 b. 152 b. 159. 168 b. 184 a. 213 a.
— (Henricus). 152 d. 168 b. 206 a.
— (Johannes). 110 a. 118. 130. 133 a. 138 a.
— (Jordanus). 110 a. 118. 130. 133 a. 135 a.
— (Michaël). 149 a.
Tuiereyo (Collect. redemptionis de). 429.
Tur. 26 c.
Turbæ nocturnæ. 387 l.
Turpine (Agnès la). 203 c.
Tyebout (Robergia). 64 l. 76.

U.

Unfrey (Johanna). 124 b. 137 a. 167 b.
— (Dyonisius). 137 b
— (Soror Joh.). 177 b.
— (Johannes). 195. 209 a. 226 a.
Usura. 9 f. g. 25 a. b. 26 g. 43 c. 84 b. 110 c. 126 b. 183 b. 298 c. 316. 375 n.

V.

Vacca furata 55.
Vaccæ (Ludus). 210 f.
Vachier (Ricardus). 123 i.
Vadium. 392 a.
Vaillant (Guill. le). 124 a. 127 a. 129 a. 137 a. 144 a.
— (Hue le). 95 a. 112.
— (Joh. le). 42 a.
Val de Quien (Petrus de). 202 i.
Valepi (Laurentius). 168 a.
Valeig (Thomas le). 177 b.
Valeya (Rogerus de). 287.
Vale Badonis (Presbiter). 273 c. 296 d. 305 b. 371 b.

Vale Symonis (Nicolas de). 408 d.
Valle (Goreta de). 43 c.
— (Petrus de). 123 l.
— (Joh. de). 213 b.
— (Simo de). 397 i.
Vallibus (Guill. de). 5 b.
Vallot. 392 k.
Vannier (Colinus). 123 b.
Vaquelin. Vauquelin (Rohasia uxor. Colini). 26 e.
— (Colinus). 76.
Vaquerie (Fons de la) 390 b.
Varegnon (Colinus). 372.
Varignon (Michael). 389 e.
— (Petrus). 309.
— (Thomas). 411 b.
Varnier (Mathæus). 123 k. 185 m.
Vas pro corpore Christi. 167 a. 209 a.
— *Crismatis.* 167 a. 209 a.
Vastigneio (Colinus de). 75 a. 126 b. 133 a. 138 a. 184 a.
— (Emmelota de). 11 c. 30 b.
— (Johanna de). 85 f. 96 b.
— (Nicolas de). 103.
— (Petronilla de). 110 d.
Vastelblet (Joh.), presbyter. 185 b. c.
Vastenei (Thomas de). 85 e. 96 c. 97 b. 123 d.
Vastura. 85 h.
Vaubon. 199 c.
Vaucellis (Frater Gaufridus de). 93 d.
Vaucellis (Presbiter de). 264 f.
Vaumen (Ricardus). 253.
Vautier (Sanso). 26 e.
Vauxie. Vaussie (Guill.). 25 a. 75 b. 85 a. c. g. 123 h. l.
— (Radulfus). 85 d. 93 d. c. 123 d. f. k. 185 b. c.
Vaveign (Johannes dictus). 57.
Veir (Johan.). 183 a.
Venditio ordei. 326.
— *animalium laniger.* 401.
— *straminis.* 400.
Vennour (Laurencius le). 365 d.
Ver supra Mare. 212 a.
Verneto (Coleta de). 152 c. 168 b.

Verneto (Joh. de). 123 b. 199 a.
— (Will. de). 56 a
Vestimenta sacerdotalia 26 b. 64 a. 84 a. 95 a. 144 a. 209 a. 377 a.
Vicarius abbatis. 365 d. i.
Vice-officialis. Vid. Officialis.
Videcoque. Vitecoq (Matillidis la). 108. 199 c.
— (Matheus). 363 f.
Viel (Petrus). 80.
— (Rogerus). 141.
— (Henricus). 389 d. 392 d. e. f.
— (Robertus). 168 a.
— (Dominus Joh). 261 b. 276. a. 404 a. 416 e.
— (Henricus). 359 a. 363 g.
— (Simo). 393 s.
Vieillart (Uxor Sansonis le). 132 b. 137 c. 174. 188 b.
— (Laurencius le). 383 m.
— (Sanso le). 188 b.
— (Thomas le). 332 b.
Viellarde (Theophania la). 112. 119 b.
Vietu. Vieti (Guill. le). 119 a. c. 124 a. 129 a. 183 a. 316 a. 393 f.
— (Uxor le). 73 c.
— (Ludovica filia Joh. le). 392 o.
— (Relicta Joh. le). 124 b.
— (Cecilia la). 137 d. 167 d. 177 b.
— (Ludovicus le). 335. 363 b.
— (Thomas le). 226 a.
— (Germanus le). 298 a.
Vigan (Robertus). 133 a.
Vigney (Ricarda filia Roberti du). 375 b.
Vigoris (Thomas). 66. 80. 110 a. 121 a.
— (Henricus). 168 c. 183 b.
Vigot (Guill.). 410 d.
Viguerouz (Joh. alias Philippus le), rector Listreyio. 155. 167 d 210. 228 a. b.
Villain (Petrus). 351.
Villaribus (Girotus de). 167 c.
Villelmin (Radulfus). 146. 181.
Villequien (Soher). 213 c.
Vimart. 143 b.

Vimbelet (Philip.). 178 b.
Vicentii (Soror Joh.). 177 b.
— (Colinus). 332 a. 363 m.
— (Ricardus). 235 d.
— (Joh.). 416 c.
— (Thomas). 316 a.
Vinea (Petrus de). 62 a.
Vincula ferrea. 61.
Vinum sociorum. 375 i.
Vavasseur (Radulfus). 394 p.
Violentia contra feminas. 150. 188 b. 205. 235 b. 277 a. b. 290. 379. 383 c. 394 c.
Virville (Presbiter de). 257 f. 263 c. 264 f. 273 a. 288 a.
Visitatio. Inquisitio eccles. 9 a. 26 a. 41 a. 42. 43. 64. 73. 75. 76. 84. 95. 112. 117. 119. 121 a. 124. 126. 127. 128. 129. 130. 132. 133. 136. 137. 138. 143. 144. 146. 152. 153. 161. 167. 168. 177. 178. 183. 184. 190. 195. 198. 206 a. 209. 213. 226. 261. 298. 316. 376 s. 377 a. 378. 412.
Visitatione eccles. [Citatio in]. 375 c. d.
Vitard (Colinus). 20. 110 a. 141. 152 c. 168 c. 213 c.
— (Filius). 118. 138 e.
— (Joretus). 152 c. 185 a. f.
— (Ricardus). 141. 281.
— (Guill.). 371 b. 383 c.
— (Yvo). 390 d. 394 p.
Vitres. 161 c. 316 b.
Vouta (Christianus de). 123 a.
Vuillis (Presbiter de). 274 a.
Vulnera. Manuum injectio (Vide Ictus).
Vusroy (Joh.). 100 b.

Y.

Ydoisne (Henricus). 85 d.
— (Johanna). 85 d.
— (Goretus). 185 l.
Ygore (Robertus). 25 a.

www.ingramcontent.com/pod-product-compliance
Lightning Source LLC
Chambersburg PA
CBHW052043230426
43671CB00011B/1773